房地产工程与经营管理系列教材

房地产开发与经营

田杰芳　主编

清华大学出版社
北京交通大学出版社
·北京·

内 容 简 介

本书共分 12 章，主要内容包括绪论、房地产开发与经营的理论和策略、房地产企业、房地产开发与经营环境、房地产市场调研、房地产融资与投资、房地产开发项目的可行性研究、房地产开发项目的前期准备工作、房地产项目的建设实施与开发经营、房地产营销、房地产交易经营和房地产物业资产管理。

本书可作为房地产经营与管理专业、工程管理专业的教学用书，也可作为建筑经济管理、土木工程等专业选修课程的教学用书或教学参考书。

本书封面贴有清华大学出版社防伪标签，无标签者不得销售。

版权所有，侵权必究。侵权举报电话：010—62782989　13501256678　13801310933

图书在版编目（CIP）数据

房地产开发与经营 / 田杰芳主编 . —北京：清华大学出版社；北京交通大学出版社，2011.9（2015.2 重印）

（房地产工程与经营管理系列教材）

ISBN 978 - 7 - 5121 - 0717 - 5

Ⅰ. ①房…　Ⅱ. ①田…　Ⅲ. ①房地产开发-教材 ②房地产经济-教材　Ⅳ. ①F293.3

中国版本图书馆 CIP 数据核字（2011）第 175988 号

责任编辑：孙秀翠　　特邀编辑：林　欣
出版发行：清 华 大 学 出 版 社　　邮编：100084　　电话：010—62776969
　　　　　北京交通大学出版社　　邮编：100044　　电话：010—51686414
印 刷 者：北京交大印刷厂
经　　销：全国新华书店
开　　本：185×230　　印张：20　　字数：448 千字
版　　次：2011 年 9 月第 1 版　　2015 年 2 月第 2 次印刷
书　　号：ISBN 978 - 7 - 5121 - 0717 - 5/F · 896
印　　数：4 001～5 000 册　　定价：32.00 元

本书如有质量问题，请向北京交通大学出版社质监组反映。对您的意见和批评，我们表示欢迎和感谢。
投诉电话：010 - 51686043，51686008；传真：010 - 62225406；E-mail：press@bjtu. edu. cn。

前　　言

我国房地产业发展迅速，呼唤对房地产业规范经营与管理的系统、全面、高水平的研究成果，呼唤适应房地产高等教育、国家经济发展要求的专业教材，这些迫切需要解决的课题，构成了编写本教材的初衷。

鉴于房地产开发经营具有综合性、实践性、政策性和时效性等特点，全书以房地产开发项目为对象，以相关政策法规为依据，系统地介绍了房地产开发经营相关的理论和实务。全书共分为12章，涵盖了从房地产开发经营相关概念到房地产开发环境、市场调研、融资与投资、可行性研究、房地产开发前期、建设、交易经营及物业管理全过程必备的理论知识和操作技术。

本书由田杰芳、陈赛亮、雷环、吴将丰、李志平共同编写。田杰芳任主编。其中第1、2、3章由田杰芳、陈赛亮编写，第4、5、6章由田杰芳、雷环编写，第7、8、9章由吴将丰编写，第10、11、12章由李志平编写，全书由田杰芳统稿、整理。

由于我国房地产业发展历程很短，房地产开发经营理论与实践正处在不断完善和健全之中，加之编者水平有限，书中难免有不足之处，恳请读者和同行批评指正。本书编写过程中参考了许多专著、教材和资料，同时借鉴了许多其他专家学者的研究成果，在此谨致诚挚的谢意。

编　者
2011 年 5 月

目 录 ◀◀◀

第 1 章

绪　　论

1.1　房地产开发与经营的界定

房地产开发与房地产经营这个两个概念是房地产行业运行过程中被广泛运用的两个基本概念，它们既相互联系，又有一定的区别。

房地产开发与经营是房地产经济活动中两个相对独立又相互关联的内容。在某些情况下，可将其视为一个整体行为来研究，如讨论房地产开发经营与国民经济的关系等。但是，若将两者分开讨论，特别是在具体实施过程中，由于有不同的内涵和特殊性，分别研究可能更具有实际意义。

客观地说，关于经营和管理没有唯一的定义，且不同学科、不同著作看法各异。例如，管理学科或管理科学，是把经营作为管理学的一个部分来讨论的；而经营管理学派的奠基人法约尔把工业企业从事的活动划分为技术活动、商业活动、财务活动、安全活动、会计活动、管理活动等6项活动，并总称其为"经营"，管理活动只是经营活动的一部分。由此可见，虽然各学科对这两个概念解释不一，但共同点在于无论是经营还是管理，都是企业为达到一定目的，有组织、有计划进行的经济活动。不同定义的差别在于对概念内涵和外延的界定不同。综合目前的各种观点，关于房地产开发与房地产经营，有两种看法：一种是从广义的角度来看；另一种是是从狭义的角度来看。

1. 广义的房地产开发与房地产经营

从广义的角度来看，特别是站在市场经济的角度来看，房地产开发和房地产经营在本质上是相同的。

（1）相互独立，侧重点不同。房地产开发是对土地及建筑物进行投资、建设、管理的过程，是投资、建设行为，强调的是房地产产品的生产；而房地产经营是通过开发建设和管理获取经济利益的过程，强调的是投资和盈利。

（2）房地产开发是房地产经营的基础。一切房地产经营活动都要体现在房地产产品实体上。房地产开发就是形成房地产产品实体的过程，没有这一过程，就没有房地产经营的对象，经营活动也就无从谈起。如果房地产开发阶段对市场分析不够准确，开发完成的房地产不能出售/出租，或者出售/出租达不到预期的水平，就会影响房地产经营效益；如果产品建设质量不高，不能达到预定的经营寿命，也会影响房地产的经营效果。因此，适应市场需求，开发出高质量的房地产产品，是保证房地产经营成功的基本前提。

（3）房地产经营是房地产开发的核心。房地产开发的目的是获得利润投资，开发完成以后的产品要通过经营来实现其价值，从而实现投资效益。从这个意义上，现代房地产开发已经突破了过去以使用为目的的建筑生产含义，而围绕着房地产经营来进行开发。为了尽可能提高开发完成后产品的经营价值，从市场调研、选择房地产开发项目，到前期的可行性分析，以及建设过程中的质量管理、成本控制，每个阶段工作都要从经营这个核心目标出发，使开发与经营真正融为一体。

2. 狭义的房地产开发与房地产经营

在我国房地产行业的实际运作过程中，大多数人习惯于从狭义的角度来看待这两个概念。例如，按照《中华人民共和国房地产管理法》的定义，房地产开发是指在依据该法取得国有土地使用权的土地上进行基础设施、房屋建设的行为。这就是狭义的房地产开发的定义。

如果从狭义的角度来看，房地产开发与房地产经营有以下重大的差别。

（1）房地产开发和房地产经营在房地产项目市场运作过程中所处的阶段不同。房地产开发强调了某个房地产项目被开发出来的过程，也即房地产开发过程实际上是房地产项目这种商品的产品生产过程。房地产开发商本身往往并不直接进行房地产项目的建设，房地产项目的建设实际上是建筑企业进行的，房地产开发商与建筑企业是承发包的关系，但是没有房地产开发商的运作，这个房地产项目是不会产生的，房地产开发商是房地产项目从无到有这种生产活动的投资主体和管理主体。房地产经营则是强调从某个房地产项目获得经济利益的过程，也即房地产经营过程实际上是房地产项目这种商品的市场交易过程。在市场经济条件下，市场交易过程才是决定经济利益是否能够实现的关键阶段。

（2）房地产开发和房地产经营这两种房地产经济活动的主体并不完全相同。房地产开发商一般都必然会成为房地产经营者。这是因为在开发阶段结束后就必须要进入经营阶段，房地产开发商就转变成了房地产经营者，如果这家开发商所开发出来的房地产项目并没有被市场认可，它的经济利益就没有实现，其开发活动最终就以失败结束。但是房地产经营者并不必须是房地产开发商。房地产开发商将自己开发的房地产项目投入市场的时候，这些项目可能会卖给最终的房地产项目使用人，也可能是卖给了中间商。这些中间商从开发商那里购得一定的房地产，然后再通过市场交易，从最终的使用人那里获得经济利益。这些中间商，也是房地产经营者，但他们并不是房地产的开发商。

（3）房地产开发和房地产经营这两种房地产经济活动对主体的资格要求不一样。在我国目前的市场经济条件下，房地产开发必须是由企业进行的，这种企业被称为房地产开发企业，是具有法人资格的经济实体，而且房地产开发主管机构（建设部和国土资源部）还对房地产开发企业实行资质管理体制，达不到一定的资质条件，即使是具有法人资格的经济实体，也无权进行房地产开发活动。对房地产经营来说，其主体的资格限制就小得多，只要是一个有正常行为能力的合法公民，都可以成为房地产的经营者。当一个普通的居民，手里有了一定的余钱，在解决了自己的居住问题后，又购买了住宅进行租售活动，以期获得一定的经济回报，这时其就成为一个房地产经营者。

（4）房地产开发与房地产经营所指向的行为对象是不同的。一般房地产开发所指向的行为对象是房地产项目，没有房地产项目就没有房地产开发行为，当一个项目被设想出来时，开发行为就开始了，而当这个项目竣工并投入房地产市场后，开发行为就结束了。但是，对一个成立的房地产开发公司来说，即使在一段时间内没有新的项目进行开发，但公司仍然还会存在下去，公司还在进行经营管理活动，也即房地产经营所指向的行为对象是房地产公司，当然并不仅仅限于房地产开发公司，也包括其他从事房地产活动的公司。房地产开发是指房地产项目的开发，而房地产经营是指房地产公司的经营。开发是一个项目一个项目进行的，两个项目之间可能是平行进行的，也可能是相隔很长时间进行的，而经营则必然是一个连续不断的过程，自公司成立到公司解散或倒闭为止。

（5）随着房地产市场的完善，房地产开发与房地产经营的作用就会发生根本性的变化。当前，由于我国改革开放刚刚进行 30 多年，经济基础还比较落后，人均国民生产总值还比较低，基础设施、公共设施、住宅等房产项目的供应还处于远远不能满足人们需要的状态。在这种状况下，房地产开发活动就是房地产经济活动的主线，房地产开发商在整个房地产行业的运作过程中处于核心地位，房地产经营活动实际上是房地产开发活动的附属，除了房地产开发商，其他的房地产经营者也依附于房地产开发商。但是这种状况，即经营附属于开发的状况，是违背市场经济的基本要求的。与此同时，必然孕育着严重的风险，这就是盲目开发浪潮的出现。早在 1992 年，我国就出现了进行房地产开发的狂热，各种经济技术开发区遍地开花，海南省、广西壮族自治区的北海市，都经历过极为严重的房地产开发泡沫现象。实际上这种现象，仍然是传统计划经济体制下重生产轻销售的恶劣风气的余毒。人们都坚信只要生产出来，就没有销售不掉的房地产项目，而且金融机构、政府主管机构都与开发商形成了利益共同体，难以真正让市场果断淘汰没有被市场认可的开发项目和开发商。随着房地产严重供不应求现象的逐步缓解，现有的房地产项目越来越多，房地产经营越来越独立于房地产开发活动。当达到西欧、北美等发达地区的房地产市场发育水平时，主要的房地产经营活动都是现有房地产项目的交易，新开发的项目极少。这时房地产经营就成为了房地产经济活动的主体。

1.2 房地产开发

1.2.1 房地产开发的概念和分类

1. 房地产开发的概念

房地产业是为人类的生活、生产活动提供居住空间或物质载体的行业。《中华人民共和国城市房地产管理法》第二条指出：“房地产开发，是指在依据本法取得国有土地使用权的土地上进行基础设施、房屋建设的行为。”具体可以理解如下。

房地产开发是指房地产部门或其他建设部门和单位，根据城市发展和建设的总体规划，以及经济、社会发展要求，以土地和房屋建筑为对象，按照使用性质，实行"统一规划、统一征地、统一设计、统一施工、统一配套、统一管理"，有计划、有步骤地进行开发建设。其是通过多种资源的组合使用而为人类提供居住空间，并改变人居环境的一种活动。这里的资源包括了土地、建筑材料、城市基础设施、城市公用配套设施、劳动力、资金和专业人员经验等诸方面。

房地产开发所创造的价值，主要体现在为消费者提供了满足其需求的空间、时间和服务。

在我国，房地产开发一般是指城市开发建设的全过程，在一特定区域内系指土地与房屋开发一体化的全过程，具有广泛的综合性，是一种符合我国国情的城市建设、房地产生产的新形式。

2. 房地产开发的分类

(1) 按开发的规模和复杂程度来划分，房地产开发可以分为单项开发、小区开发、成片集中开发（后两类开发也称综合开发）。单项开发是指功能单一、配套设施简单的房地产项目的开发。小区开发则是对一个基础设施和配套项目齐全的完整的居住小区的综合开发。成片集中开发是指对范围广、项目类型多，建设周期长的房地产项目的综合开发，特别是指按照城市规划和城市社会经济发展的要求，在某一建设期内，对房屋建筑、公共建筑、市政设施进行全面规划、统筹安排、分期施工、协调发展，以取得良好的社会效益、经济效益和环境效益的房地产开发活动。

(2) 按开发的地域划分，房地产开发可以分为新城区开发和旧城区开发（一般也称为旧城改造或再开发）。新城区开发是指将农业用途的土地改变为城市用途的土地，并在这块土地上进行开发的房地产经济活动。新城区开发标志着城市规模的扩大。目前，我国许多城市都采用这种开发方式。旧城区开发是指将旧城区的土地用途进行改变，使之重新适应城市新的对原有土地的需要的房地产开发活动。旧城区开发标志着城市功能和性质的变化。

(3) 按经营方式或开发的不同阶段划分，房地产开发可分为土地开发、房屋开发、土地房屋综合开发3种不同形式。土地开发是指土地开发企业以获得土地使用权的土地为对象，通过征地、拆迁、安置，将土地开发成供水、排水、供电、供热、供气、电信和道路畅通、场地平整（即七通一平）的建筑场地，达到"七通一平"的土地通过协议、招标或拍卖的方式，将其使用权有偿转让给各类房屋开发企业或投资建设部门进行房屋建设的一种经营方式。房屋开发是指房地产开发企业以市场价格从土地开发企业有偿获得土地使用权后，按规划的统一要求组织该建设场地的房屋建设，开发各类符合规划要求的房地产商品，如住宅、写字楼、商场、酒店、厂房等，然后再将开发完毕的房地产商品通过出售或出租等方式从事经营与管理的一种经营方式。土地房屋综合开发是指将土地开发与房屋建设合二为一，不分层次或阶段进行开发建设的生产经营活动。项目从投资决策、前期的各种工作到施工建设、租售经营和使用管理全过程都由一个企业统一负责。我国目前大多数房地产开发项目都采用这种开发方式，它有利于城市建设"统一"原则，也有利于社会效益、环境效益、经济效益的统一。

　　海外的房地产开发也存在上述几种开发方式。大面积地移山填海、改造荒山及荒滩、旧城改造及发展等，大都由政府出面组织土地开发，然后再由发展商建造房屋出售，如日本的东京湾和神户岛的开发等。我国深圳等城市也采用过土地与房屋分别作为两个阶段进行开发的经营方式。

1.2.2　房地产开发的目的和任务

　　一般房地产开发的根本目的是"为人类的生活与生产提供满意的活动空间"。但是，由于从事或参与房地产开发活动的企业或部门的性质不同，在开发过程中所扮演的角色也就各不相同，往往伴随着各自不同的目的。

1. 建设单位

　　建设单位自己开发建设项目的目的主要是满足建设单位自身生产的发展和改善职工的工作与生活条件。其开发对象一般为具有特定使用用途的工业厂房或商务性楼寓，以及一般企事业单位的办公楼和自用住宅。这类开发项目的特点是不直接进入流通领域，因此也就没有通常意义上的市场价值，开发活动的目的不是为了盈利，而是为满足生产的发展或改善职工生产与生活条件的需要，并不计较开发项目竣工后其市场价值是否超过工程建造成本，但是，如何控制建设工期（特别是生产性项目）、开发成本和工程质量却是建设单位关心的主要问题。例如，大型火电站的开发建设，若提前一天发电，或者由于工程质量事故原因停产一天，都会影响到几十万乃至上百万元的经济效益，对建设单位的切身利益有直接的影响。

2. 各类不同性质的公司

1）房地产开发公司（开发商）

　　房地产开发公司开发房地产商品的目的是在注重社会效益和环境效益的前提下，通过实施开发过程来获取直接的经济利益。从这种意义上，房地产开发公司与一般工业企业无差别，只不过是房地产开发企业开发出的最终产品是一般工业企业从事生产活动的物质条件或手段，并具有自己的一些开发经营特点。

　　从开发经营的角度看，不同的房地产开发企业开发经营的目的也会有所区别。例如，某些企业对某地区的开发政策、市场行情或信息掌握准确，在该地区具有开发经验，就会以占领该地区市场为目的；某些开发企业对某些开发项目有专长，就会在有专长的项目上发挥其特长（如土地开发、工业厂房开发、公共建筑开发、住宅开发等）；有些公司考虑到风险因素和收益特性互补，在不同地区或不同城市同时开发不同的产品。

　　从开发公司财务目标看也不尽相同。有的公司为尽快回收资金、减少风险、加速资金周转而将开发的产品出售；有的则从保值、增值、扩大经营范围角度将开发的产品出租，保持一段相对稳定的收益，然后视市场情况决定继续出租还是出售；有些资金雄厚的公司，将开发出的产品直接从事商务经营活动，如酒店等；有些公司则将开发出的部分产品与商务经营公司合股经营。

　　总之，无论从何种角度、何种目标看，盈利是房地产企业的首要目的。

2）投资公司（投资商）

我国从计划经济转向社会主义的市场经济后，国家宏观调控能力增强，微观操作能力减弱，投资主体呈多元化发展趋势，涌现出相当数量的投资公司，投资公司作为投资主体直接从事各种投资活动。投资公司投资开发房地产的主要目的与房地产企业相同，都是为了获取直接的经济利益，但在获利方式上二者有一定的差异。投资公司投资开发房地产产品不是通过出售房地产产品来迅速获得回报，而是在长期内通过稳定经营获得利润，或者直接购买房地产产品从事商务经营活动，因此，投资公司不是为了加速回收资金，而是从长远考虑，注重较长时期内的收益状况。作为一项开发投资，与房地产开发公司相比，投资公司更加具有较高的抗风险性；由于期望较高的投资收益，因此，投资公司比开发公司更能承受较低的初始回报率。当开发公司投资开发房地产是以长期经营为目的时，其职能就与投资公司无实质性区别。例如，开发公司投资开发商场，在长期经营期内出租摊位逐年获取利润即属这种情况。

投资公司投资开发房地产一般不是批量开发某类产品，而是注重开发产品的互补性，以减少投资风险。

3）承包公司（承包商、建造商）

在建设市场上，作为建筑商的建筑公司一般都具有承包公司的职能，而承包公司却不一定拥有建筑施工队伍。无论何种承包公司，参与开发建设的首要目的都是获取直接的经济利益，同时还伴随着其他一些不同的目的。承包公司在开发项目的建设过程中起着重要的作用。当承公司商仅作为建筑商时，其收益水平与建造成本和工期有关，一般收益水平较低。若想获得更高的收益水平，承包公司在承建建筑安装工程业务的同时还要扩展其业务范围，如购买土地使用权、资金筹措、组织营销等，并承担相应的风险。当建筑市场不景气时，为了保持施工队伍的自我生存，则可以通过自己投资来开发一些房地产项目。

3. 政府及政府机构

各级政府部门在房地产开发过程中充当着重要的角色。政府及政府机构在参与房地产市场运行的过程中，既有制定规则的权力，又有监督、管理的职能，在有些方面还会提供有关服务。开发商从购买土地使用权开始，就不断地和政府的土地管理、城市规划、建设管理、市政管理、房地产管理等部门打交道，以获取投资许可证、土地使用权证、规划许可证、开工许可证、市政设施和配套设施使用许可证、销售许可证和房地产产权证书等。作为公众利益的代表者，政府在参与房地产市场的同时，也对房地产市场其他参与者的行为产生着影响。

房地产开发投资者对政府行为而引致的影响相当敏感。建筑业、房地产业常常被政府用来作为一个"经济调节器"，与房地产有关的收入是中央和地方政府财政收入的一个重要来源，而对物业的不同占有、拥有形式也反映了一个国家的政治取向。所以，房地产开发投资者必须认真考虑政府的有关政策和对开发的态度，以评估其对自己所开发或投资项目的影响。

我国近 20 年来很重视房地产业的发展，并为此颁布了一系列的法律、法规，如《中华人民共和国土地管理法》、《中华人民共和国城市规划法》、《中华人民共和国城镇国有土地使用权出让和转让暂行条例》、《外商投资开发成片土地暂行管理办法》、《中华人民共和国城镇土地使用税暂行条例》、《中华人民共和国土地管理法实施细则》、《中华人民共和国土地增值税征收条例》、《中华人民共和国城市房地产管理法》及相关条例、《城市拆迁管理条例》等。此外，各级地方政府也颁布了一系列有关房地产开发、经营、税收、管理的具体规定。这些法律、法规对房地产开发商了解政府对房地产开发的政策提供了方便。

政府及其有关部门对国家经济政策、人口政策、产业政策、税收政策、金融政策、特区和开发区优惠政策等的研究，为房地产开发商预测未来的市场供需，确定投资开发方向提供了重要依据。例如，1998 年政府将住房建设确定为带动国民经济增长的"新经济增长点"以来，先后出台了有关加快经济适用房建设、清理房地产开发过程中的行政收费，以降低房价、启动个人住房消费、开放住房二级市场、加大金融对住房建设与消费的支持力度、停止住房实物分配实现住房分配货币化、消化空置商品房等一系列政策，对房地产市场的发展和开发商的投资行为产生了深远的影响。

总体来说，政府及政府机构参与房地产市场运行的目的，就是在现有人力、物力、财力条件约束下最大限度地改善城镇居民的生活条件、生活环境和生活质量。具体有以下几项：①调节市场中房地产需求与供给的矛盾，在需求与供给的总量上进行宏观调控；②调整房地产开发的投资结构，统筹布局，确保城市风貌；③筹集建设资金，开发市政基础设施和城市各种配套设施，提高城镇居民的生活环境质量；④改善居民的居住条件，特别是为危房户、困难户提供廉价的商品房；⑤协调房地产开发的社会效益、环境效益、经济效益的统一。

房地产开发的任务包括以下几项：①发现市场可能的机会，这是开发的起点，为此，需要开发者进行市场需求的调查研究和分析评价；②对项目地址的选择和勘察，这是进行建设的基础；③项目融资，房地产投资项目耗资巨大，没有足够的资金作保障，房地产项目难以进行下去；④设计出具有符合市场需求功能的房地产项目，这是是否适合市场的重要一环；⑤进行建设承包商的招标，选择合适的承建商是能否将设计方案落到实处的关键工作；⑥进行建设监理的招标，以确保工程项目高质量、低造价及时交付使用；⑦进行建设的管理监督；⑧房地产项目的交易，这是最后的也是最重要的一项工作。

1.2.3　房地产开发的特征

1. 地域差异显著

房地产的不可移动性，意味着房地产市场具有显著的地区性差异，不同的地域，对房地产产品有不同的需求。因此，在房地产开发中应当充分了解地域特点，因地制宜选择开发项目、开发方式和开发方案。

2. 社会联系广泛

房地产开发涉及多个部门的管理工作，从立项、征地、设计、施工到验收，需要与国土资源、城市规划、建设管理、环境、交通、消防等部门协作。房地产产品为社会提供需要的生产和生活场所，同时也是人文景观的重要构成部分，其外观、质量、用途都与人们生活密切相关。房地产开发还与相关行业产生联系，如建筑材料、规划设计、就业等。因此，房地产开发要遵循经济发展需要，与城市规划相符合。

3. 易受政策影响

房地产在社会经济活动中具有重要作用，所以各国政府都十分重视对房地产市场的干预，通过宏观调控措施或制定法律、法规，调整房地产在开发、交易、使用过程中的法律关系和经济利益关系。这些政策措施的实施，都会对房地产的市场价格产生影响，进而影响房地产开发的投资效果。房地产开发企业应当不断增强应变能力，顺应政策变化，调整开发策略。

4. 风险与效益并存

房地产开发周期长、投资量大。一次完整的综合开发，从土地征用、规划设计、施工建设，到验收合格、交付使用，短则三四年，长则五六年，甚至更长时间。投资量少则几千万，多则上亿。这样的大量投资，往往产生高额的回报。但是，在长达几年的开发过程中，国际政治经济形势、宏观经济政策、原材料市场、产品市场环境都会发生变化，这些变化中包含着巨大的风险。这要求房地产开发者必须具备敏锐的市场洞察力，审时度势，既能规避风险，又能获取高额利润。

5. 需要专业管理

房地产开发是一项专业性很强的活动，在获取土地使用权、项目投资、规划设计、施工管理等各个环节都需要专门的知识和管理能力，才能确保开发环境的顺利衔接，保证项目建设的安全和产品的质量。此外，由于房地产开发风险较大，还需要会计师、律师等行业的专业服务，以降低风险，提高开发活动的总体收益。

1.2.4　房地产开发的主要参与者

1. 房地产开发商

房地产开发商是从事房地产开发经营活动的企业，其参与并控制从策划到建筑物售后服务的全部过程，是房地产市场中最基本的开发经营主体，是房地产项目的出资者、组织者、管理者与协调者。房地产开发商从项目公司到大型跨国公司有许多种类型，所承担的项目类型也有很大差异，可能是多种特定类型的房地产开发，也可能是多种类型的房地产开发或综合开发。有些开发商从事的开发类型单一，但是在地域上很分散。例如，万科企业股份有限公司就是一家典型的以开发销售住宅为主营业务的房地产开发商。

不同的开发商、不同的房地产项目，其经营方式也多种多样，小型开发商一般将开发的房地产出售，以迅速收回投资来积累资本；大型房地产开发商所开发的房地产可以出售也可以作为长期投资出租经营。在企业组织结构上，开发商之间也有较大差异，有些开发商从规划设计到租售和物业管理，都有专门的部门；而有些开发商，规划设计和租售分别聘请专业咨询服务机构来完成。

尽管开发商规模、项目类型、经营方式多种多样，但房地产开发商的经营目的都是很明确的，那就是通过实施开发过程获取利润。

2. 投资商

房地产的开发建设过程和消费过程都需要投入大量资金，没有投资商的参与，房地产市场很难正常运转。房地产开发过程需要的资金有两类：一类是开发建设款，用于支付开发费用；另一类是用于使用者购买房地产的抵押贷款。前者是短期资金，在房地产开发建设过程中使用；后者则是长期资金，一般需要 10～30 年的时间才能收回。

房地产投资商有金融机构、风险投资公司等。金融机构对房地产的投资可以用于房地产开发，也可以以购房抵押贷款的形式参与房地产市场流通，抵押贷款大多是以房地产作为抵押，承担的风险较小。风险投资公司是通过对房地产项目的长期投资来获取稳定的经营利润，或者直接购买房地产从事商务经营活动，因此，更加重视房地产项目的抗风险性。

投资商对房地产的投资形式有开发投资和置业投资两种形式。开发投资是投资者参与房地产开发过程，建成某种类型的房地产产品，然后对其进行销售，并在这个过程中收回投资、获取利润，这种投资形成房地产市场的增量供给；置业投资是投资者购买增量房地产或存量房地产，并且出租给最终使用者，在较长时期内持续地获取稳定报酬，并且获得房地产保值、增值效益。

3. 建筑承包商

建筑承包商是开发过程中房屋等建设产品的直接生产者，是房地产开发过程中实体建设的直接承担者，负责建筑施工、物资供应、建筑质量、成本注入等工作。

大多数建筑承包商的主要专长是建筑施工，他们从房地产开发商的开发过程中承包工程施工任务，不参与项目经营效益的分享，只是通过工程建筑施工收取工程费用，其利润只受建造成本和时间的影响，承担的风险较小。当建筑市场需求较小时，也有建筑承包商通过自己投资来开发一些项目，或者将其承包建设的工程业务扩展，并承担附加的开发风险，如购买土地使用权、参与项目资金筹措和市场营销等，这时建筑承包商承担的风险较大，同时也要求较高的收益。

我国的建筑业发展已日趋成熟，并引入了国际通用的合同形式和先进的管理手段与机制，基本能保证项目建设的顺利进行，使建设过程中的风险程度大大降低。但是开发商在选择建筑承包商的时候，仍然要严格审查其以往业绩、资金实力和技术水平，并就具体的施工方案、工期计划、质量目标和报价进行慎重考虑，以确保施工建设阶段的顺利进行。

4. 政府及行政管理机构

房地产开发经营受到政府及行政管理机构的管理、监督和约束。从建设项目立项、购买土地使用权开始，直到房地产出售、出租经营，几乎每个环节都要与政府或相关行政管理机构打交道。按照现行国家法律规定，房地产开发项目立项要向建设行政主管部门申请批准；在获取土地使用权时，要向土地管理部门申请土地使用权出让或转让登记，办理土地使用权证；在项目规划、施工建设过程中，要受到建设管理部门、市政管理部门和房地产管理部门的监管，办理规划许可证、开工许可证、市政设施和配套设施使用许可证；在房地产预售和销售时，要申请房地产产权登记，办理预售许可证、销售许可证和房地产产权证；在房地产经营中还受到工商行政部门、税务部门的监督和管理。

政府在实施管理职能的同时，也会参与房地产开发，在土地使用权出让中作为土地所有权人扮演市场参与者的角色，与开发商构成交易主体关系。对于一些公益性项目或重大建设项目的开发建设和经营，政府则以投资主体的身份或经营主体的身份直接参与。

政府行为对房地产开发和经营的影响十分明显，通过适时制定有效的政策，可以影响并调整房地产市场参与者的行为。我国政府一直十分重视房地产业的发展，颁布一系列法律、法规和政策，对房地产开发和经营投资行为产生了深远的影响。例如，1998年，我国将住房建设确定为带动国民经济增长的"新经济增长点"，先后出台了加快个人住房消费，开发住房二级市场，加大金融对住房建设与消费的支持力度，实现住房分配货币化，消化空置商品房等一系列政策，极大地推动了房地产市场尤其是住房市场的繁荣；2004年以来，又制定了规范土地使用权出让，提高商品房预售条件，加强房地产金融监管，加大住房保障力度等政策，抑制房地产投机，稳定房地产市场。

5. 专业咨询服务机构

房地产投资开发和经营管理过程十分复杂，一般的经营者难以自行处理所有的专业问题，经常有必要聘请专业机构进行咨询服务。这样的专业机构包括规划机构、设计机构、会计师事务机构、律师事务机构、质量检查机构、造价咨询机构、房地产估价机构、房地产代理机构、物业管理机构等。

规划机构的工作是在项目详细规划阶段，根据开发商追求利润最大化的要求，确定项目用地的用途分配和建筑物布局，使土地达到最佳利用状态。这需要综合考虑地形地貌特征、环境条件，法律、法规限制，以及建筑工程技术要求、市场前景，必要时应提出多个可供选择的方案。

设计机构一般承担建筑物的设计工作，进行建筑外观、结构、给排水、照明、空调、电气设备等设计，还提供建筑材料、设备购买的咨询，并协助解决工程施工过程中的技术问题等。

会计师事务机构为开发投资企业提供经济核算等工作，从全局的角度为项目投资提出财务安排或税收方面的建议，包括财务预算、工程预算、付税与清账、合同监督、付款方式建议等，并及时向开发商通报财务状况。

律师事务机构在房地产生产、交易和使用过程中提供法律支持和服务，受委托为开发商办理签订土地使用权出让或转让合同、产权登记，为开发商和投资商办理签署贷款合同，或者为房地产租售双方办理签订出售或租赁合同等事宜。

质量检查机构是接受委托，在建设项目施工建设的过程中，按照建筑法规、施工规范和经过当地城市规划管理部门批准的图纸，对施工的重要环节进行检查的机构，如监理机构。质量检查机构在保证工程建设质量、保证建设施工安全方面起着不可或缺的重要作用。

造价咨询机构负责工程建设前的开发成本估算、工程成本预算，在工程招标阶段编制工程标底，在工程施工阶段负责成本控制和成本管理，在工程竣工后进行工程结算。

房地产估价机构的服务在房地产开发和经营的每个阶段都有可能需要。在项目投资决策阶段，为开发商或投资商提供市场分析、可行性研究、土地估价等服务；在项目建设阶段和资产管理阶段，提供抵押贷款或融资咨询；在项目租售和使用阶段，提供售价和租金水平评估咨询。房地产估价机构还可以帮助开发商进行预期利润估算、开发建设成本控制等方面的咨询。

房地产代理机构受开发商委托，代理房地产的租售事宜，利用专业知识和经验，帮助开发商分析市场需求，预测市场变化，进行项目市场定位和产品定位，制定营销计划和策略，并代理租约谈判等。房地产经纪机构在保证房地产经营顺利开展中起着重要作用。

物业管理机构是在房地产投入使用后负责建筑物及设备、设施的日常养护和维修，也有的物业管理机构在房地产开发过程中前期介入，参加项目设计，设备、设施安装，以便深入了解建筑结构和设备、设施特征，有利于日常管理。物业管理在保证房地产正常运营、延长寿命和降低运营成本方面起着至关重要的作用，是房地产经营中的重要内容。

专业咨询机构分别承担房地产开发经营中不同阶段、不同部分的专业服务，它们之间的合作对于房地产开发项目的顺利完成和保证良好的经营效益十分重要。有些咨询机构只从事某一方面的咨询服务，也有的咨询机构将几项服务综合在一起，如一些规划机构也承担建筑设计业务，一些地产代理机构也提供估价服务。

1.2.5　房地产开发的整个流程

房地产开发活动的复杂化使得越来越多的专业人士开始与开发商共同工作，从而加速了房地产开发专业队伍的发展壮大。然而，无论开发活动变得多么复杂或是开发商变得多么精明，都必须遵循房地产开发过程的基本步骤。

开发商从有投资意向开始至项目建设完毕出售或出租，并实施全寿命周期的物业管理，大都遵循一个合乎逻辑和开发规律的程序。一般这个程序包括 8 个步骤，即投资机会寻找与筛选、细化投资方案、可行性研究、合同谈判、正式签署有关合作协议、工程建设、竣工投入使用和房地产资产管理。这 8 个步骤又可以划分为 4 个阶段，即投资机会选择与决策分析阶段、前期工作阶段、建设阶段和租售阶段。当然，房地产开发的阶段划分并不是一成不变的，在某些情况下各阶段的工作可能会交替进行。8 个步骤的具体工作内容如下。

（1）开发商在对当地房地产市场有比较深入的了解并占有大量市场信息的基础上，探讨投资可能性，寻找多个可供选择的投资机会，在头脑中快速判断其可行性。

（2）开发商选择实现其开发设想的开发用地，探讨技术可行性。与潜在的租客、业主、银行、合作伙伴、专业人士接触，作出初步设计方案，探讨获取开发用地的可行性。

（3）开发商进行正式市场研究，估算市场吸纳率，根据预估的成本和价格进行可行性研究，将有关开发计划报送政府有关部门，从法律、技术和经济等方面综合判断项目的可行性。

（4）开发商根据市场研究中得到的客户需求特征确定最终设计方案，进行开发合同谈判。得到贷款书面承诺，确定总承包商，确定租售方案，获得政府的用地、规划等许可证。

（5）签署合同，包括合作开发协议、建设贷款协议和长期融资协议、土地出让或转让合同、工程施工合同、保险合同和预租（售）合同。

（6）开发商根据预算进行成本管理，批准市场推广和开发队伍提出的工程变更。解决建设纠纷，支付工程款，实施进度管理。

（7）开发商组织物业管理队伍，进行市场推广活动，政府批准入住，接入市政设施。租客入住，偿还建设贷款，长期融资到位。

（8）业主（开发商或新业主）进行物业管理、更新改造、市场推广等工作，以延长物业的经济寿命，提高资产运行质量；非房地产企业将其作为固定资产，进入其投资组合中。

1.3　房地产经营

1.3.1　房地产经营的概念

房地产经营是以房地产为经营对象，通过研究房地产市场需求、进行市场预测、选择项目类别，而进行的投资、建造、买卖、租赁、信托、交换、维修、管理，以及相关产权转让等经济活动，其目标是实现经济效益最大化。

房地产经营是房地产经济活动的核心，随着房地产市场竞争的加剧，房地产经营在房地产企业中的地位越来越重要，涉及生产、技术、组织、销售、财务等诸多领域，既包括房地产的开发环节、流通环节、中介服务环节，也包括消费环节，成为指导房地产企业经济活动的重要理论依据之一。

1.3.2　房地产经营的特征

1. 产权关系复杂

大多数商品交易活动是简单的买卖过程，在买卖行为结束后即可实现商品产权的转移。而房地产的不可移动性决定了房地产买卖、租赁、交换等经营活动必须通过产权登记来实现，而且在房地产的产权中可能存在所有权和使用权分离、共有产权、他项权利等多种复杂的情况，所以在房地产经营中往往需要委托律师办理产权事宜。

2. 经营形式多样

房地产经营中包含灵活多样的形式，在项目开发阶段，有多种融资渠道，包括银行贷款、风险投资、发行债券、发行股票、投资基金等，每种融资渠道的成本有所区别，选择恰当的融资方式以降低资金成本在房地产经营中十分重要；在产品销售阶段，有分期付款、抵押贷款、租赁等多种付款方式可供消费者选择，这些付款方式增加了房地产经营的灵活性，同时也增加了产品定价的复杂性；在房地产使用阶段，经营方式更是多样，如出租、售后回租、承包经营、委托经营等，经营者可以根据实际情况选择适合的经营方式，从而实现经营效益最大化的目标。

3. 经营范围有限

房地产经营项目多种多样，但是对于土地经营则有明确的法律规定，农村土地只能由农村集体内部成员使用，城市土地一级市场由国家垄断经营，只能由城市土地管理部门组织土地出让，出让后的土地使用权有使用期限限制。建成后的房地产用途也受规划约束，土地使用权性质、房屋用途都不得随意更改，城市住宅中的经济适用房和廉租房的购买或承租人必须符合国家政策规定。

4. 市场供求弹性小

无论市场上房地产价格如何变化，房地产的供给和需求都是相对稳定的。从供给的角度看，由于土地供应有限、手续繁杂，当房地产价格上升时，经营者很难在短期内增加房地产的市场供应；同时，由于房地产建造周期长，当价格下降时，已经在建或即将建成的房地产还是会按期投放市场，所以市场价格对房地产供给的调整会表现出一定时期的滞后性。从需求的角度看，由于房地产是人类生产、生活的基本物质保障，价格的上涨不能明显降低房地产的市场需求，而房地产的使用寿命长，在正常情况下，即使市场价格降低，一个业主通常不会盲目购买多处房地产。

1.4 房地产开发与经营法规

1.4.1 《中华人民共和国城市房地产管理法》简介

《中华人民共和国城市房地产管理法》，共 7 章 72 条。

第一章是总则，共 6 条（即第一条到第六条），规定了该法的制定意义、相关概念、适用范围和执法机关。该法第二条规定：在中华人民共和国城市规划区国有土地范围内取得房地产开发用地的土地使用权，从事房地产开发、房地产交易、实施房地产管理，都应该遵守该法。该法第六条规定：国务院建设行政主管部门、土地管理部门依照国务院规定的职权划分、各司其职，密切配合，管理全国房地产工作。

第二章是房地产开发用地，共 17 条（即第七条到第二十三条），规定了土地使用权出让和划拨的法律原则。该法第九条规定：土地使用权出让，必须符合土地利用总体规划、城市规划和年度建设用地计划。该法第十四条规定：土地使用权出让必须签订书面出让合同，由市、县土地管理部门与土地使用者签订。该法第二十三条规定：国家机关用地和军事用地；城市基础设施用地和公益事业用地；国家重点扶持的能源、交通、水利等项目用地；法律、行政法规规定的其他用地，确属必需的，可由县级以上人民政府依法批准划拨。

第三章是房地产开发，共 7 条（即第二十四条到第三十条），规定了房地产开发的法律原则。该法第二十四条规定：房地产开发必须严格执行城市规划，按照经济效益、社会效益、环境效益相统一的原则，实行全面规划、合理布局、综合开发、配套建设。该法第二十五条规定：以出让方式取得土地使用权进行房地产开发的，必须按照土地使用权出让合同规定的土地用途、动工开发期限开发土地。超过出让合同规定约定的动工开发日期满 1 年未动工开发的，可以征收相当于土地使用权出让金 20％以下的土地闲置费；满 2 年未动工开发的，可以无偿收回土地使用权；但是，因不可抗力或政府、政府有关部门的行为或动工开发必需的前期工作造成的动工开发迟延的除外。

第四章是房地产交易，分 4 节，共 28 条（即第三十一条到第五十八条），规定了房地产交易的法律原则。

第一节是一般规定，共 5 条（即第三十一条到第三十五条）。该法第三十一条规定：房地产转让、抵押时，房屋的所有权和该房屋占用范围内的土地使用权同时转让、抵押。该法第三十三条规定：国家实行房地产价格评估制度。该法第三十四条规定：国家实行房地产成交价格申报制度。

第二节是房地产转让，共 10 条（即第三十六条到第四十五条）。该法第三十八条规定：以出让方式取得土地使用权，转让房地产时，应当符合下列条件：①按照出让合同规定已经支付全部土地使用权出让金，并取得土地使用权证书；②按照出让合同规定进行投资开发，属于房屋建设工程的，完成开发投资总额的 25％以上，属于成片开发土地的，形成工业用地或者其他建设用地条件。转让房地产时房屋已经建成的，还应当持有房屋所有权证书。该法第四十条规定：房地产转让，应当签订书面转让合同，合同中应当载明土地使用权取得的方式。该节还对商品房预售作出了规定。该法第四十四条规定：商品房预售，应当符合下列条件：①已交付全部土地使用权出让金，取得土地使用权证书；②持有建设工程规划许可证；③按提供预售的商品房计算，投入开发建设的资金达到工程建设总投资的 25％以上，并已经确定施工进度和竣工交付日期；④向县级以上人民政府房产管理部门办理预售登记，取得商品房预售许可证明。商品房预售人应当按照国家有关规定将预售合同报县级以上人民政府房产管理部门和土地管理部门登记备案。

第三节是房地产抵押，共 6 条（即第四十六条到第五十一条）。规定了房地产抵押的法律原则。

第四节是房屋租赁，共 4 条（即第五十二条到第五十五条）。规定了房屋租赁的法律原则。

第五节是中介服务机构，共 3 条（即第五十六条到第五十八条）。规定了房地产中介机构的法律原则。

第五章是房地产权属登记管理，共 4 条（即第五十九条到第六十二条）。规定了房地产权属登记管理的法律原则。该法第五十九条规定：国家实行土地使用权和房屋所有权登记发证制度。该法第六十条规定：以出让或者划拨方式取得土地使用权，应当向县级以上地方人民政府土地管理部门申请登记，经县级以上人民政府土地管理部门核实，由同级人民政府颁发土地使用权证书。在依法取得的房地产开发用地上建成房屋的，应当凭土地使用权证书向县级以上地方人民政府房产管理部门申请登记，由县级以上地方人民政府房产管理部门核实并颁发房屋所有权证书。房地产转让或者变更时，应当向县级以上地方人民政府房产管理部门申请房产变更登记，并凭变更后的房屋所有权证书向同级人民政府土地管理部门申请土地使用权变更登记，经同级人民政府土地管理部门核实，由同级人民政府更换或者更改土地使用权证书。

第六章是法律责任，共8条（即第六十三条到第七十条）。规定了违反该法的处罚原则和处罚力度。

第七章是附则，共2条（即第七十一条到第七十二条）。规定了城市规划区外的国有土地范围内从事房地产活动的管理原则和该法的施行日期。该法第七十二条规定：该法自1995年1月1日起施行。

1.4.2 《中华人民共和国土地管理法》简介

《中华人民共和国土地管理法》，共8章86条。

第一章是总则，共7条（即第一条到第七条），规定了该法的制定意义、我国基本土地制度和执法机关。该法第二条规定：中华人民共和国实行土地的社会主义公有制，即全民所有制和劳动群众集体所有制。土地使用权可以依法转让。国家依法实行国有土地有偿使用制度。但是，国家在法律规定的范围内划拨国有土地使用权的除外。该法第三条规定：十分珍惜、合理利用土地和切实保护耕地是我国的基本国策。该法第四条规定：国家实行土地用途管制制度。该法第五条规定：国务院土地行政管理部门负责全国土地的管理和监督工作。

第二章是土地的所有权和使用权，共9条（即第八条到第十六条），规定了土地所有权和使用权的法律原则。该法第八条规定：城市市区的土地属于国家所有。该法第十二条规定：依法改变土地权属和用途的，应当办理土地变更登记手续。该法第十三条规定：土地的所有权和使用权受法律保护，任何单位和个人不得侵犯。

第三章是土地利用总体规划，共14条（即第十七条到第三十条），规定了土地利用总体规划的法律原则。该法第十七条规定：各级人民政府应当依据国民经济和社会发展规划、国土整治和资源环境保护的要求，土地供给能力及各项建设对土地的需求，组织编制土地利用总体规划。该法第十九条规定：土地利用总体规划按照下列原则编制：①严格保护基本农田、控制非农业建设占用农用地；②提高土地利用率；③统筹安排各类、各区域用地；④保护和改善生态环境，保障土地的可持续利用；⑤占用耕地与开发复垦耕地相平衡。该法第二十一条规定：土地利用总体规划实行分级审批。该法第二十七条规定：国家建立土地调查制度。该法第二十九条规定：国家建立土地统计制度。该法第三十条规定：国家建立全国土地管理信息系统，对土地利用情况进行动态监测。

第四章是耕地保护，共12条（即第三十一条到第四十二条），规定了耕地保护的法律原则。该法第三十一条规定：国家保护耕地，严格控制耕地转化为非耕地。

第五章是建设用地，共23条（即第四十三条到第六十五条），规定了建设用地的法律原则。该法第四十三条规定：任何单位和个人进行建设，需要使用土地的，必须依法申请使用国有土地；但是，兴办乡镇企业和村民建设住房地产经依法批准使用集体经济组织农民集体所有的土地的，或者乡（镇）村公共设施和公益事业建设经依法批准使用农民集体所有的土地的除外。该法第四十四条规定：建设占用土地，涉及农用地转为建设用地的，应当办理农用地转用审批手续。该法第四十七条规定：征用土地的，按照被征用土地的原用途给予补偿。征用耕地的补偿费用包括土地补偿费、安置补助费，以及地上附着物和青苗的补偿费。该法第五十六条规定：建设单位使用国有土地的，应当按照土地使用权出让等有偿使用合同的约定，或者土地使用权批准文件的规定使用土地；确需改变该幅土地建设用途的，应当经有关人民政府土地主管部门同意，报原批准用地的人民政府批准。其中，在城市规划区内改变土地用途的，在报批前，应当先经有关城市规划行政主管部门同意。该法第五十八条规定：有下列情形之一的，由有关人民政府土地行政主管部门报经原批准用地的人民政府或有批准权的人民政府批准，可以收回国有土地使用权：①为公共利益需要使用土地的；②为实施城市规划进行旧城区改建、需要调整使用土地的；③土地出让等有偿使用合同约定的使用期限届满，土地使用者未申请续期或申请续期未获批准的；④因单位撤销、迁移等原因，停止使用原划拨的国有土地的；⑤公路、铁路、机场、矿场等经核准报废的。依照前款第①项、第②项的规定收回国有土地使用权的，对土地使用权人应当给予适当补偿。

　　第六章是监督检查，共7条（即第六十六条到第七十二条），规定了进行监督检查的法律原则。该法第六十六条规定：县级以上人民政府土地行政主管部门对违反土地管理法律、法规的行为进行监督检查。

　　第七章是法律责任，共12条（即第七十三条到第八十四条）。规定了违反该法的处罚原则和处罚力度。

　　第八章是附则，共2条（即第八十五条到第八十六条）。规定了外商投资企业使用土地的适用原则和该法的施行日期。该法第八十六条规定，该法自1999年1月1日起施行。在附则后面，还附有刑法有关土地犯罪的处罚条款。

1.4.3　其他相关法律、法规简介

　　和房地产开发与经营相关的重要法律还有《中华人民共和国城市规划法》，该法规定了城市规划的法律原则。在城市从事房地产开发与经营，都必须遵守城市规划法。

　　此外，《中华人民共和国环境保护法》、《中华人民共和国市政公用事业法》、《中华人民共和国地震法》、《中华人民共和国建筑法》、《中华人民共和国住房地产法》、《中华人民共和国工程设计法》等法律也和房地产开发与经营有着密切的联系，从事房地产开发与经营时也必须同时遵守这些法律。

　　除去上述法律，还有一系列行政法规与房地产开发与经营相关。这些法规包括土地管理法实施条例、房地产管理法实施条例、城市规划法实施条例、城市房屋拆迁管理条例、城市维护建设税暂行条例、城镇国有土地使用权出让和转让暂行条例、城市房地产开发经营管理条例、城市住房地产建设管理条例、城市公有房屋管理条例、城市私有房屋管理条例等。从事房地产开发与经营时也必须同时遵守这些行政法规。

思 考 题

1. 房地产开发与房地产经营有什么区别与联系？
2. 简述房地产开发的概念与特征。
3. 房地产开发有哪些目的和任务？
4. 房地产开发有哪些主要参与者？
5. 简述房地产经营的概念与特征。
6. 房地产开发与经营的主要形式有几种，分别是什么？
7. 简述房地产开发的主要流程。

第 2 章

房地产开发与经营的理论和策略

2.1 房地产开发与经营的理论和概述

2.1.1 收益（利润）最大原理

获取项目的最大收益（净收益）是进行房地产开发的主要目的，即房地产开发经营者总是以其能得到的总收益等于或超过其预期的成本作为决策依据，因此准确评价与预测房地产开发项目的收益对于项目决策具有重要意义。成本效益分析是评估资源开发利用经济效益的重要方法，它可以用来评定或排列各种可比选择项目的优先顺序，也可以用来确定某个项目方案是否经济可行，即是否可以带来净收益。

成本效益分析的假设条件为：只有在对某项目的服务存在着需要或愿望的情况下，项目才有经济价值；每个项目都必须在使净收益最大的规模上实施；每个项目或项目的各个独立部分，都必须以与项目总目标相符的最小可能成本来实施；每个项目的开发优先顺序应按其经济合理程度排序。

2.1.2 可行性研究

可行性研究是在具体实施一项投资建设方案前，对拟建项目在技术上、经济上、工程上的可行性进行论证、研究、评价的分析和研究过程。其主要目的和任务是要明确是否值得投资于这个项目，即目标项目在技术上是否先进、是否实用及可靠，在经济上是否合理，在财务上是否盈利，并通过具体的指标进行评价和判断。

1. 可行性研究的过程

基本建设的投资周期可以分为 3 个时期，即投资前期、投资期和生产期。项目的可行性研究主要发生在投资前期，是为投资决策提供依据的重要环节。基本建设的投资周期如图 2-1 所示。可行性分析的结果将直接影响投资项目的成功与否。

可行性研究的全过程分为 4 个阶段，即投资机会鉴别阶段、初步可行性研究阶段、可行性研究阶段、评价决策阶段。通过投资机会鉴别，可以对某个建设项目和投资机会作出鉴定，并确定有无必要进行进一步的研究。房地产投资项目的机会鉴别，通常是在一定的地区和部门范围内寻找最为有利的投资机会。初步可行性研究是介于机会鉴别和可行性研究之间的一个研究阶段，其目的是确认机会鉴别的开发项目设想是否具有生命力，是否有必要作进一步的探讨。经过初步可行性研究之后，才能开始进行正式的可行性研究。可行性研究将为

投资前期（准备期）				投资期（建设期）				生产或销售期
投资机会鉴别	初步可行性研究	可行性研究	评价与决策	谈判签约	工程设计	工程建设	工程验收或运转	

图 2-1　基本建设投资周期

投资决策提供技术上和经济财务上的依据。

项目可行性研究主要是研究项目的成立问题、项目技术上的可行问题，以及项目的经济效益。即通过对市场的调查与研究，探讨和解决开发项目是否能够成立或存在的问题；通过对项目技术方案的研究，分析开发项目在技术上是否具有可行性的问题；通过项目的财务分析与评价、国民经济分析与评价，以及社会经济分析与评价，探究开发项目的经济效益，这部分是可行性研究的核心和重点。

2. 现金流量分析

在房地产项目的投资经营活动过程中，不断发生的各种现金的收入和支出构成了财务上的现金流量。计算房地产开发项目在整个期间现金的流入量和流出量是进行项目财务分析的基础。

现金流量分析常用的指标有净现值、净现值率和内部收益率等。

（1）净现值（NPV）。净现值是将投资方案在每一计算期内的资金流出和流入相抵，并折算为现值的累加和，是衡量一个或比较多个投资方案效益的数量指标。只要 NPV 大于零，该方案就有一定的投资效益，方案可取；当 NPV 大于零时，其值越大，其投资的经济效益就越好。

（2）净收益率（NPVR）。净收益率是项目净现值与总投资现值之比，表示单位投资现值所带来的净现值。当 NPVR 大于零时，投资方案是可取的；当 NPVR 小于零时，投资方案不可取。

（3）内部收益率（IRR）。内部收益率是使净现值等于零的贴现率，即在项目的寿命终结时，使收支相抵的收益率。IRR 反映了投资方案在整个项目寿命期内的平均资金盈利能力，是判断投资方案是否可行的重要指标。

3. 损益临界分析

损益临界分析用以解决房地产开发中使开发项目保本或不至于亏损的规模的确定问题。使开发项目的销售额正好等于投资总成本的点为损益临界点，为建设项目的盈亏界限，开发项目规模达到这一点时，投资既不亏损也不盈利。

损益临界点的计算公式为：

$$Q = F/(P-V)$$

式中：Q 为损益临界点，或年生产量与销售量；P 为单位产品售价；V 为单位产品的变动成本；F 为固定成本。

2.1.3 消费者市场购买行为理论

所谓消费者市场，是指所有为了消费而购买物品或服务的团体和个人所构成的市场。研究消费者市场的购买行为，是市场营销管理的一个重要任务。成功的经营者应能够有效地开发对消费者有价值的产品，并运用富有吸引力和说服力的方法将产品有效地呈现给企业和个人。

1. 消费者购买动机

动机是人们因为某种需要而产生并推动和诱发人们进行活动的愿望与需求，是一种无法直观的内在动力。消费者购买商品的动机是复杂多样的，可以分为本能动机和心理动机两大类。本能动机是原始动机，是由于人们的本能需要而产生的；心理动机是通过人们的各种心理活动而形成的动机。

消费者的动机是多样的，经营者必须清楚消费者对产品的需求动机，才能使经营策略与消费者购买动机相适应。

2. 消费者购买决策过程

分析消费者的购买决策过程，是为了根据不同阶段的特点施加适当的影响，制订最佳营销方案。引起需求、唤起需求是现代市场营销观念十分注意的环节，企业应不失时机采取适当措施，唤起和强化消费者的需求。需求产生以后，消费者就要寻找和搜集有关信息，作为购买依据，企业一方面应注意广告宣传，为消费者提供更多的信息；另一方面应注重自己的售后服务和公司的信誉，使购买者成为产品的宣传员。消费者得到各种有关信息后，要进行分析、整理，并通过比较，选定最能满足自己需要的产品。企业要抓住时机，针对消费者的心理，强调自己产品的特色，以获得消费者的青睐。

经过分析比较，进入购买阶段，此时企业应根据消费者的心理冲突，一方面向消费者提供更多、更详细的资料，改变消费者的心理偏差；另一方面，通过增强销售服务方便购买，促使消费者作出购买决定。

消费者购买商品后，通过一段时间的使用，对自己的购买行为进行评判，同时倾听他人意见，形成购后感受。企业应注意同消费者保持联系，以获取关于产品的反馈信息。

3. 消费者购买行为分析

消费者购买行为分析主要解决何时购买、何处购买、由谁购买和如何购买等问题。

分析消费者何时购买的问题，就是要注意消费者购买心理和购买心态，在适当时间将产品推向市场。房地产的开发周期长，何时打广告，何时放"楼花"，都是关系重大的问题，应在充分分析消费者心理的前提下作出决定。

研究消费者在何处决定购买与何处实际购买是制订企业营销计划的重要依据，企业应注意自己的形象，通过各种新闻媒体来影响、吸引消费者，并通过各种关系与客户建立联系，促使消费者作出购买决定。

分析产品购买者的特点，主要是调整企业产品及制订符合消费者需要的营销计划。房地产市场的购买者主要是企事业单位、机关团体和个人，不同消费者的购买需求和要求不同，不同房地产品所面对的主要消费者也略有不同，经营者要根据不同的消费者需求，制定决策，进行促销。

研究消费者采取何种方式实现购买，影响到产品与价格策略乃至整个营销计划。应针对房地产商品价格量大、垫付资金周期长的特点，采取有利于消费者的多种付款方式。

2.1.4　市场环境分析

市场环境是指影响企业的市场和营销活动的不可控制的参与者和影响力。对企业市场环境进行分析，是为实现营销目标制定相应的营销策略。市场环境可分为宏观环境和微观环境两大类。

1. 市场宏观环境

市场宏观环境是间接影响与制约企业营销活动的社会因素，它包括经济因素、政治因素、人口因素、政策法规和利率、税制因素。

（1）经济因素包括市场所处的宏观经济条件和经济收入水平。经济形势影响着房地产市场的发展，对国家、地区经济景气的准确分析与预测，是把握房地产市场脉搏的重要环节。经济收入在市场上表现为实际购买力，是构成市场的基本要素，研究经济收入和人们消费结构的变化是衡量市场销售机会的重要因素。

（2）政治因素对房地产市场的影响重大，只有安定的政治环境，房地产开发经营才有可靠的保证。

（3）人口因素包括人口状况、家庭人口结构的变化等，它决定了市场的规模和发展趋势，对房地产市场有重要影响。人口数量的增加必然导致住房需求的增加，人口规模还直接影响区域内商业的繁荣和工业的发展，从而引致对房地产的需求。家庭人口结构的变化影响住宅的设计指标，对企业制订开发、营销计划具有重要意义。

（4）政策法规和利率、税制因素是介于政治与经济因素之间的市场环境因素，既体现了经济规律，又带有行政干预的色彩，是政府对经济发展实施宏观调控的具体表现。企业应遵守国家的法规、政策，在相应的约束条件下，寻求企业发展的潜力。

2. 市场微观环境

市场微观环境是指企业经营具体业务活动中的直接影响因素，包括供应者、生产者、顾客、竞争者和社会公众等因素。

（1）供应者是向企业及竞争者提供生产所需资源的企业和个人。公司应与主要供应者建立良好的信用关系，以保证供货渠道的畅通。

（2）生产者是从事各种房地产商品生产的开发企业，应该同生产企业建立良好的关系，并以提供优良的中介服务争取更多的客户。

（3）顾客是企业产品的直接购买和使用者，顾客的变化意味着市场的获得与丧失。企业要充分了解顾客市场，以有效的、恰当的产品和服务占领目标市场。

（4）竞争是市场经济的规则，企业必须识别出竞争者，认真分析竞争对手的长处和短处，并加以比较和控制，才能获得胜利。

（5）社会公众是指对一个组织实现其目标具有实际或潜在利害关系或影响力的一切团体和个人。明智的企业会努力保持与主要公众之间的联系，树立自己的形象和信誉。房地产企业所面临的公众有融资公司、媒介组织、政府机构、公民团体、当地公众、一般公众和内部公众。

2.1.5　市场需求预测

企业不仅要对市场进行各种定性分析，如消费者购买行为分析和市场分析等，而且要从定量的角度去研究市场，估计目前和未来市场需求规模的大小。

1. 市场需求预测的有关概念

市场需求是指一定的顾客在一定的地理区域、一定的时间、一定的市场营销环节和一定的市场营销方案下购买的总量。

市场预测表示在一定的环境条件下和市场营销费用下估计的市场需求。

市场预测根据预测的对象范围可以分为宏观预测和微观预测。宏观预测是从较大的角度去研究市场，如国内或城市房地产市场研究等。微观预测则是从企业的角度去研究市场，研究的目的更加明确和具体，针对性更强。

市场预测根据预测的时间可以分为长期预测、中期预测和短期预测。长期预测为 5 年以上，中期预测为 1 年到 5 年之间，短期预测为 1 年以内。预测期限的不同，预测的目的、指标要求也不同。

根据预测方法的性质不同可以分为定性预测和定量预测。

2. 市场需求影响因素分析

影响市场需求的主要因素有竞争状况、人口统计分析及趋势分析等。

（1）竞争状况主要分析现存的和预计的竞争状况，对于房地产市场而言，主要包括类似房地产的租金水平、售价、定位、空房率，以及目标项目的舒适性等。企业要根据市场经济形势的变化，抓住有利的竞争时机，为企业创造更多的发展机会。

（2）人口特征能够表明地区消费者的偏好，如收入、年龄和职业都是影响住房消费分析的重要因素。应该充分利用人口统计资料，对各类人口特征及消费需求，以及地区消费特点进行分析，并制订市场开发和经营计划。

（3）趋势分析即预测一年来的需求动向，这是十分必要的。营销者可以根据收集到的有关信息和资料，运用一定的方法，根据市场供求关系的趋向作出一些客观的预测和判断。

影响市场需求的因素千变万化，各种因素也是相互作用、相互联系的，要善于预测市场的变化，制定正确的决策，创造有利于自我发展的市场。

3. 市场需求预测的主要方法

需求预测是一项十分复杂的工作。在大多数情况下，企业经营的市场环境是不断变化的，由于这种变化，市场需求经常处于一种不稳定的状态。而需求越不稳定，越需要准确的预测，这往往是企业能否成功的关键。

市场需求预测的方法大致可以分为定性预测和定量预测。常用的方法中，购买者意向调查法、销售人员综合意见法、专家意见法、市场试验法等均为定性预测方法，而时间序列分析法、直线趋势法、指数曲线趋势法、指数平滑法和统计需求分析法等则为定量预测方法。以下就几种方法做一说明。

（1）购买者意向调查法是对在给定条件下潜在购买者的可能行为进行调查预估的方法。对于耐用消费品，一般要定期进行抽样调查，以及时了解购买者的购买意向。

（2）销售人员综合意见法是企业通过听取销售人员意见对市场需求进行估计的方法。

（3）专家意见法是企业利用经销商、分销商、供应商及其他一些专家的意见进行预测的方法。

（4）时间序列分析法是将历史上积累起来的资料按年、月或按周期排列，构成一个统计数列，并根据其发展动向向前推测，适用于市场稳定、短期预测的情况。时间序列分析法又可以分为简单平均法、加权平均法、移动平均法、指数平滑法和变动趋势预测法等。

2.1.6　价格确定理论

在市场经济条件下，价格是影响市场需求和购买行为的主要因素，企业如能制定适当的价格，就能扩大产品销售，提高市场占有率，增加盈利。

1. 完全竞争型市场结构企业定价

完全竞争的市场应具备以下条件：市场上有许多卖主和买主，买卖的商品只占商品总量的一小部分；买卖的商品都是相同的；新卖主可以自由进入市场；卖主和买主对市场信息尤其是市场价格变动的信息完全了解；生产要素在各行业有完全的流动性；所有卖主出售商品的条件都相同。

事实上，在完全竞争的条件下，没有一个卖主或买主对现行市场价格能有很大影响。应当指出的是，在当今世界各国，完全竞争的市场并不存在。

2. 垄断竞争型市场结构企业定价

垄断竞争是一种介于完全竞争和纯粹垄断之间的市场形式，是一种不完全的竞争。在垄断竞争的市场上有许多卖主和买主，但各个卖主所提供的产品有差异，其需求曲线不是水平的，因此各个卖主对其产品有相当垄断性，能控制其产品价格。

3. 寡头竞争型市场结构企业定价

寡头竞争是竞争和垄断的混合物，也是一种不完全竞争。在这种竞争条件下，一个行业中有少数几家大公司（大卖主），它们所生产和销售的某种产品占这种产品的总产量和市场销售总量的绝大比重，它们有能力影响和控制市场价格。

用一般性价格理论很难解释所有的寡头竞争状况，这使得这种市场结构的定价变得十分不确定。有的学者提出用一种转折需求曲线来描述寡头竞争条件下的定价。

4. 纯粹垄断型市场结构企业定价

纯粹垄断（或完全垄断）是指在一个行业中某种产品的生产和销售完全由一个卖主独家经营和控制的市场条件。有两种纯粹垄断：一种是政府垄断，即政府独家经营的业务；另一种是私人垄断，即私人企业控制的业务。在这种条件下，一个行业中只有一个卖主（政府或私营企业），没有别家竞争，这个卖主完全控制了市场价格，它可以在国家法律允许的范围内随意定价。

以上分析了各种市场结构下的企业定价理论，从中可以看到价格理论的讨论在于明确价格与需求、成本之间的关系。应强调的是，在市场营销管理中，定价应与其他营销手段配合运用，以实现企业营销目标。

2.2　房地产开发与经营策略分析

2.2.1　产品策略

房地产开发与经营的最终目标是获取满意的利润。但是要达到这个目标，首先必须从产品本身着手，房地产产品是具有特殊性的生活耐用品，其价值量大、开发周期长、不可移动性等特性，决定了房地产项目的产品策略不仅在短期内影响项目本身的营销和收益水平，还会在长期内影响城市建设和上下游产业链上的相关行业，乃至宏观经济。因此，提供适合市场需求的产品，提高产品质量，是实现开发经营收益的第一个环节。成功的房地产产品策略包括树立品牌、提高质量、增加科技含量等方面。

1. 树立品牌

随着市场的成熟，商品的品牌形象已成为消费者认知产品的一个重要因素。房地产产品也不例外，房地产产品的品牌对消费者起着重要的导向作用。品牌体现产品的质量，不仅表现为具体的、客观的产品质量，而且还包括产品为消费者带来的精神上的满意度。要树立房地产产品的品牌，在消费者心目中建立良好的品牌忠诚度，首先，必须在项目质量、服务、功能等方面进行全方位的提升。房地产项目对于消费者来说，投资量大、消费时间长，在购买时往往慎之又慎，会综合考虑地段、环境、价格、质量、物业管理等多方面因素，这些都是房地产开发商在树立品牌时要兼顾的。其次，还应当重视品牌的宣传，这是增强品牌效应的重要手段。房地产品牌宣传应当掌握适时、适当的原则，在营销阶段应当通过科学的定位、包装，重点对品牌形象进行宣传，强化购房者的品牌认知。在物业管理阶段应当通过客户信息反馈巩固品牌形象，提升品牌价值。

2. 提高质量

房地产产品的质量是一个综合性的含义，既包括建筑物的建筑质量，也包括户型设计、区位环境、开发商和物业管理公司的服务质量等因素。开发商必须把握市场需求特征，不断改进项目功能，完善配套设施，从用户需求出发。在项目设计上，除注重建筑物造型、建筑风格的创新之外，还应当了解用户的其他需要。例如，在住宅项目开发中增加小区绿化、娱乐设施等环境建设，在写字楼项目开发中增加智能化办公设施，都能够提高项目的吸引力，使开发的产品在市场中富有竞争力。

3. 增加科技含量

科技进步是现代经济各行各业努力追求的目标。在房地产项目开发中，运用新的设计概念、新的建筑材料、新的施工技术，不但能促进房地产及相关产业的技术进步，而且能增加项目的科技含量，满足消费者的需求。高科技含量在房地产项目营销中是一种有效的策略，如绿色建筑、智能化楼宇、生态居住区等新理念的推出，在房地产项目的营销和收益水平的提高中起到重要作用。

2.2.2　市场开发策略

市场决定企业的生存。任何一个企业进入某一行业，都是从开发市场起步的，房地产企业也不例外。通常，企业的市场开发策略有市场开拓型、市场渗透型、产品开发型和多角型等几种类型。前两种主要是为原有产品在已有市场中扩大销售量，或者寻求新的市场；后两种主要强调开发新的产品或对原有产品进行改进，并占领新的市场。

从房地产产品的特征来看，新产品的开发对设计、施工、建筑材料等相关行业的关联度较大，开发新产品需要的时间也较长。所以，目前房地产企业开发市场以前两种为主，一种是在比较熟悉的地区开发更多的项目，利用其了解市场和消费者特点的优势，增加产品销售量，获取利润，如大多数房地产企业都会将自己的项目选择在有限的几个地区；另一种是在不同地区开发同种类型的房地产项目，利用专业化优势，加强营销，开发新的市场。例如，有些房地产企业专门开发住宅，有些企业专门开发大型商业广场，而他们的项目在地区分布上会比较广泛。

近几年来，房地产产品无论是建筑风格，还是平面布置、环境景观、建筑技术，都在不断地发生变化，房地产开发中的新产品也层出不穷。例如，在我国兴起的大型商业广场就属于新的类型，而绿色建筑、生态建筑等就属于采用新技术、新材料、新设计，对原来的建筑类型进行改进，这些新产品的市场开发就可以采用产品开发型或多角型策略。

2.2.3　价格策略

价格是一种很重要的竞争手段。企业为了实现自己的经营战略和目标，经常根据产品特点、市场需求和竞争状况，采取灵活多样的价格策略，使产品价格与其他策略更好地结合，以促进和扩大销售量，提高企业的整体效益。市场竞争中常用的价格策略可以分为高价策略、低价策略和均衡价格策略等类型。高价策略适用于新产品，由于具备独立市场的垄断优势，在短期内采用高价策略，可以尽快收回投资，获取较多的利润；低价策略适合于以扩大市场份额为主要目标的竞争，通过降低单位产品的利润而增加市场占有率，从而扩大总利润；均衡价格策略是以市场供给量和需求量相等时的均衡价格为指导的定价方式，随着市场供求关系的变化调整价格水平。

对房地产开发商来说，价格直接关系到市场对其产品的接受程度，影响着市场需求和开发利润。房地产价格反映的是建筑物价格、使用价值和收益能力等方面的综合信息。因此，房地产的定价远比一般商品复杂得多，相同的建筑会由于所处地区的不同而具有不同的价格，相同地区、相同的建筑在不同时期会有不同的价格。房地产定价应当在目标市场和市场定位的基础上进行。对于一般商品住宅，为了追求市场占有率，适合采用低价策略。而对于高档楼盘，采用高价策略往往会吸引追求品质的消费者。目前，大多数房地产项目的定价则是将低价和高价两种方式相结合，采取"低开高走"的策略，尤其是分期开发的项目，首期先以低价吸引顾客，汇聚人气，从第二期开始逐步加价，增加收益。

2.2.4 营销策略

由于房地产的不可移动性和高价值特征，房地产的营销不同于一般商品。根据开发商的实力、项目品质和市场供求状况，可以选择开发商直接销售或委托代理商销售。

1. 开发商直接销售

开发商直接销售是由开发商自行设立营销部门，负责项目的营销策划、宣传和销售工作。一般大型的房地产开发公司都设有销售部门，专门负责公司开发的项目销售工作。直接销售的优点有3个方面：①开发商能够通过与消费者直接接触，了解消费者对项目的评价，掌握第一手市场资料，有利于未来的项目开发中改进建筑设计、施工质量，进一步适应市场需要，提高竞争能力；②对项目有深入的了解，开发商自设的营销一般会从项目投资决策阶段就开始参与项目开发的整个过程，熟悉项目每一部分的特征和功能，在营销宣传中能突出项目独特之处，在推介项目时更容易给顾客以信任感，营销成功率较高；③公司自设的营销部门员工在推介项目时会比委托代理公司的员工更加专注于所推介的产品，工作效果比较好。

开发商直接销售可能面临的问题是营销成本可能会高于委托销售。一方面，项目销售是阶段性工作，在没有项目销售时，公司仍然要支付营销人员的工资，会增加公司的运行成本；另一方面，公司内部的营销人员在营销技能方面可能不如专业营销公司全面，需要支付专门的费用，用于营销人员的业务技能培训。因此，如果开发商规模较大，项目较多，或者房地产市场表现为供不应求的卖方市场，或者开发商确信自己的项目品质特别优良，信誉度很高，就可以采用直接销售的方式。

2. 委托代理商销售

房地产代理商是接受房地产开发商的委托，以代理人的身份负责某一项目的营销工作的公司。随着房地产市场竞争越来越激烈，信息对于一个项目的成败越来越重要，营销代理商是专业的营销公司，有机会接触大量的信息，并且有专业的营销知识和丰富的销售经验，能够使销售工作进展更为顺利。专业的代理商并不是简单地接受开发完成的项目，然后推销出去，而是在项目开发初期就可以介入，利用专业知识和市场信息，在市场定位、建筑设计、设备和设施方面，从营销的角度为开发商提出建议，使项目更加接近市场需求，为后期销售打下良好的基础。

2.3 房地产开发与经营决策

2.3.1 房地产开发与经营决策问题的类型

1. 构成决策问题的基本条件

决策是对需要处理的事物作出策略上的决定。房地产经营决策就是按照事先确定的经营目标，在占有大量信息的基础上，借助现代化手段与分析方法，通过定性的推理判断和定量的分析计算，对经营方案进行选择的过程。

从决策的含义可以看出，构成决策问题要具备以下基本条件。

（1）有明确的目标。所有的决策都是为了解决确定的问题，达到明确的目标。没有目标的决策是盲目的决策。因此，确定目标是决策的第一步，是决策的基础。决策的目标应明确、具体，而且应当可以定量描述，有具体的衡量标准。

（2）有两个以上可供选择比较的方案。决策的过程实际上也是一种方案的评价与比较的过程。同一问题往往存在多种实施方案，决策的目的就是寻找与发现那些最优方案。

（3）有评价方案优劣的标准。方案的优劣必存在一种客观的评价标准，而且这些标准应当尽可能是可以定量描述与计算的。

（4）有真实地反映客观实际的数据资料。准确的决策不仅有赖于科学的方法，更有赖于原始资料的准确程度，只有从真实反映客观实际的数据资料中，才能归纳出科学的符合客观实际的规律，作出正确的决策。

2. 决策类型

决策要有一定的价值标准，或者称价值函数。在工程经济领域内，价值函数常用经济效益表示，一般称为损益值。

根据人们对状态变量变化规律的掌握程度，决策可分为确定型、风险型和不确定型3种。

1）确定型决策问题

确定型决策问题是指当只有一种自然状态，或者可以准确地预测未来的状态时，自然状态就不再是随机因素。确定型决策所面临的客观条件（如开发商所面临的市场销路等）是肯定的、已知的，也是可以定量描述的。这类决策问题一般按决策目标所确定的定量标准，根据不同的约束条件，采用不同的数学模型和计量指标，进行程序化的决策。

2）风险型决策问题

风险型决策问题是指当不知道未来究竟出现何种自然状态，但知道各种状态出现的概率时，决策者采取任何策略都要承担一定风险。确定型决策可以视为风险型决策的特例。肯定出现的自然状态可视为必然事件，出现的概率为1。其他自然状态则为不可能事件，出现的概率为零。

风险型决策问题要以综合考虑各种技术经济指标值及其发生概率的所谓期望值作为评价标准。由于决策带有风险，决策者对待风险的态度不同，进行方案比较的标准（决策准则）也不相同。

3）不确定型决策问题

不确定型决策问题是指当既不知道未来出现何种自然状态，又无法统计或估计各种状态出现的概率时的决策问题。由于对未来的可能态势完全没有把握，决策结果完全取决于决策者的经验和对待风险的态度，方案决策的标准（决策准则）也有各种不同的表达形式。

3. 房地产开发与经营决策的原则

房地产经营决策过程所面临的众多复杂因素和问题，迫使决策者除了要按照一定的规范性的程序和标准的方法进行逻辑思维与分析之外，还要以一种普遍的符合客观实际的通用规则进行判断，这就是经营决策中应当遵循的基本原则。

1）遵守政策法规原则

房地产在我国还处于发展阶段，为了促进房地产业的发展，培育房地产市场，国家及地方政府制定了一系列有关房地产的法规、政策。因此，无论是部门决策，还是企业决策，都必须以政策法规为依据，政策法规是进行房地产市场营销决策的重要制约因素之一。

2）取得最佳效益的原则

房地产企业作为一个开发经营单位，在运用正确的方法，从多个可行性方案中寻求最优方案的过程中，必须把取得良好的经济效益、实现盈利目标作为中心问题来考虑。同时，在进行决策时应把速度和效益、眼前利益与长远利益、企业效益与社会效益很好地结合起来，选择效益较高的营销决策方案，使企业获得最大的经济效益，同时也取得良好的社会效益。

3）风险意识的原则

房地产投资数额大、期限长，不仅受市场因素的影响，而且受政治因素、社会因素的影响。尤其是在竞争激烈、市场波动较大时，项目投资将冒一定的风险。房地产投资决策应当把具备风险意识、进行各类风险因素的分析与判断，作为一项基本原则。对每个具体的投资项目都应进行风险分析，制定各种应变措施。

4）定性分析与定量分析相结合的原则

定性分析是通过对经济现象矛盾的揭示，对其内在联系的逻辑推理来认识经济现象发展的内在规律，是一种更为灵活，考虑问题更复杂、更深刻，受人的主观思维影响更多的分析方法。定量分析注重经济现象数量的描述，采用数学模型，依赖数字计算进行分析。定量分析能更真实、更客观地反映实际情况，是一种更科学、更符合实际的方法。

房地产投资决策分析离不开大量数据计算，许多技术经济指标唯有依赖定量分析才能求得，这些指标往往是进行投资决策的基础。因此，房地产投资决策必须坚持以定量分析为主的原则。然而定量分析有赖于定性分析，只有建立在科学的定性分析基础上的定量分析，才是最可靠的。房地产投资问题的复杂性，决定投资决策所面临的许多因素，如政策因素、规划因素、环境因素等，都无法进行定量描述，因而房地产投资决策，必须坚持定量分析与定性分析相结合的原则。

2.3.2　房地产开发与经营决策的程序与方法

经营决策的程序是经营决策过程规律性的表现。正确的决策不仅取决于决策者个人的素质、知识、能力、经验，以及审时度势和多谋善断，并且与认识和遵循科学决策的程序有着密切关系。按照科学决策的理论，经营决策可分为以下 6 个基本步骤。

1. 发现问题

决策是针对需要解决的问题而进行的，发现所需解决问题的症结所在并分析其产生的原因是经营决策的起点。一名优秀的经营者要善于根据企业经营环境进行分析和判断，从蛛丝马迹中找出问题。如果不能经常地发现问题，也就无从作出决策。

2. 确定目标

目标是经营决策的依据，目标选择错了，就会一错再错，造成整个经营决策的失误。在发现了经营问题之后，就要进行调查研究，搞清楚问题的性质、特点和范围，尽量以差距的形式把问题的症结所在表达出来，找到产生差距的真正原因，从而确定问题所期望达到的结果，即决策目标。一个好的决策目标应满足以下要求。

（1）针对性。经营决策目标的提出应当有的放矢，针对所存在的问题，切中要害，选中解决问题的突破口，或者把握开拓发展的最好机会。

（2）明确性。确定决策目标是为了实现目标，因此必须明确、具体，使人能够领会执行。经营决策目标的含义要准确，必须有定性与定量的表述。同时，必须严格规定目标的约束条件。

（3）层次性。在同一经营决策系统同时存在着多个目标时，必须分清主次，应从其可能性、可靠性、重要性等方面出发，按照主次先后进行排列，有取有舍，形成一个有机整体。

（4）可行性。经营决策目标的可行性是指实现目标所必需的物质条件、信息条件和组织条件。只有条件具备了，目标才有可能实现。经营决策目标必须建立在可靠条件的基础上，企图超越条件的目标，将导致决策的失败。

3. 拟制方案

决策在于选择，没有选择就没有决策。拟制供决策者选择的各种可能行动方案是经营决策的基础。在确定目标之后，充分发动企业的智囊团和专业技术人员收集、掌握丰富的信息，集思广益、科学论证、精心设计，拟制实现目标的各种备选方案，供进一步选择。拟制方案时需要注意以下两点。

（1）整体详尽性。拟制的备选方案应把通向目标的各种方案包揽无遗，以供下一步评价选优。如果有遗漏，最后选择的方案就有可能不是最好的方案。

（2）相互排斥性。各种备选方案之间应是相互排斥的，执行方案一，就不可能执行方案二。只有这样，才可能进行方案的比较选择。

4. 分析评价

方案的分析评价就是在进行选择之前对每一个备选方案有关的技术、经济、社会环境等各方面的条件、因素、潜在问题进行可行性分析，并与预先确定的目标进行比较，作出评价。

（1）限制因素分析。任何一个经营决策和行动方案都有一定的约束条件，因此，必须研究论证与方案有关的资源、人力、物力、财力、时间、技术及其他条件，从而判定方案是否行得通，是否能达到预期目标。

（2）潜在问题分析。这是指预测每一个备选方案可能发生的潜在问题是什么，发生的原因是什么，研究防止和补救的可能性，准备防范措施和应急方案，以减少潜在问题发生的可能性和危害性。

（3）综合评价。根据经营决策目标全面分析方案的经济效益、环境效益和社会效益。

分析评价一般由各方面的专家、学者组成评审团评议，或者召开专家论证会。分析评价的过程也是进一步完善方案的过程。

5. 选择方案

选择方案是整个经营决策的中心环节，也是决策者的重要职责，集中体现了决策者的经营艺术和素质。要正确有效地进行选择工作，必须掌握方案的选择标准。选择标准是和经营决策目标紧密相连的，并且能保证更好地实现决策目标，如在同样可以实现决策目标的前提下，要使得到的利益尽可能大，付出的代价尽可能小；实现经营决策目标的决策正确作用尽可能大，副作用尽可能小等。需要指出的是，所谓最优方案是相对的，要受到许多不确定因素的限制，因此最优标准是很难选定的。在实际选择中，人们多采用"满意标准"来比较各个方案的优劣，淘汰那些不好的方案，留下最好的方案，或者在吸收各个备选方案长处的基础上，形成一个新的综合性方案。

6. 实施追踪

决策总是要实施，不付诸实施的决策是没有现实意义的。经营决策的实施是一个动态的依赖于时空变量和环境变量的复杂过程。因此，在实施过程中必然会碰到新问题，引起新矛盾，会出现变化的情况与决策目标偏离的现象。这就要求决策者必须重视信息反馈，及时总结经验教训，依据客观情况对方案进行必要的调整和修改，以保证决策的目标最终实现。

（1）反馈控制。经营决策中的反馈控制是准确而及时地把决策过程的主客观之间的矛盾信息输送给决策者，从而使决策者根据经营环境的变化，对决策方案、行为进行不断修正，以保证经营决策目标顺利实现。为保证反馈的及时、有效，应建立信息反馈网络，并保证信息渠道畅通无阻。

（2）追踪决策。追踪决策是指原有决策的实施危及经营决策目标的实现时，或者原有决策是正确的，但由于客观或主观条件发生重大变化时，对决策目标或决策方案进行的一种根本性修正。它是对原决策的扬弃，而非原决策的简单重复。

以上是决策过程的基本程序，其中每个步骤都是经营决策过程中必不可少的。它们相互联系、相互制约，构成经营决策的动态过程，如图 2-2 所示。

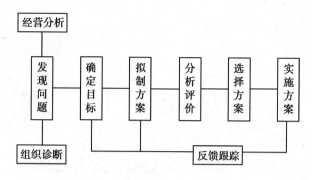

图 2-2 决策过程基本程序图

思 考 题

1. 可行性研究有哪几个阶段？每个阶段的目的是什么？
2. 简述消费者市场的含义及研究消费者市场的意义。
3. 简述房地产市场需求的影响因素。
4. 房地产开发与经营有哪些策略分析？
5. 简述构成决策问题的基本条件。
6. 房地产开发与经营决策有几个步骤？分别是什么？

第3章

房地产企业

3.1 房地产企业的性质与任务

在学术界，"房地产企业"历来有不少不同表述方式的定义。一般来说，房地产企业是指集合土地、资金、人力、物力等生产要素，创造利润，承担风险，并专门从事房地产开发、房屋买卖、租赁、房地产抵押，以及房屋信托、交换、维修、装饰乃至房地产信息、咨询、管理服务，并包括土地使用权的出让、转让等经济活动在内的经济实体。也可以扼要地将房地产企业定义为：从事房地产开发经营的各种有关经济活动，在满足社会需要的同时获取利润，进行自主经营、独立经济核算，并具有法人资格的经济单位。

3.1.1 房地产企业的性质

从本质上，房地产企业和国民经济中其他各类企业相同，具有普遍意义的社会经济属性。房地产企业和社会上其他行业的各类企业，特别是工业企业中的建筑企业有非常相像的共性。

但是房地产企业有着自己独有的特殊性质，而这是由房地产行业的特殊性导致的。

首先，房地产企业一般并不直接进行产品生产，即不直接从事房地产商品的建筑和施工工作。房地产企业通常是以开发商的角色出现，充当最终产品生产的组织指挥者，而真正具体的建筑等工作是由建筑业等企业完成的，最后是在房地产开发企业的协调调度下，配合完成工作。

其次，房地产企业不直接进行房地产的生产建造工作，其企业活动涉及生产、经营、管理、服务等多种职能，其价值链连通了房地产生产、流通、消费的全过程。由于以上原因，在国民经济所有行业的分类中，房地产企业属于流通、服务业类企业，即第三产业，而不是被划分在第一产业门类或第二产业门类。

3.1.2 房地产企业的分类

房地产企业按照不同的标准，可以进行不同的分类。然而，对房地产企业作出合理的分类，有助于依照各个企业的类型和特点进行分析研究，进而实行科学的管理。房地产企业有以下几种分类形式。

1. 根据企业所有制性质不同划分

（1）国有及集体所有制房地产企业。这类企业主要是脱胎于各级政府隶属企业或由国有资产、集体资产组建的各种房地产企业。

（2）民营房地产企业。民营房地产企业是当前房地产开发企业中数量最多的，主要是由民间资本组建的各种房地产企业。

（3）中外合资房地产企业。这类企业主要是由中国大陆范围内各类资本与国外、境外资本组建而成的。

（4）外商独资房地产企业。此类企业主要是由国际、境外资本组建而成的。

2. 根据企业从事的主要业务的不同进行划分

（1）房地产开发企业。房地产开发企业是按照城市建设总体规划，对城市土地和房屋进行综合开发，将开发完成的土地、房屋及配套设施出售给其他单位或个人，实行自主经营、自负盈亏的企业。

（2）房地产中介服务企业。房地产中介服务企业是指为房地产开发、经营、交易等活动的各个环节提供中介代理和相关服务的企业、机构和组织，主要包括房地产经纪公司、房地产咨询公司和其他各种房地产中介公司等。

（3）物业管理企业。物业管理企业是指受物业所有者的委托，对已竣工验收投入使用的各类房屋建筑和附属配套设施、场地，以及物业区域周围的环境、清洁卫生、安全保卫、公共绿化、道路养护等实施统一的专业化管理和维修养护，为居民生活提供高效、优质、便捷、经济的综合性服务。

3. 按经营的性质划分

（1）房地产专营公司。房地产专营公司是指依法注册成立，长期专门从事房地产开发经营业务的企业。在企业的经营期内，可对各项允许开发的项目进行投资建设、经营管理。目前，我国各个城市的城市建设综合开发公司均为专营公司。专营公司由于长期从事房地产开发，技术力量强大，资金雄厚，管理水平较高，在房地产市场上竞争能力较强。

（2）房地产兼营公司。房地产兼营公司是指某些主营其他行业，如商业、建筑业、电子工业、化学工业等的公司，在注册过程中，申请兼营房地产开发经营管理的公司。随着企业经营机制的转换，企业在投资方面有了更大的自主权，一些资金实力雄厚的公司为优化其投资组合，希望将部分资金投向收益水平相对较高的房地产业，因而纷纷将房地产开发纳入其经营范围。

（3）房地产项目公司。房地产项目公司是针对某一特定项目而设立的开发公司。许多合资经营和合作经营的房地产开发公司即属于这一类。项目公司是在开发项目可行并确立的基础上设立的，一般随着项目的完成而解散。由于项目公司是一种短期的经营，经营方式灵活，公司的收益只受当期开发项目的影响。

3.1.3 房地产企业的任务

1. 房地产企业的根本任务

房地产企业的根本任务是按照市场需求，进行房地产综合开发与运营，高质高效地满足社会对房地产日益增长的需要。按照上述根本任务，房地产企业的经营目的有以下 5 个方面。

（1）房地产开发企业积极参与市场竞争，生产出在质量、工期、价格方面使用户满意的产品，增进企业信誉和知名度，提高市场占有率。

（2）房地产中介公司为卖者与买者间即供求者之间提供合理、公正、公平的交易及善后的咨询服务。

（3）房地产物业管理公司要为业主提供优质的物业服务。

（4）加强和改善经营管理，努力降低成本，增加企业盈利。

（5）推进科学技术进步，逐步改善企业的生产经营条件，争取企业的持续发展。

2. 房地产企业的具体工作

房地产企业的具体工作包括房地产的开发建设、房地产的买卖与租赁、土地使用权的交易、物业管理等。

1）房地产的开发建设

房地产开发包括土地开发和房屋开发两部分。土地开发是指对土地进行地面平整、建筑物拆除、地下管线铺设，以及道路和基础设施建设等，使土地满足进一步建设房屋的条件。土地开发包括新城区的土地开发和旧城区的土地开发。新城区的土地开发是经过征用土地和城市基础设施建设来实现的，也就是变农业用地为城市工商、交通和生活用地。征用土地是将农村集体所有制的土地通过征用、补偿转变为国家所有制的城市土地，其实质是有偿地转变了土地的所有制性质。

房屋开发是指房屋建设的分析策划、规划设计、施工建设、配套完善、交付使用等全过程。房屋建设包括房屋的新建和改建。对生地开发完毕后进行规划、设计、建设的行为称为房屋新建，对旧城的拆迁、改造称为旧房改建。

2）房地产的买卖与租赁

房地产买卖是连同房地产物质载体及其各类附着物在内的房地产所有权和使用权关系在房地产交换主体之间（开发者、经营者和消费者）的转移。同时其也是房地产在生产环节、流通环节和消费环节之间流动、转移的标志。房地产租赁是房地产所有者将房屋使用权出租给承租者使用，承租者按照双方签订的租赁合同向出租者定期支付租金的行为。房地产租赁的实质是房地产所有者在保持房地产所有权的前提下，对房地产使用权的有条件暂时过渡。

3）土地使用权的交易

由于我国实行土地国有制，土地买卖主要是以土地使用权为对象的交换关系。其实只是在土地所有权与使用权分离情况下，国家在保留土地所有权的同时，对土地一定时期使用权的出让。对于房地产企业来说，土地使用权的交易包括土地使用权的转让、抵押和出租等。

4）物业管理

随着居民生活水平的提高，人们对居住质量的要求逐步提高，物业管理应运而生。所谓物业管理，简单地说就是物业管理企业受物业所有人的委托，依据委托合同，对房屋及其设备、市政公用设施、绿化、卫生、交通、治安和环境等项目进行维护修缮与整治，并向物业所有人和使用人提供综合性的有偿服务。

3.2　房地产开发企业及其特征

房地产开发企业是按照城市建设总体规划，对城市土地和房屋进行综合开发，将开发完成的土地、房屋及配套设施出售给其他单位或个人，实行自主经营、自负盈亏的企业。作为企业，房地产开发企业和其他企业一样，都是通过其经营活动来获取利润，实现其资本的增值；但又与其他企业不同，它主要是通过房地产的开发经营来取得收入，实现利润。

3.2.1　房地产开发企业的业务范围

就内容而言，房地产开发企业的业务主要包括土地的开发和建设，房屋的开发和经营，城市基础设施与公共配套设施的开发和建设，代理工程的开发和建设等。

1. 土地的开发和建设

土地的开发和建设是指对取得的土地按城市总体规划进行地面平整、建筑物拆除、地下管道铺设，以及道路和基础设施的建设等，将"生地"变为"熟地"的过程。在土地的开发和建设之后，土地的有效使用范围得到扩大，土地的利用程度得到提高。土地的开发和建设是房地产开发的首要条件，否则其他方面的开发工作很难开展。

2. 房屋的开发和经营

房屋的开发是指在土地开发后的土地上继续进行房屋等建筑物的建设。房屋的建设不仅包括房屋的整体建筑建设，一般还包括房屋的装修等其他业务。房屋的经营则主要是房屋的出售、出租等，以及房屋开发完成后的物业管理。按用途划分，房地产开发企业所开发建设的房屋分为商品房、出租房、周转房和代建房等。商品房是指为销售而开发建设的房屋；出租房是指用于出租经营为目的的各种房屋；周转房是指为安置动迁居民周转使用而建设的房屋；代建房是指受地方政府或其他单位委托而开发建设的房屋。

3. 城市基础设施与公共配套设施的开发和建设

城市基础设施与公共配套设施的开发和建设是指根据城市建设总体规划而进行的大型配套设施项目的开发建设。这主要有开发项目的给水排水、供电、供气、公共绿地、健身娱乐设施等的建设。

4. 代建工程的开发和建设

代建工程是指房地产开发企业接受当地政府和其他单位委托，代为开发的某种工程项目。代建工程的范围包括土地开发工程、房屋建设工程和市政公用设施等。

3.2.2　房地产开发形式的分类

1. 根据房地产开发内容的不同分类

（1）综合开发。综合开发是指从规划设计、征地拆迁、土地开发、房屋建设、竣工验收，直到建成商品房进行销售、交付使用的整个过程。这是房地产开发企业科学地组织开发建设、经营管理、服务的一项系统工程。

（2）土地开发。土地开发是指只办理征地拆迁和劳动力安置，搞好水通、电通、路通和土地平整的"三通一平"的全过程。它与综合开发的区别是土地开发不包括房屋建设的过程，一般是土地开发以后，按照当时的市场价格，通过拍卖、招标的方式，把已开发的土地转让给有关单位进行房屋建设，并按规定收取土地开发费。

（3）房屋开发。房屋开发是在土地开发的基础上，获得土地使用权后，按照城市规划的要求，组织房屋设计、施工建设、竣工验收、出售、租赁等经营的全过程。

2. 根据房地产开发承担方式的不同分类

（1）独自开发。独自开发即房地产开发公司自己负责从本项工程的可行性研究、征地拆迁直到房屋建成经营的全过程。

（2）委托开发。委托开发即房地产开发公司接受用户或投资单位的委托，根据已划定的征地红线，进行规划设计、拆迁安置、组织施工，直到建成后交付委托单位。开发公司按规定收取开发管理费或承包费。

（3）分包开发。分包开发即房地产开发公司接受某项开发工程后，根据公司自身的能力和工程项目的性质、工程量的大小，将该工程分包给有关专业工程公司。

3. 根据房地产开发阶段的不同分类

（1）前期开发。前期开发是指开发区破土动工以前的一切准备工作。一般包括开发区的可行性研究，选定开发区的地点，向政府申请建设用地，征用土地，拆迁安置，规划设计，制订建设方案，施工现场的"三通一平"等工作。

（2）中期开发。中期开发是指对房地产的经营管理过程。一般包括房屋建设，竣工验收，房屋出售、租赁，经营目标，经营决策，经营方式、方法和综合开发公司自身的专业管理与综合管理等内容。

（3）后期开发。后期开发是指房屋的售后服务。一般包括房屋出售或租赁以后，对各种建筑物、构筑物和设备安装工作的保修、维修、使用等房屋的维护管理工作。后期开发对解决用户的后顾之忧尤为重要。

3.2.3　组建房地产开发企业的程序

申报成立一个房地产开发企业是一项比较复杂的事情。其主要的程序如下。

（1）向上级机关申报组建房地产开发公司，提出申报的依据和可行性研究报告。

（2）拟写公司章程。

（3）向地方政府或主管机关申报成立房地产开发公司，并附有上级单位批准文件；公司章程；公司正、副经理及有关专业技术负责人任职书；上级单位担保书。

（4）申报公司资质等级。

（5）办理银行开户手续，并存入资金。

（6）办理资金信用证明。

（7）办理经营场所使用证明。

（8）向工商行政管理局申请登记注册，并附有上级单位批准文件、政府或主管机构批准文件、公司章程、企业法人代表任职书、资质等级证书、资金信用证明、经营场所使用证明。

3.2.4　房地产开发企业资质等级

房地产开发企业按照企业条件分为 4 个资质等级，实行分级审批。一级资质由省、自治区、直辖市人民政府建设行政主管部门初审，报国务院建设行政主管部门审批。二级资质及二级资质以下企业的审批办法由省、自治区、直辖市人民政府建设行政主管部门制定。经资质审查合格的企业，由资质审批部门发给相应等级的资质证书。各资质等级企业的条件如下。

1. 一级资质需要符合的条件

（1）注册资本不低于 5 000 万元。

（2）从事房地产开发经营 5 年以上。

（3）近 3 年房屋建筑面积累计竣工在 30 万平方米以上，或者累计完成与此相当的房地产开发投资额。

（4）连续 5 年建筑工程质量合格率达 100%。

（5）上一年房屋建筑施工面积在 15 万平方米以上，或者完成与此相当的房地产开发投资额。

（6）有职称的建筑、结构、财务、房地产及有关经济类的专业管理人员不少于 40 人，其中具有中级以上职称的管理人员不少于 20 人，持有资格证书的专职会计人员不少于 4 人。

（7）工程技术、财务、统计等业务负责人具有相应专业中级以上职称。

（8）具有完善的质量保证体系，商品住宅销售中实行了《住宅质量保证书》和《住宅使用说明书》制度。

（9）未发生过重大工程质量事故。

2. 二级资质需要符合的条件

（1）注册资本不低于 2 000 万元。

（2）从事房地产开发经营 3 年以上。

（3）近 3 年房屋建筑面积累计竣工在 15 万平方米以上，或者累计完成与此相当的房地产开发投资额。

（4）连续 3 年建筑工程质量合格率达 100%。

（5）上一年房屋建筑施工面积在 10 万平方米上，或者完成与此相当的房地产开发投资额。

（6）有职称的建筑、结构、财务、房地产及有关经济类的专业管理人员不少于 20 人，其中具有中级以上职称的管理人员不少于 10 人，持有资格证书的专职会计人员不少于 3 人。

（7）工程技术、财务、统计等业务负责人具有相应专业中级以上职称。

（8）具有完善的质量保证体系，商品住宅销售中实行了《住宅质量保证书》和《住宅使用说明书》制度。

（9）未发生过重大工程质量事故。

3. 三级资质需要符合的条件

（1）注册资本不低于 800 万元。

（2）从事房地产开发经营 2 年以上。

（3）房屋建筑面积累计竣工在 5 万平方米以上，或者累计完成与此相当的房地产开发投资额。

（4）连续 2 年建筑工程质量合格率达 100%。

（5）有职称的建筑、结构、财务、房地产及有关经济类的专业管理人员不少于 10 人，其中具有中级以上职称的管理人员不少于 5 人，持有资格证书的专职会计人员不少于 2 人。

（6）工程技术、财务等业务负责人具有相应专业中级以上职称，统计等其他业务负责人具有相应专业职称。

（7）具有完善的质量保证体系，商品住宅销售中实行了《住宅质量保证书》和《住宅使用说明书》制度。

（8）未发生过重大工程质量事故。

4. 四级资质需要符合的条件

（1）注册资本不低于 100 万元。

（2）从事房地产开发经营 1 年以上。

（3）已竣工的建筑工程质量合格率达 100%。

（4）有职称的建筑、结构、财务、房地产及有关经济类的专业管理人员不少于 5 人，持有资格证书的专职会计人员不少于 2 人。

（5）工程技术负责人具有相应专业中级以上职称，财务负责人具有相应专业初级以上职称，配有专业统计人员。

（6）商品住宅销售中实行了《住宅质量保证书》和《住宅使用说明书》制度。

（7）未发生过重大工程质量事故。

其中，一级资质的房地产开发企业可以在全国范围内承揽房地产开发项目，而且房地产建设项目的建设规模不受限制；二级资质及二级以下资质的房地产开发企业可以承担建筑面积在 25 万平方米以下的开发建设项目，承揽业务的范围由各地方政府建设行政主管部门确定。

3.2.5　房地产开发企业的特征

房地产开发企业所从事的开发活动包括可行性研究分析、组织规划设计、项目报批、组织施工、竣工验收和房屋销售等开发经营过程。房地产开发企业的特征主要有以下几个方面。

1. 房地产开发企业的主要工作是对企业内外各种资源的整合

房地产开发企业是以土地开发和房屋开发建设为经营范围的生产经营企业。土地资源的获取是房地产项目开发建设的前提，政府管理部门通过对项目开发审批在法律上保证了建设工作的进行，而房屋的建设完工和之后的销售出租是房地产开发企业的后续工作。

虽然房地产开发企业参与了房地产开发过程中方方面面的工作，但是房地产开发企业自己是不直接从事房地产的具体建设任务的。从事房地产市场调研、营销策划、房屋拆迁、规划设计、施工建设、销售实施、物业管理的专业公司越来越多，房地产开发企业正在越来越多地把这些工作委托给专业公司。所以，现在房地产开发企业的主要工作就是对企业内外各种资源的有效整合，以实现为社会提供更多适合的房地产和企业自身的合理利润。

2. 房地产开发企业是典型的资金、技术和智力密集型企业

房地产商品具有资金投入大、建设周期长等特点，这就决定了房地产开发企业在房地产开发过程中需要投入巨额的资金，而且每个房地产项目的开发周期也相对较长。资金规模和资金运作水平是房地产企业形成核心竞争力的重要因素，也是房地产开发企业决定项目规模、开发模式、风险承担和土地储备等的重要约束条件。

另外，房地产开发还是一个多种技术和知识的整合过程。房地产开发过程中的市场研究、资金运作、规划设计、项目管理、建设施工、销售与客户管理等方方面面的工作都需要有专业的人员来协助完成。因此，房地产开发企业也是一个典型的技术和知识密集需求的企业组织。

3. 企业文化建设对于房地产开发企业的生存发展至关重要

企业文化是企业的精神支柱，是企业为适应社会环境、促进自身发展而长期形成的价值观体系和行为标准。房地产开发的高收益、高风险特性决定其需要企业的员工具有积极性和创造性，因此房地产企业员工的文化素质、工作积极性及企业文化氛围直接地影响和制约着企业的效率与信誉度，从而也就间接地影响房地产开发企业的生存和发展。

4. 房地产开发企业的运作过程中管制多、政策性强

在房地产企业的运作过程中，政府作为土地所有者、城市的规划管理者、市场的监督人、技术规范的制定者，对房地产业的发展进行调控和管制。同时，居民的住房水平是居民生活水平和质量提高的一个重要考察方面，各国政府通常都不会放手完全由市场调节。因此，相对于其他行业的企业，房地产开发企业受到的管制和政府干预较多。正是由于房地产关系到社会稳定、百姓安居乐业等，政府往往会随着房地产市场的变化发展对房地产的政策作出调整，也就是在房地产市场繁荣趋于过热时期，政府会出台提高贷款利率、控制土地供给等一系列政策防止房地产泡沫的出现；而当房地产市场低迷，建设开发和房地产需求不足时，政府又会通过降低贷款利率、放宽还款期等政策鼓励房地产企业投资房地产建设。

3.3 房地产开发企业的关联资源商

3.3.1 建筑师

建筑师在房地产开发过程中扮演着极其重要的角色。建筑师主要负责建筑设计，为开发企业和最终使用者提供既能满足功能要求，又能使建造成本和费用最低的建筑物。聘请建筑师要充分考虑其从业经验、知名度和以往的工作业绩，而且尽可能在房地产开发的前期就聘请。建筑师可以以专业顾问公司的名义或雇员的身份参与到房地产开发中来。优秀建筑师的设计往往能够大大提高建筑物的价值。

1. 建筑师应具备以下素质

（1）作出正确决策的判断能力及将其贯彻下去的宏观控制能力。

（2）具备足够的专业知识积累。

（3）对城市空间尺度、建筑群空间尺度的把握。

（4）审美素养和造型能力。

（5）对建筑构件在空间和形象表现上的预知力。

（6）对建筑功能的综合解决能力。

（7）对建筑物使用者的关注和了解。

（8）表达和沟通能力。

（9）组织协调能力。

2. 建筑师为房地产开发企业提供的服务

（1）场地调研与分析。

（2）与公众团体进行沟通，了解他们的需求和态度。

（3）与政府联系，保证建设方案能够获得政府规划管理部门的批准。由于建筑师比房地产开发商具有更好的公众形象，由他们出面到政府及公共管理部门办理相关手续，往往更有效率。

（4）帮助房地产开发企业选择开发项目用地，提供可选择的场地开发方案。

（5）完成房地产的概念设计和详细设计。概念设计主要是对建筑物功能和空间分布的设想。详细设计主要包括建筑物外部设计、内部功能空间主要组成要素设计等。

（6）准备工程招标文件，包括招标说明书、投标过程中使用的标准表格、工程说明、工程图纸等。

（7）有时还要协助开发企业承担评标工作，确定中标的承包商和继续监控房地产项目的施工过程。

（8）房地产项目开发完工后，建筑师还要在若干年内对建筑的安全、质量等承担专业责任。

3. 建筑师的报酬

在房地产开发项目尚未明确建筑师的服务范围之前，建筑师按小时计费的方式获得报酬。当房地产开发企业与建筑师建立了正式合作关系之后，建筑师会与开发商签署一份协议，以建造成本的某一比例获得报酬。房地产开发企业按固定比例向建筑师提供报酬方式的缺点是：在成本—效率方面，建筑师没有足够的动力为房地产开发企业着想。当建筑师的工作内容比较明确时，房地产企业可以用费用加总的方式支付建筑师的报酬。费用项目通常包括建筑师直接个人费用，其他直接费用（如工资和福利），针对房地产项目的其他直接费用

（如顾问服务），管理费和利润。当开发企业要求建筑师提供附加服务时，还要另外支付费用。

3.3.2　工程师

工程师在保证建筑物安全方面发挥着主要作用。与建筑师一道工作的专业工程师主要有结构工程师、机械工程师、电气工程师、土木工程师、岩土工程师。

结构工程师负责根据建筑设计方案，设计结构施工图以指导承包商进行工程施工。结构工程师设计的建筑物结构形状或方案的不同，造成对建造成本造成的影响也不同。

机械工程师主要负责设计建筑物的 HVAC（供热、通风和空调系统）、管道设备、生命安全，以及其他机械系统。电气工程师负责设计电力和通信系统。

土木工程师负责诸如道路、给水排水、煤气、电力、热力系统等基础设施的设计与施工，保证所有的民用系统都符合政府对安全、健康等方面的要求。

岩土工程师负责确定地基承载力、基础埋深、荷载类型、地下水深度、土壤中的有害物质情况和其他相关项目。

3.3.3　景观设计师

传统的房地产开发项目规划中，项目的景观设计任务是由规划师或建筑师完成的。随着居民人居环境意识的增强，人们对居住环境的景观要求也越来越高，景观设计师就是适应这一要求而产生的。景观设计师的主要工作就是在现有环境条件的基础上，通过对各种道路、灯光、水景和植被等的规划设计，使整个开发项目成为一个环境优美、整体协调、人文气息浓厚的有机体。

3.3.4　律师和会计师

在房地产开发过程中，房地产企业会遇到很多诸如买卖合同、借贷合同、承包合同之类的大量法律问题，所以律师在房地产开发过程中起着很重要的作用。律师不仅可以代表开发商与政府有关部门处理各类审批事宜，还可以帮助开发企业起草有关合同，以尽量避免将来可能出现的纠纷，或者在纠纷出现时使开发商处于有利的地位。

会计师从事开发投资企业的经济核算等多方面工作，从全局的角度为项目提供财务安排或税收方面的建议，包括财务预算、工程预算、纳税与清账、合同监督、提供付款方式等，并及时向开发企业通报财务状况。

3.3.5　房地产估价师

房地产估价师可以为开发企业、置业业主和物业所有者等提供估价服务。在对申请贷款的开发项目进行评估时，金融机构往往委托房地产估价师对受贷人用来作贷款担保的资产进行估价。政府的土地审批、与房地产有关的税收征收、拆迁补偿、国家或企业资产的转移及变更等都需要房地产估价师的服务。

3.3.6　规划师

规划师熟知城市建设的总体规划及相关规划管理的法律、法规，因而在房地产项目运作前，有规划师的参与能够使项目规划方案符合规划条件的限制，并确保规划方案在所需的时间内获得城市规划管理部门的审批。

3.3.7　金融伙伴

1. 合资伙伴

合资伙伴是指任何个人或机构，他们在房地产开发过程中，向房地产开发企业提供权益融资，占有开发项目一定比例的股份，并按股份比例获得房地产开发利润。通常情况下房地产开发企业寻找合资伙伴主要有以下几种情况：通过自有资金筹集和债务融资之后资金仍有缺口，需要寻找一个能够提供权益融资的合资伙伴；或者为了分散投资风险的目的，寻找一个合作伙伴共担风险。合资伙伴所提供的权益融资所承担的风险通常以所投入资金的数额为限，不承担其他连带责任。

2. 建设贷款的提供者

建设贷款的提供者负责提供房地产建设过程中的融资，并负责监督开发企业在预算范围内，按照预订的计划和条件完成房地产的建设工作。由于建设贷款的提供者通常都是商业银行，因而商业银行资金来源的短期性就决定了其不会轻易发放较长期限的建设贷款。在建设贷款的提供者考虑发放建设贷款的过程中，房地产开发商能否获得长期贷款的承诺或长期权益投资者的参与是其重要参考依据。通常情况下，建设贷款是根据建设工程的进度分期拨付的。这样做的好处是：一旦房地产项目出现问题，建设贷款提供者可以很快停止继续拨款，以避免更大的投资损失。

3. 长期贷款的提供者

长期贷款的提供者主要是看中某一房地产项目的长期收益能力和升值潜力，从而为房地产开发企业提供长期资金支持。和建设贷款相比，长期贷款没有任何的潜在承诺，长期贷款提供者对资金的保值要求很高。只有房地产项目的预期现金流、投资回报率和预期经济寿命都很有吸引力时，长期贷款才可能取得。除了获得利息收入外，长期贷款的提供者往往还可能获得收益分享。这主要是房地产开发企业为了获得长期贷款，而与金融机构签订有关"收益参与"的协议，使其可以分享房地产项目成功所带来的利益。

3.3.8　承包商

一般情况下，房地产开发企业都不是自己建设所要开发的房地产项目，而是把具体的建设任务发包给总承包商，由总承包商根据建筑师和工程师提供的设计方案与施工图纸，以合同约定的价格和工期，完成项目的建设工作。总承包商获得总包合同之后，依据工作任务的不同，将合同再分给不同的专业分包商。总承包一般分包的工作包括土方工程、混凝土工程、模板工程、机械设备、电气和给水排水系统安装工程、装修工程等。总承包商犹如公司治理结构中的总经理，直接向"股东"开发商负责，同时负有协调各分包商工程进度、监督其施工质量的责任。

房地产开发企业在选择承包商时，不仅要考察其以往的业绩、资金实力和技术水平，还要审核其具体施工方案、工期、质量和报价情况。现在的工程施工通常以招标形式选择合适的承包商，然后再以签订工程承包合同保证项目的进展。

　　房地产开发企业通常以招标的形式选择最适合的总承包商。首先，房地产开发企业要发出邀请招标通知和承包商资格条件；其次，房地产开发企业要对众多的投标者进行资格审查，主要包括其过去承建项目的情况，其服务过的企业和金融机构的评价，主要管理人员的简历，甚至是对投标者的保证人进行调查；最后，房地产开发企业从中选择适合特定房地产项目建设的总承包商。在承包商的选择过程中，提供最低报价的总承包商不一定是房地产开发企业最好的选择，房地产开发企业往往更看重承包商的资信条件和过往经验。

3.3.9　房地产经纪人

　　房地产经纪人是指在房地产交易中从事居间、代理等经纪活动的人员。房地产经纪人应具有一定的房地产经济理论、相关经济理论水平和房地产专业知识；能熟练掌握和运用与房地产经纪业务相关法律、法规和行业管理的各项规定；熟悉房地产市场的流通环节，熟练实务操作技能；熟悉市场行情变化，有较强的开拓能力，能创立和提高企业的品牌；并具有一定的外语水平。

　　房地产经纪人有权依法发起设立或加入房地产经纪机构，承担房地产经纪机构关键岗位的工作，指导房地产经纪人协理进行各种经纪业务，经所在机构授权订立房地产经纪合同等重要业务文书，执行房地产经纪业务，并获得合理佣金。在执行房地产经纪业务时，有权要求委托人提供与交易有关的资料，支付因开展房地产经纪活动而发生的成本费用，并有权拒绝执行委托人发出的违法指令。此外，在经纪活动中，还必须严格遵守法律、法规和行业管理的各项规定，坚持公开、公平、公正的原则，信守职业道德。

　　凡从事房地产经纪业务（包括居间介绍、代理销售、代办手续、信息、咨询、策划等服务行为）的人员，必须取得全国房地产经纪人执业资格或省市房地产经纪人协理从业资格并经注册生效方可从事房地产经纪业务，否则一律不得从事房地产经纪活动。

　　在房地产开发过程中，房地产开发企业必须尽早决定是利用企业内部销售队伍，还是聘用专业经纪或代理机构。相对于内部销售队伍来说，房地产经纪人与消费者联系更加密切，熟悉市场当前的需求特征和未来的变化趋势。在租售物业的过程中，经纪人能够根据每一个客户的需求特点和不同运行费用的分担方式来确定最后的租金价格。

3.3.10　物业管理者

　　在购房之前，消费者往往较多地考虑物业的地段、规划设计、房屋质量等硬件因素。而在购房后，则是更多地关注与其生活休戚相关的物业管理。房地产项目应该在设计阶段就聘请物业管理参与，以避免其功能设计的缺陷给后期物业管理带来的巨大困难。

　　与房地产开发企业选择外部的经纪人代理房地产交易活动一样，房地产开发企业也要决定是自行组织物业管理队伍，还是聘请物业管理公司提供物业管理服务。是否聘用物业管理公司与几个方面的因素有关：项目的地理位置、开发公司的规模、是否可以方便地聘请到有经验的物业管理人员、开发商是否愿意参与项目的日常运营。

3.3.11　公共部门

对于每一个房地产开发企业来说，与公共部门的关系是房地产开发过程中必须处理好的。房地产开发本身就是政府严格监督的过程，涉及税法、劳动法、公共基础建设、金融市场运作、城市规划、建筑许可、法律规定应缴的各种费用、规章和公共政策。同时，房地产项目有关的各种社会公众都会通过自己的利益诉求对房地产的开发进程产生影响。因此，房地产开发企业没有处理好公共部门的关系，往往导致开发周期的延长和开发成本的增加，甚至是开发计划永远的终止。

正是因为公共部门对房地产开发的重要影响，房地产开发企业的公共关系应该能够营造一个公平高效的体系，以保证项目土地利用的合理性和高质量的开发。房地产开发企业必须满足当地规划条件和有关法规的要求，在项目开发正式开始前，从政府获得项目规划方案与特定用途的许可证。当项目开发之后，开发企业要主动配合主管施工安全等部门的工作，使建设施工顺利完成。而且房地产开发企业在开发过程中也要充分考虑到公众利益的保护，以免发生影响开发进度的事件。特别是像我国旧城改造等项目中拆迁居民的补偿安置等问题，处理不好就可能导致整个项目的停工，以及给企业形象造成很大的负面影响。

3.3.12　最终用户

房地产的最终用户可以是普通的购房老百姓，也可以是准备长期持有的个人及机构投资者。在房地产项目上马之前，房地产开发企业就应该通过市场研究分析，对自己的目标客户有一个清晰的认识和定位，而且预计未来的潜在客户需求是可以满足的。否则，房地产开发企业就不会投资于房地产开发项目。同样，潜在用户一般在项目开工的预售阶段就开始接触开发项目。如果房地产开发企业提供的产品和最终用户的需求差别很大，那么这个开发就是失败的。因此，房地产开发企业在其开发过程中吸收最终用户的意见，能够更好地使其所开发的房地产满足用户的需求。这样最终用户也就不是被动的接受者，而成为房地产开发过程的主动参与者。

3.4　房地产运营机构

3.4.1　房地产一级开发企业

房地产一级开发企业主要是在房地产一级市场从事房地产开发用地的开发与经营的房地产开发企业。房地产一级市场又称土地一级市场，是土地使用权出让的市场。在我国，土地归国家和农村集体所有，而城市用地则归国家所有，房地产一级市场是由国家垄断的市场。房地产一级市场就是把城市土地使用权有偿有限期地供给土地需求者；承担者（即受让方）一次支付整个使用年限的出让金。房地产一级市场实际上是由政府垄断的招、拍、挂市场，其市场竞争只存在于买方，并且交易为单向性的，即只有政府才有权对土地进行招、拍、挂，其他任何组织都没有这种权力。因此，房地产一级市场是由政府整体控制的体现政府政策导向的准市场。

在我国的房地产一级开发中，国家往往把具体的房地产一级开发委托给房地产一级开发企业代理实施。房地产一级开发也就是指由政府或其授权委托的房地产一级开发企业，对一定区域范围内的城市国有土地（毛地）或乡村集体土地（生地）进行统一的征地、拆迁、安置、补偿，并进行适当的市政配套设施建设，使该区域范围内的土地达到"三通一平"或"七通一平"的建设条件（熟地），然后房地产一级开发企业再通过招投标等形式在二级市场对熟地进行有偿出让或转让的过程。

1. 房地产一级开发企业的具体工作

（1）根据国家的土地使用政策和地方提供的用地规划条件，进一步落实土地开发的具体范围。

（2）在获取土地使用权之后，开展征用土地和拆迁安置等工作。

（3）完成施工现场的基础设施配套建设，即所谓"三通一平"或"七通一平"，为下阶段的地上建设打下基础。

2. 房地产一级开发的一般工作程序

程序一：确定土地一级开发项目。

程序二：确定一级开发单位。

程序三：办理建设意见（根据联席会要求办理）。

程序四：办理交通评价文件审批（根据联席会要求办理）。

程序五：办理古树处理意见（根据联席会要求办理）。

程序六：办理文物保护意见（根据联席会要求办理）。

程序七：办理环境评价文件审批（根据联席会要求办理）。

程序八：办理规划意见。

程序九：办理土地一级项目开发项目核准。

程序十：取得征地批复（实施征地）。

程序十一：办理拆迁许可证（实施拆迁）。

程序十二：编制市政基础设施实施方案。

程序十三：组织验收，评估土地成本。

程序十四：纳入土地储备库或直接入市交易。

3.4.2　房地产二级开发企业

房地产二级开发企业是拿到经过一级开发的土地之后，从事房屋的开发建设并在房地产二级市场上经营的房地产开发企业。房地产二级市场是土地使用者经过开发建设，将新建成的房地产进行出售和出租的市场。即一般指商品房首次进入流通领域进行交易而形成的市场。房地产二级市场也包括土地二级市场，即土地使用者将达到规定可以转让的土地，进入流通领域进行交易的市场。

1. 房地产项目的可行性研究

房地产开发项目的可行性研究是房地产开发项目投资决策的依据和首要环节，是房地产开发项目投资决策必不可少的一个工作程序。房地产开发项目的可行性研究是在房地产项目决策之前，根据市场需求和社会经济发展规划、地区规划和行业发展规划的要求，对与项目有关的社会、经济、工程技术、市场、资源等各方面问题进行全面深入的技术经济分析、比较和论证，对项目的经济、社会和环境效益进行科学的预测与评价，从而判断项目在技术上是否可行、经济上是否合理，并进行项目实施前的调研工作。

2. 房地产项目的建设

房地产项目的建设是将开发阶段所需的原材料、设备等聚集到要开发土地上，然后完成建筑物等的建设施工工作。房地产开发企业的主要任务是处理建筑工程成本支出突破预算，还要出面处理工程变更问题，解决施工中出现的争议，支付所欠工程款，确保工程按预先制订的进度计划实施。

3. 房地产的交易

房地产的交易对于房地产开发企业来说就是房地产的出售和租赁，是房地产经济活动的主要形式，也是房地产价值实现的两种基本方式。当前，房地产开发企业把房地产的出售和租赁工作越来越多地委托给房地产经纪机构代理，而很少自行进行具体的租售工作。

对于房地产开发企业，房地产出售是指连同房地产物质载体及其各类附着物在内的房地产所有权和使用权关系转移给其他经营者或消费者的行为。房地产租赁就是房地产开发企业将房屋使用权出租给承租者使用，承租者按照双方签订的租赁合同向出租者定期支付租金的行为。

4. 物业管理

如果房地产开发企业有自己的物业公司，在房地产项目完工后，往往还需要考虑物业管理工作。但随着房地产市场化程度的提高，物业管理工作也更多地交由专业的物业管理公司。

3.4.3　房地产服务机构

房地产服务机构就是那些在房地产开发和经营过程中，为房地产开发企业和房地产项目的运营提供增值服务的各种机构的总称。房地产服务机构主要包括：中介服务机构、咨询顾问机构和物业管理机构等。

1. 中介服务机构

总的来说，房地产中介服务机构主要有两类：一类是房地产销售和租赁过程中的各种经纪代理机构；另一类是为房地产开发企业提供融资服务的金融机构。

2. 咨询顾问机构

在房地产开发过程中，咨询顾问机构提供的服务主要有以下几个方面。

（1）房地产的可行性咨询。可行性咨询又包括市场调查和预测咨询，房地产项目的经济收益预测咨询，以及房地产项目的成本费用支出预测等。

（2）房地产项目规划咨询。由于政府的总体规划和规划管理的法律、法规对具体的房地产项目开发有重大的影响，所以在项目的早期，房地产开发企业通常会需要有经验和熟悉这方面工作的咨询顾问公司提供咨询服务。

（3）法律咨询。无论是房地产的土地使用权的交易，还是房地产开发过程中的融资、项目发包和物业的租售环节，都会涉及各种合同和协议的签订工作，所以法律咨询机构是一个重要的房地产服务参与者。

3. 物业管理机构

物业管理机构是指受物业所有人的委托，对已竣工投入使用的各类房屋建筑、附属设施、场地及物业区域内的环境等实施统一管理与维修养护，并为居民和用户提供综合服务的专业化、企业化的管理机构。

3.4.4　基金管理机构

对于房地产来说，基金管理机构主要是那些专门投资于房地产的房地产基金管理机构。房地产基金是产业基金的一种，与其他产业基金的区别主要体现在特有的投向上，其基金资产专门投向于房地产产业或项目，仅限于房地产领域，涉及房地产投资、开发、销售和消费等方面的投资。将大规模的分散资金集中起来，由专门的房地产基金管理公司进行经营和管理。基金的运作通常是通过向多数投资者发行基金份额设立基金管理公司，由基金管理公司选任基金管理人员或另行委托基金管理人管理基金资产，从事创业投资、企业重组投资和基金设施投资等业务活动。

基金管理机构通常有两种组织形式：一种是以公司形式设立；另一种是以契约的方式构建基金。

公司型的基金管理机构是依法设立，以发行股票募集资金，具有法人资格的基金管理公司，并设有基金股东会。公司型基金管理机构适用于规模大且投资领域较广的综合性基金，其优点是公开程度高，便于监督，但管理成本高。房地产业也是公司型基金管理机构选择投资的一个重要领域。

契约型基金管理机构是依据《中华人民共和国信托法》和《中华人民共和国契约法》的规定，以订立信托契约来成立和运作基金，以发行受益凭证筹集资金的基金管理机构，不具备法人资格。

思 考 题

1. 简述房地产企业的概念及性质。
2. 房地产企业根据不同性质的划分，可以具体分为哪些企业？
3. 简述房地产企业的任务。
4. 简述房地产企业的业务范围。

5. 简述组建房地产开发企业的基本程序。

6. 房地产开发企业有哪些主要特征？

7. 房地产开发企业的关联资源商有哪些？

8. 简述房地产一级开发企业的含义。

第 4 章

房地产开发与经营环境

4.1 房地产开发与经营环境的概念

　　房地产开发与经营环境是指影响房地产开发与经营活动整个过程的各种外部环境和条件的总和。房地产开发与经营环境是资金得以有效运行的条件，它通常包括地理区位、资源、基础设施、房地产开发与经营政策、市场条件和社会政治文化条件等有关因素。房地产开发与经营环境是一个动态的、多层次的、多因素的大系统，其各子系统之间、各子系统中的各因素之间都是相互联系、互为条件、相互制约的。一般对具体某个房地产开发与经营者而言，房地产开发与经营环境是无法改变也不可完全控制的，房地产开发与经营者必须努力认清其所处的环境，并努力适应环境，利用环境提供的有利因素，回避不利的因素。但房地产开发与经营也不只是被动的，资本作为经济发展的第一要素，随时在重塑区域社会经济现实，从总量和结构方面改变区域发展方向和水平，最终强烈地影响下一期房地产开发与经营环境的形成。

　　对房地产开发与经营环境理论的研究始于第二次世界大战以后，是伴随着房地产开发与经营规模的日益扩大、资本的跨国化、经济社会和科学技术的日益发展而逐渐深入的。最初人们关于房地产开发与经营环境的研究，主要是关注房地产开发与经营区域范围内的自然地理环境和基础设施等基本物质条件。随着社会经济的发展，各地为了吸引房地产开发与经营，除了提供基本的物质条件之外，还在经济、制度、立法、服务等方面不断创造各种优惠条件，如减免税收、提供法律保护房地产开发与经营者利益、建立为房地产开发与经营者服务的机构等。这些条件和措施对国家或地区引进资金与技术，促进当地经济、社会的发展意义重大。而且，一些国家和地区出于维护区域利益、国家民族利益的目的，对房地产开发与经营的方向、权益分配等加以限制，甚至对外企采取征用、没收等手段，使房地产开发与经营者遭受巨大损失。进入 20 世纪 90 年代以后，许多国家和地区更多地将注意力集中在发展经济上，相应地采取许多鼓励房地产开发与经营的政策。到目前为止，房地产开发与经营环境的外延已扩展到社会、政治、经济、文化、习俗等领域，其重要性呈不断上升趋势。

4.2 房地产开发与经营环境的特点

　　房地产开发与经营环境作为区域现实的反映，其基本特征表现在 4 个方面：系统性、动态性、主导性和地区差异性。

1. 系统性

房地产开发与经营环境是一个包含多要素的有机整体，各要素相互连接、协调、互为条件，构成一个完整的房地产开发与经营环境系统，从而具有系统的各项特征：层次性、整体性、结构性。在这个系统中，无论是自然的还是人为的，是物质的还是意识的，是经济的还是政治的，只要其中某个或某部分因素发生了变化，就会引起其他因素发生连锁反应，进而影响整个环境系统的变化。

2. 动态性

房地产开发与经营环境是一个动态平衡的开放系统，它总是处于不停的运动之中。通过运动，房地产开发与经营环境各要素之间才能合理的作用、组合与分裂，才能体现出房地产开发与经营环境的运动水平。房地产开发与经营环境评价标准也会因房地产开发与经营环境的变化而变化。有些标准变得越来越重要，有些因素的地位则不断下降。例如，"知识经济"的兴起，环保观念的深入民心，对房地产开发与经营环境提出了新的、更高层次的要求。

3. 主导性

在不同的发展阶段，区域社会经济各要素中总有一个或几个要素居于主导地位，影响和决定了这一时期区域的性质和特征。在房地产开发与经营环境诸要素中，某一时期、某一地区也只有一个或几个主导要素，它们在对房地产开发与经营活动的影响中居于绝对和支配地位，这种主导要素通常总是某个经济要素，当然也不排除社会文化、政治和法律要素也可能决定房地产开发与经营环境的性质和特征。

4. 地区差异性

地区差异性是房地产开发与经营环境最显著的特征，也称为相对性。相对性是指房地产开发与经营环境是一个开放的系统，同时又是国际或国家社会经济技术系统内的一个子系统，其优劣与好坏程度是一个相对概念，是以各国或地区横向比较作为参照的。房地产开发与经营环境在本质上是一个空间概念，由于所在的区域不同，房地产开发与经营环境的内容也就大不一样。由于生产力发展的层次性和空间布局的非均衡性，以及地区之间自然、地理、社会经济上的差异性，最终形成了房地产开发与经营环境的不平衡性和差异性，因此不能脱离同其他国家和地区的比较，而孤立地评判某个国家或地区的房地产开发与经营环境优劣程度，否则就失去了评判的意义。对房地产开发与经营者来说，应根据房地产开发与经营项目的特点，选择合适的区域进行房地产开发与经营建设，以取得最好的房地产开发与经营效益。

4.3 房地产开发的环境

4.3.1 房地产项目开发的经济发展环境

在现代化条件下，特别是在市场经济体制有效运行的条件下，经济发展环境是对房地产项目开发产生最重要影响的环境因素，它既决定了房地产开发项目的市场需要，也决定了房地产开发项目的有效供给。影响房地产项目开发的经济发展环境主要包括宏观经济发展形势、市民的收入水平及其贫富差异程度和资金市场发展形势 3 个方面。

1. 宏观经济发展形势

宏观经济发展形势标志着一个经济体系内所有市场的整体发展状况，也决定了这个经济体系内各种公司的市场前景，而这又决定了这些公司是否需要拓展现有业务。在经济发展形势良好的时候，各种公司基本上大力拓展现有业务或积极开发新业务，而无论是拓展现有业务还是开发新业务，这些公司都必然需要新的、更多的业务发展空间，从而造成了对商务类、生产类房地产项目较大的新需求。而商务类、生产类房地产项目的大量增长，又必然引发相应的生活类房地产项目的大量增长；在经济发展形势不好的时候，各种公司基本上都只会维持甚至削减现有业务并从刚刚涉足的新领域退出，从而使各种公司对商务类、生产类房地产项目的需求被抑制，也导致相应的生活类房地产项目的需求不振。

影响房地产项目开发的宏观经济发展形势包括 4 个层次：国际经济发展形势、全国经济发展形势、当地城市经济发展形势和城市内某地段的经济发展形势。这 4 个层次的经济发展形势，都会对我国房地产项目开发产生直接或间接的影响，但是不同类型的房地产开发项目由于所服务的对象不同，因而受这 4 个层次影响的程度是不同的。

2. 市民的收入水平及其贫富差异程度

某一城市市民的收入水平直接决定了该城市市民对住宅及其相关配套服务设施的市场需求。平均收入水平越高的城市，住宅的价格往往也越高。三大都市圈是全国市民收入最高的地区，也是全国住宅价格最高的地区。当然，北京的市民收入水平并不是全国第一，但其住宅价格却长时间位居全国之首。这是由北京是首都的特殊情况所决定的，并不具备一般性。正常来说，一座城市住宅的平均价格应该与该城市市民家庭的平均收入有一个合适的比例，这个比例不应该超过 10，即某一城市住宅的平均价格一般不应超过该城市市民家庭平均收入的 10 倍，按照国际惯例，这个比例在 5～8 倍是合理的。现在北京这个比例已经超过了 10 倍，表明北京的住宅价格偏高。

市民的收入水平往往是有较大差异的，平均收入水平越高的地区，市民收入的贫富差异程度也越高。随着市民收入水平的分化，住宅及其相关配套服务设施的市场也就随之进行了分化。

实际上，高收入的人群往往可能购买两套以上的房子，或者是作为别墅，或者是为了接父母来同一座城市居住，或者是为了投资。而人们购买第二套住房的要求和购买第一套住房的要求是不同的。

如果一座城市其市民的平均收入水平较低且贫富差异程度较低，进行住宅项目开发时，就可以以开发结构简单、造价低廉的住宅作为主攻方向，而且开发数量可以大一些，即使销售不出去，也可以留着进行租赁。如果一座城市市民的平均收入水平较高且贫富差异程度较高，则适合根据市场分化程度，针对不同的消费群体开发不同的住宅，开发数量必须符合该地段相应的消费者数量,特别是高档住宅,如果开发数量不合适,则难以销售出去的住宅是很难通过租赁市场被消化掉的。

3. 资金市场发展形势

资金市场发展形势主要包括利率和贷款条件两个重要方面。

利率是资金的价格。利率走高,将加重开发商和购房贷款者的财务负担,从而将抑制房地产项目开发的供给与需求;利率降低,将减轻开发商和购房贷款者的财务负担,从而将激发房地产项目开发的供给与需求。

贷款条件决定了开发商和购房贷款者可以获得资金的数量与期限。贷款条件趋于严格,将使开发商和购房贷款者可以获得的资金数量有所降低,还款的期限有所缩短,这将抑制房地产项目开发的供给与需求;贷款条件趋于宽松,将使开发商和购房贷款者可以获得的资金数量有所增加,还款的期限有所延长,这将激发房地产项目开发的供给与需求。

4.3.2　房地产开发的政治环境

政治环境主要是指各级城市人民政府对房地产开发的态度。

房地产开发对由政府行为而引致的影响十分敏感。由于房地产对国民经济的影响巨大,住宅又是普通市民所能购买的最大一项商品,而且与房地产开发有关的税费是政府财政收入的重要来源。因此,政府对房地产开发往往都采取力度较大的干预。开发房地产项目必须认真考虑政府的态度。

城市人民政府首先是城市国有土地的所有者,是城市国有土地一级市场的唯一供给者,城市人民政府每年土地供应的数量和开发条件,直接影响了该城市房地产开发的规模和构成。

如果政府的土地供应数量偏多,将导致房地产开发项目数量增加过多,从而导致房地产市场供过于求,由于房地产价格宜升不宜降的特点,房地产价格一般不会降低,但空置率将会大幅度上升,从而导致大量的资金积压,使国民经济的发展受到影响。如果政府的土地供应数量偏少,将导致房地产开发项目数量增加不足,从而导致房地产市场的供不应求,房地产价格将会大幅度上升,则加重了公司和市民的房地产开支,也使国民经济的发展受到影响。

如果政府供应的土地集中于旧城区,则房地产开发的重点将侧重于商务开发,这是由旧城区地价高的特点所决定的,开发商需要认真研究商务类房地产的市场前景;如果政府供应的土地集中于郊区,则房地产开发的重点将侧重于住宅开发,开发商需要认真研究在这里开发住宅的市场前景。

如果政府打击土地市场违法事件的力度加大,则会规范土地市场行为,房地产的整体价格水平将降低,对正常经营的房地产开发商则是一种激励;如果政府打击土地市场违法事件的力度减弱,则会鼓励土地市场的混乱,将导致房地产整体价格非正常上升,对正常经营的房地产开发商则是一种打击。

4.3.3 房地产开发的法律环境

房地产开发是一种影响巨大的经济活动，法律环境不健全，就不可能健康运行。

房地产开发的法律环境，首先是指各种直接管理房地产的法律、法规的立法与执法情况。直接管理房地产开发的法律、法规有《中华人民共和国城市房地产管理法》和《中华人民共和国土地管理法》及其配套的行政法规。由于我国房地产业还是一个新兴的发展中的行业，还有许多问题有待进一步研究，两部法律及其配套的行政法规还有许多有待完善的地方。每一次的完善，都会对我国的房地产开发产生巨大的影响。执法和立法是同样重要的事情，目前我国房地产开发领域的混乱和腐败现象还是比较严重的，如果政府和司法机关严格执法，即使现有的法律、法规不完善，也仍然可以使我国的房地产开发的规范程度大为提高。

在房地产开发中，相关的法律影响也是十分深远的，特别是《中华人民共和国城市规划法》和《中华人民共和国环境保护法》。

任何房地产开发都必须遵守城市规划法，否则将受到法律的制裁。城市建设用地的性质、位置、面积，以及使用过程中对地形、地貌、相邻关系的影响，都必须接受城市规划行政管理部门的指导，不得违反规划管理部门确定的内容和提出的外部规划条件。建设工程的外观、颜色、高度、建筑密度、容积率，以及与外部的关系、施工步骤、有关报送的竣工资料都必须接受规划管理，受规划控制。

任何房地产开发也都必须遵守环境保护法，违法行为将受到法律的制裁。在房地产开发项目的建设过程中，往往会对周边环境造成空气污染、水污染、噪声污染，改变周边的生活环境，给原有居民带来不利的影响。因此，必须严格按照环境保护法和该城市与环境保护相关的行政法规的规定进行设计和施工

4.3.4 房地产开发的社会环境

社会环境对房地产开发同样有着极为深远的影响。对房地产开发来说，社会环境主要包括 4 个方面：该城市人口数量、该城市人口构成、该城市市民的受教育水平、该城市的历史传统。

1. 房地产开发的人口数量环境

该城市的人口数量直接决定了该城市所需要的住宅及其相关配套设施的数量，也间接决定了该城市所需要的商务类房地产、生产类房地产的数量。当然这里所说的城市人口，是指城市规划区内的正常人口，包括有户籍的人口和虽然没有户籍但长期生活在该城市规划区内且有着稳定收入的人口。由于目前我国城市实际上分成了两种概念：一种是城市规划层面上的城市概念；另一种是行政区划意义上的城市概念。这两种概念经常被混淆，如我国的重庆直辖市，其实目前的城市化水平还不到 30%，但是其管辖地域内的总人口达到了 3 100 万人。对房地产开发来说，只有城市规划区内的正常人口，才是真正有意义的人口。这样，重庆的城市人口只有 800 万人，而不是 3 100 万人。由于房地产开发是一项耗资巨大的经济活

动，没有足够的市场容量是无法获得应有的经济效益的，在同样的平均收入条件下，城市规划区内人口较多的城市的房地产开发获得成功的机会，要比城市规划区人口较少的城市的房地产开发获得成功的机会大得多。而且，即使平均收入一样，人口越多，收入的贫富差异程度就越大，房地产市场的构成就越丰富，就越适合不同的房地产开发商进行开发。而实际上，如果不是存在着丰富的就业机会，一个城市的规划区内是根本不可能生活着数量巨大的人口的，而就业机会的丰富，是以经济发展水平的发达为基础条件的。实际上，我国城市规划区内人口最多的城市（指规划区内人口超过 1 000 万人），如北京、上海等，也都是人均收入最高的城市（指人均 GDP 超过 3 000 美元，达到了现代化的下限）。因此，城市规划区内是否拥有足够数量的人口，是房地产开发的重要社会环境条件。

2. 房地产开发的人口构成环境

如果说城市规划区内的人口数量决定了该城市所需要的住宅及其相关配套设施的数量，则该城市规划区内人口的构成就决定了该城市住宅及其配套设施的建筑面积构成和区位构成。

城市规划区内的人口构成包括 6 个方面的内容。

（1）城市规划区内的人口构成是指男女比例的构成。正常来说，男女比例会保持在一个正常的数量上，但是如果出现了两种情况，将会出现男女比例的失衡：一种是人为选择子女的性别，这在现代科技水平条件下已经可以做到了，如果这种做法在某一地区形成某种风气，就会造成这一地区男女比例的失衡；另一种是人口流动的后果，如果流入的男性人口的数量和流入的女性人口的数量不平衡，就会造成某城市规划区男女比例的失衡。

（2）城市规划区内的人口构成是指不同年龄的构成。在目前成熟的社会状态中，人均预期寿命将达到 70～75 岁，各年龄段的人口大体上处于平衡的状态，即如果预期平均寿命是 75 岁的话，则 0～15 岁、15～30 岁、30～45 岁、45～60 岁、60～75 岁这 5 个年龄段的人口是大体相当的。但是在尚未成熟的社会中，一方面人均预期寿命较低，另一方面出生率较高，则呈现金字塔型的人口构成，即越低龄的人群，人口越多。由于我国总体上是尚未成熟的国家，但对诸如北京、上海、广州等这些发展水平较高的城市地区，又有了成熟社会的特征。

（3）城市规划区内的人口构成是指有户籍人口与无户籍常住人口的比例构成。对北京、上海、广州，特别是深圳等我国发达的城市地区来说，实际人口中的相当比例，甚至是主要部分都是无户籍的常住人口。

（4）城市规划区内的人口构成是指城市规划区内的各种家庭规模的比例构成。在传统社会中，即使在子女结婚之后，父母也希望子女，特别是儿子与自己生活在一起，有时甚至是几代同堂，这时家庭的规模就非常庞大。但是在北京、上海这些有着浓厚现代社会特征的国际化大都市中，所谓核心家庭，即结婚的子女独立生活而形成的家庭。

（5）城市规划区内的人口构成是指丁克家庭在城市规划区占家庭总数的比例。丁克家庭是指只有夫妻二人而不生育子女的家庭。在传统社会中，结婚就意味着生育，甚至可以说生育是结婚的目的和原因，主动不生育被认为是一种不负责任的行为，会受到来自父母和社会的强烈谴责，即使是由于各种原因不能生育，也会被社会所歧视。但是在北京、上海等大城市，由于人们观念的变化非常深刻，这种不想生育的丁克家庭已经相当普遍，成为了一种引人注目的社会现象。

（6）城市规划区内的人口构成是指单身人士在城市规划区总人口的比例。在传统社会里，男大当婚、女大当嫁的观念根深蒂固，几乎全部到了婚育年龄的年轻人都会踏上婚姻之路，但是在现代社会中，单身人士的大量出现是十分正常的社会现象，在北京、上海等国际化大都市中，单身人士在同龄人群中所占的比例越来越大，而这些单身人士往往还是经济条件较好的年轻人。

3. 房地产开发的人口受教育水平环境

由于人的实际购买力等于人的购买欲望乘以人的购买能力，而人的购买欲望和购买能力都与其所受教育的水平密切相关。

从整体情况来看，受过高等教育的人士，他们接受的知识更多，读书看报的兴趣更高，从而使其对现代社会的了解远远高于未受过高等教育的人群，对现代社会里种种现代生活的追求也比未受过高等教育的人群更强烈。因此，他们的购买欲望要比未受过高等教育的人群高得多。受过高等教育的人士，对住宅及其相关配套设施的要求，已不仅仅是解决自己居住的场所，可能还是自己工作、学习、社交等一系列生活的地点。而且，他们普遍对住宅及其相关配套设施的内在功能和外在形象要求更高。最重要的一点，这些人往往有着现代化的生活经验，对开发商的欺诈行为有着更敏锐的眼光，也更倾向于通过法律手段解决与开发商的纠纷。因此，要想真正打动受过高等教育的人士，特别是随着我国法制化程度的提高，开发商必须真正下工夫去开发价格合理的高品质住宅及其相关配套的设施。

受过高等教育的人群对生活的追求也更高、更丰富，因此提供现代生活享受的相关房地产，如健身设施、游乐设施等，就有了更广阔的发展空间。

从整体情况来看，受过高等教育的人士，由于掌握了现代的科学知识，在现代社会中，就获得了更丰富的就业机会和创业机遇，他们的薪金水平与未受过高等教育人群的薪金水平的差异越来越大，特别是在我国还存在着任人唯学历的风气，这种差异就越发鲜明。

4. 房地产开发的城市历史传统环境

随着城市化水平的提高，特别是随着各城市之间竞争的加剧，发展自己城市鲜明的特色，成为各城市人民政府考虑的重点问题之一。在发展自己城市的特色中，弘扬自己城市的历史传统是十分重要的一点。这对房地产开发产生了十分深远的影响。

首先，历史传统悠久的城市往往历史古迹丰富，这对房地产开发形成了巨大的限制。这要求房地产开发必须在合理保护这些历史古迹的基础上进行，而这些历史古迹的分布往往不规则，因此并不符合现代成片集中开发的原则，导致了成片集中开发实际上常常被这些历史古迹割裂成一系列的碎片，从而导致成片集中开发的成本大幅度增加。因此，在一些历史文化名城，古迹保护与房地产开发常常成为一种难以调和的矛盾，每一次的成片集中开发都被社会各界斥责为对历史古迹的大破坏。随着社会各界对历史传统的日益尊重，在成片集中开发中随意处理历史古迹的现象将会受到越来越严厉的处罚。甚至有的学者提出，在历史文化名城就不应该进行这种成片集中开发，只能是小规模的改建，才有可能保持历史文化名城的固有氛围和历史古韵。因此，当历史悠久的城市对历史古迹越来越重视的时候，房地产开发受到的限制就越来越多，这是毋庸讳言的。

其次，历史悠久城市的市民往往形成了独特的审美眼光，这对房地产开发也形成了独特的影响。从住宅来说，在人们刚刚开始将解决居住问题提到议事日程上时，常常是只关注居住面积和房价这两点，而当人们的收入提高到一定水平时，就开始对住宅的视觉感觉提出了更高的要求，这使房地产开发面临更加个性化的市场，不能适应这种发展趋势的开发商将被市场淘汰出局。

4.3.5　房地产开发的自然地理环境

一个城市的自然环境也是对房地产开发商有着重大影响的环境条件。

自然地理环境包括地理位置、自然条件、自然资源。地理位置是指房地产开发地点距主要公路、铁路、港口的距离等；自然条件是指房地产开发地点所处的各种地理条件、气候、地质水文、自然风光等；自然资源是指房地产开发地点及附近的农业资源、矿产资源、人力资源等。自然环境是一种房地产开发者无法轻易改变的客观物质环境，具有相对不变和长久稳定的特点，而房地产开发项目也具有地理位置的固定性的特点，房地产开发者应十分重视自然环境的研究。

地理位置直接关系到未来住户生活方便的程度，从而影响楼宇的销售或出租。项目与给排水管道、通信电缆等的距离，直接影响项目开发成本，从而影响房地产开发的效益。地质地貌与自然风光和气候不仅关系到楼宇的基础设计，而且直接影响其景观。一个好的房地产项目规划，必然十分重视项目所在地的地貌特点、自然风光、气候风向等自然地理环境条件，充分利用其有利的一面，回避不足的一面，使项目无论是外观造型、结构布局，还是使用性质、使用功能，与外在的自然环境协调起来。

4.4　房地产经营的环境

影响房地产开发的环境因素也都会影响房地产的经营，不过，房地产经营还需要考虑其他的一些影响因素。

4.4.1　房地产市场的供求状况

对房地产的经营者来说，特别是那些并不从事房地产项目开发的经营者来说，房地产市场的供求状况，是其进行经营首先需要关注的环境因素。

1. 房地产市场的供求状况

目前，房地产市场的供求状况，对大型的房地产综合开发项目影响程度并不大，这种项目主要是考虑未来的房地产市场的供求状况，但对并不从事开发的房地产经营者来说，却是至关重要的考虑对象。

随着房地产市场的完善，房地产市场上物业的细分越来越重要，这些细分的物业基本上形成了各自的市场体系，彼此所受的影响会越来越小。因此，目前房地产市场的供求状况，越来越多的是指这种细分的市场供求状况。当一种细分的物业处于市场供过于求的状态时，另一种细分的物业则完全有可能处于严重供不应求的状态中。

对规模比较小、经营的物业品种比较少的非开发型房地产经营者来说，其所经营的物业目前的市场供求状况，直接决定了其收益状况：在供不应求的条件下，可以获得超额的经济利益；而在供过于求的条件下，会遭受较大的经济损失。

而对规模比较大、经营的物业品种比较丰富的大型非开发型房地产经营者来说，其可以根据所经营的不同物业的市场状况进行有效的调配。对目前市场供不应求的物业品种则想方设法增加供应，而对目前市场供过于求的物业品种则可以减少供应，或者是对前者提高价格，对后者适当让利。

对这种经营的物业品种比较丰富的非开发型房地产经营者来说，房地产市场目前的供求状况是指各种细分的物业市场的供求状况，在这种细分的市场状况下，其所经营的物业品种的组合，就决定了其经济利益。如果所经营的物业品种大部分处于市场供不应求的状态，小部分处于供过于求的状态，则盈利情况就会比较好，否则，就会遭受损失。

因此，对于大型的经营多品种物业的非开发类房地产经营者来说，正确判断各种细分的房地产市场的供求状况，合理组合自己的物业品种和相应的数量，是能否获得最大的经济利益的关键。

2. 房地产市场目前的市场阶段状况

房地产市场是非常典型的周期性市场，兴旺—平淡—萧条—复苏—兴旺这样的周期是循环往复的。房地产的价格在这 4 个时期是不同的，在兴旺时，价格最高，在平淡时就大幅度降低，在萧条时最低，而到了复苏时又迅速升高。

在这种周期性的市场中，对已经进入市场的非开发型房地产经营者来说，在市场形势不好的时候，经营者可以有两种选择：一种是低价投放市场；另一种是囤积在手中等待市场复苏。前者的损失是价格差，即兴旺时的房地产价格与萧条时的房地产价格差，而后者的损失是利息支出，即从萧条到复苏这段时间所要支付的资本利息（不仅是借贷资金的利息，还包括自有资金的机会成本）。如果资金实力比较雄厚，就可以选择后一种方式，而如果资金实力较弱，则只能走前一种道路。

而对正想进入市场的非开发型房地产经营者来说，在萧条的时候进入这个市场，可以以较低的价格购得物业，然后等到复苏之后再转手赚取差价，只要这个差价比相应的利息支出大，这笔买卖就是合适的；也可以在复苏的时候进入这个市场，再等到兴旺之时转手，同样可以赚取差价。

4.4.2　房地产市场的完善程度

我国经济还是一个发展中的市场经济，各种市场还处于不成熟的状态，特别是各种生产要素市场。作为生产要素市场之一的房地产市场，在我国是改革开放之后才逐步发展起来的，发展到今天也只有 20 多年的历史，发育的程度还比较低。一方面，我国房地产市场的机制对市场的调节能力还不强；另一方面，也表现为整个房地产市场体系的发育还不健全。但是，随着市场化改革进程的加快和加入世界贸易组织带来的冲击，我国房地产市场的完善程度将会大幅度提高。这对我国房地产经营来说，将产生重大而深远的影响。

1. 市场机制的调节能力

市场机制有两个重要的功能：①促使市场的各个参与者积极改善自己的经营水平，提高经营业绩；②淘汰那些不能真正为市场提供相应的商品或服务的经营者。我国房地产市场出现的矛盾现象，即一方面空置率居高不下；另一方面房价同样居高不下，这就深刻地表明了我国房地产市场的机制还不能充分有效地调节市场。

房地产项目空置率的居高不下，将导致巨额资金的沉淀，对整个国民经济资金流的正常周转将产生重大的影响，造成了社会资金的紧张；而房价的居高不下，将极大地抑制消费者的购买能力。

随着房地产市场的完善，特别是房地产经营者有序市场竞争的激烈开展，以及房地产经营者之间的兼并重组活动的开展，大批并不具备相应经营资质的经营者将会被淘汰出房地产经营领域。而且，随着市场机制的完善，那些不顾自己实际资金实力而贸然从事房地产经营的企业或个人，将会被相应的市场拒之门外。

2. 销售市场与租赁市场的平衡状态

作为一种耗资巨大的商品，任何房地产项目在进入交易市场的时候，自然就面临着销售和租赁的二重选择，也就形成了房地产销售市场和房地产租赁市场两个市场的相互关系。

房地产销售市场和房地产租赁市场既相互排斥又相互促进。一项房地产项目在开发完毕首次进入交易市场时，如果用于销售，就不能同时用于出租，反之亦然。这就形成了房地产销售市场和租赁市场的相互排斥关系。但是，由于房地产项目的特殊性质，即房地产项目既可以留给自己用做消费资料，也可以通过某种交易实现增值而成为投资项目，因此在接下来的市场交易中，房地产的销售市场和房地产的租赁市场又往往形成了互动的关系，即如果租赁市场有利可图，投资者就会购买房地产项目投入到租赁市场中，这就促进了房地产销售市场的兴旺，而房地产销售市场的兴旺，就会带动房地产开发活动，从而导致房地产项目市场供应的充足，使房地产租赁市场有了更大的基础。

对房地产经营者来说，房地产销售市场和房地产租赁市场的同时运行，实际上增加了经营的空间，也增加了回避风险的条件，在房地产销售市场兴旺时，就转移到房地产销售市场经营，而当房地产销售市场萧条时，就转移到房地产租赁市场经营。

目前，我国的房地产市场还没有形成房地产销售市场和房地产租赁市场的良性互动局面。在商务房地产物业市场上，租赁市场比较发达而销售市场相对薄弱；而在住宅市场上，则是销售市场比较发达，居民热衷于买房而没有进行全面衡量。租赁市场虽然也普遍存在，但往往以地下市场的形式运行，政府难以有效管制，因而租赁双方的合理利益难以得到有效保障。由于缺乏有效运行的住宅租赁市场，住宅销售市场实际上也就因为缺乏租赁市场的支持而陷于某种停顿状态。实际上，房地产项目空置率的居高不下也有着相应的房地产租赁市场不完善的缘故，那些无法销售出去的房地产项目无法通过租赁市场得到必要的资金回报。

3. 二手房市场的完善程度

二手房市场是房地产市场的重要组成部分，实际上也是不可或缺的部分。由于现代社会中人们生活环境的不断变化，不管是收入水平的不断提高，还是工作单位或地点的不断变化，使得人们对房地产项目的需求也是不断变换的。虽然由于历史惯性的影响，我国大部分居民都有一种传统社会的想法，即一步到位解决居住问题，但随着市场经济的不断完善，人们的心态必将会转变成现代社会居民的心态，即不断根据自己生活条件的改变而调整自己的居住状态，这就需要二手房市场的发展。

由于二手房市场（还有租赁市场）的存在，使得房地产经营可以摆脱房地产开发而独立发展。在发达国家，大部分可开发的土地都已经得到开发，每年新开发的房地产项目并不多，但房地产市场仍然活跃，实际上就是依靠二手房市场（还有租赁市场）来支撑的。

二手房市场（还有租赁市场）还是一个特别适合个人投资的市场，这对调动社会资金、促进房地产市场运行有着重要的意义。

4.4.3 政府房地产经营政策的取向

政府对房地产经营有着十分重大的影响，特别是政府的政策取向，将深刻地影响房地产市场的经营秩序。

1. 政府房地产交易税费的政策选择

房地产交易的税费收入是政府财政收入的重要组成部分，从这个角度来分析，政府存在着提高房地产交易的税费额度的心理。我国房地产价格居高不下，在很大程度上是由于政府相关税费额度偏高的因素。但是，政府也并不可以随心所欲地增加房地产交易的税费额度，因为这可能会导致房地产价格的大幅度上涨，从而抑制了房地产市场的正常发展。而且，房地产价格的大幅度上涨，将极大地损害其他产业的健康发展，从而将减少政府从其他产业所应获得的税费收入。因此，政府对房地产交易既存在着增加税费额度的倾向，又不能随意增加税费额度。

政府的这种心态，对房地产经营有着深刻的影响。当房地产市场兴旺的时候，政府则倾向于增加税费额度，一方面是增加自己的财政收入，另一方面也是适当降低房地产交易的过热。而当房地产市场萧条的时候，政府则会减少房地产交易的相关税费额度，以促进房地产市场的复苏。

由于政府的税费将直接与房地产经营者的收入相关联，政府的税费变动就直接影响了房地产经营者的收入。因此，对房地产的经营者来说，密切关注政府的税费变动情况是非常重要的。

2. 政府对房地产经营者资质审查的严格程度

房地产经营是一种风险较大的经营活动，而且房地产的经营者常常可以将风险转化给他的客户。目前，在我国房地产市场上，欺诈现象十分普遍，一个重要的原因就是有相当一部分房地产经营者，实际上并不具备从事相应房地产经营业务的资质，仅仅凭借他们对房地产市场的熟悉而欺骗客户。

房地产经营者的资质实际上应该包括 3 个基本要素：①对所从事的房地产经营业务的经营经历和业绩，这一条表明该房地产经营者具备从事其所经营的房地产业务的能力；②具备必要的资金，这一条是该房地产经营者应对其所从事的房地产业务风险的必要保障，也是判断该房地产经营者是否真正具备从事相应的房地产业务资质的必要条件；③良好的信用，这一条是该房地产经营者具备规范经营其所从事的房地产业务的标志。

在市场非常完善的条件下，特别是消费者素质普遍提高的条件下，仅仅通过市场机制自身就可以实现优胜劣汰的功能。但是，我国是一个市场发展时间短暂但又非常迅速的国家，仅仅依靠消费者自身的素质是难以发挥市场功能的，政府的有效干预是必需的。

但是，政府的干预往往有违于市场机制的正常运行，特别是政府对房地产经营者资质的判定可能并没有体现市场的实际需要，这就可能会对房地产的经营带来副作用。

3. 政府房地产交易管制的严格程度

由于房地产交易欺诈现象的普遍存在，政府对房地产交易必然实行严格的管制。但是，政府实行管制是需要足够的人力、物力和财力的，总是实行严格的管制对政府是一种较大的负担，因此政府往往是根据市场的状态决定是否实行严格的管制。这种严格的程度在不同的时期必然是不同的：当市场欺诈现象已经引起政府的高度重视时，政府的管制往往就严格一些；而当市场欺诈现象没有得到政府的重视，或者是经过政府的有效打击，市场欺诈现象已经大幅度减少时，政府的管制往往就会宽松一些。

当政府的管制真正严格按照相关的法律、法规进行时，一方面可以有效规范房地产市场的秩序，使市场有效发挥出优胜劣汰的功能；另一方面也可能造成房地产市场运行成本的大幅度提高，从而对房地产市场的正常运行形成强大的干扰，特别是当相关的法律、法规制定得并不科学的时候。

4.4.4 相关中介机构的发育状况

对房地产经营来说，房地产中介机构的发育状况，有着非常重要的作用，这是因为房地产经营是一项信息量巨大、相关事务繁多的经营活动，缺乏高水平的市场中介机构，房地产经营就难以有效进行下去，凭借房地产经营者自身的信息量和活动力是难以应付市场的需要的。

1. 房地产交易所的服务水平

房地产交易所是房地产经营的主要场所，它同时也常常代替政府履行一些市场管理的职能。房地产交易所的服务到位且收费合理，对正常的房地产交易是十分重要的。但是，由于房地产交易所实际上是兼有商业性和政策性双重职能的机构，一方面它可能会同其他的房地产中介机构存在着竞争关系，另一方面它也可能会利用自身的政策性权力为自己牟取私利。这样的话，房地产交易所就可能成为正常市场交易的干扰者。

房地产交易所可以提供多方面的服务，如相关法律的咨询、相关政策的咨询、房地产市场信息的咨询、房地产经营者资质情况的咨询。这些信息提供的准确性、时效性，对房地产经营者正确制定经营决策有着重要的意义。房地产交易所提供服务的质量越高，对房地产经营者的帮助就越大。

2. 房地产评估机构的服务水平

按照国家的规定，任何房地产交易都必须要进行房地产评估。因此，房地产评估机构是房地产交易不可或缺的一环。房地产评估机构应该是按照客观、公正、科学的原则进行房地产项目价值的评估，经过评估，对房地产交易双方正确了解交易的前景有着重要的作用。

国家对房地产评估机构实行双重的资质管理制度，一方面对评估机构实行资质审批制度，另一方面对评估人员实行职业资格考试和注册制度。这对规范房地产评估机构是十分必要的。但是，由于人才的流动，在一些非全国性中心城市，房地产评估机构实际上难以雇用到足够数量的合格人才。在全国性中心城市，又往往出现人才过剩、机构过多的现象，结果造成了各房地产评估机构的不规范竞争。

3. 其他中介机构的发育状况

房地产市场越发达，需要的房地产中介机构种类就越多，如房地产消费者资信评估机构、房地产经营者信用评估机构、房地产按揭贷款代理机构、房地产按揭贷款保险代理机构、二手房转让代理机构、房地产信息服务机构、房地产按揭贷款担保机构、房屋银行（即低价承租客户的房屋，再高价出租出去的中介机构）等。此外，熟知房地产事务的律师事务所也是必要的中介结构。

思　考　题

1. 分析学校所在地城市的宏观经济发展形势及其对房地产开发的影响。
2. 分析学校所在地城市人民政府政策的变动及其对房地产开发的影响。
3. 分析学校所在地城市规划的制定情况及其对房地产开发的影响。
4. 分析学校所在地城市人口情况及其对房地产开发的影响。
5. 分析学校所在地城市房地产市场的供求状况及其对房地产经营的影响。
6. 调查学校所在地房地产中介机构的发展情况。

第 5 章

房地产市场调研

5.1 房地产市场概述

5.1.1 房地产市场的含义及特征

1. 房地产市场的含义

在经济学中，市场的含义可以从狭义与广义两个角度去理解。狭义的市场是指买主和卖主聚集在一起进行商品交换的场所，泛指就某特定商品进行交易的卖主和买主的集合。由于所交换的产品不同，从而产生了各种不同的市场，如房地产市场、粮食市场等。广义的市场是指一切交换关系的总和。

在市场营销学中，买方构成市场，卖方构成行业。市场是指由那些具有特定欲望或需要，并且愿意和能够通过交换来满足这种欲望或需要的全部潜在顾客的集合。

房地产市场有狭义和广义两种，狭义的房地产市场是指房地产买卖、租赁、抵押、典当等交易活动的场所；广义的房地产市场是指房地产交易关系的总和。狭义是指在空间意义上，广义是指在经济本质上。房地产市场是房地产商品交换过程的统一，是连接房地产开发、建设与房地产使用、消费的桥梁，是实现房地产商品使用价值和价值的经济过程。

房地产交易所或房地产交易中心作为进行房地产商品交易的场所，它和空间意义上的房地产市场的含义是一致的，但房地产交易所或房地产交易中心作为具体组织和协调房地产市场交易过程的一种组织机构，其职能是通过提供市场交易信息和咨询服务，实施市场管理和市场监督，以确保房地产交易过程的有序性和交易行为的公正、合理性。而房地产市场则主要是从房地产商品交换关系方面加以定义的，只要发生房地产商品交易行为，无论是在交易所或交易中心之外进行，还是在交易所或交易中心之内进行，都属于房地产市场交易活动或交易关系。因此，本书提及的房地产市场是广义的房地产市场，经济本质上的房地产市场。

房地产市场的构成要素是房地产市场有效运行不可缺少的基本因素，它构成房地产市场的矛盾运动，反映出房地产市场运行中的种种现象，决定和影响着房地产市场的发展现状和发展趋势。一个完整的房地产市场是由房地产市场的主体、客体、有效需求和组织机构等要素构成的。房地产市场的主体是指参与房地产买卖、租赁、抵押、典当等交易活动的当事人。房地产商品的供给者和需求者都是房地产市场的主体，无论他是自然人，还是法人。房地产市场的客体是指投入房地产市场的，可供买卖、租赁、抵押、典当等交易活动的一定数量的房地产，包括用于交易的土地、居住用房、商业用房、工业用房等房地产。

2. 房地产市场的分类

从识别和把握房地产宏观市场环境的角度出发，可以按照地域、房地产的用途和等级，以及交易目的等标准，对房地产市场进行分类。

1）按地域范围划分

房地产的不可移动性，决定了房地产市场是区域性市场。人们认识和把握房地产市场的状况，也多从地域的概念开始。因此，按地域范围对房地产市场进行划分，是房地产市场划分的主要方式之一。地域所包括的范围可大可小，最常见的是按城市划分，如北京房地产市场、上海房地产市场、深圳房地产市场等。对于比较大的城市，其城市内部各区域间的房地产市场往往存在较大差异，因此还要按照城市内的某一个具体区域划分。但一般来说，市场所包括的地域范围越大，其研究的深度就越浅，研究成果对房地产投资者的实际意义也就越小。

2）按房地产的用途和等级划分

由于不同类型的房地产从投资决策到规划设计、工程建设等方面均存在较大差异，因此按照房地产用途分类，可将其分解为若干细分市场，如居住物业市场（含普通住房地产市场、别墅市场、公寓市场等）、商业物业市场（写字楼市场、商场或店铺市场、酒店市场等）、工业物业市场（标准工业厂房市场、高新技术产业用房市场、研究与发展用房市场等）、特殊物业市场、土地市场（各种类型用地市场）等。根据市场研究的需要，有时还可以进一步按物业的档次或等级细分，如甲级写字楼市场、乙级写字楼市场等。

3）按房地产交易形式划分

按照《中华人民共和国房地产管理法》的规定，房地产交易包括房地产转让、房地产抵押和房屋租赁。由于同一时期、同一地域范围内，某种特定类型房地产的不同交易形式具有明显的特殊性，因此，按不同房地产交易方式，将新建成的房地产商品划分为销售（含预售）、租赁（含预租）、抵押等子市场；针对存量房屋的交易划分为租赁、转让、抵押、保险等子市场。

4）按房地产购买者目的划分

购买者购买房地产的目的主要有自用和投资两类。自用型购买者将房地产作为一种耐用消费品，目的是满足自身生活或生产活动的需要，其购买行为主要受购买者自身特点、偏好等因素的影响。投资型购买者将房地产作为一种投资工具，目的是将所购的房地产出租经营或转售，并从中获得收益和收回投资，其购买行为主要受房地产投资收益水平、其他类型投资工具的收益水平，以及市场内使用者的需求特点、趋势和偏好等因素的影响。根据购买者目的的不同，可以将房地产市场分为自用市场和投资市场。

5）按房地产开发、销售与消费过程特点划分

房地产市场分为土地市场（一级市场）、房地产增量市场（二级市场）和房地产存量市场（三级市场）。在我国，一级土地市场的交易发生在投资者与政府之间，是一种典型的资

源垄断市场和国家垄断市场，房地产经纪人除了为投资者或政府提供投资咨询外，难以参与市场运作。二级市场是新建商品房销售及土地使用权转让市场。三级市场则是存量房交易的市场，是消费者之间的交易活动。房地产市场层次结构划分如表 5-1 所示。

表 5-1　房地产市场层次结构划分

市场层次	市场主体	市场特点	经营内容	经营方式	价格决定
一级市场	国家或地方政府	垄断竞争型	总体规划设计用途，征地拆迁，招投标地价	有期限拍卖、招标或逐年收取土地使用费	垄断价格（资源价格、所有权价格）
二级市场	各房地产公司	竞争型	综合开发	出卖或出租已开发土地或连同其建筑物	价值价格
三级市场	用户	竞争型	房地产转让	转让或出租地皮或连同其建筑物	剩余年限的价格

此外，房地产市场还有其他一些划分方式。例如，按照房地产商品化程度，将房地产市场划分为商品房交易市场、经济适用房交易市场和公有房屋租赁市场等。

3. 房地产市场的特征

房地产市场既有一般市场的特征，又由于房地产商品的特性而具有独特的地方。房地产市场所具有的根本特征，是房地产营销决策的基础。

1）地域性

房地产作为不动产所具有的不可移动性，决定了在房地产市场上不存在房地产商品物质实体的移动，房地产商品只能就地开发建设、就地使用和消费，不能像其他商品那样通过运输或自由流动来平衡供求关系。同时，房地产商品在市场上的流通只能通过消费者或使用者自身的移动，而不能通过房地产商品实物的移动来进行。房地产市场是典型的地方性市场，各个地区房地产市场的运行状况在很大程度上决定于当地的经济发展程度、居民收入水平、人口数量与结构、地方政府的政策，以及当地居民的价值观念和受教育程度等因素。房地产市场的地域性特征具体表现为：①不同地区由于社会经济发展程度的差异，使房地产市场的发育和完善程度具有显著的区别；②同一类型产品的地区差价很大，由于各地经济发展水平和居民支付能力的差别，使地产商品的价格在地区之间有巨大的差异；③市场供求圈小、辐射功能弱，房地产商品的有效需求是由一定区域范围内有支付能力和购买意愿的消费者数量决定的。

房地产市场的地域性特征要求房地产营销必须结合房地产商品所在地的经济、社会、文化，以及政策等因素制定营销决策。在一个地区行之有效的营销策略，在另一个地区可能并不适用。

2）不完全竞争性

完全竞争市场必须符合以下几个条件：①产品是同质的、无差别的；②不存在公共物品，各种生产要素可以完全自由流动；③信息畅通，市场主体在价格、供求数量等方面拥有完备的信息；④有大量的买者和卖者，即任何一个市场主体都不能单独影响市场价格。然而，房地产最大的特点之一是异质性。因为房地产的地段、位置不能复制，不同楼层的房地产价格亦有差异。由于房地产交易涉及很多法律上的程序和商业秘密与利益，其信息资料通常不是过时，就是欠详尽或欠准确，因此，房地产市场是一个低效率的市场，极易产生价格波动，使房地产交易的成本相当高。

房地产市场的不完全竞争性也是由房地产市场的垄断性决定的。从相对垄断性看，由于土地资源供给的刚性或不可再生性，使拥有某一土地的房地产开发企业在与此相对应的市场上就处于相对垄断的地位；从绝对垄断性看，我国房地产的一级市场即土地使用权的征购市场和出让市场是由政府垄断的。这种房地产市场的不完全竞争性，也是房地产市场投机性的根本原因。

房地产市场的不完全竞争性决定了营销无论对房地产经济运行而言，还是对房地产开发企业而言，都具有重要的作用，因为房地产营销正是克服房地产市场信息不畅通的重要途径。

3）周期性

周期性循环一般被定义为国民经济发展上升与下降运动的周期性重复，包括繁荣、衰退、萧条和复苏4个阶段，大体分为长期循环（以15～22年为一个周期）和短期循环（以3年为一个周期）。实际上，这种周期性循环也存在于房地产市场运行的全过程。因为房地产市场本身就是整个国民经济的重要组成部分，而且就其消费而言，又受到就业、收入等因素的影响，所以，房地产市场的运行与整个经济发展的总趋势大体一致。同时，房地产市场还受季节性和随机性变动的影响，如季节性变动受季节、气候的影响，天气寒冷导致房地产的开发建设停滞，房地产商品的供应量受到限制；随机性变动是指由于政局震荡、政策变动或洪水及地震等灾害所引起的房地产市场的衰落和复兴。房地产市场的循环性特征，从房地产营销战略角度看，要求从国民经济的角度把握房地产市场发展的不同阶段，从而正确制定竞争战略，合理进行市场细分和选择目标市场。从房地产营销策略角度看，对房地产商品价格等策略的制定也有一定的参考价值，如在国民经济复苏阶段，将从供给和需求两个角度刺激房地产市场转向繁荣，此时可采取高价策略；在经济衰退阶段，为了避免滞销，以尽快收回投资，可以采取低价策略。同时，由于房地产商品销售的时间较长，因此，在房地产市场运行的不同阶段，往往需要从目标市场到具体的营销策略对整个营销方案进行调整。

4）层次性

房地产商品是房地产市场的基本要素，而房地产商品的形成经历了取得土地到进行土地开发，以及房屋建设等流程。同时，土地市场的交易有土地所有权变更、土地经营权租赁、土地使用权转让等多种方式，与此相应，就有一级、二级、三级土地市场。而房地产市场交易要经过接待、登记、调查、议价、估价、报批、收费、统计和发证等过程才能完成。因此，房地产市场结构由支持系统、交易系统和约束系统组成。由此可见，房地产市场本身就是一个多层次的市场体系，每一个市场都是由多种子市场组成的复合体。处于不同交易层次的房地产商品，市场主体、交易客体不同，所涉及的法律政策等影响因素也不同，需要制定相应的营销策略。

5）不完全开放性

首先，地产资源的相对稀缺性及其必须由国家经营的特性，是决定房地产市场有限度开放的根本原因。土地属非再生资源，其相对稀缺和人类社会对房地产需求的绝对增长，是房地产市场运行的基本矛盾，这一矛盾决定了从总体上看房地产资源始终处于短缺状态，其价位始终处于上升趋势。其次，城镇房地产的开发、流通与使用受国家计划、政策和城市规划的严格约束，这些都影响了房地产市场的自由度。市场经济主要通过价格机制、竞争机制和供求机制等配置社会资源。随着土地有偿使用和房屋商品化进程的深化，国家对房地产市场的管理将逐步加大指导性，减少指令性，放宽政策以活跃市场，但城镇房地产的开发、经营活动必须符合城市总体规划的要求，房地产商品的流通也要受城市规划的制约。

此外，资金限制也会影响房地产市场的开放度。房地产开发投资量大，资金是制约房地产开发及市场流通的重要因素。

6）双重性

房地产市场的双重性表现在以下 3 个方面。

（1）房地产市场是房产市场与地产市场的统一体，是房产市场与地产市场的有机结合体。两者各具独立的内容，但又有密不可分的联系。首先，在实物形态上，房依地建，地为房载，两者不可分离；其次，在权属关系上，土地使用权往往依附于地上建筑物的所有权之中，土地使用权伴随着房屋所有权的转移而转移；最后，在价格构成上，土地使用权转让的价格往往包含在房屋建筑物价格之中。

（2）房地产市场是有形市场与无形市场的统一体，是有形的房地产商品和无形的房地产商品的统一体。有形的房地产商品是指房地产商品实体，如住房地产、办公楼、商场及工业用房等；无形的房地产商品是指房地产服务，包括房地产开发项目的规划设计、房地产市场研究、房地产价格评估、房地产营销、房地产咨询，以及房地产信息的收集和提供等。因此，房地产市场不仅包括有形房地产商品的出售或租赁，也包括无形房地产商品，即劳务的交换。

（3）房地产市场是投资品市场与消费品市场的统一体，不仅是人们赖以生存的基本生活资料，同时具有保值增值性，可以作为投资的手段。这种双重性决定了房地产市场具有投资品市场和消费品市场的双重性。因为房地产不仅是一种基本生活资料，而且由于其长期的使用价值及价值实现的长期性，也可以作为保值增值的手段。在房地产市场上存在一种反供求关系规律的特殊现象。对于一般商品来说，随着需求的增大，价格随之上升，继而供应增加，从而达到一个新的供求平衡点。在这类市场上，价格就像一只"无形的手"调节着市场的供求状况，价格上升就会需求减少而供应增加。在房地产市场上，随着价格的上升，需求也会因此而减少。但是，由于房地产商品的开发建设周期较长，以及其他方面的因素，供应却不会在短期内随之加大。这就是所谓"雷却德效应"（Ratchet Effect），即房地产价格因需求而上涨，房地产的投资或消费并未因此而下降。

不同类别的市场所交易的房地产商品不同，从而所涉及的市场主体和所需要的营销决策也不一样。

7）对供求关系反应的不灵敏性

相对于一般商品市场而言，房地产市场对房地产商品的供求变化反应不够灵敏。由于房地产商品开发投资额巨大、开发周期长，因此，某种房地产商品供过于求时，由于房地产开发企业已经投入了大量资金，施工正在进行，而不可能停止建设，将资金退出房地产投资领域；当某种房地产商品供不应求时，虽然房地产开发企业可以采取某种措施加快施工进度，但也不可能像其他工业品生产那样，迅速适应市场需求，增加供给。此外，在整个社会对房地产商品的需求下降时，房屋的所有人、使用人都宁愿拥有房屋，而不愿削价出售或低价出租，从而也就无法刺激需求，这也导致房地产市场对房地产商品的短期供求变化反应迟钝。

5.2 房地产市场指标

反映和描述房地产市场状况的指标包括供给指标、需求指标和市场交易指标3种类型。

1. 供给指标

（1）新竣工量（New Completions，NC_t）。这是指报告期（如第 t 年或半年、季度、月）内新竣工房屋的数量，单位为建筑面积或套数，可按物业类型分别统计。中国新竣工量统计指标是竣工面积，是指报告期内房屋建筑按照设计要求已全部完工，达到入住和使用条件，经验收鉴定合格（或达到竣工验收标准），可正式移交使用的各幢房屋建筑面积的总和。

（2）灭失量（δ_t）。这是指房屋存量在报告期内由于各种原因（毁损、拆迁等）灭失掉的部分。

（3）存量（Stock，S_t）。这是指报告期内已占用和空置的物业空间总量，单位为建筑面积或套数；在数值上，报告期存量＝上期存量＋报告期新竣工量－报告期灭失量（$S_t = S_{t-1} + NC_t - \delta_t$）；可按物业类型分别统计。

（4）空置量（Vacancy，VC_t）。这是指报告期期末房屋存量中没有被占用的部分。中国目前空置量是指"报告期末已竣工的可供销售或出租的商品房屋建筑面积中，尚未销售或出租的商品房屋建筑面积，包括以前年度竣工和本期竣工的房屋面积，但不包括报告期已竣工的拆迁还建、统建代建、公共配套建筑、房地产公司自用及周转房等不可销售或出租的房屋面积"。

（5）空置率（Vacancy Rate，VR_t）。这是指报告期期末空置房屋占同期房屋存量的比例。在实际应用中，可以根据房屋的类型特征和空置特征分别进行统计，包括不同类型房屋空置率、新竣工房屋空置率、出租房屋空置率、自用房屋空置率等。

(6) 可供租售量（Houses for Sale/Rental，HSR_t）。这是指报告期可供销售或出租房屋的数量，单位为建筑面积或套数。可供租售量＝上期可供租售数量－上期吸纳量＋本期新竣工量（$HSR_t＝HSR_{t-1}－AV_{t-1}＋NC_t$）；在实际统计过程中，可按销售或出租、存量房屋和新建房屋、不同物业类型等分别统计。因为并非所有的空置房屋都在等待出售或出租，所以某时点的空置量通常大于该时点可供租售的数量。

(7) 房屋施工面积（Buildings Under Construction，BUC_t）。这是指报告期内施工的全部房屋建筑面积，包括本期新开工的房屋面积和上期开工跨入本期继续施工的房屋面积，以及上期已停建在本期恢复施工的房屋面积。本期竣工和本期施工后又停建缓建的房屋面积仍包括在施工面积中，多层建筑应为各层建筑面积之和。

(8) 房屋新开工面积（Construction Starts，CS_t）。这是指在报告期内新开工建设的房屋面积，不包括上期跨入报告期继续施工的房屋面积和上期停建缓建而在本期恢复施工的房屋面积。房屋的开工日期应以房屋正式开始破土刨槽（地基处理或打永久桩）的日期为准。

(9) 平均建设周期（Construction Period，CP_t）。这是指某种类型的房地产开发项目从开工到竣工交付使用所占用的时间长度。在数值上，平均建设周期＝房屋施工面积/新竣工面积（$CP_t＝BUC_t/NC_t$）。

(10) 竣工房屋价值（Value of Buildings Completed，VBC_t）。这是指在报告期内竣工房屋本身的建造价值。竣工房屋的价值一般按房屋设计和预算规定的内容计算。其包括竣工房屋本身的基础、结构、屋面、装修，以及水、电、卫等附属工程的建筑价值，也包括作为房屋建筑组成部分而列入房屋建筑工程预算内的设备（如电梯、通风设备等）的购置和安装费用；不包括厂房内的工艺设备、工艺管线的购置和安装，工艺设备基础的建造，办公和生活家具的购置等费用，购置土地的费用，拆迁补偿费和场地平整的费用及城市建设配套投资。竣工房屋价值一般按工程施工结算价格计算。

2. 需求指标

(1) 国内生产总值（GDP）。这是按市场价格计算的一个国家（或地区）所有常住单位在一定时期内生产活动的最终成果。国内生产总值有 3 种表现形态，即价值形态、收入形态和产品形态。从价值形态看，它是所有常住单位在一定时期内生产的全部货物和服务价值超过同期投入的全部非固定资产货物和服务价值的差额，即所有常住单位的增加值之和；从收入形态看，它是所有常住单位在一定时期内创造并分配给常住单位和非常住单位的初次收入之和；从产品形态看，它是所有常住单位在一定时期内最终使用的货物和服务价值减去货物和服务进口价值。在实际核算中，国内生产总值有 3 种计算方法，即生产法、收入法和支出法。3 种方法分别从不同的方面反映国内生产总值及其构成。

(2) 人口数量。这是指一定时点、一定地区范围内有生命的个人总和，包括户籍人口、常住人口和现有人口。其中，户籍人口是在某地政府户籍管理机关登记有常住户口的人，不管其是否外出，也不管其外出时间长短；常住人口是指经常居住在某地的人口，包括常住该地并登记了长住户口的人，以及无户口或户口在外地而住在该地 1 年以上的人，不包括在该地登记为常住户口而离开该地 1 年以上的人；现有人口又称瞬间人口峰值，是指在规定的标准时点下，在这个地区居留的人口。例如，北京市 2008 年年末的户籍人口、常住人口和瞬间人口峰值分别为 1 330 万人、1 695 万人和 2 100 万人。常住人口与一个地区的社会经济关系更为密切。

（3）城市家庭人口规模。这是指居住在一起，经济上合在一起共同生活的家庭成员数量。凡计算为家庭人口的成员，其全部收支都包括在本家庭中。

（4）就业人员数量。这是指从事一定社会劳动并取得劳动报酬或经营收入的人员数量，包括在岗职工、再就业的离退休人员、私营业主、个体户主、私营和个体就业人员、乡镇企业就业人员、农村就业人员、其他就业人员（包括民办教师、宗教职业者、现役军人等）。这一指标反映了一定时期内全部劳动力资源的实际利用情况，是研究国家基本国情国力的重要指标。

（5）就业分布。这是指按产业或职业分类的就业人员分布状况。

（6）城镇登记失业率。这是指城镇登记失业人员与城镇单位就业人员（扣除使用的农村劳动力、聘用的离退休人员、港澳台及外方人员）、城镇单位中的不在岗职工、城镇私营业主、个体户主、城镇私营企业和个体就业人员、城镇登记失业人员之和的比。

（7）城市家庭可支配收入。这是指家庭成员得到可用于最终消费支出和其他非义务性支出及储蓄的总和，即居民家庭可以用来自由支配的收入。它是家庭总收入扣除缴纳的所得税、个人缴纳的社会保障费和记账补贴后的收入。

（8）城市家庭总支出。这是指除借贷支出以外的全部家庭支出，包括消费性支出、购房建房支出、转移性支出、财产性支出、社会保障支出。

（9）房屋空间使用数量。这是指按使用者类型划分的正在使用中的房屋数量。

（10）商品零售价格指数。这是反映一定时期内城乡商品零售价格变动趋势和程度的相对数。商品零售价格的变动直接影响到城乡居民的生活支出和国家的财政收入，影响居民购买力和市场供需的平衡，影响到消费与积累的比例关系。

（11）城市居民消费价格指数。这是反映一定时期内城市居民家庭所购买的生活消费品价格和服务项目价格变动趋势与程度的相对数。该指数可以观察和分析消费品的零售价格和服务项目价格变动对职工货币工资的影响，作为研究职工生活和确定工资政策的依据。

3. 市场交易指标

（1）销售量（Houses Sold，HS_t）。这是指报告期内销售房屋的数量，单位为建筑面积或套数。在统计过程中，可按存量房屋和新建房屋、不同物业类型分别统计。我国房地产开发统计中采用的销售面积包括当期增量房屋预售面积和当期增量房屋现房销售面积。

（2）出租量（Houses Rented，HR_t）。这是指报告期内出租房屋的数量，单位为建筑面积或套数。在统计过程中，可按房屋类型和新建房屋分别统计。我国房地产开发统计中的出租面积，是指在报告期期末房屋开发单位出租的商品房屋的全部面积。

（3）吸纳量（Absorption Volume，AV_t）。这是指报告期内销售和出租房屋的数量之和

（$AV_t = HS_t + HR_t$），单位为建筑面积或套数。在实际统计过程中，可按销售或出租、存量房屋和新建房屋、不同物业类型等分别统计。

（4）吸纳率（Absorption Rate，AR_t）。这是指报告期内吸纳量占同期可供租售量的比例（$AR_t = AV_t/HSR_t$），以百分数表示，有季度吸纳率、年吸纳率等。在实际计算过程中，可按销售或出租、存量房屋和新建房屋、不同物业类型等分别计算。

（5）吸纳周期（Absorption Period，AP_t）。这是指按报告期内的吸纳速度（单位时间内的吸纳量）计算，同期可供租售量可以全部被市场吸纳所需要花费的时间（$AP_t = HSR_t/AV_t$），单位为年、季度或月，在数值上等于吸纳率的倒数。在计算过程中，可按销售或出租、存量房屋和新建房屋、不同物业类型等分别计算。在新建商品房销售市场，吸纳周期又称为销售周期。

（6）预售面积。这是指报告期末仍未竣工交付使用，但已签订预售合同的正在建设的商品房屋面积。

（7）房地产价格。这是指报告期房地产市场中的价格水平，通常用不同类型房屋的中位数价格表示。中国现有房地产价格统计是基于各类物业平均价格的统计。

（8）房地产租金。这是指报告期房地产市场中的租金水平，通常用不同类型房屋的中位数租金表示。中国现有房地产租金统计是基于各类物业平均租金的统计。

（9）房地产价格指数。这是反映一定时期内房地产价格变动趋势和程度的相对数，包括房屋销售价格指数、房屋租赁价格指数和土地交易价格指数。

4. 市场监测与预警指标

前述市场供给、需求和交易指标，均可以作为监测房地产市场状况的基础，这些指标的变化趋势，则可部分揭示房地产市场的未来发展趋势。此外，国内外通常还通过构造下述指标，来实现对房地产市场的进一步监测和预警。

（1）土地转化率。这是指当期土地出让面积与当期政府批准新建商品房预售和销售面积的比例，用于监测土地供应与住房建设和销售之间的关系，反映土地转化为房屋的效率。

（2）开发强度系数。这是指房地产开发投资与 GDP 或固定资产投资的比例，反映房地产开发投资与宏观经济协调发展的总体状况。

（3）开发投资杠杆率。这是指房地产开发投资中房地产开发商投入的自有资金或权益资本所占的比例，反映房地产开发投资的风险。

（4）住房可支付性指数（Housing Affordability Index，HAI）。这是指中位数收入水平的家庭对中位数价格的住房的承受能力，在数值上等于家庭可承受房价的上限与该城市实际住房中位数价格之比，如果 HAI＝100，说明中位数收入水平的家庭正好能够承受中位数价格的住房；如果 HAI＞100，说明居民家庭能够承受更高价格的住房；如果 HAI＜100，说明居民家庭只能承受更低价格的住房。

（5）住房价格合理性指数。这是指从城市经济基本面可支撑住房价格的角度，对当前实际住房价格的合理性作出的判断，反映了实际住房价格与城市经济基本面指标的协调关系。

（6）房价租金比。这是指房地产价格与租金的比值，是考察房地产价格是否过度偏离其使用价值的指标。

（7）量价弹性。这是指过去 6 个月房地产交易量变化率与过去 6 个月房地产价格变化率之比，是反映房地产市场所处周期阶段和发展趋势的市场景气指标。

（8）个人住房抵押贷款还款收入比。这是指住房抵押贷款月还款额占月家庭收入的比例，反映个人住房抵押贷款违约风险水平。

（9）住房市场指数（HMI）。这是反映房地产开发商对未来市场预期的指标，根据开发商对当前销售、未来 6 个月内销售量的预期（好、一般、差），以及开发商对潜在购买者数量预期（高、平均、低）的调查结果构造。

（10）消费者信心指数。这是指消费者近期的购房意愿，通常根据对消费者"未来 6 个月内是否计划买房？未来 6 个月内是否计划买自住房？"的调查结果来构造。

5.3 房地产市场调查

5.3.1 房地产市场调查概述

1. 房地产市场调查的含义

市场调研是运用科学的方法，有目的、有计划地收集、整理与企业市场营销有关的各种情报、信息和资料，在调查的基础上对收集数据和汇总情报进行分析、判断，为企业营销决策提供依据的信息管理活动。市场调研就是为了实现目标而进行的信息收集和数据分析。市场调研是一种管理工具，其基本任务就是为管理层提供解决营销问题的信息。市场调研也是确定顾客和潜在顾客需要与需求的关键管理工具，是企业用来建立长期关系的手段，好的市场调研有助于保证企业未来的生存和发展。

房地产市场调研是以房地产为特定的商品对象，对相关的市场信息进行系统的收集、整理、记录和分析，进而对房地产市场进行研究和预测，并最终为营销决策服务的专业方法。

2. 房地产市场调查的特点

（1）房地产市场调查内容广泛。房地产市场调查既包括很简单的问题，如被调查者的性别、年龄、文化程度等基本情况，也包括像态度或爱好之类的复杂问题。有些问题被调查者可能不会回答，或者不知道该如何回答，也可能是因为问题太敏感而不愿回答。例如，消费者的户型和空间布局偏好调查，消费者如不面对实际户型空间，一般很难回答调查者的问题，要得到这些方面的信息必须有相当的专业知识、努力和智慧。

（2）房地产市场调查针对性很强。房地产市场调查侧重于对消费者的生活模式、行为模式等的研究分析。且在营销的不同阶段，内容也不同，所以实施调查需要具体问题具体分析，如在房地产定位阶段，市场调查主要调查竞争项目的基本数据和消费者的生活模式。房地产项目调查对时效性要求很高，如对销售率、价格等动态营销信息的调查，时间发生变化，动态营销信息也会发生改变。

（3）房地产市场调查方法多样。房地产市场调查的方案设计是多样的，收集数据可以采用实地调查、座谈会、面谈、电话访谈或邮寄调查等方法。房地产市场调查开展的程度是有伸缩性的，所收集数据的多少和复杂程度是可以选择的，这取决于所需要的信息和所拥有的经费。

（4）房地产市场调查结果具有一定的局限性。房地产市场调查的结论不是完美无缺的，有时可能会有一些细小的错误、误差和疏忽，但不能对调查信息的价值有严重损害。当出现错误时，应根据错误的具体情况进行修正处理。房地产市场调查结果不能直接指示决定，即使没有发现错误或疏忽，调查完全按所设计的方案进行，结果也不是完全确定的，不能指示或决定最终答案，调查结果必须参考一般经验、普通的道理和其他信息来进行评价。

3. 房地产市场调查的作用

房地产市场调查是现代市场经济的必然要求。在当代，生产社会化和专业化程度不断提高，商品交换范围不断扩大，生产、消费对市场的依赖性越来越大，而市场变化也越来越迅速。只有通过房地产市场调查，才能顺应市场发展规律，使房地产企业的经营活动立于不败之地。房地产市场调查既是房地产企业整体活动的起点，又贯穿于企业整体营销活动的始终。我国房地产市场虽然开放时间不长，但升降起落，变化万千。实践已充分证明，房地产市场调查对帮助房地产企业作出正确的决策有着极为重要的作用。其具体表现在以下几个方面。

（1）市场调查有助于房地产企业确定正确的发展方向。通过市场调查可以了解到市场的现状与变动趋势，如市场需要什么样的房地产产品、不需要什么样的产品，各类产品资源供应情况，国内市场与国际市场衔接状况，竞争对手活动意向等，从而确定企业今后的经营方向，在错综复杂的市场形势中探求到企业生存和发展的立足点。

（2）市场调查有助于房地产企业适时进行产品更新换代。房地产产品如同其他各类产品一样，有着其特定的市场生命周期。通过市场调查，能随时掌握企业的产品处于市场生命周期的哪一个阶段，从而及时确定正确的产品策略：哪些尚有生命力的老产品继续经营，哪些过时的产品予以淘汰，并及时开发新产品，抢占新市场。

（3）市场调查有助于房地产企业制订科学的销售和生产计划。通过市场调查，企业可以比较准确地掌握市场供求状况，据此制订出销售计划；并依据销售计划准确地拟订年度、季度和月度生产计划。一旦销售计划和生产计划确定后，还可以根据产品原材料的供应条件和备办时间，制订出企业的采购计划。准确的市场调查资料，还可以起到控制原材料、外协件、在制品的库存水平的作用，从而大大节省流动资金。

（4）市场调查有助于房地产企业实施正确的价格策略，促进商品销售。房地产市场营销还依赖于市场供求状况和竞争策略等多种市场因素。市场调查可以帮助企业依据消费者的需求及心理承受能力，抓住机遇，确定可行的市场价格，有针对性地开展各种促销活动，从而保证销售成功。

（5）市场调查有助于房地产企业改善经营管理，提高经济效益。当前我国不少房地产企业经营不善，甚至严重亏损，其症结之一在于不懂市场，不重视市场调查，在瞬息万变的市场和竞争复杂的新形势下，或束手无策，或盲目经营。只有重视市场调查，舍得在市场调查上花气力，才能依据市场的需求，提高企业经营管理水平，促进企业经营效益的提高。

(6) 市场调查有助于制定正确的宏观经济政策。任何一项正确的经济政策，都必须来源于对特定条件下客观经济情况的正确认识和对经济规律的自觉运用。市场调查可以从质与量的结合上把握一定时期内的市场商品供需情况及其发展变化的趋势。国家宏观决策和年度计划正是建立在协调市场产品数量关系，促进供求平衡的基础上。房地产企业的经营战略和发展方向，只有符合国家宏观经济政策，才会有充分发展的余地和前途。

5.3.2 房地产市场调查的内容

房地产市场调查一般包括以下4个方面的内容。

1. 房地产市场环境调查

市场环境总是处在不断的变化之中，总是在不断地产生新的机遇和危机，对市场敏感的企业家们往往能够从不同角度看待这些变化，将这些变化看成是企业发展的新机遇。而房地产市场调研最重要的任务，就是摸清企业当前所处的宏观环境，为科学决策提供宏观依据。房地产市场的宏观环境主要包括以下方面。

(1) 政治环境。这主要包括政府思想观念、办事效率、政策法规等。其中，政策主要包括与房地产市场有关的财政政策、货币政策、产业政策、土地政策、住房政策、户籍政策等。一个国家、地区和城市的政治环境如何，将直接影响房地产企业生产经营活动的开展。

(2) 经济环境。这主要包括国民经济发展、国民收入发展状况；能源和资源状况；城市发展总体规划、城市基础设施建设、城市人口分布、区域划分状况；社会固定资产投资状况，金融、证券市场状况；商业零售与贸易状况；居民消费结构，居民储蓄和信贷状况等。

(3) 社会文化环境。这包括居民受教育程度、文化水平、职业构成、民族分布、宗教信仰、风俗习惯、审美观念等。社会文化往往对整个社会有深刻影响，尽管文化有相对稳定性，但不是固定不变的，特别是生活习惯、审美观念往往随着社会生产力的发展而发生一定程度的变化。

另外，宏观环境还包括行业环境、技术环境和对城市发展概况的描述等。在房地产市场调研中，对于同一城市的同一类项目而言，其内容在接近的时点上基本一致，可参考以往类似的调查研究成果。若项目处于一个陌生的城市，则对该部分内容的调研是不可或缺的。

2. 房地产市场供给调查

房地产市场的供给是指在某一时期内为房地产市场提供房地产产品的总量。房地产市场供给调查主要是调查以下几个方面的情况。

(1) 调查整个地区房地产市场现有产品的供给总量、供给结构、供给变化趋势、市场占有率；房地产市场的销售状况与销售潜力；房地产市场产品的市场生命周期；房地产产品供给的充足程度；房地产企业的种类和数量，是否存在着市场空隙；有关同类房地产企业的生产经营成本、价格、利润的比较；整个房地产产品价格水平的现状和趋势，最适合于客户接受的价格策略；产品定价及价格变动幅度等。

（2）调查现有房地产租售客户和业主对房地产的环境、功能、格局、售后服务的意见，以及对某种房地产产品的接受程度。

（3）调查新技术、新产品、新工艺、新材料的出现及其在房地产产品上的应用情况；建筑设计及施工企业的有关情况。

3. 房地产市场需求调查

房地产市场需求既可以是特定房地产市场需求的总和，也可以是专指对某一房地产企业房地产产品的需求数量。房地产市场需求由购买者、购买欲望、购买能力组成。购买者是需求的主体，是需求行为的实施者；购买欲望是需求的动力，是产生需求行为的源泉；购买能力是需求的实现条件，是需求行为的物质保障。三者共同构成了需求的实体。房地产企业为了使其产品适销对路，必须事先了解消费者的构成、购买动机和购买行为特征，真正做到按照消费者的实际需求来进行企业生产经营活动。因此，房地产市场需求调查主要包括以下几个方面。

（1）房地产消费者调查。房地产消费市场容量调查主要是调研房地产消费者的数量及其构成。其主要包括：①消费者对某类房地产的总需求量及其饱和点、房地产市场需求发展趋势；②房地产现实与潜在消费者的数量与结构，消费者结构如地区、年龄、民族特征、性别、文化背景、职业、宗教信仰等；③消费者的经济来源和经济收入水平；④消费者的实际支付能力；⑤消费者对房地产产品的质量、价格、服务等方面的要求和意见等。

（2）房地产消费动机调查。房地产消费动机就是为满足一定的需要，而引起人们购买房地产产品的愿望和意念。房地产消费动机是激励房地产消费者产生房地产消费行为的内在原因。其主要包括消费者的购买意向，影响消费者购买动机的因素，消费者购买动机的类型等。

（3）房地产消费行为调查。房地产消费行为是房地产消费者在实际房地产消费过程中的具体表现。房地产消费行为的调查就是对房地产消费者购买模式和习惯的调查，主要是调查：①消费者购买房地产商品的数量及种类；②消费者对房屋设计、价格、质量及位置的要求；③消费者对本企业房地产商品的信赖程度和印象；④房地产商品购买行为的主要决策者和影响者的情况等。

4. 房地产价格调查

房地产价格的高低对房地产企业的市场销售和盈利有着直接的关系，积极开展房地产价格的调查，对企业进行正确的市场价格定位具有重要的作用。价格调查的内容包括：①影响房地产价格变化的因素，特别是国家价格政策对房地产产品定价的影响；②房地产市场供求情况的变化趋势；③房地产商品价格需求弹性和供给弹性的大小；④开发商各种不同的价格策略和定价方法对房地产租售量的影响；⑤国际、国内相关房地产市场的价格；⑥开发个案所在城市及街区房地产市场价格。

5.3.3 房地产市场调查的程序

市场调查内容十分丰富，方法多种多样。为了使市场调查工作顺利进行，保证其质量，在进行市场调查时，应按一定程序来进行。房地产市场调查的程序有以下 6 个方面。

1. 确定调查目的

调查目的确定以后，市场调查就有了方向，不至于出现太大的过失。也即调查人员应明确为什么要进行市场调查，通过调查要解决哪些问题，有关调查结果对于企业来说有什么作用。如果开始抓的问题不够准，就使以后一系列市场调查工作成为浪费，造成损失。一般确定调查目的要有一个过程，一下子是确定不下来的。根据调查深入程度及目的的不同，可以采用探测性调查、描述性调查、因果性调查和预测性调查来确定。

2. 初步调查

初步调查的目的是了解产生问题的一些原因，通常有以下 3 个阶段。

（1）研究搜集的信息材料。①研究企业外部材料从各种信息资料中，了解一些市场情况和竞争概况，从中了解目前市场上哪类房产最好销售，其价格如何，当地消费者对房产有什么偏爱。②分析企业内部资料。对公司的各种记录、函件、订货单、年度报表等内部资料进行分析，从而找出产生问题的原因及其线索。

（2）与企业有关领导进行非正式谈话。从这些领导人的谈话中，寻找市场占有率下降的原因。例如，市场营销经理可能认为房产价格定得太高；工程部经理可能认为设计并不十分合理，材料供应质量不高；材料部经理可能认为，物价指数上涨太快，所划拨的经费不能全部采用进口或国内各种名牌材料等。

（3）了解市场情况。消费者对本公司所开发经营的房产态度，就是反映企业市场营销水平的重要标志，也是初步调查的关键内容。例如，为什么消费者不购买本公司商品房，就需要对用户进行调查研究。

3. 调查设计

根据所收集的信息资料和初步调查的结果，可以提出调查的命题及实施的计划。例如，近期的房地产业不太景气，资金积压过多，建造好的房子销售不畅。经过分析先拟定问题产生的原因有两点：①国家宏观控制，银根收紧，消费者收入没有好转；②广告效果不大，没有引起消费者足够的兴趣，消费者储蓄待购。为了证实此命题的正确与否，决定采用重点调查法，并配合个人访问法的调查和电话调查法来进行调查研究。

在收集原始资料时，一般需要被调查者填写或回答各种调查表格或问卷。调查表及问卷是整个调查工作的核心，其设计的好坏将直接影响调查结果。调查表和问卷的设计既要具有科学性又要具有艺术性，以利于市场调查工作的条理化、规范化。一项房地产市场调查工作表格至少包括：①当地房地产资源统计表；②房地产出租市场统计表；③房地产出售统计表；④房地产个案市场调查分析表。

房地产市场调查中普遍采用抽样调查，即从被调查总体中选择部分样本进行调查，并用样本特性推断总体特性。在实地调查前，调查人员应该选择决定抽查的对象、方法和样本的大小。一旦明确下来，参加实地调查的人员必须严格按照抽样设计的要求进行工作，以保证调查质量。

4. 现场调查

现场调查即按调查计划通过各种方式到调查现场获取原始资料和收集由他人整理过的次级资料。现场调查工作的好坏，直接影响到调查结果的正确性。为此，必须重视现场调查人员的选拔和培训工作，确保调查人员能按规定进度和方法取得所需资料。

5. 调查资料的整理分析

将调查收集到的资料进行汇总整理、统计和分析。

（1）进行编辑整理。把零碎的、杂乱的、分散的资料加以筛选，去粗取精，去伪存真，以保证资料的系统性、完整性和可靠性。在资料编辑整理过程中，要检查调查资料的误差，剔除那些错误的资料，之后要对资料进行评定，以确保资料的真实与准确。

（2）进行分类编号。把调查资料编入适当的类别并编上号码，以便于查找、归档和使用。

（3）进行统计。将已经分类的资料进行统计计算，有系统地制成各种计算表、统计表、统计图。

（4）对各项资料中的数据和事实进行比较分析，得出一些可以说明有关问题的统计数据，直至得出必要的结论。

6. 撰写和提交调查报告

撰写和提交调查报告是房地产市场调查工作的最后一环，调查报告反映了调查工作的最终成果。要十分重视调查报告的撰写，并按时提交调查报告。撰写调查报告包括：①客观、真实、准确地反映调查成果；②报告内容简明扼要，重点突出；③文字精练，用语中肯；④结论和建议应表达清晰，可归纳为要点；⑤报告后应附必要的表格和附件与附图，以便阅读和使用；⑥报告完整，印刷清楚美观。

在作出结论以后，市场营销调查部门必须提出若干建议方案，写出书面报告，提供给决策者。在撰写调查报告时，要指出所采用的调查方法、调查的目的、调查的对象，处理调查资料的方法，通过调查得出的结论，并以此提出一些合理建议。

7. 设计调查表及调查问卷

调查表是市场调查的一种常用的调查工具。调查表也称为问卷，是根据调查目的所设计的反映具体调查内容的问卷。调查表设计得是否科学、合理，直接关系到调查结果的质量，决定着市场调查的成效。调查表设计的总体要求是"四易"，即易于回答、易于记录、易于整理、易于辨别真伪。具体来说，调查表应当主题突出，紧凑关联；形式多样，易读易懂；设计严密，用语标准；编码规范，便于整理。问题是调查表的核心，在设计调查表时，必须对问题作精心的设计。在调查表中，同样一个问题，因提问的角度或作答的方式不同，其所表达的含义相差甚远。因此，提问和作答方式的设计，关系到调查人员与被调查者之间信息的相互传递是否明确。调查表设计应注意，提问要具体、客观、准确，备选答案要完整并互斥。

5.3.4　房地产市场调研的方法

房地产市场调查可以采用多种方法，房地产企业必须依据自身的实际情况，正确地选择市场调查的类型和方法。调查方法是科学研究中最常用的方法之一。它是有目的、有计划、系统地搜集有关研究对象现实状况或历史状况材料的方法。它综合运用历史法、观察法等方法，以及谈话、问卷、个案研究等科学方式，对调查对象进行有计划的、周密的和系统的了解，并对调查搜集到的大量资料进行分析、综合、比较、归纳，从而为人们提供规律性的知识。按照调查范围和对象划分，可以分为全面调查法、重点调查法和抽样调查法。

1. 全面调查法

全面调查法是指对调查对象总体所包含的全部单位无一例外地逐个进行调查。对市场进行全面普查，可获得全面的数据，正确反映客观实际，效果明显。如果对一个城市的人口、年龄、家庭结构、职业、收入分布情况进行全面系统的调查了解，对房地产开发是十分有利的。普查工作量很大，要耗费大量人力、物力、财力，调查周期较长，一般只在较小范围内采用。另外，有些资料可借用国家权威部门的普查结果。

2. 重点调查法

重点调查法是在进行市场调研时所采用的传统方法之一。它是在调查对象中选择一部分对全局具有决定性作用的重点单位所进行的调查。这部分重点单位虽然数目不多，但就调查的标志值来说，它们在总体中占有很大的比重，调查这一部分单位的情况能够大致反映被调查现象的基本情况。重点调查常用于产品需求调查，如调查高档住宅需求情况，可选择一些购买大户作为调查对象，往往这些大户对高档住宅的需求量占到了整个市场需求量的绝大多数，同时对高档住宅功能的要求也具有较强的代表性。此外，市场调研中有关竞争楼盘、竞争对手问题的调查，也可以运用重点调查方式，选择在市场中占有重要地位，或者起较大作用的重点单位进行调查，以便对这些问题的基本情况作出估计。

3. 抽样调查法

抽样调查法是从调查对象全体（总体）中选择若干个具有代表性的个体组成样本，对样本进行调查，然后根据调查结果推断出总体情况的调查方法。抽样调查大体上可以分为两类：随机抽样和非随机抽样。随机抽样最主要的特征是从母体中任意抽取样本，每一样本有均等的机会，这样的事件发生的概率是相等的，可以根据调研的样本空间的结果来推断母体的情况。其又可以分为 3 种：①随机抽样，即整体中所有个体都有同样的机会被选作样本；②分层随机抽样，即对总体按某种特征（如年龄、性别、职业等）分组（分层），然后从各组中随机抽取一定数量的样本；③分群随机抽样，即将总体按一定特征分成若干群体，随机抽取其中一部分作为样本。分群抽样与分层抽样的区别是：分群抽样是将样本总体划分为若干不同群体，这些群体间的性质相同，之后再对每个群体进行随机抽样，这样每个群体内部存在性质不同的样本；而分层抽样是将样本总体划分为几大类，这几大类之间是有差别的，而每一类则是由性质相同的样本所构成。

非随机抽样是指市场调查人员在选取样本时并不是随机抽取，而是先确定某个标准，然后再选取样本数，因而每个样本被选择的机会并不是相等的。非随机抽样也分为 3 种具体方法：①就便抽样，也称为随意抽样调查法，即市场调查人员根据最方便的时间、地点任意选择样本，这在商业调查中是常用的方法；②判断抽样，即通过市场调查人员，根据自己以往的调查经验来判断由哪些个体来作为样本的一种方法。当样本数目不多，样本之间的差异又较为明显时，采用此法能起到一定效果；③配额抽样，即市场调查人员通过确定一些控制特征，对样本空间进行分类，然后由调查人员从各组中任意抽取一定数量的样本。

4. 资料收集法

基本资料可分为一手资料和二手资料两类。一手资料是为特定目的而直接收集的资料；二手资料则为公司内部或外部现成的资料。研究策划人员在考虑是否有必要耗用资源，进行一手资料收集前，应先评估是否有现成的二手资料可以利用，并尽可能优先利用二手资料，因为二手资料具备成本低廉、取得容易的特点。

（1）一手资料。一手资料的收集是依据特定目的，遵循完整的研究设计和调研设计，并通过调研执行、资料处理与分析而得到所需的资料。例如，潜在客户购买力、选择区位评估因素、客户满意度、商业圈类型等均属一手资料。一手资料使用性高、目的明确，若配合二手资料使用，可使开发商作出更正确的判断。

（2）二手资料。这包括内部二手资料和外部二手资料。内部二手资料如初期的土地购买评估报告、产品定位报告、销售检讨报告、结案统计报告等，通常都是极有参考价值的资料来源。由这些资料可整理出项目个案的来人来电及购买客户群体的状况，对项目策划时的目标客户群的研究及产品策划构想很有帮助。外部二手资料来源主要包括官方、学术单位、产业三大部分。官方资料以统计类居多，学术单位以研究报告或论文居多，产业资料以房地产市场资料居多。

5. 商业资料获取法

房地产市场上存在专业市场调研公司，它们作为中间商，具有促进交易行为的作用，在房地产市场上十分活跃。一般而言，这些公司对于地方市场具有相当程度的了解，具备专业的市场调研知识，能够提供资料给买卖双方参考，以促进交易成功。因此，企业市场调研人员可以向市场调研公司购买资料，增加市场调研的深度和广度。

5.4　房地产市场分析

5.4.1　房地产市场分析的概念

1. 房地产市场分析的概念

无论是房地产开发投资还是房地产置业投资，或者是政府管理部门对房地产业实施宏观管理，其决策的关键是把握房地产市场供求关系的变化规律，而寻找市场变化规律的过程实际上就是市场分析与预测的过程。

房地产市场分析是通过信息将房地产市场的参与者（开发商、投资者或购买者、政府主管机构等）与房地产市场联系起来的一种活动，即通过房地产市场信息的收集、分析和加工处理，寻找出其内在的规律和含义，预测市场未来的发展趋势，用以帮助房地产市场的参与者掌握市场动态、把握市场机会或调整其市场行为。

房地产市场的风险很大，开发商和投资者有可能获得巨额利润，也有可能损失惨重。市场分析的目的是将风险降到最低，并尽可能通过及时、准确的市场分析，来争取最大的盈利机会。

2. 房地产市场分析的必要性

房地产市场分析是理性的房地产投资者所做的必不可少的一项工作。投资于房地产，根本目的是获取预期利润，而能否获利及获利程度取决于房地产未来的实际收益。影响房地产未来收益的因素有很多，如市场竞争情况、市场氛围、投资者的经营管理水平，以及消费者需求偏好等。因此，即使运用最先进的定量分析方法也未必能作出可靠的估算。了解这一点，并不是让房地产投资者因此不再进行市场分析，而是要做好市场分析，从而使投资者的预期尽可能靠近实际结果，这样偏差或损失也就会相应减少。在房地产投资分析中，应该说，市场分析是其中最为困难又最为重要的一环。

房地产项目的市场分析是在投资决策确定之前，调查市场情况、了解项目背景资料、辨识投资风险、选择投资机会的过程。诸如房地产项目的建设是否与宏观政策的要求相一致；产品的结构设计、内部设计是否适应用户的要求；房地产租金或售价是否与目标受众的承受能力相适应；房地产开发技术、成本是否恰当；对投资和回收期的正确估计，以及利润测算等问题，都是市场分析所要解决的，这些是确保目标实现的基础。

随着市场化程度的提高，市场分析在房地产投资决策中的作用将日益突出，而市场分析的必要性大致表现在以下几个方面。

1. 房地产投资决策需要市场分析

在以下几种情况下，市场分析工作更为重要，尤其是对房地产开发投资决策而言：①开发商对拟开发的项目没有或很少有相关的经验；②一般拟开发的项目要持续几年的时间，在这段时间内，市场环境可能发生较大的变化；③市场情况不确定因素较多；④开发商拟进入一个特殊的市场，该市场上没有前人的经验可以借鉴。

市场分析是获得正确资料最主要的工具，可以帮助投资者掌握房地产市场需求变化的态势，预见拟投资开发项目技术是否可行；房地产产品变现能力如何；市场竞争力如何；投资绩效如何；预期获利程度如何等，从而减少投资决策的盲目性。然而，也应该注意到，这种资料的收集、记录和分析必须客观与准确，否则将造成极大偏差。

2. 房地产经营管理需要市场分析

房地产经营者总是处于不同的经济环境，应该对这一环境的趋势有基本了解，并估计这种形势对房地产经营市场有什么影响。市场分析反映了收入水平、消费方式和工作实践的变化，以及这些变化将会给房地产租赁需求带来的影响。这就可能需要对租金水平和营销渠道作出相应的调整。例如，掌握了互有竞争的各公司的租金情况，就有助于制定合理的租金结构，并确定最佳的广告方法，从而增强经营管理的主动性。市场分析也提供科学的方法与程序，使得公司在经营管理上存在的问题获得符合逻辑的、全面的、令人满意的解决方法。

另外，市场分析有助于对管理过程进行控制。市场分析可以及早地提醒人们哪些管理环节出现了问题或存在潜在的麻烦，可以帮助人们对物业当前的运转质量和各种变更方案作出评价。例如，对具有可比性的租金水平和出租率进行比较，可以显示市场营销的管理水平。租户周转率的高低则反映了租户对某一楼宇或楼宇管理的满意程度。具有可比性的楼宇的运营支出比率（即运行成本占总租金的百分比）反映了运行效率的高低，帮助人们及时纠正不足之处。租户周转率和楼宇出租率的情况帮助投资者评价自己的管理水平，找出其中需要改进之处，使经营目标更加接近原订计划。当然，这些信息也可能要求人们对计划本身作出修改。

3. 房地产价格策略的制定需要市场分析

对于以盈利为目的的投资者来说，决定售价和租金高低的重要因素就是市场。市场分析可以显示房地产市场上物业的单位售价和租金水平的变幅范围。而对于买方和承租者来说，也可以通过市场分析确定价格，以判断在某个特定的市场区域内某一售价或租金水平是否合理。市场分析有助于制定价格策略。

当确认了市场分析对于投资者的价值时，同时应注意房地产市场分析的特殊性。

5.4.2　房地产市场分析的基本方法

1. 市场数据的收集

市场数据的收集是房地产市场分析的开始。市场分析中经常涉及的原始数据包括企业内部和外部两个来源。企业内部数据是指企业从事房地产经营过程中所产生的信息，主要包括会计报表与财务报告、销售业绩报告、顾客反馈意见等方面所记载的数据，是市场分析的基本信息，市场分析人员应充分利用这些内部信息。外部数据主要包括加工信息和通过市场分析人员的市场调查所获得的原始信息。加工信息的来源包括政府统计和房地产主管部门发布的统计资料、学会或商会组织提供的报告、报刊、企业或非营利机构的年度报告、计算机网络信息，以及咨询机构的市场研究报告等。原始信息则需要由市场分析人员根据市场分析的目的，通过专家访谈、座谈会、问卷调查、电话访问、现场勘查等方式自行调查收集。

2. 对原始数据的加工分析

（1）列表分析。在进行市场分析时，经常要借助于表格的形式进行，对分类房地产市场的供求状况和价格水平进行简明扼要的介绍。表5-2～表5-4分别给出了土地市场分析、写字楼（或其他物业）市场分析和竞争性开发项目分析用表。通过对某一时间点或某一时间段的房地产市场信息进行必要的编辑处理，并以表格的形式反映出来，也可以初步判断市场状态和发展趋势。

表 5-2 土地出让市场分析表

地块编号	土地坐落	占地面积	容积率	土地使用性质	总价/元	地价单位地价/（元/m²）	楼面地价/（元/m²）	出让日期	受让单位名称

表 5-3 写字楼（或其他物业）市场分析表

项目名称	坐落地点	建筑面积/m²	售价或租金/（元/m²）	入伙日期	开发商名称

表 5-4 竞争性开发项目一览表

项目名称	坐落地点	占地面积/m²	建筑面积/m²	用地性质	开发商名称

（2）运用数理统计方法进行分析。运用统计学上的基本分析方法，通过计算所收集到的原始数据的频率分布、均值与百分比、相关分析指标、多变量分析指标、假设检验结果等，判断所收集的原始数据的质量及其所反映的内在规律。

（3）利用图形进行分析。利用图形进行市场分析的最大优点是直观、通俗、易懂。利用有关市场数据，通过计算机绘图软件绘制出二维或三维直方图、饼图、折线或曲线图等，可以给把握市场状态和分析未来市场变化趋势以极大的帮助。在绘制这些图的过程中，还可以使用计算机软件中的统计分析和回归分析模型、移动平均或指数平滑之类的预测模型等，绘制出能更好地反映市场状况的各种直观图形。

3. 加工信息在市场分析中的应用

从目前我国房地产市场分析的发展水平来看，回归分析模型等数理统计模型是目前普遍使用的模型，地理信息系统、航空遥感技术、计算机辅助设计技术、SPSS、数量经济学模型、技术经济评价模型等在房地产市场数据分析中的应用还处在试用研究阶段。房地产市场趋势预测模型、市场决策支持系统、房地产市场周期估计与分析模型、市场吸纳力分析模型等尚有待研究开发。但是，中国房地产市场上已经出现了中房指数、国房指数（国家统计局和国家发展和改革委员会联合发布）、上房50指数等加工信息。市场分析人员在进行市场分析与预测工作时，可充分利用这些加工信息。

5.4.3 房地产市场分析的内容

房地产市场分析一般分成总体市场分析和特定开发地段的市场分析两种。

总体的市场分析是指对某一城市的城市规划区范围内的特定类型的房地产市场发展状况的分析。一般来说，这种总体的市场分析由专门的房地产市场分析机构来做，普通的房地产经营者是不做的。这是因为专门的房地产市场分析机构是专门从事某一类型的房地产市场的分析工作，通常是连续多年的分析，其分析能力强，分析视野广阔，而且由于其并不直接从事房地产开发与经营，因此能够比较客观地分析总体的市场情况。

特定开发地段的市场分析一般包括 3 个方面的内容：①这一特定地段的最佳利用方式的分析；②市场对这一特定地段房地产数量、功能、档次的需求；③这一特定地段所设想开发的房地产项目在整个市场上的竞争力分析。

1. 总体市场分析的内容

总体市场分析通常包括以下 3 个方面的内容。

（1）市场供求现状分析。其具体又包括市场需求、市场供给、市场价格（分售价和租赁两种价格）、市场交易数量、空置率等方面的分析。需求分析侧重于根据居民收入、就业、新创办公司数量、类型等因素进行分析，并根据这些因素变化来分析对房地产数量、功能、档次的需要特点。供给分析则侧重从城市规划、开工数量、建筑成本、用途变化等因素对未来市场供给的影响进行分析。市场价格和交易数量的变化，是房地产市场最重要的分析资料。通过对这些资料的变化趋势分析，可以大体得出目前市场的发展走势。空置率是分析房地产市场的一个十分重要的指标，通过对空置率的分析，可以大体判断目前的市场供求状况。空置率包括两个概念：一个是自然空置率，即长期市场供求均衡条件下的空置率；另一个是实际空置率。当实际空置率低于自然空置率时，表明市场是供不应求的，开发商应加快开发速度或提高开发力度；当实际空置率高于自然空置率时，表明市场是供过于求的，开发商应减慢开发速度或降低开发力度。

（2）房地产信贷条件分析。房地产市场是受金融市场强烈影响的市场，因此分析房地产信贷条件是了解房地产市场走向的重要依据。房地产信贷条件分析的重点是对利率走势的分析，这是最重要的因素。另一个重要的分析因素是抵押贷款年限。

（3）房地产市场周期阶段分析。房地产市场鲜明地体现出兴旺—平淡—萧条—复苏—兴旺这样的循环往复的周期。由于房地产市场的周期性，对房地产开发商来说，选择恰当的时机是十分必要的。在兴旺期进行投资实际上是冒巨大风险的，因为这时投资成本大，而且当投资的房地产投放市场时，往往正好是房地产市场的平淡甚至是萧条阶段，房地产项目将面对着巨大的资金回收压力。最理想的投资时期是房地产市场的萧条阶段，这时不仅投资的成本低，而且当投资的房地产投放市场时，往往正好是房地产市场的复苏甚至是兴旺阶段，所开发的房地产项目将会获得巨额的经济利益。

2. 特定开发地段市场分析的内容

特定开发地段的市场分析通常包括以下 4 个方面的内容。

（1）该地段限制因素的分析。这些限制因素包括城市规划、基础设施、交通运输条件、社会环境、地质情况和环境保护要求。一般来说，城市规划对城市规划区内的各个地段的土地用途、容积率等开发必须注意的事项都已经作出了明确的规定。房地产开发商应当遵守这些规定。对这些规定进行分析，可以判断出相应的成本支出。基础设施及其他相关设施是否配套，会影响开发项目的销售和租赁。基础设施及其他相关设施不配套的优点可能是地价较低，缺点是需要投资建设这些设施因而要增加投资，开发商需要权衡利弊。交通运输条件极大地影响房地产项目的价值，因此需要对该地段的交通运输条件的影响进行定量分析。社会环境、地质条件和环境保护要求也都对房地产项目开发产生影响，需要分析这些影响对开发项目经济利益的实际影响。

（2）进行类似项目的价格或租金分析。只有在价格或租金上不高于类似房地产项目，所开发的房地产项目才会有市场竞争力。由于没有完全相同的房地产项目，因此在进行类似项目的价格或租金分析时，一方面要选取最相似的房地产项目作为分析对象，另一方面也要注意不同的房地产项目的性能价格比的测算。

（3）对市场需求的房型进行分析。人们需要房地产，不仅需要足够的空间，更需要各种空间的合理组合。不同的消费者有着不同的空间需求和不同的空间组合需求。对住宅项目来说，应该根据该项目所要吸引消费者的家庭结构、生活水平、行为习惯等因素，合理确定房型。一般来说，应该开发多种类型的房型，以便满足不同条件的消费者。对商业用房的项目开发来说，则应该根据预期的营业范围、吸引的顾客量、所处商业中心的市场级别，来确定商业用房的规模和内部设计。对写字楼的项目开发来说，则应该根据所要吸引企业的规模、业务特点和经营习惯来确定写字楼的规模与内部设计。

（4）分析是否提供特殊配套服务设施。提供配套服务设施，增加了开发成本，但有助于开发项目的销售和租赁，因此需要合理分析提供哪些设施及其提供的规模、档次，以获得最大的经济利益。

5.5　房地产市场预测

5.5.1　房地产市场预测的概念

房地产经营决策是房地产经营管理的关键，一个准确、恰当的决策，往往可以起到事半功倍的效果；一个不准确、不恰当的决策则往往是事倍功半，甚至是劳而无功。而加强经营决策的前提是做好房地产市场的预测工作。做好市场预测工作能有效提高经营决策的正确性、及时性和稳定性。房地产预测是在房地产市场调查的基础上预测产品市场的未来趋势，其对房地产企业的生产经营产生重要的作用。

预测是指人们运用科学知识和手段，对客观世界中未来不确定事件的发展变化趋向和结果，事先所作的分析和估计。

市场预测是预测科学的一个重要组成部分，房地产市场预测是市场预测的一个分支。所谓房地产市场预测，是指借助历史统计资料和市场调查，运用科学的方法和手段，对房地产未来市场供求变化及发展趋势作出预计、测算和判断。预测又可称之为由过去预测未来，是在取得大量市场信息资料的基础上，运用数学和逻辑方法对房地产市场未来的不确定因素和条件所作的定性描述或量化推断。

房地产市场预测是否准确，主要取决于两个方面：①房地产市场发展的进程、趋向和可能的显露程度，或者被偶然因素干扰的程度；②人们对房地产市场内在联系和发展变化规律的认识及掌握的能力。其中第二点更为重要，只有对房地产市场的本质和规律了解得比较清楚，积累了较为丰富的经验，才能对房地产市场未来供求变化和发展趋势作出预计和判断，并尽量缩小预测与实际的偏差，以减少不确定性因素对人们的影响。

市场预测是市场经济发展到一定阶段的必然产物。我国房地产市场虽然起步晚，但起点高，发展迅速，在国民经济发展中已占据重要位置。房地产业的迅猛发展，对市场预测提出了十分迫切的要求，同时也为房地产市场预测工作的开展创造了充分的条件。

5.5.2　房地产市场预测的内容

1. 房地产市场需求预测

从房地产市场的营销来看，在房地产预测的内容中，以下 3 种需求预测是比较重要的。①市场需求量。这是指在一定时期、一定的条件下，消费者购买房地产的总数量。②市场需求的潜在量。这是指在一定时期，一定条件下，房地产市场需求的最高可能增长量。③销售潜在量。这是指在一定条件下，企业的房地产在市场上所能销售的最高数量。下面从预测的角度对这几个量所包括的内容予以说明。

1）市场需求量定义

市场需求量的定义包括以下方面内容。

（1）产品。由于产品的范围是广泛的，因此即使同一类产品在实际需求上往往亦存在着多种差异。例如，消费者购买房地产就有住房地产、商业用房、写字楼、别墅等不同的使用要求，因此在进行需求预测时，应明确规定房地产的范围。

（2）总量。这通常直接标明需求的规模。

（3）消费者群。市场细分原理揭示了消费者的差异性，因此在对市场需求加以预测时，要注意分别对各细分市场的需求加以确定，而不宜只着眼于总市场的需求。

（4）地理区域。在地域较广的国家里，不同地域间存在差异，从而导致消费习惯和消费水平的差异，因此，在预测时必须以明确的地理区域为基础。

（5）时间周期。房地产营销计划往往分长期、中期、短期计划，对与之相应的不同时期的需求量，必须以明确的时期为限来加以说明。

（6）营销环境。在进行市场需求预测时，应注意对环境因素进行相关分析。

（7）购买。市场需求最终要通过购买行为表现出来，反过来说，只有最终进行购买的需求量才是真正的市场需求量。

（8）企业的营销活动。在通常情况下，企业的营销决策对市场需求有直接的影响，因此，应多考虑企业自身的营销行为对市场需求变动的可能影响。由于市场需求包含诸多因素，其中大多数因素属于变量，因此市场需求不是一个常量，而是一个变量。

2）市场需求的潜在量

所谓市场需求的潜在量，是指在特定的营销环境下，房地产的市场需求所能达到的最高级限量。一般来说，在经济繁荣时期与经济萧条时期这两种不同的条件下，房地产市场需求潜在量的差异是极其明显的，通常在经济繁荣时期的市场需求潜在量比在经济萧条时期的市场潜在量要大得多。

3）市场销售的潜在量

市场销售的潜在量是指房地产开发企业经营的某一类产品在市场上所能销售的最高数量。这个数量和企业的市场占有率是密切相关的，这是房地产企业确定与选择目标市场，组合营销策略的重要依据。

在房地产开发实践中，市场需求预测对象因发生时间的不同可分为两大类型，即对目前需求的估量和对未来需求的预测。

就目前需求的估量而言，其特征是对正在发生过程中的需求加以分析和评价；而对未来需求的预测，则是依据历史资料和现实状况，依据经验和教训，通过系统的、科学的方法和手段，在市场调查的基础上，对影响市场需求的发展因素进行综合分析，预见其在未来一定环境中的发展趋势及其状态。显然，预测行为的特征，是对尚未发生的不确定的或未知的事件作出描述。

在通常情况下，对未来需求的预测比对目前需求的估量要复杂、困难得多。

2. 房地产市场供给预测

供给预测所包括的范围比较大，可分为以下的具体内容。

（1）全行业供应能力预测。这包括对从事房地产同类产品生产的厂家有多少，生产规模有多大，成本的高低，管理水平及技术状况如何等进行预测。

（2）本企业发展能力预测。这包括对房地产企业生产规模、技术条件、资源及能源供给、运输、人才、资金来源等方面的发展趋向进行预测。

（3）服务能力的预测。这包括对客户的服务需求及房地产企业所能提供的售前、售中和售后服务进行预测。

3. 房地产市场价格预测

房地产价格对供求双方影响甚大，因此，价格预测构成市场预测的重要内容。其预测的内容包括：①市场物价总水平及发展趋向；②影响房地产价格变化的主要因素有哪些；③房地产价格水平变化将会对供需双方产生哪些影响；④房地产价格的变化，对房地产商品供需前景影响的特点和规律是什么；⑤房地产价格的涨落，对消费者购买力的转移、房地产商品供需构成的影响及变化程序是什么。

4. 房地产营销前景预测

房地产营销前景预测是对今后一段时间内最接近房地产销售水平的预测，包括销售量、品种、规格、地域、价格等的变化情况。企业在确定市场需求潜在量和销售潜在量后，就可以进行这种销售前景的预测。销售潜在量是指某一产品在市场上的销售可能性，但由于设备、资金、价格、竞争能力等条件限制，企业还不可能实现全部销售量，对此，预测时应该做好充分的估计。

5.5.3　房地产市场预测的基本程序

市场预测和市场调查一样,都是为了在营销决策中避免盲目性,增强自觉性。所不同的是,市场预测是根据过去的资料和经验,对未来进行科学的推算,而市场预测本身又是一个较为复杂和烦琐的工作,因此,要使市场预测结果达到较高质量,必须有一个科学的预测程序。在实际工作中,市场预测是按图 5-1 所示的预测程序进行操作的。

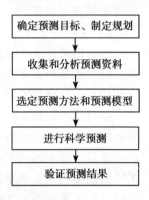

图 5-1　市场预测程序图

1. 确定预测目标、制定规划

确定预测目标、制定规划是市场预测工作的第一步,预测目标要避免空乏,必须明确具体,即预测什么,通过预测要解决什么问题,进而明确规定预测目标、预测期限和预测目标的数量单价。预测目标,例如,预测商品房长期、中期、短期的市场需求量,确定影响市场需求量的各种因素等。同时确定预测的项目和具体内容,制订预测的具体规划。

2. 收集和分析预测资料

资料是通过调查研究获得的。情报资料可分历史、现实和未来的 3 种。收集和分析历史资料的目的是揭示历史的发展规律与趋势,总结过去,预测未来。现实资料反映了当今房地产市场的现状,是市场发展的基础,对预测未来具有参考价值。未来资料是指政府部门、相关经济部门和房地产企业同行的工作计划、发展规划和预测资料等。

收集资料时,除了注意与房地产直接相关方面的因素外,还要注意对房地产市场的未来发展会造成较大影响的其他因素,如经济因素,包括通货膨胀、利率、汇率、股票,以及政治因素、社会因素等。在收集资料的过程中必须对各种资料进行分析、筛选,整理出对预测有实用价值的资料和信息。

3. 选定预测方法和预测模型

预测是综合性的工作,采用不同的预测方法或选定预测模型将直接影响预测结果的精确程度,因此不同的预测方法和预测模型有其适用范围和条件。根据所收集到的资料和数据,针对具体情况与预测的要求,慎重地选择适用的方法或模型进行预测计算。

4. 进行科学的预测

按一定的预测方法或模型对房地产市场进行定性、定量预测,其结果都是将过去和现在的模式外推到将来,它是一种对事物发展的近似描述,必然有误差。因此,在这样的预测基础上,必须对未考虑因素进行分析,进一步修正和充实已得到的预测结果。此外,在条件允许的情况下,可以采用多种方法进行预测,然后进行比较或综合,确定可信的预测结果。

5. 验证预测结果

预测结果确定后,是决策实施阶段。实施过程是跟踪观察预测结果,以及对预测结果的考核。将预测结果同实施结果相比较,及时修改预测值,找出预测误差,分析产生误差的原因,从而完善预测方法和模型,为及时验证决策提供依据。通过实践对预测结果进行最终的检验，检验预测的效果、准确程度、偏差，以及还存在什么问题，如何调整等。

预测过程是信息、方法和分析相结合的一项系统工程。信息是基础和出发点，预测方法的应用是核心，信息分析贯穿于预测的全过程。

5.5.4 房地产市场预测的方法

房地产市场预测是指运用科学的方法和手段，根据房地产市场调查分析所提供的信息资料，对房地产市场的未来及其变化趋势进行测算和判断，以确定未来一段时期内房地产市场的走向、需求量、供给量，以及相应的租金售价水平。房地产市场预测的方法包括定性预测和定量预测两类方法。

1. 定性预测

定性预测主要依靠人们的经验、专业知识和分析能力，参照已有的资料，通过主观判断，对事物未来的状态，如总体趋势、发生或发展的各种可能性及其后果等作出分析与判断。定性预测系统地规定了必须遵循的步骤，以便这些预测方法可以重复使用，并可对不同的预测对象给出适当的预测范围。由于目前我国房地产市场上缺乏客观数据，因此定性预测在房地产市场策划中就显得非常重要，尤其是对市场的中长期预测。

2. 定量预测

定量预测的基本思想是根据过去和现在的有关客观历史数据，从中鉴别出其发展的基本模式，并假定其不变，由此建立数学模型，用以定量描述预测对象未来的状态或发展趋势。例如，普通商品住宅需求数量、写字楼售价或租金上涨率等。定量预测主要用于短期和中期预测，往往要借助于数学模型和现代计算工具。

5.5.5 房地产市场预测的作用和意义

房地产市场预测的作用体现在宏观和微观两个方面。从宏观的角度看，房地产市场预测有利于了解全社会的需求，掌握房地产市场的动态和发展变化趋势，便于国家和政府有关部门对房地产市场进行宏观调控，提高宏观决策的科学性、及时性和准确性；从微观的角度，即从各房地产企业的角度看，房地产市场预测的作用主要有以下几个方面。

1. 市场预测是房地产企业营销战略决策的依据

如果说现代企业管理的重点在于经营，而经营的重点在于决策，那么决策的基础则在于预测。房地产企业通过准确的预测，就能够把握市场的总体动态和各种营销环境因素的变化趋势，对消费者的需求变化作出正确的分析和判断，从而为房地产企业确定自己的目标市场、经营方针、资金投向、发展规模等战略决策提供科学的依据，为决策的科学性、准确性、及时性提供坚实的基础。

2. 市场预测有助于制定正确的营销策略

房地产企业要经营成功不仅要有正确的战略决策，而且还需要在产品、定价、分销、促销、建筑材料采购、建筑施工队伍、售后服务等各方面都有正确的策略，这些策略的正确制定和实施，都有赖于市场预测的准确性和及时性。

3. 市场预测可以减少经营的盲目性及风险性

在市场经济条件下，房地产企业的命运是由市场决定的，面对市场，适者生存。通过市场预测，可以知道哪些产品是短线产品，哪些产品是长线产品，哪些产品将会滞销，从而可以使房地产企业生产适销对路的产品，避免因盲目经营造成产品滞销积压，可以大大降低企业的经营风险。

4. 市场预测有利于提高企业的竞争能力

通过市场预测，对市场的动向掌握得比较清楚，就容易作出准确的判断和估计，从而大大提高房地产企业的经营管理水平，获得较好的效益，为市场竞争奠定基础。另外，搞好市场预测，使房地产企业可以先于对手采取一系列市场对策，从而大大增强企业在市场竞争中的主动性。

只有根据市场需求组织、开发生产，才有可能提高投资的回报率，增加经济效益。所以说，科学的市场预测是提高企业经济效益的重要途径。企业进行市场预测，能增强开发经营的自觉性，避免盲目性，提高企业整体经营水平，实现经营管理的科学化。

综上所述，市场预测在房地产企业经营决策中占有十分重要的地位。从某种意义上，市场预测的好坏，不仅关系到企业的经营成果，甚至关系到房地产企业的兴衰存亡。

5.6　案　　例

1. 房地产项目市场调研方案制订

1）调查目的

把握××房地产市场，为××项目的开发和产品及市场定位提供市场反馈的真实数据。

2）调研方法

由于即将开发的项目非常大，需要从市场上采用不同的调查方法取得足量的调查样本以供参考，本次调查方法分为以下几种。

（1）街头访问调查。相对于入户调查，街头访问对样本的控制较弱，但这里采用加大样本量的方法弥补，并在现场安排督导控制调查质量，设定为 1 200 份。

（2）集团留置调查。针对员工收入较高的大公司或单位、机构等（200 人以上）选取 6～10 家，每家发放 50 份左右的问卷，共 300～500 份。

（3）入户访问调查。选定 10 个小区，每个小区发放 30～50 份问卷；共 300～500 份。

3）调查内容

（1）街头访问问卷调查。

① 调查对象：××市 20～65 岁居民。

② 样本的确定：首先依据调查目的，由抽样人员选取出 15 个平均分布于××市几个经济、文化相对发达的行政区的样点；调查实施时，由访问员在所选样点，随机抽选行人为调查对象，每日调查结束后督导要统计当日调查样本的性别、年龄、收入和职业的分布，填写

"督导质量控制表"，以掌握调查进度，控制数据质量。后 1～2 天查漏补缺，以保证最终的样本分布能满足调查目的和要求。

③ 样本量：依据简单随机抽样原则，为了以 95％的概率保证度，把抽样误差控制在 5％以内，样本容量约为 400 份。由于采用的是街头访问形式，不满足简单随机抽样原则，为增加样本代表性，取样本容量调整因子（DEFF）为 3，则有效样本容量应为 400×3＝ 1 200 份。因此，计划调查样本总量约为 1 200 份。

④ 调查人员：本次街头调查分为 4 个调查小组，每个调查小组包括 4 位访问员（委托方公司提供）和 1 位督导（委托方公司提供），且调查前都要经过培训。

⑤ 调查实施：由督导带 4 名访问员，平均每天走访 2 个样点，每个样点共调查 30 份问卷即每天共调查 60 份问卷。访问员调查前都要填写访问登记表，不成功的调查也要记录，而且每天的工作结果都要汇总，交给督导。督导要监控访问员的工作质量，随时解答疑难问题。此外，总督导每日要检查每个样点的工作情况。计划 5 天完成 1 200 份调查问卷，若问卷不足，可考虑增加 1～2 天针对性的补充调查。

（2）集团留置问卷调查。

① 调查对象：××市 20～65 岁居民。

② 样本的确定：首先依据调查目的，由抽样人员选取出 10 个平均分布于××市几个经济、文化相对发达的行政区的样点公司；调查实施时，由访问员在所选样点，将问卷发放到公司，并负责样本的回收。各调查组督导负责回收问卷的审查整理。

③ 样本量：依据简单随机抽样原则，为了以 95％的概率保证度，把抽样误差控制在 5％以内，样本容量约为 200 户。考虑到集团留置调查属于便利抽样形式，增大留置样本量，因此，计划调查样本总量为 300～500 份。

④ 调查人员：本次集团留置调查分为 2 个调查小组，每个调查小组包括 3 位访问员（委托方公司提供）和 1 位督导（委托方公司提供），且调查前都要经过培训。

⑤ 调查实施：由督导带 3 名访问员，平均每天走访 2 个样点，每个样点共调查约 50 份问卷即每天共调查约 100 份问卷。访问员每天的工作结果都要汇总，交给督导。督导要监控访问员的工作质量，随时解答疑难问题。总督导每日要检查每个样点的工作情况。计划 3 天完成 300～500 份调查任务，若访问量不够，可考虑增加 1～2 天针对性的补充调查。

（3）入户访问问卷调查。

① 调查对象：××市 20～65 岁居民。

② 样本的确定：首先依据调查目的，由抽样人员选取出 10 个平均分布于××市几个经济、文化相对发达的行政区的样点。调查实施时，由访问员在所选样点，随机抽选小区住户为调查对象，每日调查结束后督导都要统计当日调查样本的性别、年龄、收入和职业的分布，填写"督导质量控制表"，以掌握调查进度，控制数据质量。后 1～2 天查漏补缺，以保证最终的样本分布能满足调查目的和要求。

③ 样本量：依据简单随机抽样原则，为了以 95％的概率保证度，把抽样误差控制在

5％以内，样本容量约为 200 份。因此，计划调查样本总量为 300～500 份。

④ 调查人员：本次入户调查分为 4 个调查小组．每个调查小组包括 4 位访问员（委托方公司提供）和 1 位督导（委托方公司提供），且调查前都要经过培训。

⑤ 调查实施：由督导带 4 名访问员，平均每天走访 2 个样点，每个样点共调查 30 份问卷即每天共调查 60 份问卷。访问员调查前都要填写访问登记表，不成功的调查也要记录，而且每天的工作结果都要汇总，交给督导。督导要监控访问员的工作质量，随时解答疑难问题。总督导每日要检查每个样点的工作情况。计划 5 天完成 300～500 份调查任务，若访问量不够，可考虑增加 1～2 天针对性的补充调查。

4）进度安排

本次调查方案设计、问卷设计和先期预调查从 7 月 26 日（周一）—7 月 30 日（周五）；实施工作于 2010 年 7 月 31 日（周六）—8 月 25 日（周三）全部完成。

2. 房地产市场需求调研

1）概述

应××省 B 集团的要求，为其正在开发的 A 小区项目包装和整体形象定位等策划提供依据，××不动产研究所在 C 市进行了此次专项市场调查。

2）主要内容简介

本次调查针对 C 市房地产市场普通消费者的消费行为、消费特点等方面进行，目的是为××省 B 集团正在开发的 A 小区项目包装和整体形象定位提供及时、系统、真实的市场反馈数据和决策依据，同时根据 C 市房地产市场的发展情况为 B 集团确定企业发展策略。

3）调查方法介绍

本次调查以问卷调查的形式，采取街头随机拦访、留置及入户访问两种调查方式，所有调研人员根据"C 市居民购房及媒体选择意向调查系列问卷"进行访问，内容一致，模式一致；调查报告中的所有数据依据调查人员的采访所得。

4）样本结构介绍

本次调查所取样本数量共 1 250 份，回收问卷 1203 份，回收率 96％，其中街头拦访894 份，经严格筛选，取有效问卷 888 份，有效率为 99％；留置及入户专访问卷 330 份，取有效问卷 315 份，有效率为 95％，有效率符合本次调查模式要求。

本次调查中街头拦访所取样本区域为 10 个平均分布于 C 市几个行政区的样点；留置及入户专访调查选取 15 个平均分布于 C 市几个经济、文化相对发达的行政区的样点公司。调查实施时，由访问员在所选样点，将问卷发放到公司，并负责样本的回收。

5）数据分析结果

本次调查问卷包括街头拦访问卷和留置及入户专访问卷，调查数据处理采用 Statistics Package for Social Science（SPSS）软件，分析结果略。

思 考 题

1. 简述房地产市场的含义及特征。
2. 房地产市场指标有哪些？
3. 房地产市场调查的内容包括哪些？
4. 房地产市场调研的方法有哪些？
5. 房地产市场预测的内容有哪些？

第 6 章

房地产融资与投资

6.1　房地产资本市场

资本市场是指证券融资和经营一年以上中长期资金借贷的金融市场。相应地，融资期限在一年以下的称作货币市场。由于中长期的资金融通大多被企业用于扩大再生产而非短期的资金周转，因而该类金融市场就被称为资本市场。从上述定义不难看出，资本市场不仅包括股票市场，还应包括融资期限在一年以上的银行信贷市场、债券市场及基金市场等。股票市场只因为其规模较大、影响较深而为投资者所熟悉。

6.1.1　房地产资本市场分类

房地产市场和资本市场之间密不可分。土地储备贷款、房地产开发贷款、个人住房贷款、商业用房贷款等的房地产贷款，已经成为商业银行、储蓄机构等金融机构资产的主要组成部分；房地产开发公司、房地产有限责任合伙企业和房地产投资信托的股票与和其他股票一样在股票交易所交易；房地产抵押贷款支持证券也逐渐成为证券市场的重要组成部分。

房地产业是一个资金密集型行业。无论是中短期的房地产开发投资，还是长期的置业投资，都有巨大的资金需求。房地产企业能否获得足够的资金支持，是否拥有畅通的融资渠道，决定了一个房地产企业能否健康发展，一个项目能否顺利运作，也影响着房地产业能否持续健康、稳定地发展。

按照房地产市场各类资金的来源渠道划分，房地产资本市场由私人权益融资、私人债务融资、公开权益融资和公开债务融资 4 个部分组成，具体结构如表 6-1 所示。

表 6-1　房地产资本市场的结构分类

融资分类＼市场渠道	私人市场	公众市场
权益融资	个人	房地产上市公司
	企业	权益型 REITs
	退休基金	
债务融资	商业银行	抵押贷款支持证券
	保险公司	抵押型 REITs
	退休基金	

1. 权益融资

权益融资主要是指筹资人通过发行新股（包含配股）和保留盈余的方式融资。这种融资方式的优点是可以获得无固定到期日、不用偿还的自有资金，增强发行人的资本实力，降低负债率，提高偿债能力和财务稳定性。

权益融资的融资渠道除了通过公司上市或增发新股，从公开市场融通房地产权益资金、吸收其他机构投资者资金外，合作开发等也是近年来进行权益融资的主要方式。例如，通过出售有限责任权益份额，组建有限责任合伙企业融通资金，当然这种融资方式，由于出售权益份额量有限，融资能力也有限。无论从什么渠道，以什么方式融通权益资金，其共同特点是权益融资的资金供给方与投资者共同承担投资风险，所希望获得的报酬，是项目投资所形成的可分配利润。

权益资金主要来源于机构投资者。在美国，机构投资者主要为养老基金、房地产投资信托基金、人寿保险公司和外国投资者。由于房地产权益投资风险很高，商业银行和储蓄机构等存款性金融机构极少或根本不参与房地产权益投资。随着上市房地产企业的增加和房地产权益证券化的流行，从公开市场融通房地产权益资金的比例正在逐渐提高。

近年来，我国由于施工企业垫款和商品房预售现象十分普遍，房地产开发企业的资产负债率极高。国家统计局 2005 年 12 月 16 日公布的《第一次全国经济普查主要数据公报（第三号）》显示：2004 年末，房地产业企业法人单位资产合计为 69 774.7 亿元，负债合计为 50 653.0 亿元，所有者权益合计为 19 121.7 亿元，资产负债率为 72.6%。分行业看，房地产开发经营业为 74.1%，物业管理业为 62.5%，中介服务业为 54.9%，其他房地产业为 61.0%（详见表 6-2）。

表 6-2　房地产企业法人单位资产负债和所有者权益

亿元

法人单位类型	资产合计	负债合计	所有者权益合计
房地产开发经营	61 790.0	45 784.1	16 005.9
物业管理	2 779.6	1 736.1	1 043.5
房地产中介服务	718.3	394.1	324.2
其他房地产活动	4 486.8	2 738.7	1 748.1
合计	69 774.7	50 653.0	19 121.7

房地产企业权益资金过少，资产负债率过高，不利于房地产业的健康发展，也不利于防范系统性金融风险。

2. 债务融资

债务融资是通过举债的方式融资。除了银行可以提供债务融资外，其他机构投资者如保险公司、退休基金等，也可以提供债务融资。房地产开发贷款、土地储备贷款、房地产抵押贷款等，都属于债务融资，其共同的特点是债务融资的资金融出方不承担项目投资的风险，其所获得的报酬是融资协议中所规定的贷款利息和有关费用。

贷款是房地产企业债务融资的主要资金来源。除了以在建或建成房地产作抵押物借入的贷款外，房地产企业还可以发行企业债券和借入信用贷款。和其他类型企业一样，房地产企业也可以公开发行企业债券融通资金。但房地产企业资产负债率较高，债券利率相应偏高，相应的债券融资成本也比较高。很多时候，房地产企业以在建工程或所拥有的房地产资产作抵押物借入贷款更为有利，但这类贷款必须与特定的房地产开发项目或商用房地产投资项目相关联，属于项目融资的范畴。另外，房地产企业还可以向商业银行等贷款人借入信用贷款。例如，商业银行发放的房地产企业流动资金贷款，这类贷款没有抵押物，不与特定的房地产开发或投资项目相关联。

6.1.2　房地产开发贷款与土地储备贷款

房地产开发项目资金需求量大，开发商很少自行投入全部资金。事实上，开发项目所需的大部分资金是以债务融资的方式筹集的。与房地产开发项目相关的债务融资，主要包括房地产开发贷款和土地储备贷款。依据贷款的用途，房地产开发贷款又包括土地购置贷款、土地开发贷款和建设贷款3种类型。房地产开发项目相关贷款的共同特征，是以所开发的房地产项目（土地或在建工程）作为贷款的抵押物，为贷款的偿还提供担保。

1. 房地产开发贷款

房地产开发贷款是指向借款人发放的用于开发、建造向市场销售或出租等用途的房地产项目的贷款。

房地产开发可以分为土地购置（购买土地使用权）、土地开发和建设两个阶段。相应地，房地产开发贷款也有3类：土地购置贷款、土地开发贷款和建设贷款。在实践中，房地产长期抵押贷款（房地产建成后获得的长期融资）和这3类房地产开发贷款可以由同一贷款人全程提供，也可以由不同的贷款人分别提供。不同贷款人界限分明地为不同开发阶段提供融资，是国际上发达国家的一种主要趋势，其原因主要是由于各贷款人的贷款管理技术已日趋专业化。

1）土地购置贷款

土地购置费通常包括土地征收拆迁费、出让土地的土地出让地价款、转让土地的土地转让费、租用土地的土地租用费等。开发商在土地购置阶段通常较难获得商业银行的贷款，因为单纯的土地并不能带来足够的现金流收益，其还款能力在很大程度上取决于房地产市场的发展前景，而未来市场变化的风险是比较大的。因此，大多数金融机构通常避免发放土地购置贷款，或者将土地购置贷款占其投资组合的比例控制在一个很小的百分比之内。由于风险较高，土地购置贷款的金额通常不超过土地评估价值的 $50\%\sim60\%$。如果购买的土地是有待再开发或尚未开发的毛地或生地，则该比例还会进一步降低。我国中央银行目前明确规定，商业银行不得向房地产开发企业发放用于缴纳土地使用权出让金的贷款。

2）土地开发贷款

土地开发是对毛地或生地进行改良，为建筑施工进行前期准备的阶段。虽然开发后的熟地所创造的收入并不比毛地多，但毕竟是向土地的最终用途靠近了一步。即便如此，为土地开发进行融资仍然较为困难。

土地开发贷款通常对房地产拥有第一抵押权，贷款随着土地开发的进度分阶段拨付。在大规模的土地开发中，随着土地开发的进行，金融机构通常会允许特定地块从整体的抵押合同中释放出来，即解除该地块的抵押权，使其得以出售。此时，借款人必须向金融机构偿还部分贷款。

3）建设贷款

商业银行通常在房地产建设阶段的融资中扮演关键角色。建设贷款被用于偿还土地购置贷款和土地开发贷款，支付建设阶段的人工、材料、设备、管理费和其他相关成本。开发建设中的房地产项目是这种贷款的主要抵押物。金融机构有时候还要求借款人提供别的担保，如用其他房地产作抵押，或者提供质押或第三方保证。建设贷款随工程建设的进度分阶段拨付，同时要确保建设贷款被用于既定的目的，从而确保房地产价值随着贷款拨付额的增加同步增长，以保障贷款人的利益。贷款人还必须确保施工单位的工程款已经按期支付，因为在大多数国家，工程款的偿还优先顺序都在作为抵押权人的贷款人之前。初始贷款费用和利息是开发商为使用建设贷款而付出的代价。

建设贷款的还款资金来源，通常是销售收入或长期抵押贷款。为了避免出现竣工时无法获得长期抵押贷款的情况，发放建设贷款的金融机构有时会要求开发商获得长期抵押贷款承诺，即另一贷款人承诺在项目按照约定的计划和规范竣工时，同意发放长期抵押贷款。这往往是金融机构发放建设贷款的重要条件之一。

2. 土地储备贷款

1）土地收购储备制度

土地收购储备制度是指由政府依照法定程序，运用市场机制，按照土地利用总体规划和城市规划，通过收回、收购、置换和征收等方式取得土地，进行前期开发和存储后，以公开招标、拍卖出让方式供应土地，调控各类建设用地需求的制度。建立土地收购储备制度，是我国土地管理部门为适应经济体制改革和经济增长方式的转变要求，促进城市土地集约利用而进行的积极探索。

土地收购储备制度的建立，有利于政府实施集中统一的土地供应，实现政府对土地一级市场的绝对垄断，提高政府通过土地供应对房地产市场进行宏观调控的能力和土地市场的透明度，促进城市土地资源的有效利用和房地产市场与社会经济的协调发展。

2）土地储备贷款

土地储备贷款是指向借款人发放的用于土地收购及土地前期开发、整理的贷款。土地储备贷款的对象是对一级土地市场进行管理的县级以上人民政府指定或授权的土地储备机构和对一级土地进行开发的企业。土地储备贷款的主要还款来源是土地出让收入。

6.1.3　房地产抵押贷款

房地产抵押贷款是指借款人（抵押人）以其合法拥有的房地产，在不转移占有方式的前提下，向贷款人（抵押权人）提供债务履行担保，获得贷款的行为。债务人不履行债务时，债权人有权依法以抵押的房地产拍卖所得的价款优先受偿。房地产抵押贷款包括个人住房抵押贷款、商用房地产抵押贷款、在建工程抵押贷款等。

我国 2006 年末房地产贷款 3.68 万亿元，其中个人住房抵押贷款 2.27 万亿元。这些房地产贷款全部由商业银行提供，房地产贷款的债权也几乎全部由商业银行持有，表 6-3 显示了中国四大商业银行房地产贷款规模及不良情况。

表 6-3　中国四大商业银行房地产贷款不良状况

项目	2004 年末房地产贷款余额/亿元			2004 年末房地产贷款不良率/%			2005 年末房地产贷款余额/亿元			2005 年末房地产贷款不良率/%		
	全部	开发贷款	个人购房贷款	全部	开发贷款	个人购房贷款	全部	开发贷款	个人购房贷款	全部	开发贷款	个人购房贷款
中国工商银行	5 810.3	1 685.0	4 124.0	3.0	7.4	1.2	6 267.5	1 809.6	4 457.8	2.3	3.3	1.9
中国农业银行	4 099.1	1 723.4	2 375.7	8.1	16.6	2.1	4 727.8	2 181.8	2 546.0	8.2	13.2	3.9
中国银行	3 783.7	1 017.7	2 766.0	4.8	12.8	1.8	4 191.3	963.7	3 227.6	4.2	12.4	1.8
中国建设银行	5 708.9	2 278.0	3 430.9	3.7	7.3	1.2	6 447.6	2586.3	3 861.3	3.6	4.0	1.3
汇总	19 402.0	6 704.1	12 696.6	4.6	10.5	1.5	21 634.2	7 541.4	14 092.7	4.3	8.4	2.1

注：按贷款五级分类标准编制，不良贷款包括"次级"、"可疑"、"损失" 3 类贷款。

1. 个人住房抵押贷款

个人住房抵押贷款是指个人购买住房时，以所购买住房作为抵押担保，向金融机构申请贷款的行为。个人住房抵押贷款包括商业性住房抵押贷款和政策性（住房公积金）住房抵押贷款两种类型。政策性住房抵押贷款利率较低，通常只面向参与缴纳住房公积金、购买自住房屋的家庭，且贷款额度有一定限制。当政策性抵押贷款不足以满足借款人的资金需求时，还可同时申请商业性住房抵押贷款，从而形成个人住房抵押贷款中的组合贷款。金融机构发放个人住房抵押贷款的过程，构成了抵押贷款一级市场。

个人住房抵押贷款的利率，有固定利率和可调利率两种类型。我国目前采用的是可调利率方式，即在法定利率调整时，按新的利率规定计算利息。还本付息方式有按月等额还本付息、按月递增还本付息、按月递减还本付息、期间按月付息期末还本和期间按固定还款常数还款期末一次结清等方式。

对于贷款购买第二套住宅，则首付款不得低于总房款的 40%，贷款利率为首套住宅贷款利率的 1.1 倍。即第二套房贷：40%首付＋1.1 倍利率。

个人住房抵押贷款属于购房者的消费性贷款，通常与开发商没有直接的关系，但由于开发项目销售或预售的情况，直接影响到开发商的还贷能力和需借贷资金的数量。尤其在项目预售阶段，购房者申请的个人住房抵押贷款是项目预售收入的重要组成部分，也是开发商后续开发建设资金投入的重要来源。

2. 商用房地产抵押贷款

商用房地产抵押贷款是指购买商用房地产的机构或个人，以所购买的房地产作为抵押担保，向金融机构申请贷款的行为。商用房地产同时也是收益性或投资性房地产，购买商用房地产属于置业投资行为。

由于商用房地产抵押贷款的还款来源主要是商用房地产的净经营收入，而净经营收入的高低又受到租金水平、出租率、运营成本等市场因素的影响，导致商用房地产抵押贷款相对于个人住房抵押贷款来说，承担了更高的风险。因此，国内商业银行发放商用房地产抵押贷款时，贷款价值比率（LTV）通常不超过 60%，贷款期限最长不超过 10 年，贷款利率也通常高于个人住房抵押贷款，而且仅对已经通过竣工验收的商用房地产发放。

对于商用房地产开发项目，开发商不能像住宅开发项目那样通过预售筹措部分建设资金，但如果开发商能够获得商用房地产抵押贷款承诺，即有金融机构承诺，当开发项目竣工或达到某一出租率时，可发放长期商用房地产抵押贷款，则开发商就比较容易凭此长期贷款承诺，获得短期建设贷款。这样，开发商就可以利用建设贷款进行开发建设，项目建成后，借入的长期抵押贷款偿还建设贷款，再用出租经营收入来偿还长期抵押贷款。

3. 在建工程抵押贷款

在建工程抵押贷款是指抵押人为取得在建工程后续建造资金的贷款，以其合法方式取得的土地使用权连同在建工程的投入资产，以不转移占有的方式抵押给贷款银行作为偿还贷款履行担保的行为。在建工程抵押将项目完工部分抵押与建筑工程承包合同的房屋期权抵押相结合，是银行与开发商设定房地产抵押、办理房地产开发贷款的一种较好的方式。采取这种方式进行房地产项目融资时，既有利于满足开发商对在建工程进行续建的资金需求，又有利于银行对抵押物的监控，对降低贷款风险、促进开发商提高经营管理水平都有积极意义。

在建工程已完工部分的抵押与建筑工程承包合同的房屋期权抵押相结合，就是以开发商（抵押人）与施工单位签订的依法生效的房屋期权设定抵押权，按其在建工程已完工部分（即工程形象进度）分次发放贷款。通常的做法是：一次确定贷款额度，一次办理承包工程合同的房屋期权抵押登记，按工程形象进度（折算为货币工作量）和约定的贷款价值比率，分次发放贷款。将承包合同的房屋期权设定为抵押权时，银行要对承包合同的预算造价进行审查，以确定其抵押价值和贷款价值比率，同时按约定的各个工程部位的形象进度，确定其分阶段的抵押价值。在工程进度达到约定的某个工程部位时，经银行现场勘查核实后，发放该时段的贷款。

银行在现场查勘时，除核实其已完成的工作量外，还要求工程监理机构、工程质量监督部门对工程质量进行确认，以确保其具有的价值。按《城市房地产抵押管理办法》的规定，以在建工程已完工部分抵押的，其土地使用权随之抵押。当在建工程抵押价值包含土地使用权的价值时，该土地使用权必须是有偿获得，并领有《固有土地使用权证》。

对于已设定抵押的房屋期权，在抵押期内，开发商可以在银行的监管下预售。通常先由银行出具允许开发商预售的文件给房地产管理部门，并办理他项权利变更手续，同时由房地产管理部门予以办理商品房预售登记。对已办理在建工程抵押的房地产开发项目的预售收入，由银行代收，专户存储（作为抵充抵押物的不足部分），在还贷期内由银行进行监管，以便开发商的还贷资金确有保证，降低银行的贷款风险。

4. 金融机构对房地产抵押物的要求

无论是何种类型的抵押贷款，金融机构在设定房地产抵押权时，通常要按以下几个方面的要求对抵押物的情况进行审查确定。

（1）合法设定房地产抵押权。抵押的房地产实物或权益，是真实存在并为抵押人合法拥有的，权属清晰，可以转让，是依法可以设定抵押的房地产。

（2）择优选择抵押的房地产。选择市场前景看好的房地产，将周围环境良好、交通方便、房屋设计建造质量高、配套设施齐全、价格适中的商品房设定为抵押物，易于销售变现，银行因感到有安全保障而愿意接受。

（3）合理确定抵押率。抵押率是贷款金额与抵押物价值之比，又称贷款价值比率（Loan to Value Ratio）。抵押率的确定，受许多因素的影响，如抵押物的流动性、所处的市场条件、抵押物价值取得的情况、贷款期限长短和通货膨胀预期等。对房地产抵押来说，如设定抵押的房地产变现能力较强、市场条件较好、抵押估价中对抵押物的价值判断合理、贷款期限适中，则抵押率可定得高一些，一般为70%；反之，应定得低一些（如60%或50%）。抵押率的高低也反映银行对这笔抵押贷款风险所进行的基本判断。抵押率低，说明银行对这笔抵押贷款持审慎的态度，反之，则说明银行对其持较为乐观的态度。

（4）处置抵押物的渠道畅通。这要求抵押物的变现性较强、价格比较稳定、市场广阔。

5. 抵押贷款二级市场

房地产抵押贷款二级市场与房地产抵押贷款一级市场相对应。在一级市场中，商业银行和储蓄机构等利用间接融资渠道发放抵押贷款。而二级市场是利用类似资本市场的机构、工具，通过购买一级市场发放的抵押贷款，将其转化为房地产抵押支持证券，并在证券市场上交易这些证券，实现房地产抵押贷款市场与资本市场的融合。

住房抵押贷款证券化即抵押债权证券化，是房地产证券化的一种，它是指住房抵押贷款机构将其所持有的抵押债权汇集重组为抵押组群，经过政府机构或私人机构的担保和信用加强，以证券的形式出售给投资者的融资过程，由此而形成的资金流通市场，称抵押贷款二级市场。

6.1.4　房地产投资信托基金

中国房地产开发投资过分依赖商业银行体系的房地产融资模式，已经令政府和社会各界越来越关注可能由房地产泡沫或过热引发的金融风险，出现了收紧房地产贷款的趋势。因此，迫切需要通过金融创新，拓宽房地产融资渠道。发展房地产投资信托，是当今房地产金融创新的重要工作内容。

1. 房地产投资信托基金的含义

房地产投资信托基金（Real Estate Investment Trusts，REITs）是购买、开发、管理和出售房地产资产的金融工具，是指通过制订信托投资计划，信托公司与投资者（委托人）签订信托投资合同，通过发行信托受益凭证或股票等方式受托投资者的资金，用于房地产投资或房地产抵押贷款投资，并委托或聘请专业机构和专业人员实施经营管理的一种资金信托投资方式。

REITs的出现，使投资者可以把资金投入到由专业房地产投资管理者经营管理的房地产投资组合中，REITs将其相应投资的收入现金流主要分配给投资者，而本身仅起到一个投资代理的作用。REITs在市场经济发达的国家和地区已经广为通行。它为广大的个人投资者提供了投资房地产的良好渠道。在众多投资工具中，房地产投资利润丰厚，保值性好，一直是资金投向的热点领域。但同时，房地产投资所具有的资金量大、回收期长的特点，使众多社会闲散资金或个人投资者无法进入。REITs的出现正好满足了广大中小投资者投资房地产的愿望。

作为购买、开发、管理和出售房地产资产的产业基金，REITs的投资领域非常广泛，涉及各地区的各种不同类型的房地产（公寓、超市、商业中心、写字楼、零售中心、工业物业和酒店等）和抵押资产。REITs一般以股份公司或信托基金的形式出现，资金来源有两种：发行股票，由机构投资者（如退休基金、保险公司和共同基金）和个人投资者认购；从金融市场融资，如银行信贷、发行债券或商业票据等。REITs股票可在证券交易所进行交易或采取场外直接交易方式，具有较高的流通性。REITs通常聘请专业顾问公司和经理人负责公司的日常事务与投资运作，与共同基金一样可实行投资组合策略，利用不同地区和不同类型的房地产项目及业务来分散风险。中小投资者通过REITs在承担有限责任的同时，可以间接获得大规模房地产投资的利益。REITs具有广泛的公众基础，在享有税收优惠（REITs不属于应税财产，且免除公司税项）的同时，也受到严格的法律规范与监管。例如，美国的REITs有股东人数与持股份额方面的限制，以防止股份过于集中；所筹集资金的大部分须投向房地产方面的业务；75％以上的资产由房地产、抵押票据、现金和政府债券组成；至少有75％的毛收入来自租金、抵押收入和房地产销售所得。

2. 房地产投资信托基金的特征

（1）流动性好。直接投资房地产存在很大的变现风险，房地产作为不动产，销售过程复杂，属于非货币资产，流动性差。资产拥有者很难在短时期内将其兑换成现金。而公开上市的REITs可以在证券交易所自由交易。未上市的REITs信托凭证一般情况下也可以在柜台市场进行交易流通，马上变现，流动性仅次于现金。因此，相对于传统的房地产实业投资而言，REITs的流动性相对较强。

（2）高现金回报。REITs的高收益主要有以下3个方面的原因。①股利支付比例高。

由于按照有关法律规定，REITs 净收益的 95％都必须以分红形式返还投资者，因此，REITs 的股东能够获得稳定的即期收入。从历史上看，REITs 的收益率比其他股票综合指数的回报率相对高一些。②REITs 的收入以相对稳定的租金收入为主。由于股利源自 REITs 所持有房地产的定期租金收入，因此 REITs 的股利较为稳定，波动性小。另外，REITs 房地产投资信托基金采购物业的价格通常低于重置成本，如低价收购尚未完工但由于各种原因急于变现的物业，继续加以运作，以此赢得更高收益。③税收优惠。对于投资者来说，税收优惠包括两个方面。一方面，REITs 具有避免双重征税的特征。由于 REITs 经营利润大部分转移给 REITs 股东，REITs 在公司层面是免征公司所得税的。另一方面，REITs 在支付股利时具有递延纳税功能，这也是许多投资者投资 REITs 股票的主要原因之一。

（3）有效分散投资风险。REITs 风险相对较低，其主要原因如下。①专业化管理。REITs 对房地产进行专业化管理，这是散户投资者所难以进行的。在这个意义上，REITs 具有基金产品的特点。②投资风险分散化。REITs 一般拥有一系列房地产构成的投资组合，比单个的房地产商或个人投资者拥有更为多样的房地产。REITs 投资物业类型的多样化，保证了投资者资产组合的效益。股票市场上的 REITs 所拥有的物业遍布各地，购买多个 REITs 股票，会使投资涵盖多种物业，分布各个地区，从而保证投资更加安全，投资风险更为分散。③独立的监督。大部分 REITs 是属于公募性质的投资机构，因此受到第三方监督的力度越来越大。另外，随着机构投资者越来越多地参与到 REITs 市场，公众获得的信息也越来越多，REITs 运作的透明度越来越高。

（4）抵御通货膨胀。作为 REITs 价值基础的房地产，具有很强的保值功能，可以很好地抵御通货膨胀。通货膨胀来临时，物价上扬，房地产物业的价值更是升值迅速，以房地产物业为基础的 REITs 的收益水平和股票价格也会随之上升，能够在一定程度上抵消通货膨胀的影响。

3. REITs 的种类

根据 REITs 的投资类型，可以将它们分为以下三大类。

（1）资产类（Equity）。投资并拥有房地产；主要收入来源于房地产的租金。

（2）房地产贷款类（Mortgage）。投资房地产抵押贷款或房地产贷款支持证券（MBS），收益主要来源于房地产贷款的利息。

（3）混合类（Hybrid）。采取上述两类的投资策略，投资领域既包括房地产本身也包括房地产贷款。据统计，REITs 中的绝大部分是从事资产类投资，占所有 REITs 的 96.1％。每个 REITs 根据各自的专长选择投资领域，有的以地理区域为专长，如地区、州、都市的地产；有的 REITs 专长于各种行业地产，如零售业、工业、办公楼、公寓、医院等房地产；有些 REITs 选择广泛的投资类型，包括房地产、贷款类的众多产品。在各种房地产业的投资中，零售业、住宅、工业、办公地产的投资占绝大部分，总计超过总投资的 74％。

6.2　房地产融资

6.2.1　房地产融资的概念

从广义的概念上，房地产融资是指在房地产开发、流通及消费过程中，通过货币流通和信用渠道所进行的筹资、融资及相关金融服务的一系列金融活动的总称，包括资金的筹集、运用和清算。从狭义的概念上，房地产融资是房地产企业及房地产项目的直接和间接融资的总和，包括房地产信贷及资本市场融资等。

房地产开发企业的成功与否，不仅取决于土地资源的获取、房地产项目运作，很大程度上还取决于房地产企业筹集资金的能力和利用资金的能力。就房地产开发投资而言，开发商已经获得了开发建设用地的使用权，但如果其缺乏筹集资金的实际能力，或者不能合理利用资金，结果可能造成流动资金匮乏及周转困难的局面，导致项目以失败告终。如果房地产企业无法找到金融机构提供贷款，则其投资能力将受到极大的限制。

6.2.2　房地产融资的特点

1. 融资规模大

房地产投资为固定资产投资，具有价值大和投资期长的特点，由于房地产行业具有价值高和资本密集的特点，在资金使用上反映为长期性和分散性。房地产项目资金动辄上亿元，如果房地产开发企业不借助资本市场和金融机构进行融资，而仅凭借其自有资金则很难发挥资金杠杆融资特点，很可能无法顺利完成房地产项目的开发。

2. 偿还期较长

房地产项目开发周期长，资金周转慢，资金回收期长。从房地产项目的前期可行性分析、项目报政府部门批准、项目规划设计、项目资金筹措、项目施工、项目实现销售，需要一个长期的过程。销售回款还需偿还自身已投入的资金及融资取得的资金，房地产项目从项目资金投入至取得销售收入及利润，至少需要两年以上。

3. 资金缺乏流动性

房地产作为不动产，特点是价值大，但缺乏流动性，不易在短时间内变现。相对于股票、基金、债券等流动性较好的资产，房地产项目很难在短时间内处置，而且找到投资方继续投资，或者实施拍卖等，均需要较长时间。正是由于房地产投资具有融资规模大、投资回收期长等特点，房地产资金在投入项目建设后，相应也具备了缺乏流动性的特点。

4. 高风险、高收益

房地产融资具有受到整个国家的经济波动、市场价格波动、政策监管制约，融资难度高的特点，房地产业属于高风险行业。但房地产投资一旦成功运作并销售，其利润率相当高，具有明显的高风险、高收益的特性。

6.2.3　房地产融资的结构

房地产融资的分类有以下几个方面。

1. 权益融资与债务融资

按照融入资金承担风险和获得报酬的方式不同，可以将资金融通划分为权益融资和债务融资两类。

权益融资与投资者自有资金一起，形成项目投资的股本金或权益资本。当房地产投资者的自有资金数量达不到启动项目所必需的股本金的数量要求时，投资者就需要通过公司上市或增发新股、发行企业债券、吸收其他机构投资者资金（类似于"集资"）、合作开发等方式，进行权益融资。权益融资的资金供给方与投资者共同承担投资风险，所希望获得的报酬，是项目投资所形成的可分配利润。

债务融资就是通过举债的方式融资。除了银行可以提供债务融资外，其他机构投资者如保险公司、退休基金、房地产信托投资基金等，也可以提供债务融资。开发建设贷款、商业房地产抵押贷款和个人住房抵押贷款，都属于债务融资。债务融资的资金融出方不承担项目投资的风险，其所获得的报酬是融资协议中所规定的贷款利息和有关费用。

对于有比较好的盈利前景的房地产投资项目，有些金融机构和机构投资者不甘心只提供债务融资而获得稳定的利息和费用收入，他们往往还希望分享项目投资的利润。因此，在为房地产投资者提供债务融资的同时，提供部分权益融资或允许部分债务融资在一定条件下转为权益融资，是许多金融机构和机构投资者希望选择的方式。

2. 直接融资与间接融资

按融入和融出资金双方接触和联系方式的不同，可以将资金融通划分为直接融资和间接融资两种。

直接融资是指拥有暂时闲置资金的企业（或机构）与资金短缺需要补充资金的企业，相互间直接进行协议或在金融市场上前者购买后者发行的有价证券，将货币资金提供给需要补充资金的企业使用，从而完成融资过程。直接融资的特点是双方直接接触，基本没有中间环节。

间接融资是指暂时拥有闲置资金的企业（或机构）通过存款的形式，或者购买金融机构发行的有价证券，将其暂时闲置的资金先行提供给这些金融中介机构，然后再由这些金融中介机构以贷款等形式或通过购买需要资金的企业发行的有价证券，把资金提供给这些企业使用，从而实现融资过程。间接融资的基本特征是资金融通过金融中介来进行，由金融机构筹集资金和运用资金两个环节构成。

一般间接融资方式比直接融资方式有较多的优越性。直接融资是一种资金直供方式，像物物交换一样，受到融资双方在资金数量、信誉及时间、地点和范围等方面的限制。而间接融资则是一种可以无限扩展的融资方式，银行等金融机构可以在社会范围内集中资金，融资规模可大可小，方式灵活，资金的运用也更加合理有效，且利于中央银行进行宏观的金融控制。

6.2.4　房地产融资的意义

资金问题历来都是房地产投资者最为关切和颇费心机的问题，任何一个房地产投资者，能否在竞争激烈的房地产市场中获得成功，除了取决于其技术能力、管理经验，以及其在以往的房地产投资中赢得的信誉外，还取决于其筹集资金的能力和使用资金的本领。就房地产投资而言，即使开发商已经获取了开发建设用地的土地使用权，如果该开发商缺乏筹集资金的实际能力，不能事先把建设资金安排妥当，其结果很可能由于流动资金拮据、周转困难而以失败告终；对于置业投资来说，如果找不到金融机构提供长期抵押贷款，投资者的投资能力就会受到极大的制约。所以，尽管人人都知道房地产投资具有获得高额利润的可能，但这种高额利润对绝大多数人来说，是可望不可即的。

从金融机构的角度，其拥有的资金如果不能及时融出，就会由于通货膨胀的影响而贬值，如果这些资金是通过吸收储蓄存款而汇集的，则还要垫付资金的利息。所以金融机构只有设法及时地将资金融出，才能避免由于资金闲置而造成的损失。当然，金融机构在融出资金时，要遵循流动性、安全性和盈利性原则。世界各国的实践表明，房地产业是吸纳金融机构信贷资金最多的行业，房地产开发商和投资者，是金融机构最大的客户群之一，也是金融机构之间的竞争中最重要的争夺对象。

6.3 房地产融资的基本要求与决策内容

6.3.1 房地产融资的基本要求

房地产融资的基本要求是指房地产企业在融资过程中，要研究、分析和评价影响融资的各种因素，力求达到房地产融资的综合效益最佳的目的。房地产融资的基本要求有以下几个方面。

1. 确定合理的融资规模

房地产企业无论通过什么渠道，采取什么方式筹措开发资金，首先应该确定合理的资金需求量。融资固然要广开渠道，但必须有一个合理的界限。融资过多，会增加融资成本，影响资金的使用效果；融资过少，又会影响开发资金的供应，进而影响开发的规模和进展速度。因此，在确定合理的融资规模时，不仅要考虑房地产开发的规模、生产周期等，还要注意房地产商品的销售趋势，防止盲目开发不适销对路的商品房而造成大量资金的积压，影响开发资金的正常周转。同时，还要根据开发项目对资金使用的时间要求，将全年的开发资金需求量合理分解为每季度、每月的需求量，以便合理安排融资、投放和回收，加速资金的周转速度。

2. 正确选择房地产融资的渠道和方式，降低融资成本

房地产融资成本是指房地产企业在融资时所支付的一定代价，这些代价主要包括筹措费和资金使用费。随着我国房地产金融市场体系的构建和不断深化，房地产企业融资的渠道越来越广泛、融资的方式也越来越多样化，但不同的融资渠道和融资方式所付出的代价是不一样的，即具有不同的融资成本。例如，债券融资的利息计入生产成本在税前支付，而股票融资的股息和红利须在税后利润中支付，这样就使股票融资的资金成本大大高于债券融资的资金成本。因此，房地产开发商在融资时，一方面要严格遵循国家的有关方针、政策和财政税

务制度，选择合理的融资渠道；另一方面，又必须考虑融资成本，要选择投资收益高于融资成本的融资渠道和方式。

3. 统筹考虑房地产的融资与投资，提高房地产资金的使用效益

房地产企业融资必须首先确定有利的投资方向和明确的资金用途，才能更好地选择融资的渠道和方式。因为资金的投向，既决定了资金需求量的多少，又决定了投资效益的大小。只有在确定投资的需求量及其效益之后，才能进一步规划房地产融资的渠道、方式和成本。在房地产融资的过程中，要统筹考虑融资和投资两个环节，力求融资成本低而投资效益高，达到综合效益最优，要防止把融资和投资两个环节割裂开来。

4. 按规定建立资本金制度

房地产企业的开发、生产、经营活动是一个连续不断的过程，为了保证该过程的持续进行和减少因资金短缺带来的经营风险与财务风险，房地产企业必须具有一定数额供其长期支配使用而不需要偿还的自有资金。为此，房地产企业应按规定建立资本金制度，其资本金数额应根据国家有关规定在企业章程或协议中明确规定，并由投资者在房地产企业设立初期一次或分几次投入企业。房地产企业筹集的资本金是法定的自有资金，房地产企业依法对其享有经营权，投资者在房地产企业经营期内不得以任何方式抽回。

5. 优化房地产的资金结构

房地产企业可依靠举债来从事房地产的开发经营活动，即进行负债经营。所谓负债经营，就是利用财务杠杆作用来改变企业的资产负债比率，以较小的权益资本去投资较大的项目，从而达到提高权益资本利润率的目的。房地产企业进行负债经营必须考虑两个方面的问题：①要保证投资利润率高于资金成本率，以保证企业的经济效益；②负债的多少要与企业资本金的多少有一个恰当的比例，即优化资金结构。房地产开发企业应适度举债，负债的多少必须与自身的偿债能力相适应。负债过少，则会丧失投资获利的机会；而负债过多，则会产生较大的财务风险，甚至由于丧失偿债能力而面临破产。

假定某房地产企业拥有 100 万元股本，现有某一投资项目，预计该项目的投资收益率为12%。如果该企业不进行任何融资，那么股本资本的利润率就是 12%。现在假定其能够以10%的利率借入 100 万元，与原始股本一并投资，收益水平仍为 12%。那么，由于财务杠杆的作用，100 万元原始股本的净收益达到 14 万元，即收益率为 14%。但是，如果借款利率仍为 10%，而收益水平由于市场风险跌至 8%。那么，同样由于财务杠杆的作用，100 万元原始股本的净收益只有 6 万元，即收益率降为 6%。

因此，房地产企业在融资活动中，不仅要考虑每笔资金的融资成本，而且还要从总体上优化企业的资金结构，既要利用负债经营的财务杠杆作用提高企业收益水平，又要维护企业财务的稳定，以减少财务风险。

6.3.2 房地产融资的决策内容

1. 房地产融资决策的概念

房地产融资决策是指房地产企业财务管理部门在企业融资目标的总体要求下，从若干个可以选择的融资方案中选择令人满意方案的过程。

2. 房地产融资方案的内容

（1）欲筹集资金的币种、数额。

（2）融资流量。即与房地产企业资金投入和资金偿还要求相适应的不同时间内筹集资金与偿还资金的数量。

（3）资金来源构成。即各种融资方式所筹集的资金占总融资额的比重。

（4）融资风险分析及风险管理措施。融资风险是指融资过程中可能给房地产企业造成损失的不确定性。风险管理措施是指风险规避、风险自留、风险转嫁、风险中和，以及外汇套期保值等具体措施。

（5）融资成本预算。即在融资过程中所必须支付的手续费、工本费、管理费等费用的估算。

（6）融资方法。即对直接融资或委托融资作出选择。直接融资是由房地产企业直接向投资人筹集房地产开发、经营资金，如直接预售房屋收取购房款，直接发行股票、债券筹资等。委托融资是房地产企业委托银行、证券公司、信托投资公司等金融机构代理企业融资，如委托发行股票、债券等，以及向金融机构申请房地产开发贷款。

（7）明确融资的权利责任关系，安排融资工作各阶段的先后顺序，以及各阶段的具体目标、任务、时间、地点和负责人等。

3. 房地产融资方案的选择方法

选择确定房地产融资方案的方法，一般采用比较分析法，即对各个可行的房地产开发融资方案的安全性、经济性和可行性用分级评价的方式进行比较，即将安全性、经济性和可行性各指标按优劣顺序排列为 A、B、C、D 4 个等级，选择出安全性、经济性和可行性 3 项指标均令人满意的方案。

安全性、经济性和可行性 3 项指标等级的划分标准如下。

（1）安全性。安全性按风险程度大小分为 A、B、C、D 4 个等级：A 级表示风险很小；B 级表示风险较小；C 级表示风险较大；D 级表示风险极大。

（2）经济性。融资方案的经济性按综合融资成本费用率标准来划分，共分为 A、B、C、D 4 个等级：A 级表示融资成本最低，即 K（综合融资成本费用率）$<70\%R$（R 表示银行同期贷款利率）；B 级表示融资成本较低，即 $70\%R \leqslant K < R$；C 级表示融资成本较高，即 K 在 $130\%R$ 附近；D 级表示融资成本很大，即 $K > 130\%R$。

（3）可行性。按各融资方式的落实程度，融资方案的可行性分为 A、B、C、D 4 个等级：A 级表示融资方式及所融资金都能全部落实；B 级表示融资方式及所融资金能基本落实；C 级表示融资方式及所融资金尚不能肯定；D 级表示融资方式及所融资金没有落实。

根据上述标准，房地产企业应选择 AAA 级标准的融资方案为最佳融资决策方案，因为它的安全性、经济性和可行性均是最佳的。而 DDD 级方案则是最差的，通常不被选用。这只是从理论上选择融资方案的方法。在实际操作中由于有许多因素作用，只能从所有可能的融资方案中，选择出比较满意的方案来付诸实施。

6.4　房地产融资的主要方式

6.4.1　银行贷款融资

房地产开发贷款是指贷款人向借款人发放的用于商品住房及其配套设施开发建设的贷款。对于申请银行开发贷款的房地产企业及房地产项目，应满足以下几个基本条件：

1. 房地产企业应满足的融资条件

（1）房地产企业是经工商行政管理机关（或主管机关）核准登记的企（事）业法人、其他经济组织，有法人营业执照或持有权部门批准设立的证明文件、建设部门核准的资质证明。

（2）经工商行政管理部门核准登记并办理年检手续。

（3）拥有贷款卡，年审合格，在银行开立基本账户或一般账户。

（4）经营管理制度健全，财务状况良好。

（5）信用记录良好，具有按期偿还贷款本息的能力。

（6）可提供银行认可的合法、真实、有效的担保。

2. 房地产开发项目应满足的条件

（1）贷款项目已纳入国家或地方建设开发计划，立项文件合法、完整、真实、有效。

（2）贷款所用于的项目已经取得《国有土地使用权证》、《建设用地规划许可证》、《建设工程规划许可证》、《建设工程开工证》。

（3）贷款项目实际用途与项目规划相符，符合当地市场的需求，有规范的可行性研究报告，预算报告合理真实。

（4）房地产企业计划投入的贷款项目的自有资金比例不低于 35%（其中经济适用房贷款为 30%，均指所有者权益额），并与银行贷款先期或同期到位。

（5）贷款用途合理，担保方式可接受。商品房开发贷款可采用保证、抵押、质押及其相结合的担保方式。贷款用途限于客户正常建造商品房及其配套设施所需的资金。一般包括拆迁费、建安费、装修费等费用的支出。

（6）期限和利率合理。贷款期限一般不超过 3 年，贷款利率按照中国人民银行和贷款银行利率管理规定执行。

6.4.2　信托融资

信托是一项重要的现代金融业务，是金融市场的重要组成部分。如果说银行信贷和证券融资的基本职能是间接和直接融通资金的话，那么信托则是一种代人理财的财务管理制度。房地产信托是房地产金融的一个重要内容，也是房地产开发融资的一种重要形式。所谓房地产信托，是指货币所有者或房地产所有者基于对金融机构的信任，委托其代理购、建、租赁、经营房地产及其证券的经济行为。这是一种以房地产财产为核心，以信任为基础，以委托为方式的财产经营和管理制度。在信托关系中，把货币或房地产委托给他人管理和处置的一方称"委托方"；接受委托的金融机构称"受托方"；被委托的房地产或证券称为"委托标的物"；享受信托利益的人叫"受益人"，可以是自然人，也可以是法人。

房地产信托的融资功能主要通过以下形式得以实现。

1. 房地产信托投资

房地产信托投资是指委托人将资金交存信托投资公司或银行，指定投资方式，由信托机构代为运营的投资方式。比较常见的有融资性住房信托投资、代理发行房地产企业的有价证券等。房地产信托投资集"融资"和"融物"于一身，为房地产企业和个人提供了融资方便，促进了房地产资金的横向流动。

2. 房地产信托存款

房地产信托存款是指由信托投资机构在特定的资金来源范围内办理的存款。其来源一般是财政部门用以有偿使用的预算外资金，企事业单位及其主管部门可以自主支配和有偿使用的资金，以及个人特约信托存款等。房地产信托存款的利率通常比银行存款的利率高一些，所以对存款人具有吸引力。

3. 房地产信托贷款

房地产信托贷款是金融信托机构受委托人委托，在委托人存入的委托存款额度内，按委托人指定的方向和金额发放的贷款。所以金融信托机构对信托贷款不承担风险。房地产信托贷款是指金融信托机构利用吸收的房地产信托存款、自有资金和筹集的其他资金向房地产企业发放的贷款，主要用于房地产周转资金，比一般银行贷款灵活方便，审批迅速，但其利率要比银行稍高。

4. 房地产信托基金

房地产信托基金是一种以发行收益凭证的方式汇集不特定多数（法人和自然人）投资者的资金，由专门投资机构进行投资经营管理，并将投资综合收益按比例分配给投资者的一种信托基金制度。房地产信托基金（REITs）是指房地产信托机构为经营房地产信托投资业务而建立的专门营运资金。它一般采取发行房地产基金凭证的形式，将小额投资者的资金汇集成大额房地产基金，再择优投资于房地产项目，基金投资实行专家管理和透明化运作，从而实现资金的规模经营，提高经营效益。房地产信托基金的主要特点是集体投资、委托经营、分散风险、共同受益。

6.4.3　股票融资

房地产股票是房地产企业为筹集资金用以证明投资者股东身份和权益并据以获得股息和红利的凭证。股票一经发行，持有者即为公司股东，有权参与公司的决策，分享公司权益，同时分享公司的责任和风险。股票一经认购，持有者不得要求退还股权，但可以转让。房地产企业发行股票，能为其获得永久性资金来源，并对于改善企业经营管理、完善企业制度，都有重要意义。

1. 股东的类型

房地产企业从自身经营需要出发，根据投资者投资心理，发行各种股票，按不同标准，可以有以下几种基本类型。

1）普通股股票和优先股股票

按股票所代表的股东权利划分，股票可分为普通股股票和优先股股票。普通股票实行同股同权同利，股东有权参加企业经营管理，是最基本的股票。优先股票是指在经营利润分配和剩余财产分配上有优先权的股票，这种股票的股东无权参与企业经营管理，股息比较固定，是特别股股票的一种。

2）记名股票和不记名股票

按照是否记载股东姓名，股票可分为记名股票和不记名股票。

（1）记名股票。记名股票是指将股东姓名记载在股票票面和股东名册的股票。购买记名股票，认购者姓名要载入股票票面和股东名册。若股票属多人共有，要记载各共有人名字；属法人持有，应记载法人名称和法人代表姓名。记名股票遗失，其股东的资格和权利并不消失，并可依法要求公司补发股票。记名股票转让必须登记注册。

（2）不记名股票。不记名股票是指股票票面不记载股东姓名的股票。其股东资格的确认是依照占有的事实来证明。不记名股票转让无须办理过户登记。在我国，股票采取了无纸化的形式，但从理论上仍属于记名股票。

3）有面值股股票和无面值股股票

有面值股股票是指在股票票面上记载一定金额的股票。现代股票以有面值股股票为主，而且国家往往规定了最后面值。这种股票发行价格可高于或等于票面金额，一般不允许低于票面金额。我国股票票面金额往往定为一元。无面值股股票是指股票票面不记载金额的股票。这种股票往往要注明其在公司资金总额中所占的比例。我国至今尚无无面值股股票。

2. 房地产股票的发行

1）发行途径

（1）募集设立公司发行。募集设立公司发行是指由发起人认购部分股份（不低于总股份的 35%），其余股份向社会公开募集资金，同时利用所获资金成立股份有限公司的方式，这是股票的初次发行。

（2）募集新股公开发行。已发行过股票的股份公司根据经营需要增加资本，或者保持适当资金结构时，可以向社会发行新的股票，这种新股发行均属有偿增资发行。募集新股公开发行包括配股和新发行股份筹资上市两种方式。配股是指上市公司在获得有关部门批准后，向其现有股东提出建议并获同意后，使现有股东可按其所持股份比例认购配售股份的行为。它是上市公司发行新股的一种重要方式。第二上市是指已经在某一证券交易所上市的上市公司，继续将其同种股份在另一证券交易所持牌交易。新发行股份筹资是指上市公司对第二市场投资人发行新股。

（3）无偿增资发行。无偿增资发行是指公司股权的增加不是向外募集，而是将公司的部分积累按比例作为新发行的股票无偿分配给原股东，以调整公司的资本结构。

（4）可转换公司债券。可转换公司债券是指可以按一定价格在一定时间后按一定比例转换成普通股股票的公司债券。当可转换公司债券转换成普通股，持有者就由债券人转变成为公司的股东，并且持有人无须支付额外的资金，同时原有债权与债务关系自动消灭。

2）发行方式

按照股票发行过程是否有中介机构参与，股票发行方式可分为直接发行和间接发行。

（1）直接发行。直接发行是指发行人不通过证券承销机构而自己发行证券的一种方式。直接发行程序比较简单，能使发行公司直接控制发行过程，实现发行意图，节省发行费用。但其不利之处是社会影响小、拖延时间长，发行风险由公司自身承担。因此，以直接筹资为目的的股票发行，往往不采用直接发行的方式。

（2）间接发行。间接发行是指发行人将股票发行委托给一家或几家证券承销机构办理的一种方式。具体可分为金额包销、余额包销和代销 3 种方式。金额包销是指承销商将发行人拟发行的证券全部认购下来，并立即向发行人付清全部款项，然后再按市场条件转让给投资者的一种方式。这时承销机构要承担全部风险。余额包销是指发行人委托承销商以约定的发行条件和发行额，在约定的期限内向社会发行证券，并对到期未售出的余额按约由承销商认购付款的一种发行方式，这时承销机构要承担部分发行风险。代销是发行人委托承销商代为向社会公开销售证券，承销机构按协议的发行条件，在约定的期限内尽力推销，承销期满，将所筹款项及未售出的股票交还发行人的一种发行方式。在这种发行方式下，承销机构不承担任何发行风险。

3）股票发行价格

股票发行价格在筹资发行时，由发起人决定，在增资扩股时由董事会提议，股东大会决定，并报证券主管部门批准。股票发行价格有平价发行、溢价发行、折价发行 3 种。

（1）平价发行。平价发行也称面值发行或等价发行，是指股票的发行价格与票面金额相等的一种发行方式。这种方式便于发行工作顺利完成，但不能获得溢价收益。

（2）溢价发行。溢价发行是指以超过股票面值的价格发行股票。这种发行方式可使发行公司获得溢价收益。

（3）折价发行。折价发行是指以低于面额的价格发行股票。2005 年 10 月 27 日第十届全国人民代表大会常务委员会第十八次会议修订通过了新的《中华人民共和国公司法》（中华人民共和国主席令第 42 号），自 2006 年 1 月 1 日起施行。修订后的公司法第一百二十八条规定："股票发行价格可以按票面金额，也可以超过票面金额，但不得低于票面金额"，即不允许折价发行。

4）发行程序

房地产股票的发行有一套严格的程序，通常要经过准备、审批和实施 3 个阶段。

（1）准备阶段。在这一阶段内，房地产企业必须充分了解市场情况，比较各种融资手段，以确定是否以发行股票来筹集资金。然后，要起草发行股票所需的各种文件，并由有关资信机构进行资信评估，同时要对企业资产进行评估。

（2）审批阶段。准备阶段发行公司可依隶属关系向地方人民政府和中央企业主管部门提出发行申请，地方政府对地方企业的发行申请进行审批，中央企业的主管部门在与申请人所在地方政府协商后对中央企业的发行申请进行审批；审批结果抄报国家证券委员会，由中国证监会复审同意后，申请人向证券交易所上市委员会提出上市申请，经同意接受上市，方可发行股票。

（3）实施阶段。当申请得到批准后，企业就可以组织发行工作了。通常委托金融机构代理发行。正式发行前，公司用适用的方式向公众公告，在约定日期内由承销机构负责具体操作，向社会发售股票。

6.4.4 债券融资

房地产债券融资是指房地产企业通过债券市场获得资金的一种方式，兼具直接融资和债务融资特性。根据发债主体的不同，债券可以分为政府发行债券、金融机构发行债券和房地产企业发行债券 3 种。发行债券可以筹集到社会闲散资金，为房地产开发带来大规模的长期资金，用于土地开发和房地产项目投资等。房地产债券具有发行总额大、票面利率较高、期限长和相对安全的特点。

在理论上，债券筹资的发行成本要比股票筹资低；债券利息可从税前利润扣除，而股息则从税后利润支付，存在公司法人和股份持有人双重课税的问题；债券还可以发挥财务杠杆的作用，增加每股税后盈余；债券融资不影响原有股东的控制权，债券投资者只能按期收取本息，没有参与企业经营管理和分配红利的权力，对于想控制股权，维持原有管理机构不变的企业管理者来说，发行债券比发行股票更有吸引力。

与发行股票一样，房地产债券的发行也需要有一个发达开放的资本市场。从我国目前金融市场的实际状况出发，靠发行债券融资还存在很多困难。近十几年来，发行债券的房地产企业屈指可数。由于曾经接连出现企业债券到期无法偿还的事件，我国债券市场从此陷入低潮，国家采取了严厉措施，限制企业发行债券，尤其严格限制房地产企业。因此，房地产债券目前在我国房地产企业融资总额中所占比重很小。

6.5 房地产投资概述

6.5.1 房地产投资的概念

房地产投资是指经济主体以获得未来的房地产增值或收益为目的，预先垫付一定量的货币或实物，直接或间接地从事或参与房地产的开发与经营活动的经济行为。即以获取房地产收益为目的，投放一定量的资金，用以开发经营房地产的行为。

1. 房地产投资的主体

投资主体是指在投资活动中具备独立决策权、享有投资收益、承担投资风险的政府机构、经济实体和个人。作为投资主体一般要具备以下 3 个条件。

（1）在社会、经济发展过程中有相对独立地作出投资决策的权力。

（2）有足够的资金来源进行投资。

（3）对投资所形成的资产有所有权或支配权，并能相对自主地或委托他人进行经营。

目前我国的投资主体有：①中央政府作为投资主体，其投资重点一般为公用事业、基础设施、基础工业、极少数大型骨干企业，以及国防、航天、高技术等战略产业的投资；②地方政府作为投资主体，主要从事区域性公用事业、基础设施、教育、卫生、社会福利等方面；③企业作为投资主体，企业作为相对独立的经济实体，根据市场需求和企业更新技术、改进工艺等要求，作出相应的投资决策，进行投资活动；④个人作为投资主体，相对于前 3 个投资主体而言，其具有范围广、数额小、灵活性强等特点；⑤外国投资主体，主要是指外国政府、金融机构、企业和个人对我国进行的直接投资，包括外商独资、合资和合作经营等。不同的投资主体担负不同的投资任务，采取不同的投资方式。它们既是独立的，又是相互联系的；既可单独投资，也可以不同投资主体联合投资，由此构成了我国有机的、多元化的、多层次的投资体系。

在房地产投资活动中国家或地方政府是具有特殊意义的投资主体；各类房地产开发经营企业是房地产业最活跃的投资主体；个人以多种方式、多渠道投入到房地产业中；外商正以雄厚的资金和实力进入中国房地产市场，对中国房地产业具有重要的推动作用。

2. 房地产投资的客体

房地产投资的客体是房地产资产，包括房地产实物资产和基于房地产实物资产的证券（房地产证券）。房地产实物资产投资又分为房地产开发投资和房地产置业投资两种类型。房地产开发投资是指从事商品房和土地开发经营活动的投资，包括商品房建设投资和土地开发投资。商品房建设投资是指房地产开发企业（单位）开发建设供出售和出租用的商品住宅、厂房、仓库、饭店、度假村、办公楼等房屋工程及其配套的服务设施所完成的投资。土地开发投资是指房地产开发企业（单位）进行的土地开发工程所完成的投资，如进行场地平整、道路、给水、排水、供电、供热、供气、通信等工程所完成的投资。置业投资主要是指投资购买已建成的物业，包括商业、物业、工业物业、住宅等，其目的是用于出租或自营，从出租或经营收益中逐渐收回投资、赚取利润。

3. 房地产投资的形成条件

供投资者选择的投资领域有许许多多，房地产投资只是其中之一。只有投资者对房地产投资发生兴趣，具有投资房地产的愿望时，才有可能形成房地产投资；只有投资者有资金，而且可以用来投放到房地产上时，才有可能形成房地产投资；只有投资者愿意把可供投放的资金用于投资房地产，而且具备肯吸收这项资金的房地产项目，才会有可能形成房地产投资；同时投资项目能够给房地产投资者带来满意的投资回报，才有可能形成对房地产的投资。

投资者投资房地产的目的和动力就是获得较高的投资回报，以少钱而生多钱，投资者满意的投资回报包括满意的投资收益、满意的投资回收期及投资风险估计等。投资者满意的回报是一个相对的概念，它是指房地产投资者在投资前综合考虑后的评价结果。

由此可见，房地产投资的形成需要满足一定的条件：投资者有投资房地产的愿望且有可供投放的资金；投资者找到了投资房地产机会且能获得满意的投资回报。即通常所说的有愿望、有资金、有机会、有满意的投资回报，只有这 4 条同时满足的时候，投资者才可能将资金投入到房地产领域。

4. 房地产投资的目的

投资者进行房地产投资的主要目的，是为了实现其财富价值的最大化。投资者通过房地产投资，还可以获得作为房地产业主的荣誉，获得经常性的收益和资本增值，同时还可以降低其投资组合的总体风险，抵御通货膨胀的影响。

6.5.2　房地产投资的特点

房地产投资由于其商品的特殊性，存在着不同于其他投资类型的特点，认识和掌握这些特点，是从事房地产开发投资的关键所在。房地产开发投资通常具有以下特点。

1. 投资成本高

房地产业是一个资金高度密集性行业，所需成本高。投资一宗房地产，少则上百万元，多则上千万元，甚至上亿元的资金。这主要是由房地产本身的特性和房地产经济过程所决定的。首先，土地开发的高成本性。由于土地的位置固定，资源稀缺且不可替代，它的供给对人类是有限的，即其供给弹性趋于零。但人类对土地的需求却是与日俱增的，使房地产的土地价格不断上升。同时，作为自然资源的土地，因不能被社会直接利用，而必须投入一定的人力、财力和物力进行开发，如"三通一平"（路通、水通、电通和场地平整）等；加之房地产市场中的价格竞争，如土地的拍卖、招标，尤其是城市土地的拍卖，往往大幅度地抬高市场价格，从而造成房地产开发投资金额相对较高。其次，房屋建筑的高价值性。这是由于房屋的建筑、安装要耗费大量材料和资金，需要有大批工程技术人员和施工管理人员，要使用许多大型施工机械设备等，从而造成房屋建筑成本高于一般产品成本。最后，由于房地产开发建设周期长、占用资金大而需要支付大量的贷款利息等原因，也增加了房屋建筑物的成本价值。

2. 投资回收期长

对每一个房地产开发项目而言，从选择地块到贷款、筹资、规划、设计、设备采购、建筑施工、竣工验收，直至出售（或出租）需 3～5 年时间，最终收回全部开发投资需要相当长的时间，而靠出租获得租金来收回投资则需要更长时间。房地产开发投资回收期长，是因为房地产开发投资不是一个简单的购买过程，要受到房地产市场各个组成部分的制约，即土地投资市场、综合开发市场、建筑施工市场和房产市场 4 个相互联系的市场组成部分的制约。一旦将资金投入房地产开发项目，就要经过这几个市场的一次完整流通才能获得利润。

3. 投资风险性大

由于房地产开发投资占用资金多，且资金周转期长，随着时间的推移，其投资的风险因素也将增多。一旦投资失败，资金不能按期收回，房地产企业往往就会出现资金流动枯竭，甚至不能按时偿还银行贷款的本息，严重的将直接影响企业的生存和发展。房地产开发投资风险主要表现在以下几个方面。

(1) 购买力风险。假如社会经济处于滑坡阶段，经济形势出现萧条，通货膨胀上升，此时将直接影响到人们的购买力水平。随着购买力水平的下降，人们对房地产的有效需求量下降，导致建成的房屋由于滞销而大量空置。由于大量开发资金"套牢"在空置的房屋而不能及时变现，将使房地产开发企业在经济上遭受损失。购买力风险是威胁房地产开发投资的主要风险因素之一。

(2) 变现风险。变现风险是指投资产品在没有压低价格情况下（不低于市场价），能迅速将其兑换成现金的可能性。由于房地产价值大，而且只能作为一个整体才能发挥其使用价值，因而不像一般商品那样可以轻易脱手，也不像股票、债券等证券那样可以分割买卖，随时交易，短时间内兑现。所以房地产交易不可能在短时间内完成，因而其资金也就很难在短期内变现，只能等待合适的机会，在房地产市场形势较好的情况下，才能使投资变现。对房地产开发企业而言，要多赚钱，就得适当考虑放弃变现性，并要具有抗变现风险的能力，否则会遭受经济上的损失。

(3) 经营性风险。房地产市场是一个较为复杂的特殊市场，具有许多事先难以预测的不确定性因素。房地产经营风险主要是由于房地产市场的特点、开发经营条件的变化，以及投资者的决策行为和水平、经营者的经营管理才能和水平等所致。针对这些，房地产开发企业应加强对这一复杂而特殊市场的调查和研究，重视房地产市场信息的掌握，熟练业务，提高投资决策及经营管理水平，以减少经营性风险。

(4) 社会性风险。房地产市场形势及投资效果均与社会政治、经济发展的趋势休戚相关。房地产价格的涨跌受到该地区政治是否稳定、经济是否衰退的直接作用和影响。房地产投资者应以较长远的目标审视房地产市场，在认清社会政治、经济形势的情况下，深入学习房地产的有关政策、法规和市场知识，以增强房地产投资的社会性风险意识。

(5) 自然风险。自然风险通常是不可抗拒的，如地震、洪水、台风、火灾等自然灾害所带来的风险常常会使房地产开发企业遭受意外的损失，而且会破坏公司的财务稳定性。通过向财产保险公司投保将房地产开发过程中的不可预见的自然风险转移出去，应该是房地产开发企业规避自然风险、保持财务稳定性的一个很好选择。

4. 投资收益性好

与任何投资一样，房地产投资也是一项收益和风险并存的经济活动。根据投资学的风险报酬原则：在其他条件不变的情况下，投资项目的风险越大，其收益越高。房地产开发投资由于其土地具有稀缺性、不可替代性等特点，而使房地产具有保值、增值的优点。正因为房地产开发投资具有较高的预期收益潜力，吸引着众多的投资者乐于冒险投资于此行业，促进了房地产业的蓬勃发展。

6.5.3　房地产投资的类型

划分房地产投资类型的方法有多种。按房地产的经济内容不同可分为土地投资、房屋投资；按房地产投资的领域不同可分为商业房地产投资、工业房地产投资和住宅房地产投资；按房地产投资的主体不同可分为：国家投资、企业投资、个人投资和外商投资等。不同的投资类型，既是相互联系的，又各有其基本特点。

1. 按房地产的经济内容划分

（1）土地投资。土地投资分为旧城区土地投资和新城区土地投资。旧城区土地投资主要包括拆迁费和旧城区改造费等。新城区土地投资主要包括土地征用费、城市基础设施建设费和"三通一平"费等。

（2）房屋投资。房屋投资是指用于房屋及市政公用和生活服务房屋开发建设的投资，主要投资构成包括建筑工程投资、安装工程投资和设备工器具购置投资。房屋投资可分为住宅投资、办公楼投资、商业营业用房投资和其他投资。

2. 按房地产投资的不同领域划分

（1）商业房地产投资。商业房地产投资在房地产投资中所占比重最大，其投资回报率也最高，往往是房地产投资的重要目标。商业房地产投资一般包括商店、超市、购物中心、旅馆和各种服务行业等项目。商业房地产投资对其房屋的地理位置要求极高，因为地理位置关系到城市土地级差地租所能产生的超额利润及其增值的潜力，是商业房地产投资者获利的首要条件。房地产开发企业为了能在城市中心找到一个较好的位置，往往不惜投入大量资金争取在竞争中取胜，所以商业房地产投资成本要高于其他行业房地产的投资成本。但是投资者为了获取高额商业利润，尽管投资成本高、风险大，商业房地产投资依然具有吸引力，是投资者所青睐的热点投资项目。

（2）工业房地产投资。由于工业用房适用性差、技术性强，工业房地产对投资者的吸引力小于商业房地产。所谓适用性差，主要是指工业用房屋的结构布置需要服从其生产工艺流程的要求，市场适用性较差。所谓技术性强，是指一旦科学技术水平提高，往往会造成原有厂房的不适应，甚至废弃。显而易见，工业房地产投资对投资者的吸引力远小于商业房地产投资。但工业房地产投资对所处的位置只要求交通方便，水、电、煤等能源动力供应充足，并不一定要靠近市中心，因此工业房地产的一次性投资远低于商业房地产。

（3）住宅房地产投资。在国外，对于住宅房地产，许多国家实行住宅福利政策，甚至禁止牟利性的住宅投资，因此住宅一般不是投资者的主要投资对象。但是，目前在许多国家都存在着住宅供不应求的现象，即使发达国家也不例外。由于住宅供求是一个敏感的社会问题，在这些国家，房产经营是一种在国家干预下的商品化经营。在我国，随着住房制度的改革和居民购买力水平的提高，人们对住房的有效需求大大提高。为解决住宅供不应求的矛盾，目前乃至今后一段时期内，我国住宅房地产开发投资仍然是较为突出的投资热点。但住房开发投资必须考虑居民的实际购买力水平，盲目开发高档住宅，将造成大量高档商品房空置而中档商品房脱销的局面。

6.5.4　房地产投资的过程

房地产投资的过程实际上就是房地产项目开发经营的全过程。房地产投资周期长、环节多，是一个相当复杂的过程。概括而言，大体可分为投资决策分析、土地开发权的获得、房地产建设开发和房地产销售经营这 4 个大的阶段。

1. 投资决策分析

房地产开发的过程是大量资金投放的过程，是大量资金运动的过程。一旦作出投资决定，资金的投入就是一个难以逆转的持续过程。投资决策是否正确直接关系到整个开发项目的成败。因此，慎重地进行投资决策分析，是房地产开发的必要前提。房地产的投资决策分析包括以下几个方面。

（1）市场分析。市场分析的重点是估计市场对投资计划中拟开发的房地产商品的需求强度及竞争环境的分析。对市场进行研究有利于正确估计未来房地产的收益，进而有助于企业在进行开发项目财务分析时，能够正确计算出未来现金流量。

（2）财务分析。财务分析的主要目的是通过对未来现金流量的估计，计算出预期报酬率。并将所得的结果与要求的报酬率加以比较，以判定这项投资在财务上是否可行。此外，财务分析还要对投资风险进行估计，以判定面临的风险与预期报酬是否在企业所接受的范围内。

（3）可行性分析。可行性分析是一个综合的步骤。企业除了利用前述市场分析与财务分析的结果，研究和判断其可行性外，还要对房地产的资金来源是否可行进行分析。另外，还要进行相关的土地与建筑使用等法规限制的研究，以了解投资计划在法规限制上是否可行，以及目前的产权形式与产权的取得是否可行。

2. 土地开发权的获得

土地开发权的获得包括土地使用权的取得及其成本。当通过投资分析确定投资计划可行后，土地使用权以何种形式取得就是投资者接下来考虑的要点，如是完全买断还是合作开发，是部分使用权（如地上权）还是长期租赁等。在确定土地使用权的同时，还要确定土地使用权的取得成本。另外，是从一级市场通过批租形式获得土地，还是从二级市场购得土地，其具体法律手续各有差异，企业必须搞清楚其中的每一个环节，以免产生不必要的纠纷。

3. 房地产建设开发

在房地产开发过程中，首先要取得政府立项和规划许可。立项和规划涉及资金落实情况及水、电、路等各项配套条件，是一个相当繁杂但又十分重要的工作。在房地产整个开发过程中，其与投资决策、土地使用权获得一起又称为开发前期工作时期。在上述开发前期工作完成之后，才可进入实质性的建设开发阶段，即根据规划及开发要求进行设计和施工。在这个阶段，房地产开发企业的主要任务是确保开发资金的及时到位，以保证建设开发进度和按时竣工。

4. 房地产销售经营

在房地产销售阶段的主要工作是：①必须有完善的营销规划，包括确定目标市场的购买者，拟定适当的营销策略及营销组织以便顺利销售；②实际的销售活动，包括根据市场状况及可能条件采取的各种促销手段，以及如签约、收取订金、过户登记等具体手续；③融资活动的进行。由于房地产价值庞大，如何安排购房抵押贷款及各项分期付款的活动也会成为这一阶段的重要工作。在这一阶段中，某些已开发完成的房地产项目，如果不是以销售为目的，或者销售状况不理想，也可以把这部分房地产作为物业进行经营，即以经营谋利为目的。经营的形态主要分为两大类：一类是将房地产出租给他人，并定期收取租金获取收益；另一类则是由房地产开发企业自己经营管理。

6.6　房地产投资风险

6.6.1　房地产投资风险的基本概念

1. 风险的定义

从房地产投资的角度，风险可以定义为获取预期投资收益的可能性大小。完成投资过程进入经营阶段后，人们就可以计算实际获得的收益与预期收益之间的差别，进而也就可以计算获取预期收益的可能性大小。因此，风险是预期未来收益（可能有多种结果）和某一特定结果相互比较形成的。

当实际收益超出预期收益时，就称投资有增加收益的潜力；而实际收益低于预期收益时，就称投资面临着风险损失。后一种情况更为投资者所重视，尤其是在投资者通过借款进行投资的时候。较预期收益增加的部分通常被称为"风险补偿金"。

2. 风险与不确定性

人们还要对风险和不确定性的区别加以明确。风险涉及变动和可能性，而变动常常又可以用标准方差来表示，用以描述分散的各种可能收益与均值偏离的程度。一般来说，标准方差越小，各种可能收益的分布就越集中，投资风险就越小；标准方差越大，各种可能收益的分布就越分散，投资风险就越大。

但如果说某事件具有不确定性，则意味着对于可能的情况无法估计其可能性。在这种情况下，对未来投资收益的估计就应该是定性的而非定量的。

3. 风险分析的目的

进行风险分析的目的是辅助投资决策过程，尤其是要帮助投资者回答下列问题：

（1）预期收益率是多少，出现的可能性有多大？

（2）相对于目标收益或融资成本或机会投资收益来说，产生损失或超过目标收益的可能性有多大？

（3）预期收益的变动性和离散性如何？

由于风险分析的数学方法较为复杂，考虑到编写本书的目的，本节仅对房地产投资过程中所遇到的风险种类及其对投资的影响进行简单的介绍。

房地产投资的风险主要体现在投入资金的安全性、期望收益的可靠性、投资项目的变现性和资产管理的复杂性 4 个方面。对具体风险因素的分析有多种分类方式，每一种分类方式都从不同的角度分析了可能对房地产投资的净经营收益产生影响的因素。通常情况下，人们把风险划分为对市场内所有投资项目均产生影响、投资者无法控制的系统风险和仅对市场内个别项目产生影响、可以由投资者控制的个别风险。

6.6.2 房地产投资风险的主要类型

1. 财务风险因素

财务风险是指房地产开发企业运用财务杠杆，即在使用贷款的条件下，既扩大了投资的利润范围，同时又增加了不确定性，增加的营业收入不足以偿还债务的可能性。来自财务方面的风险因素主要有以下两个。

（1）融资风险。房地产开发投资通常是通过集资或贷款等方式筹集资金，如在一定时期内，房地产的总投资收益率低于银行利率，则筹集资金的收益率会大大降低，这时不要说这宗房地产开发无利可图，甚至会出现赔本经营的局面，造成了融资风险。例如，房地产投资预期利润率为 5%，而贷款利率为 10%，假定其他因素不变时，投资者每贷入 100 元资金获得的预期收益为 5 元而支付的利息为 10 元，必须自己再另外拿 5 元以支付利息，这时就出现了融资风险。

（2）购房者拖欠款风险。在房地产经营过程中，由于购买者财务状况与开发时预测的财务状况发生了变化，也直接影响到该宗房地产的投资全部及时收回的可靠性，从而造成拖欠风险。

以上两个风险是构成房地产开发经营中财务风险的主要因素。

2. 购买力风险

购买力风险是指由于种种原因使物价总水平迅速上涨，通货膨胀度较高，出售或出租房地产获得的现金不能买到原来能买到的那么多东西，也就是购买力下降了。这里的风险主要出在投资者提价的"时滞"上，特别是在高通货膨胀时期。购买力风险也会影响消费者，在货币购买力水平普遍下降的情况下，人们会把有限的购买力用到最急需的消费上，从而影响了对房地产的消费购买力。这样即使房地产本身能够保值，由于人们降低了对它的需求，也会导致房地产投资者遭受一定的损失。所以，购买力风险是市场风险中的主要风险。

3. 利率风险

由于房地产投资具有资金量大、开发周期长的特点，房地产投资不可避免地存在着随市场利率的变动而产生的风险。①因为利率是房地产投资的机会成本，市场利率水平提高则表示房地产投资的机会成本提高；②获得贷款的利率提高，将直接增加房地产的开发成本；③利率的浮动会影响到房地产的销售市场与建筑市场。利率越低，对房地产需求越高；利率越高，对房地产的需求越低。贷款利率的高低直接影响着消费者购买住宅的能力。

4. 变现风险

由于房地产商品的实体不能流动，它的变现性是较差的。这主要是由以下原因造成的。

（1）房地产是不动产，房地产市场具有区域性，本地价格低又不能搬到外地卖高价。

（2）房地产投资周期长，土地投资和整个房地产建设投资必须经过相当长时间，才能作为房地产资产进入市场流通。

（3）房地产价值高，占用资金多，房地产销售费时费力。

以上这些原因从不同角度造成了房地产投资的变现风险。

5. 社会风险和意外事故风险

社会风险通常是指由于国家政治、政策、法规、计划等形势和经济形势的大气候变化等因素的影响给房地产投资带来经济损失的风险。意外事故风险一方面来自自然灾害，如暴风雨、洪水、雷电、地震、龙卷风等事故；另一方面来自人为破坏，如偷盗、抢劫、放火及战争等毁坏房屋的因素而造成的房地产投资的经济损失。

6.6.3　房地产投资的风险与报酬关系

房地产投资具有风险，而这一风险可能会给投资者带来经济上的巨大损失，甚至破产，但一些风险很大的投资项目为什么还是吸引着众多的投资者？这就是风险报酬的诱惑和激励作用。所谓风险报酬，是指投资者冒着风险进行投资时可能获得的超过无风险利润率的那份额外报酬。例如，排除通货膨胀因素，一个风险项目的投资收益率应是无风险利润率和风险报酬之和。图 6-1 为风险与报酬之间的关系图。从图 6-1 中可以看出，假设无风险投资的利润率为 5%，需要 2% 的风险报酬去补偿风险为 0.5 的一项投资；另一项风险高达 1.5 的投资项目则需要有 10% 的风险报酬。风险报酬原理是投资学中的一个基本概念。

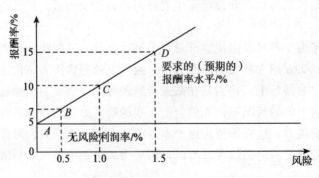

图 6-1　风险与报酬之间的关系图

由于房地产投资的风险较大，因此房地产开发企业所要求的投资回报率就高。这一较高的投资回报率是指一种期望报酬率，它与各种可能的开发后果出现的概率有关，而不是单一决策所形成的经济后果。实际的报酬率有可能出现两种情况：①大于无风险报酬率；②小于无风险报酬率甚至负报酬率。同时应当注意，房地产开发企业期望的回报率越高，所要承担的风险水平也就越大。这主要是因为回报率越高，潜在的竞争者增加，从而会改变各种可能后果的概率分布，使风险增大。

6.6.4 房地产投资风险的盈亏平衡分析

1. 盈亏平衡分析的基本概念

盈亏平衡分析又称为保本分析或损益临界分析，是通过项目盈亏平衡点（BEP）来分析项目成本与收益的平衡关系的一种方法，主要用于考察项目适应市场变化的能力及考察项目的抗风险能力。在对房地产开发经营项目进行经济效益评价过程中，人们不难发现其产量（商品房面积）、成本和利润三者间存在这样一个关系，即：

产品销售利润＝产品销售收入－产品销售成本－产品销售税金

其中，产品销售税金取决于产品销售收入：

产品销售收入＝产品销售量×产品单位价格

产品销售成本（总成本）＝变动成本＋固定成本

由上述关系式可知，房地产产品销售收入和产品销售成本都可以是产品销售量的函数。当它们之间呈线性函数关系时，则认为它们间的盈亏平衡属于线性盈亏平衡关系；反之，为非线性盈亏平衡关系。

2. 线性盈亏平衡分析

线性盈亏平衡分析必须具有下列假设条件才能适用。①房地产产品总销售收入和生产总成本费用都是房地产开发面积（产品产量）的线性函数；②产品销售量和生产量相等，即开发的房地产能全部租售出去；③产品固定成本和单位销售价格在产品租售期间保持不变；④同时开发几种不同类型房地产产品时，应将其组合折算成一种产品；⑤计算所用的各种数据应是正常生产年度的数据。

1）线性盈亏平衡点的计算方法

用房地产产品产销量表示的盈亏平衡点（BEP_Q）的计算方法。

假设某房地产开发企业年固定成本为 F，单位可变成本为 V，单位产品价格为 P，单位产品销售税金为 t，达到盈亏平衡时的年产量为 x，全部计划建设房地产产量（建筑面积）为 Q，销售收入为 y_1，销售税金和附加费为 T，产品总成本费用为 y_2，根据上述假设条件，则：

$$y_1 = Px \qquad y_2 = Vx + F + T \qquad T = tx$$

如能达到盈亏平衡，则：$y_1 = y_2$

即有

$$Px = Vx + F + T$$

于是得到

$$x = \frac{F}{P - V - t}$$

所以用房地产产量表示的盈亏平衡点的计算公式为

$$BEP_Q = \frac{年固定总成本}{单位产品售价-单位产品可变成本-单位产品销售税金及附加费}$$

当该项目的产（销）量到 BEP_Q 时，说明项目不亏不盈，正好保本，如图 6-2 所示。

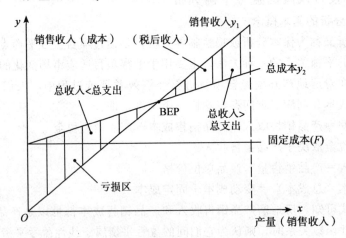

图 6-2　线性盈亏平衡分析图

在对项目进行盈亏平衡点分析的同时，一般还要计算出产（销）量允许降低的最大幅度（η_Q），其计算公式为

$$\eta_Q = \frac{Q-BEP_Q}{Q} \times 100\%$$

然后，再根据对项目产品的市场调查和预测，判断这种最大幅度出现的可能性大小。可能性越大，说明项目的风险越大；可能性越小，说明项目的风险越小。

另外，还可以计算出用房地产产品销售单价表示的盈亏平衡点（BEP_P）、用生产能力利用率表示的盈亏平衡点（BEP_L）、用房地产产品销售收入表示的盈亏平衡点（BEP_S）。它们的盈亏平衡点计算公式分别为

$$BEP_P = \frac{年固定总成本+单位可变成本 \times 产量}{产量 \times (1-销售税率)}$$

$$BEP_L = \frac{年固定总成本}{年销售收入-年可变成本-年销售税金及附加费} \times 100\%$$

$$BEP_S = 单位产品售价 \times \frac{年固定总成本}{单位产品售价-单位产品可变成本-单位产品销售税金及附加费}$$

2）线性盈亏平衡点的分析评价

由上述计算公式和图 6-2 可知，盈亏平衡点的值无论是用产（销）量表示，还是用价格表示，或者用生产能力利用率和销售收入来表示，均为越低越好。房地产开发投资的盈亏平衡点低，说明开发项目具有以下特征：①当开发项目达到较低产量时就可以保本；②开发项目的盈利区大、亏损区小，开发项目能取得较好的经济效益；③开发项目生命力强，有较高的竞争能力；④开发项目的抗风险能力大。

6.6.5　房地产投资风险的敏感性分析

1. 敏感性分析的基本概念

敏感性分析是通过分析、预测投资项目主要因素发生变化时，对经济指标的影响，从中找出敏感性因素，并确定其影响程度的一种不确定性分析方法。由于衡量房地产投资开发项目经济目标实现程度的指标有多种，主要的如财务净现值、内部收益率、投资回收期等，故敏感性分析可以围绕不同的经济指标进行。敏感性分析的目的是在充分了解和掌握项目风险因素及风险程度的情况下，考察投资项目承受风险的能力。

2. 房地产投资项目敏感性分析的步骤

房地产投资项目敏感性分析及计算过程比较复杂，通常可按以下主要步骤进行。

（1）选择经济评价指标。在对项目进行分析、计算过程中，首先要选择最能反映项目经济效益的指标作为分析、计算对象。根据房地产投资项目的特点和要求，通过选择财务净现值、内部收益率、投资回收期等经济评价指标作为敏感性分析计算的对象。

（2）选择需要分析的不确定性因素。在敏感性分析、计算时，一般应选择房地产产品产（销）量、房地产售（租）价格、成本（经营成本、原材料价格成本）和固定资产总投资等不确定性因素作为分析和计算的变量。

（3）确定变量的变化范围并计算其变动幅度。确定上述变量在某种增幅下的变化范围是一种模糊的、本身误差性比较大的估计。常用的方法是根据房地产开发企业历年来的统计资料、房地产开发经营的特点，以及房地产行业的专家经验和对市场的调查预测作出综合估计。

（4）确定房地产开发项目对风险因素的敏感程度。由于各变量在其变化范围内的变化引起经济评价指标的变动幅度，从而给房地产开发项目带来了投资风险。为找出对投资效益影响明显的风险因素，以及确定开发项目对风险因素的敏感程度，以便在以后的开发经营过程中加以控制这些风险因素，其具体方法是将反映诸多条件变化后的项目盈利能力计算结果与原先计算出的结果进行比较，就能确定开发项目对各风险因素的敏感程度，从而也就能确定开发项目所能承受未来风险的能力。

6.7　房地产开发投资决策

6.7.1　房地产开发投资决策的概念

一般而言，决策是指在目标既定的情况下，寻找可以达到目标的各种可行方案，然后对这些方案进行比较分析，最后选出一个最优可行方案的过程。房地产开发投资决策是指对拟建房地产投资项目的必要性和可行性进行技术经济分析，对可以达到目标的不同方案进行比较和评价，并作出判断和选择某一方案的过程。

房地产开发投资决策对房地产业和房地产市场的完善与发展具有十分重要的意义。房地产由于其空间的固定性特征，一旦决策完成付诸实施，将很难随意移动变更。另外，房地产开发投资建设周期长、占用资金量大，一旦开工建设就不能中断，要力求缩短工期，在最佳时机投入市场。房地产开发投资还关系着民众的基本需要和生活质量的提高，又关系经济发展和城市建设，其总量确定、结构选择、空间布局和时间安排十分复杂。房地产开发投资规模在整个国民经济投资规模中占有很大的比重，它必须与社会所拥有的人力、物力和财力相适应。这些情况都决定了必须重视房地产开发投资决策。

6.7.2 房地产开发投资决策过程

房地产开发投资决策过程是指在房地产开发的投资决策中，提出问题、分析问题和解决问题的过程。房地产开发投资决策的一般程序如下。

1. 确定投资目标

投资决策的目的就是要达到投资所预定的目标，所以确定投资的目标是投资决策的前提和依据。如果投资目标不正确，那就意味着投资决策的不正确，最终导致投资项目实施的不正确。确定投资目标正确性的关键是进行全面的市场调研和预测，通过周密的分析研究，可以发现问题，然后搞清问题的性质，从而确定解决问题后所期望达到的结果，使投资的目标具体明确，避免抽象，含糊不清。

2. 拟订投资方案

在进行房地产开发投资决策过程中，根据已确定的目标，拟订多个可行的备选方案。判断某一方案是否可行，总的原则是按技术经济学原理给予评价，即该项目在技术上是否先进、生产上是否可行、经济上是否合算和财务上是否能盈利。经分析比较后，才能从中选出最优方案。

3. 测量风险

由于房地产项目投资量大、建设周期长、牵涉面广、不确定因素多，故由此而造成的风险相对其他投资项目要大。进行投资决策时，投资者不仅要测量或估计每一个投资方案的经济效益，还要测量其可能承担的风险，确定每一个方案在收益上的可靠性。

4. 制订决策方案

决策在于选择，没有选择就没有决策。在进行房地产投资决策中，制订供决策者选用的各种可能行动方案，是房地产投资决策的基础。制订决策方案时必须注意各方案整体上的详尽性和个体间的相互排斥性。只有这样，才可能进行方案的全面比较和有效选择，并可避免遗漏最优方案。

5. 分析与评价

方案的分析与评价就是要对每一个备选方案，在进行选择之前，对其有关的技术、经济和社会环境等各个方面的条件、因素及潜在问题进行可行性分析，并与预先确定的目标进行比较作出评价。对决策和行动方案有一定约束条件的限制因素进行分析，以便在现有条件下求优；对每一个备选方案可能发生的潜在问题进行科学的预测，以便事先防范，减少潜在问题发生的可能性。然后根据决策目标，详尽分析每一个备选方案的经济效益、环境效益和社会效益，最后对每一个备选方案作出综合性评价。

6. 选择方案

选择方案是就每一方案的结果进行比较，选出最可能实现决策预期目标或期望收益最大的方案，作为初步最佳方案。选择方案不仅是整个决策过程中的环节，也是决策者的重要职责，同时，也是科学性和技巧性的综合体现。要正确、有效地进行选择方案工作，必须掌握方案的选择标准。选择标准和决策目标是紧密相连的。通常，要求实现决策目标的方案得到的利益尽可能大，且付出的代价尽可能小，即以最小的投入得到最大的产出。同时，要使实现决策目标的把握性尽可能大，且副作用尽可能小。"既要马儿跑，又要马儿不吃草"，这样的标准和条件既矛盾又苛刻。所以，在实际中，所有方案的最优都是相对而言的，要求十全十美的方案几乎是办不到的。

6.7.3　房地产开发投资的决策类型

根据房地产投资决策的不同目标和不同性质，可以分为以下几种类型。

（1）按决策目标多少划分，可以分为单目标决策和多目标决策。

（2）按决策制定的方式划分，可以分为单层决策和多层决策。

（3）按决策掌握的情报资料、信息的性质不同划分，可分为确定型决策、不确定型决策和风险型决策等。

（4）按决策使用的分析方法划分，可划分为定性分析决策和定量分析决策。

下面具体介绍确定型决策、不确定型决策和风险型决策 3 种决策类型的基本概念与功能。

1. 确定型决策

确定型决策是指影响决策的因素或自然状态是明确肯定的，且一种方案只有一种确定可以预期达到的结果。决策的方法有两种：若根据已掌握的每一方案的每一确切结果并进行比较，直接选出最优方案的决策法称为单纯选优法；若在未来的自然状态完全明确的情况下，通过建立合适的数学模型，求出最优方案的决策法称为模型选优法。

2. 不确定型决策

一个风险事件在某一系统中发生的概率，就理论而言或就风险型决策所涉及风险的两方面属性而言，是可以人为地、主观地估计出的。但在实际中，有时很难估计出事件发生的概率，即对事件在系统中所发生的概率，不能作出主观可能性的估计，而只能对风险后果有所估计，这种决策称为不确定型决策。其准确程度完全取决于决策者的经验与判断能力。

3. 风险型决策

风险型决策是指在房地产企业的开发经营活动中，存在着某种不可控制的风险因素，一个方案又可能出现几种不同的结果。进行风险型决策应具备以下几个条件。

（1）要确定决策者希望达到的明确目标（获利大或亏损小）。

（2）要有两个或两个以上可供选择的方案。

（3）每个方案要存在两种或两种以上不以决策者主观意志为转移的自然状态。

（4）不同方案在不同自然状态下相应的损益值可以计算。

（5）决策者根据科学的理论和经验，可预先估计或计算出自然状态出现的概率。

这种决策由于无法控制其影响决策结果的某种自然状态，要在一定的概率条件下作出，需要冒一定的风险，故称为风险型决策。

6.7.4　房地产开发投资的决策方法

房地产开发投资的决策方法种类繁多，概括起来可分为定性分析方法和定量分析方法两大类。

1. 定性分析法

在房地产开发投资决策过程中，由于有些因素难以定量描述，而且遇到的问题、环境等都比较复杂，所以采用定性分析的方法更为适用。定性分析的方法通常有以下几种类型。

（1）经验法。这种方法被普遍应用于一般决策中，但缺乏严谨的投资分析。这种方法直观易用，但分析不透，只能作一些直观而表面性的描述。

（2）创造工程法。这一方法是建立在人的直观、灵感和经验，以及形象思维和创新能力基础上的创造技术的总称，也属定性分析法的范畴。其主要技术方法包括畅谈会、形态方案法和主观概率法等。

2. 定量分析法

定量分析法是指采用数量指标和数学模型方法，进行房地产投资决策的方法。其主要作用是对决策问题进行定量分析、计算，以求得决策问题的最优解，从而作出科学的决策。在决策分析中常用的定量分析法有确定型决策法、风险型决策法和不确定型决策法3种。

1）确定型决策方法

确定型决策是决策者对每一个不同方案的未来自然状态和信息，在完全已知的情况下，根据完全确定的情况，运用科学方法，从各个不同方案中选择最优方案。在房地产开发投资的经济分析中常用的确定型决策方法很多，如财务净现值法、内部收益率法、动态投资回收期法和线性规划求最优解法等。决策者可根据投资项目的要求、决策问题的性质等来选择适用的方法。

2）风险型决策方法

风险型决策方法要求决策者根据几种不同自然状态可能发生的概率开展决策工作。在房地产开发经营过程中，大量的决策问题都具有某种潜在的风险，而其风险多数服从统计规律。因此，风险型决策是很重要的决策方法。风险型决策方法的具体实施有以下几种类型。

（1）期望值法。期望值法是根据概率论的基本知识，利用数学期望值法，对房地产投资项目方案进行决策优化。

（2）决策树法。决策树是由决策点、机会点、方案枝和概率枝组成的树枝状图形。决策树法实际上也是利用期望值进行决策方案选择的一种方法，是把某个含风险的投资方案未来发展状况的可能性和可能的结果估计与预测，用树状图形表示出来。决策树法不仅能够解决单层决策问题，且更适合于解决多层决策的问题，它能使多层决策层次分明，直观易懂，也便于计算和分析。

3）不确定型决策方法

不确定型决策方法的特点是不知道所处理的未来事件在各种特定条件下的明确结果（自然状态），而且就连可能发生的结果及各种结果发生的概率都不知道。换句话说，这类决策问题的操作是在对决策问题的自然状态发生的概率资料毫无所知的情况下进行的。在此情况下决策，由于信息不全，有较大的主观随意性，所以人们只得提出若干不同的决策准则作为不确定型决策的依据。这些决策准则包括以下几方面。

（1）最大最小值准则。这一准则主张在方案比较和选择时，不应过于乐观，把事物的结果尽量估计得坏一点，所以也称为悲观法，然后在各种最坏的情况下找一个最好的方案。这一方法的缺点是，虽然可以避免出现较大的实际损失的风险，但也可能是盈利机会损失最大的。

（2）最大最大值准则。这一准则正好与最大最小值准则相反，它主张选择方案时应采取乐观的态度，即所选择的方案是一个能够提供获得最大盈利机会的方案。这表示决策者的评价准则是要追求最大的损益值，对投资开发前途充满了乐观的情绪，故也称为乐观法。这一方法的缺点是，一旦未来客观状态出现最不利的情况，企业往往难以获得预期的投资收益，甚至还会发生亏损。

（3）机会均等准则。决策者在决策过程中，不能肯定各种自然状态出现的概率，便认为是等概率的，即如有 n 个自然状态，则每个自然状态出现的概率为 $1/n$，然后按照风险决策的损益最大期望值作出决策。

思 考 题

1. 简述房地产投资信托基金的含义。
2. 房地产融资有哪些特点？
3. 房地产融资方案包括哪些内容？
4. 房地产融资的主要方式是什么？
5. 房地产投资包括哪些类型？
6. 房地产投资风险的主要类型有哪些？
7. 房地产开发投资的决策方法有哪些？

第 7 章

房地产开发项目的可行性研究

7.1　可行性研究概述

7.1.1　可行性研究的概念和目的

　　房地产开发项目的可行性研究是对拟开发的项目进行全面、系统的调查研究和分析，运用科学的技术评价方法，得出一系列评价指标值，以最终确定该项目是否可行的综合研究。具体而言，就是在项目投资决策前，对与项目有关的社会、经济和技术等方面情况进行深入细致的分析；对拟订的各种可能建设方案或技术方案进行认真的技术经济分析、比较和论证；对项目的经济、社会、环境效益进行科学的预测和评价。在此基础上，综合研究项目的技术先进性和适用性、经济合理性，以及建设的可能性和可行性，由此确定项目是否应该投资和如何投资等结论性意见，为决策部门最终决策提供可靠的、科学的依据，并作为开展下一步工作的基础。

　　可行性研究的根本目的是减少或避免投资决策的失误，强化投资决策的科学性和客观性，提高项目开发建设的经济效益、社会效益和环境效益。

　　房地产开发是一项综合性经济活动，要想使项目达到预期的经济效果，首先必须做好可行性研究工作，以使项目的许多重大经济技术原则和基础资料得到切实的解决与落实，提出合理的结论，使开发商的决策建立在科学而不是经验或感觉的基础上。

　　房地产项目可行性研究的任务主要是通过对拟建项目进行投资方案规划、工程技术论证、经济效益分析和预测，经过多个方案的比较和评价，为项目决策提供可靠的依据和可行的建议，一般需要回答以下几个问题。

　　(1) 为什么要投资开发这个房地产项目。

　　(2) 资源及市场需求情况如何，建多大的规模比较合适。

　　(3) 该房地产项目建设地点选在哪里最佳。

　　(4) 该房地产项目建设需要采用什么样的技术方案，有什么特点。

　　(5) 与该房地产项目建设配套的外部条件如何。

　　(6) 该房地产项目总的建设时间多长，需要投入多少资金。

　　(7) 该房地产项目所需资金如何筹措，是否能够落实。

　　(8) 该房地产项目建成后，其经济效益和社会效果如何。

7.1.2　可行性研究的作用

1. 申请项目核准的依据

为了充分发挥市场配置资源的基础性作用，确立企业在投资活动中的主体地位，保护投资者的合法权益，营造有利于各类投资主体公平、有序竞争的市场环境，促进生产要素的合理流动和有效配置，优化投资结构，提高投资效益，推动经济协调发展和社会全面进步，政府对企业投资的管理制度改革日益深化。

按照"谁投资、谁决策、谁收益、谁承担风险"的原则，并最终建立市场引导投资、企业自主决策、银行独立审贷、融资方式多样、中介服务规范、宏观调控有效的新型投资体制，国家改革了企业投资项目审批制度，并从 2004 年下半年开始推行企业投资项目核准制。

按照核准制的要求，房地产开发企业应就拟开发建设项目编制项目申请报告，报送项目核准机关申请核准。项目核准批复文件是办理土地使用、资源利用、城市规划、安全生产、设备进口和减免税确认等手续的主要依据。而项目核准申请报告的主要内容，即项目申报单位情况、拟建项目情况、拟选建设用地与相关规划、资源利用和能源耗用分析、生态环境影响分析、经济和社会效果分析等，均是可行性研究工作要解决的问题。

2. 项目投资决策的依据

一个项目特别是大中型项目，需要投入大量的人力、财力和物力，很难凭经验或感觉进行投资决策。因此，需要通过投资决策前的可行性研究，明确该项目的建设地址、规模、建设内容与方案等技术上是否可行，法律上是否允许。还要研究项目竣工后能否找到适当的购买者或使用者，判断项目的市场竞争力，计算项目的投资效果等。通过这些分析研究工作，得出项目应不应该建设、如何建设，以及哪种建设方案能取得最佳的投资效果等，并以此作为项目投资决策的依据。国家规定，凡是没有经过可行性研究的房地产开发项目，不能列入计划，不能批准设计任务书，不能进行设计。

3. 筹集建设资金的依据

银行等金融机构都把可行性研究报告作为项目申请贷款的先决条件，对可行性研究报告进行全面、细致的分析评估后，才确定是否给予贷款。

4. 开发商与有关各部门签订协议、合同的依据

项目所需的建筑材料、协作条件及供电、供水、供热、通信、交通等很多方面，都需要与有关部门协作。这些供应的协议、合同都需根据可行性研究报告进行商谈。有关技术引进和建筑设备进口必须在可行性研究报告审查批准后，才能据此同国外厂商正式签约。

5. 下阶段规划设计工作的依据

在可行性研究报告中，对项目的规模、地址、建筑设计方案构想、主要设备造型、单项工程结构形式、配套设施和公用辅助设施的种类、建设速度等都进行了分析和论证，确定了原则，推荐了建设方案。可行性研究报告批准后，规划设计工作就可据此进行，不必另作方案比较选择和重新论证。

7.1.3 可行性研究的特点

房地产开发项目可行性研究的主要特点如下。

（1）前期性。可行性研究是投资决策前的分析研究，它是项目建设前期工作的主要内容。

（2）预测性。可行性研究是对未来拟建设项目的市场需求、投资、成本、盈利，以及社会经济效益的预测，而不是对已建成项目实际情况的分析。

（3）不确定性。在研究过程中，项目的技术经济性均为不确定因素，是在不确定的条件下进行的预测。

7.1.4 可行性研究的依据

可行性研究的依据主要有以下方面。

（1）国家相关法律、法规。

（2）国民经济和社会发展规划、城市规划、土地利用总体规划和行业发展规划。

（3）国家宏观调控政策、产业政策、行业准入标准。

（4）城市规划行政主管部门出具的规划意见。

（5）《国有建设用地使用权出让合同》或国有建设用地使用权证书，或者国土资源行政主管部门出具的项目用地预审意见。

（6）环境保护行政主管部门出具的环境影响评价文件的审批意见。

（7）交通行政主管部门出具的交通影响评价文件的意见。

（8）自然、地理、气象、水文地质、经济、社会、环保、交通运输、基础设施等基础资料。这些都是项目选址、工程设计、技术经济分析不可缺少的基本数据。

（9）有关工程技术方面的标准、规范、指标、要求等资料及国家正式颁布的技术法规和技术标准。它们是进行项目技术经济分析的基本依据。

（10）国家所规定的经济参数和指标。例如，社会折现率、行业基准投资收益率、影子汇率等，这些是进行项目经济评价的基础和判别标准。

（11）项目备选方案的土地利用条件、规划设计条件和备选规划设计方案等。

7.1.5 可行性研究的专业机构和人员构成

正式的可行性研究一般应由专业评价咨询机构来完成。在我国，房地产开发项目的可行性研究报告过去通常由各开发公司自行编制，然后报政府计划部门审查立项。自1995年开始，部分城市已逐步将房地产开发项目的可行性研究作为开发项目评价报告归专业的房地产评价（评估）机构完成，逐步与国际接轨，其优点是这些专业咨询机构能进行较为全面、综合、专业性的调查分析。一个项目的可行性研究小组，一般包括以下人员。

注册房地产估价师　　　　　　1～2名

造价工程师　　　　　　　　　1名

市场调查和分析人员　　　　　1～2名

经济分析家	1 名
制作人员	1～2 名
社会学、环境科学专家	若干名

社会学、环境科学专家主要从社会学和环境科学的角度对项目进行指导。例如，该项目的开发是否会造成不良的社会问题，是否会造成环境污染，要规避某些局部得益而整体受损，或者近期得益而长期会造成不良后果的项目。

经济分析专家主要是从宏观上对拟开发项目在建设期和建成后的宏观经济趋势进行分析，避免发生重大的偏差。例如，今后 2～3 年内是否会发生大的通货膨胀，房地产市场的供求关系走势如何，政府是否会出台有利于或限制本行业或本类物业发展的政策或法规等。

市场调研人员主要调查过去和当前本地区及该类物业的供需情况，重点是本开发物业，并兼顾其他物业的售价、租金、空置率、供求量及成交情况，要拿出足够的数据来分析当前市场状况，并与经济分析专家一起预测未来趋势。

在我国，造价工程师是一个正在形成的新兴执业资格职称，它的主要任务是对房地产开发项目中的土建、设备及安装等价格进行正确的估算。

注册房地产估价师在我国已形成了一支专业执业队伍，既要熟悉房地产专业知识，又必须熟悉财务管理和工程技术方面的知识，是研究小组的核心，其任务是参与经济分析专家等对未来市场的分析，并负责归纳其他人员所完成的工作，综合应用工程技术和财务管理的有关知识，对项目作出计算和总体评价，撰写可行性研究报告。

制作人员主要负责报告的打印、核对和装帧。

7.1.6 可行性研究的工作阶段

可行性研究是在投资前期所做的工作，主要分为 4 个工作阶段，每个阶段的内容逐步由浅到深。

1. 投资机会研究

机会研究是指在一个地区或部门内，以自然资源和市场的调查预测为基础，进行粗略和系统的估算，寻找最有利的投资机会，提出项目。它是对项目投资方向提出的原则设想。在机会研究以后，如果发现某项目可能获利时，就需要提出项目建议。在我国，项目建议一般采用项目建议书的形式。该项目建议书一经批准，就可列入项目计划，这一过程称为立项。项目建议书应包括以下主要内容。

(1) 建设项目提出的必要性依据。其主要说明项目提出的背景，提出与项目有关的长远规划、地区规划资料，说明项目建设的必要性。

(2) 住宅类型、拟建规模和建设地点的初步设想。其主要包括市场调查、初步确定住宅类型、估计市场需求量和销售单价，并论证建设地点等内容。

(3) 建设条件的初步分析。分析拟建项目所在地公共设施配套情况和交通情况。

(4) 投资估算和资金筹措设想。住宅开发项目的投资估算主要是估算固定资产投资额。资金筹措计划中应说明资金来源，分析贷款条件及利率，说明偿还方式和能力。

（5）项目的进度安排。这包括建设前期进度安排及项目建设所需时间。

（6）经济效益初步估计。这主要是进行财务评价，计算项目全部投资内部收益率和投资回收期等指标，进行盈利能力分析。

投资机会研究分为一般投资机会研究和特定项目的投资机会研究。前者又分为3种：地区研究、部门研究和以利用资源为基础的研究，目的是指明具体的投资方向。后者是要选择确定项目的投资机遇，将项目意向变为概略的投资建议，使投资者可据以决策。

投资机会研究的主要内容有地区情况、经济政策、资源条件、劳动力状况、社会条件、地理环境、国内外市场情况、项目建成后对社会的影响等。

投资机会研究相当粗略，主要依靠笼统的估计而不是详细的分析。该阶段投资估算的精确度为±30%，研究费用一般占总投资的0.2%～0.8%，所需时间为1～2个月。如果机会研究认为是可行的，就可以进行下一阶段的工作。

2. 初步可行性研究

初步可行性研究亦称"预可行性研究"，在机会研究的基础上，进一步对项目建设的可能性与潜在效益进行论证分析。初步可行性研究主要解决的问题包括以下方面。

（1）分析机会研究的结论，初步判断项目投资是否可行，在详细资料的基础上作出是否投资的决定。

（2）是否有进行详细可行性研究的必要。

（3）有哪些关键问题需要进行辅助研究。

在初步可行性研究阶段，需对以下内容进行粗略的审查：市场需求与供应、建筑材料供应状况、项目所在地区的社会经济情况、项目地址及其周围环境、项目规划设计方案、项目进度、项目销售收入与投资估算、项目财务分析等。

初步可行性研究与详细可行性研究的区别主要是获得资料的详细程度不同，计算结果的精度不同，并且分析的深度也不同。对一些中小型投资项目或某些投资机会研究已获得足够资料的项目，往往就越过初步可行性研究阶段，直接进入详细可行性研究阶段。

初步可行性研究阶段投资估算的精度可达±20%，所需费用占总投资的0.25%～1.5%，所需时间为2个月左右。所谓辅助研究，是对项目的一个或几个重要方面进行单独研究，用作初步可行性研究和详细可行性研究的先决条件，或者用以支持这两项研究。

3. 详细可行性研究

详细可行性研究即通常所说的可行性研究。详细可行性研究是项目投资决策的基础，是在分析项目技术、经济可行性后作出投资与否决策的关键步骤。

这一阶段对建设投资估算的精度在±10%，其所需费用，小型项目占投资的1.0%～3.0%，大型复杂的工程占0.2%～1.0%，所需时间为2～3个月。

4. 项目评估与决策

按照国家有关规定，政府对《政府核准的投资项目目录》以内的企业投资项目实行核准制度，对《政府核准的投资项目目录》以外的企业投资项目实行备案制度。国家、省市或区县政府投资主管部门在对项目进行核准或备案时，开发建设单位必须提交由具备相应工程咨询资质的机构编制的《项目申请报告》。未取得政府核准文件的项目，均不得开工建设。

政府对企业投资项目进行核准的过程，实际上是由投资管理部门组织，或者授权给有资质的工程咨询或投资咨询机构或有关专家，代表国家对开发建设单位提交的项目可行性研究报告进行全面审核和再评估的过程。项目决策通常包括国家投资管理部门组织的项目核准评估和企业内部投资决策人员的评估。

项目核准评估的工作重点，除审查项目是否具备相应的开发建设条件外，还要确保项目符合以下要求：①符合国家法律、法规；②符合国家及本市国民经济和社会发展规划、城市总体规划、土地利用总体规划和行业发展规划；③符合国家宏观调控政策、产业政策、行业准入标准；④符合当地区域布局和产业结构调整的要求；⑤符合土地、水、能源的合理开发和有效利用要求，有利于促进环境保护和改善生态环境；⑥符合自然文化遗产、文物保护的有关政策，主要产品未对国内市场形成垄断，未影响国家及本市经济安全；⑦符合社会公众利益，未对项目建设地及周边地区的公众利益产生重大不利影响。而企业内部的评估工作，则主要是审查项目的经济可行性。

7.2 可行性研究的内容与步骤

7.2.1 可行性研究的内容

由于房地产开发项目的性质、规模和复杂程度不同，所以可行性研究的内容也不尽相同，各有侧重，一般应包括以下主要内容。

1. 项目概况

项目概况的具体内容包括项目名称、开发建设单位；项目的地理位置，如项目所在城市、区和街道，项目周围主要建筑物等；项目所在地周围的环境状况，主要从工业、商业及相关行业现状与发展潜力，以及项目建设的时机和自然环境等方面说明项目建设的必要性和可行性；项目的性质及主要特点；项目开发建设的社会、经济意义；可行性研究工作的目的、依据和范围。

2. 开发项目用地的现状调查及拆迁安置方案的制订

（1）土地调查，包括项目用地范围内的各类土地面积及使用单位等。

（2）人口调查，包括项目用地范围内的总人口数、总户数，以及需拆迁的人口数、户数等。

（3）调查项目用地范围内建筑物的种类，各类建筑物的数量及面积，需要拆迁的建筑物种类、数量和面积等。

（4）调查生产、经营企业和个体经营者的经营范围、占地面积、建筑面积、营业面积、职工人数、年营业额、年利润额等。

（5）调查各种管线，主要应调查上水管线、雨水管线、污水管线、热力管线、燃气管线、电力和电信管线的现状及规划目标和其可能实现的时间。

（6）调查其他地下、地上物。在项目用地范围内，地下物调查了解的内容包括水井、人防工程、菜窖、各种管线等；地上物调查了解的内容包括各种树木、植物等。项目用地的现状一般要附平面示意图。

（7）制订拆迁计划。

（8）制订安置方案，包括需要安置的总人数和户数，需要安置的各种房屋的套数及建筑面积，需要安置的劳动力人数等。

3. 市场分析和建设规模的确定

市场分析和建设规模确定的具体内容包括市场供给现状分析及预测；市场需求现状分析及预测；市场交易的数量与价格分析及预测；服务对象分析；租售计划制订；项目建设规模的确定。

4. 规划设计方案的选择

（1）市政规划方案选择。市政规划方案的主要内容包括各种市政设施的布置、来源、去路和走向，大型商业房地产开发项目要重点规划安排好交通组织和共享空间等。

（2）项目构成及平面布置。

（3）建筑规划方案选择。建筑规划方案的内容主要包括各单项工程的占地面积、建筑面积、层数、层高、房间布置、各种房间的数量、建筑面积等。附规划设计方案详图。

5. 资源供给条件分析

资源供给条件分析的主要内容包括建筑材料的需要量、采购方式和供应计划；施工力量的组织计划；项目施工期间的动力、水等供应方案；项目建成投入生产或使用后，水、电、热力、煤气、交通、通信等供应条件。

6. 环境影响评价

环境影响评价的主要内容包括建设地区的环境现状，主要污染源和污染物，项目可能引起的周围生态变化，设计采用的环境保护标准，控制污染与生态变化的初步方案，环境保护投资估算，环境影响的评价结论和环境影响分析，存在问题及建议。

7. 项目开发组织机构和管理费用的研究

项目开发组织机构和管理费用研究的主要内容包括拟订项目的管理体制、机构设置和管理人员的配备方案，拟订人员培训计划，估算年管理费用支出情况。

8. 开发建设计划的编制

（1）前期开发计划，包括从项目创意、可行性研究、下达规划任务、征地拆迁、委托规划设计、取得开工许可证直至完成开工前准备等一系列工作计划。

（2）工程建设计划，包括各个单项工程的开、竣工时间，进度安排，市政工程的配套建设计划等。

（3）建设场地的布置。

（4）施工队伍的选择。

9. 项目经济及社会效益分析

（1）项目总投资估算，包括开发建设投资和经营资金两部分。

（2）项目投资来源、筹措方式的确定。

（3）开发成本估算。

（4）销售成本、经营成本估算。

（5）销售收入、租金收入、经营收入和其他营业收入估算。

（6）财务评价。分析计算项目投资回收期、财务净现值、财务内部收益率和利润率、借款偿还期等技术经济指标，对项目进行财务评价。

（7）国民经济评价。对于工业开发区等大型房地产开发项目，还需运用国民经济评价方法计算项目经济净现值、经济内部收益率等指标，对项目进行国民经济评价。

（8）风险分析。一方面结合政治形势、国家方针政策、经济发展趋势、市场周期、自然等方面因素的可能变化，进行定性风险分析；另一方面，采用盈亏平衡分析、敏感性分析、概率分析等分析方法进行定量风险分析。

（9）项目环境效益、社会效益和综合效益评价。

10. 结论及建议

（1）运用各种数据从技术、经济、财务等诸方面论述项目的可行性，并推荐最佳方案。

（2）存在的问题及相应的建议。

7.2.2　可行性研究的步骤

可行性研究按以下 5 个步骤进行。

1. 接受委托

在项目建议被批准之后，开发商即可委托咨询评估公司对项目进行可行性研究。双方签订合同协议，明确规定可行性研究的工作范围、目标意图、进度安排、费用支付办法和协作方式等内容。承担单位接受委托时，应获得项目建议书和有关项目背景介绍资料，明确委托者的目的和要求，确定研究内容，制订计划，并收集有关的基础资料、指标、规范、标准等基本数据。

2. 调查研究

调查研究主要是从市场调查和资源调查两个方面进行。市场调查应查明和预测市场的供给与需求量、价格、竞争能力等，以便确定项目的经济规模和项目构成。资源调查包括建设地点、项目用地、交通运输条件、外围基础设施、环境保护、水文地质、气象等方面的调查，为下一步规划方案设计、技术经济分析提供准确的资料。

3. 方案选择和优化

根据项目建议书的要求，结合市场和资源调查，在收集到的资料和数据基础上，建立若干可供选择的开发方案，进行反复的方案论证和比较，会同委托单位或部门明确方案选择的重大原则问题和优选标准，采用技术经济分析的方法评选出合理的方案。研究论证项目在技术上的可行性，进一步确定项目规模、构成、开发进度。

4. 财务评价和综合评价

对经上述分析后所确定的最佳方案，在估算项目投资、成本、价格、收入等的基础上，对方案进行详细财务评价和综合评价。研究论证项目在经济上的合理性和盈利能力，进一步提出资金筹措建议和项目实施总进度计划。

5. 编制可行性研究报告

经过上述分析与评价，即可编制详细的可行性研究报告，推荐一个以上的可行方案和实施计划，提出结论性意见、措施和建议，供决策者作为决策依据。

7.3　房地产开发项目策划与基础参数选择

房地产开发项目可行性研究的一个重要目的，就是在法律上允许、技术上可能的前提下，通过系统的项目策划，形成和优选出比较具体的项目开发经营方案，并获得满足投资收益目标要求的尽可能高的经济回报。在编制项目可行性研究报告的过程中，项目策划、构造可供评价比较的开发经营方案、选择相关基础参数是可行性研究中定量分析的基础。

7.3.1　房地产开发项目策划

以房地产市场分析及拟开发项目分析为基础，就可以形成一个项目的策划方案，用以指导后续开发投资活动。房地产开发项目策划方案，通常包括以下内容。

1. 区位分析与选择

房地产开发项目的区位分析与选择，包括地域分析与选择和具体地点分析与选择。地域分析与选择是战略性选择，是对项目宏观区位条件的分析与选择，主要考虑项目所在地区的政治、法律、经济、文化教育、自然条件等因素。具体地点分析与选择，是对项目坐落地点和周围环境、基础设施条件的分析与选择，主要考虑项目所在地点的交通、城市规划、土地取得代价、拆迁安置难度、基础设施完备程度，以及地质、水文、噪声、空气污染等因素。

2. 开发内容和规模的分析与选择

房地产项目开发内容和规模的分析与选择，应在符合城市规划的前提下按照最高最佳使用原则，选择最佳的用途和最合适的开发规模，包括建筑总面积、建设和装修档次、平面布置等。此外，还可以考虑仅将生地或毛地开发成为可进行房屋建设的熟地后租售的情况。

3. 开发时机的分析与选择

房地产项目开发时机的分析与选择，应考虑开发完成后的市场前景，再倒推出应获取开发场地和开始建设的时机，并充分估计办理前期手续和征地拆迁的难度等因素对开发进度的影响。大型房地产开发项目可考虑分批开发（滚动开发）。

4. 合作方式的分析与选择

房地产项目开发合作方式的分析与选择，主要应考虑开发商自身在土地、资金、开发经营专长、经验和社会关系等方面的实力或优势程度，并从分散风险的角度出发，对独资、合资、合作（包括合建）、委托开发等开发合作方式进行选择。

5. 融资方式与资金结构的分析与选择

房地产项目融资方式与资金结构的分析与选择，主要是结合项目开发合作方式设计资金结构，确定合作各方在项目资本金中所占的份额，并通过分析可能的资金来源和经营方式，对项目所需的短期和长期资金的筹措作出合理的安排。

6. 产品经营方式的分析与选择

房地产产品经营方式的分析与选择，主要是考虑近期利益和长远利益的兼顾、资金压力、自身的经营能力，以及市场的接受程度等，对出售（包括预售）、出租（包括预租、短租或长租）、自营等经营方式进行选择。

7.3.2 构造评价方案

构造评价方案就是在项目策划的基础上，构造出可供评价比较的具体开发经营方案。项目是否分期进行及如何分期、项目拟建设的物业类型及不同物业类型的比例关系、建筑面积的规模和物业档次、合作方式与合作条件、拟投入资本金的数量和在总投资中的比例、租售与自营的选择及各自在总建筑面积中的比例等，都需要在具体的评价方案中加以明确。

如果允许上述影响评价方案构造的因素任意组合，则会出现非常多的备选方案。在实际操作过程中，通常按照项目是否分期与开发经营方式，有时还会考虑物业类型的匹配结构，构造2～4个基本评价方案。对于其他因素的影响规律，则可以通过敏感性分析把握。表7-1是某房地产开发项目评价方案构造结果。

表7-1 某商业综合房地产开发项目评价的备选方案

建设内容与经营方式　　　　　　　是否分期开发	写字楼、公寓 销售	写字楼、商场 出租
不分期	评价方案一	评价方案三
分两期	评价方案二	评价方案四

7.3.3 选择基础参数

经济评价中的基础参数，包括以下几个方面的指标。

1. 时间类参数

时间类参数包括开发活动的起始时间点，开发经营期、开发期、准备期、建设期、出售期、出租经营期的起始时间点及持续时间长度，经济评价工作的计算周期（年、半年、季度或月，视项目开发经营期的长短和评估精度的要求，灵活选择）。

2. 融资相关参数

融资相关参数包括房地产开发贷款的贷款利率，资本金投入比例或财务杠杆比率（通常为总投资的30%），预售收入用于后续开发建设投资的比例。

3. 收益相关指标

收益相关指标包括出租率或空置率，运营成本占毛租金收入比率。

4. 评价标准类指标

评价标准类指标包括基准收益率、目标成本利润率、目标投资利润率、目标投资回报率等指标。

7.4　房地产开发项目财务报表的编制

在完成房地产市场调查与预测、开发项目策划、开发项目投资与成本费用估算、开发项目收入估算与资金筹措计划编制等基础工作后，就可以通过编制财务报表、计算财务评价指标，对房地产开发项目的财务盈利能力、清偿能力和资金平衡情况进行财务评价。

房地产开发项目财务评价报表包括基本报表和辅助报表。一些基础性数据（如成本、收入等）都存储于辅助报表中，这些辅助报表通过某种对应关系生成基本报表。通过基本报表就可以对项目进行财务盈利能力、清偿能力和资金平衡分析。

7.4.1　基本报表

1. 现金流量表

现金流量表反映房地产项目开发经营期内各期（年、半年、季度、月）的现金流入和现金流出，用以计算各项动态和静态评价指标，进行项目财务盈利能力分析。按投资计算基础的不同，现金流量表分为全部投资现金流量表、资本金现金流量表和投资者各方现金流量表。

1）全部投资现金流量表

全部投资现金流量表不分投资资金来源，以全部投资作为计算基础，用以计算全部投资财务内部收益率、财务净现值和投资回收期等评价指标，考察项目全部投资的盈利能力，为各投资方案（无论其资金来源及利息多少）进行比较建立共同的基础。表 7-2 显示了房地产开发投资项目全部投资现金流量表的典型形式。

表 7-2　全部投资财务现金流量表　　　　　　单位：万元

序号	项　目	开发经营期				合计
		1	2	⋯	n	
1	现金流入					
1.1	销售收入					
1.2	租金收入					
1.3	自营收入					
1.4	净转售收入					
1.5	其他收入					
1.6	回收固定资产余值					
1.7	回收经营资金					

续表

序号	项　　目	开发经营期				合计
		1	2	…	n	
2	现金流出					
2.1	开发建设投资					
2.2	经营资金					
2.3	运营费用					
2.4	修理费用					
2.5	经营税金及附加					
2.6	土地增值税					
2.7	所得税					
3	净现金流量					
4	累计净现金流量					
5	净现值（i_c）					
6	累计净现值					

注：① 该表适用于独立法人的房地产开发项目（项目公司）；

　　② 开发建设投资中应注意不包含财务费用；

　　③ 在运营费用中应扣除财务费用、折旧费和摊销费。

2）资本金现金流量表

资本金现金流量表从投资者整体的角度出发，以投资者的出资额作为计算基础，把借款本金偿还和利息支付视为现金流出，用以计算资本金财务内部收益率、财务净现值等评价指标，考察项目资本金的盈利能力。表 7-3 显示了房地产开发投资项目资本金现金流量表的典型形式。

表 7-3　资本金财务现金流量表　　　　　　　　单位：万元

序号	项　　目	开发经营期				合计
		1	2	…	n	
1	现金流入					
1.1	销售收入					
1.2	租金收入					
1.3	自营收入					
1.4	净转售收入					
1.5	其他收入					
1.6	长期借款					

序号	项　目	开发经营期				合计
		1	2	⋯	n	
1.7	短期借款					
1.8	回收固定资产余值					
1.9	回收经营资金					
2	现金流出					
2.1	开发建设投资					
2.2	经营资金					
2.3	运营费用					
2.4	修理费用					
2.5	经营税金及附加					
2.6	土地增值税					
2.7	所得税					
2.8	借款本金偿还					
2.9	借款利息支付					
3	净现金流量					
4	累计净现金流量					
5	净现值 (i_c)					
6	累计净现值					
计算指标：财务内部收益率、财务净现值						

注：该表适用于独立法人的房地产开发项目（项目公司）。

3）投资者各方现金流量表

投资者各方现金流量表以投资者各方的出资额作为计算基础，用以计算投资者各方财务内部收益率、财务净现值等评价指标，反映投资者各方投入资本的盈利能力。表 7-4 显示了房地产开发投资项目投资者各方现金流量表的典型形式。

表 7-4　投资者各方财务现金流量表　　　　　　单位：万元

序号	项　目	开发经营期				合计
		1	2	⋯	n	
1	现金流入					
1.1	应得利润					
1.2	资产清理分配					
1.3	回收固定资产余值					
1.4	回收经营资金					

序号	项　　目	开发经营期				合计
		1	2	…	n	
1.5	净转售收入					
1.6	其他收入					
2	现金流出					
2.1	开发建设投资出资额					
2.2	经营资金出资额					
3	净现金流量					
4	累计净现金流量					
5	净现值（i_c）					
6	累计净现值					
计算指标：财务内部收益率、财务净现值						

注：该表适用于独立法人的房地产开发项目（项目公司）。

2. 资金来源与运用表

资金来源与运用表反映房地产项目开发经营期内各期的资金盈余或短缺情况，用于选择资金筹措方案，制订适宜的借款及偿还计划。表 7-5 显示了房地产开发投资项目资金来源与运用表的典型形式。

表 7-5　资金来源与运用表　　　　　　　　　单位：万元

序号	项　　目	开发经营期				合计
		1	2	…	n	
1	资金来源					
1.1	销售收入					
1.2	租金收入					
1.3	自营收入					
1.4	自有资金					
1.5	长期借款					
2	资金运用					
2.1	开发建设投资					
2.2	经营资金					
2.3	运营费用					
2.4	修理费用					
2.5	经营税金及附加					
2.6	土地增值税					

序号	项　　目	开发经营期				合计
		1	2	...	n	
2.7	所得税					
2.8	应付利润					
2.9	借款本金偿还					
2.10	借款利息支付					
3	盈余资金					
4	累计盈余资金					

注：该表适用于独立法人的房地产开发项目。

3. 损益表

损益表反映房地产项目开发经营期内各期的利润总额、所得税和各期税后利润的分配情况，用以计算投资利润率、资本金利润率和资本金净利润率等评价指标。

应该指出的是，房地产开发企业发生的年度亏损，可以用下一年度的所得税前利润弥补；下一年度税前利润不足弥补的，可以在 5 年内延续弥补；5 年内不足弥补的，用税后利润弥补。在实际操作中，房地产开发项目的所得税，采用了按销售收入一定比例预征的方式，即无论项目整体上是否已经盈利，只要实现了销售收入，就按其一定比例征收所得税。

税后利润的分配顺序，首先是弥补企业以前年度的亏损，然后是提取法定盈余公积金和公益金，之后是可向投资者分配的利润。表 7-6 显示了房地产开发投资项目损益表的典型形式。

表 7-6　损益表　　　　　　　　　　　　　　　单位：万元

序号	项　　目	开发经营期				合计
		1	2	...	n	
1	经营收入					
1.1	销售收入					
1.2	租金收入					
1.3	自营收入					
2	经营成本					
2.1	商品房销售成本					
2.2	出租房经营成本					
3	运营费用					
4	修理费用					
5	经营税金及附加					
6	土地增值税					

续表

序号	项　目	开发经营期				合计
		1	2	…	n	
7	利润总额					
8	所得税					
9	税后利润					
9.1	盈余公积金					
9.2	应付利润					
9.3	未分配利润					

注：该表适用于独立法人的房地产开发项目。

4. 资产负债表

资产负债表反映企业一定日期全部资产、负债和所有者权益的情况。在对房地产开发项目进行独立的财务评价时，不需要编制资产负债表。但当房地产开发经营公司开发或投资一个新的房地产项目时，通常需要编制该企业的资产负债表，以计算资产负债率、流动比率、速动比率等反映企业财务状况和清偿能力的指标。

基本财务报表按照独立法人房地产项目（项目公司）的要求进行科目设置；非独立法人房地产项目基本财务报表的科目设置，可参照独立法人项目进行，但应注意费用与效益在项目上的合理分摊。表 7-7 显示了房地产开发投资项目公司资产负债表的典型形式。

表 7-7　资产负债表　　　　　　　　　　　　　　　　单位：万元

序号	项　目	开发经营期				合计
		1	2	…	n	
1	资产					
1.1	流动资产					
1.1.1	货币资金					
1.1.2	交易性金融资产					
1.1.3	应收账款					
1.1.4	预付账款					
1.1.5	其他应收款					
1.1.6	存货					
1.2	非流动资产					
1.2.1	可供出售金融资产					
1.2.2	长期股权投资					
1.2.3	投资性房地产					
1.2.4	固定资产					

序号	项　目	开发经营期				合计
		1	2	…	n	
1.2.5	在建工程					
1.2.6	长期待摊费用					
1.2.7	递延所得税资产					
2	负债及所有者权益					
2.1	流动负债					
2.1.1	短期借款					
2.1.2	交易性金融负债					
2.1.3	应付账款					
2.1.4	预收账款					
2.1.5	应付职工薪酬					
2.1.6	应缴税费					
2.1.7	其他应付款					
2.2	非流动负债					
2.2.1	长期借款					
2.2.2	长期应付款					
2.2.3	其他非流动负债					
2.2.4	预计负债					
2.2.5	递延所得税负债					
2.3	股东权益					
2.3.1	股本					
2.3.2	资本公积					

7.4.2　辅助报表

　　辅助报表包括项目总投资估算表、开发建设投资估算表、经营成本估算表、土地费用估算表、前期工程费估算表、基础设施建设费估算表、建筑安装工程费用估算表、公共配套设施建设费估算表、开发期税费估算表、其他费用估算表、销售收入与经营税金及附加估算表、出租收入与经营税金及附加估算表、自营收入与经营税金及附加估算表、投资计划与资金筹措表和借款还本付息估算表。

　　上述辅助报表中，项目总投资估算表、开发建设投资估算表、经营成本估算表、投资计划与资金筹措表和借款还本付息估算表为最主要的辅助报表。表7-8～表7-11为这些辅助报表的典型形式。

表 7-8 项目总投资估算表　　　　　　　　　　　单位：万元

序号	项　　目	总投资	估算说明
1	开发建设投资		
1.1	土地费用		
1.2	前期工程费		
1.3	基础设施建设费		
1.4	建筑安装工程费		
1.5	公共配套设施建设费		
1.6	开发间接费		
1.7	管理费用		
1 8	财务费用		
1.9	销售费用		
1.10	开发期税费		
1.11	其他费用		
1.12	不可预见费		
2	经营资金		
3	项目总投资		
3.1	开发产品成本		
3.2	固定资产投资		
3.3	经营资金		

注：项目建成开始运营时，固定资产投资将形成固定资产、无形资产和递延资产。

表 7-9 开发建设投资估算表　　　　　　　　　　　单位：万元

序号	项　　目	开发产品成本	固定资产投资	合　　计
1	土地费用			
2	前期工程费			
3	基础设施建设费			
4	建筑安装工程费			
5	公共配套设施建设费			
6	开发间接费			
7	管理费用			
8	财务费用			
9	销售费用			
10	开发期税费			
11	其他费用			
12	不可预见费			
	合　　计			

表 7-10 经营成本估算表　　　　　　　　　　　　　　　单位：万元

序号	产品名称	开发产品成本	1		2		...	n	
			结转比例	经营成本	结转比例	经营成本		结转比例	经营成本
1									
2									
3									
4									
5									
6									
7									
8									
合计									

表 7-11 借款还本付息估算表　　　　　　　　　　　　　　单位：万元

序号	项　目	1	2	3	...	n	合　计
1	借款及还本付息						
1.1	期初借款本息累计						
1.2	本金						
1.3	利息						
1.4	本期借款						
1.5	本期应计利息						
1.6	本期还本						
1.7	本期付息						
2	借款偿还资金来源						
2.1	利润						
2.2	折旧费						
2.3	摊销费						
2.4	其他还款资金						

注：本表适用于独立法人的房地产开发项目（项目公司）。非独立法人的房地产开发项目可参照本表使用，同时应注意开发企业开发建设投资、经营资金、运营费用、所得税、债务等合理分摊。

7.4.3 财务报表的编制

房地产开发项目财务报表之间的关系如图 7-1 所示。

财务报表的编制可以手工计算，也可以采用 Microsoft Excel 等软件进行编制。

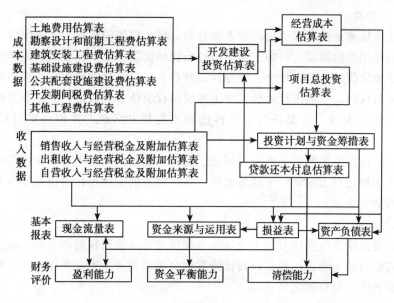

图 7-1　财务报表关系图

7.5　房地产开发项目投资与收入估算

7.5.1　投资估算

房地产开发项目投资估算的范围，包括土地费用、勘察设计和前期工程费、房屋开发费、其他工程费、开发期间税费、管理费用、销售费用、财务费用、不可预见费。各项费用的构成复杂、变化因素多、不确定性大，尤其是由于不同建设项目类型的特点不同，其费用构成有较大的差异。

1. 土地费用

土地费用是指取得开发项目用地所发生的费用。开发项目取得土地使用权有多种方式，所发生的费用各不相同，主要有以下几种：划拨或征收土地的征地拆迁费、出让土地的出让地价款、转让土地的土地转让费、租用土地的土地租用费、股东投资入股土地的投资折价。

1）征地拆迁费

征地拆迁费分为集体土地征收费用和城市房屋拆迁费用。集体土地征收费用主要包括土地补偿费、安置补助费、地上附着物和青苗的补偿费、安排被征地农民的社会保障费用、征地管理费、耕地占用税、耕地开垦费、新菜地开发建设基金。城市房屋拆迁费用主要包括被拆迁房屋的房地产市场价格、被拆迁房屋室内自行装饰装修的补偿金额、搬迁补助费、安置补助费、拆迁非住宅房屋造成停产停业的补偿费、拆迁管理费和拆迁服务费等。

2）出让地价款

土地出让地价款是国家以土地所有者的身份，将土地使用权在一定年限内让与土地使用者，并由土地使用者向国家支付的土地使用权出让地价款。以出让方式取得熟地土地使用权时，土地出让地价款由土地出让金、征地拆迁费和基础设施建设费构成；以出让方式获得城市毛地土地使用权时，土地出让地价款由土地使用权出让金和城市建设配套费构成，获得此类土地使用权的开发商，需要进行房屋拆迁和土地开发活动，并相应支付城市房屋拆迁费用。

土地出让地价款的数额由土地所在城市、地区、地段、土地用途及使用条件等许多方面因素决定。许多城市对土地制定了基准地价，具体宗地的土地出让地价款要在基准地价的基础上加以适当调整确定。

3）土地转让费

土地转让费是指土地受让方向土地转让方支付的土地使用权的转让费。依法通过土地出让或转让方式取得的土地使用权可以转让给其他合法使用者。土地使用权转让时，地上建筑物及其他附着物的所有权随之转让。

4）土地租用费

土地租用费是指土地租用方向土地出租方支付的费用。以租用方式取得土地使用权可以减少项目开发的初期投资，但在房地产项目开发中较为少见。

5）土地投资折价

开发项目土地使用权可以来自开发项目的一个或多个投资者的直接投资。在这种情况下，不需要筹集现金用于支付土地使用权的获取费用，但一般需要将土地使用权评估作价。

2. 勘察设计和前期工程费

勘察设计和前期工程费主要包括开发项目的前期规划、设计、可行性研究、水文地质勘测，以及"三通一平"等土地开发工程费支出。

项目的规划、设计、可行性研究所需的费用支出一般可按项目总投资的一个百分比估算。一般情况下，规划设计费为建筑安装工程费的3％左右，可行性研究费占项目总投资的1％～3％，水文、地质勘探所需的费用可根据所需工作量结合有关收费标准估算，一般为设计概算的0.5％左右。

"三通一平"等土地开发费用，主要包括地上原有建筑物、构筑物拆除费用，场地平整费用和通水、电、路的费用。这些费用的估算，可根据实际工作量，参照有关计费标准估算。

3. 房屋开发费

房屋开发费包括建筑安装工程费、基础设施建设费和公共配套设施建设费。

1）建筑安装工程费

建筑安装工程费是指建造房屋建筑物所发生的建筑工程费用（结构、建筑、特殊装修工程费）、设备采购费用和安装工程费用（给排水、电气照明及设备安装、空调通风、弱电设备及安装、电梯及其安装、其他设备及安装等）等。

当房地产项目包括多个单项工程时，应对各个单项工程分别估算建筑安装工程费用。

2）基础设施建设费

基础设施建设费是指建筑物 2 米以外和项目红线范围内的各种管线、道路工程的建设费用。其主要包括自来水、雨水、污水、燃气、热力、供电、电信、道路、绿化、环卫、室外照明等设施的建设费用，各项设施与市政设施干线、干管、干道等的接口费用。一般按实际工程量估算。

3）公共配套设施建设费

公共配套设施建设费是指居住小区内为居民服务配套建设的各种非营利性的公共配套设施（或公建设施）的建设费用。其主要包括居委会、派出所、托儿所、幼儿园、公共厕所、停车场等。一般按规划指标和实际工程量估算。

在可行性研究阶段，房屋开发费中各项费用的估算，可以采用单元估算法、单位指标估算法、工程量近似匡算法、概算指标法、概预算定额法，也可以根据类似工程经验进行估算。具体估算方法的选择，应视资料的可获得性和费用支出的情况而定。比较常用的方法有以下几种。

（1）单元估算法。单元估算法是指以基本建设单元的综合投资乘以单元数得到项目或单项工程总投资的估算方法。例如，以每间客房的综合投资乘以客房数估算一座酒店的总投资；以每张病床的综合投资乘以病床数估算一座医院的总投资等。

（2）单位指标估算法。单位指标估算法是指以单位工程量投资乘以工程量得到单项工程投资的估算方法。一般土建工程、给排水工程、照明工程可按建筑平方米造价计算，采暖工程按耗热量（W/m^2）指标计算，变配电安装按设备容量（kVA）指标计算，集中空调安装按冷负荷量（W/m^2）指标计算，供热锅炉安装按每小时产生蒸汽量（m^3/h）指标计算，各类围墙、室外管线工程按长度（m）指标计算，室外道路按道路面积（m^2）指标计算等。

（3）工程量近似匡算法。工程量近似匡算法采用与工程概预算类似的方法，先近似匡算工程量，配上相应的概预算定额单价和取费，近似计算项目投资。

（4）概算指标法。概算指标法采用综合的单位建筑面积和建筑体积等建筑工程概算指标计算整个工程费用。常使用的估算公式为：直接费＝每平方米造价指标×建筑面积；主要材料消耗量＝每平方米材料消耗量指标×建筑面积。

4）其他工程费

其他工程费主要包括临时用地费和临时建设费、工程造价咨询费、总承包管理费、合同公证费、施工执照费、工程质量监督费、工程监理费、竣工图编制费、工程保险费等杂项费用。这些费用一般按当地有关部门规定的费率估算。

5）开发期间税费

房地产开发项目投资估算中应考虑项目开发期间所负担的各种税金和地方政府或有关部

门征收的费用。其主要包括固定资产投资方向调节税（现暂停征收）、市政支管线分摊费、供电贴费、用电权费、分散建设市政公用设施建设费、绿化建设费、电话初装费、建材发展基金、人防工程费等。各项税费应根据当地有关法规标准估算。

6）管理费用

管理费用是指房地产开发企业为组织和管理开发经营活动而发生的各种费用。其主要包括管理人员工资、职工福利费、办公费、差旅费、折旧费、修理费、工会经费、职工教育经费、社会保险费、董事会费、咨询费、审计费、诉讼费、排污费、房产税、城镇土地使用税、技术转让费、技术开发费、无形资产摊销、开办费摊销、业务招待费、坏账损失、存货盘亏、毁损和报废损失，以及其他管理费用。

管理费用可按项目总投资的 3％～5％估算。如果房地产开发企业同时开发若干个房地产项目，管理费用应该在各个项目间合理分摊。

7）销售费用

销售费用是指房地产开发企业在销售房地产产品过程中发生的各项费用，以及专设销售机构或委托销售代理的各项费用。其包括销售人员的工资、奖金、福利费、差旅费，销售机构的折旧费、修理费、物料消耗费、广告宣传费、代理费、销售服务费和销售许可证申领费等。

8）财务费用

财务费用是指企业为筹集资金而发生的各项费用，主要为借款或债券的利息，还包括金融机构手续费、融资代理费、承诺费、外汇汇兑净损失，以及企业筹资发生的其他财务费用。利息的计算可参照金融市场利率和资金分期投入的情况按复利计算；利息以外的其他融资费用，一般占利息的 10％左右。

9）不可预见费

不可预见费根据项目的复杂程度和前述各项费用估算的准确程度，以上述各项费用之和的 3％～7％估算。

当开发项目竣工后采用出租或自营方式经营时，还应估算项目经营期间的运营费用。运营费用通常包括人工费，公共设施设备运行费、维修及保养费，绿地管理费，卫生清洁与保安费，办公费，保险费，房产税，广告宣传及市场推广费，租赁代理费，不可预见费。

7.5.2　资金使用计划

开发项目应根据可能的建设进度和将会发生的实际付款时间和金额，编制资金使用计划表。在项目可行性研究阶段，可以年、半年、季度、月为计算期单位，按期编制资金使用计划。编制资金使用计划时应考虑各种投资款项的付款特点，要充分考虑预收款、欠付款、预付定金，以及按工程进度付款的具体情况。表 7-12 为房地产开发项目资金使用计划表的示例。

表 7-12　房地产开发项目资金使用计划表　　　　　单位：万元

费用项目	合计	开发经营期					
		1	2	3	4	…	n
1　土地费用							
1.1　土地出让金							
1.2　城市建设配套费							
1.3　征地拆迁费							
1.4　手续费及税金							
2　勘察设计和前期工程费							
2.1　可行性研究费							
2.2　勘察设计费							
2.3　"三通一平"费							
3　房屋开发费							
3.1　建筑安装工程费							
3.2　基础设施建设费							
3.3　公共配套设施建设费							
4　其他工程费							
5　开发期间税费							
6　管理费用							
7　销售费用							
8　财务费用							
9　不可预见费							
合　计							

7.5.3　收入估算与资金筹措

1. 收入估算

估算房地产开发项目的收入，首先要制订切实可行的租售计划（含销售、出租、自营等计划）。租售计划的内容通常包括拟租售物业的类型、时间和相应的数量，租售价格，租售收入及收款方式。租售计划应遵守政府有关租售和经营的规定，并与开发商的投资策略相配合。

1）租售方案

租售物业的类型与数量要结合项目可提供的物业类型、数量来确定，并要考虑到租售期内房地产市场的可能变化对租售数量的影响。对于一个具体的项目而言，此时必须明确：出租面积和出售面积的数量及其与建筑物的对应关系，在整个租售期内每期（年、半年、季度、月）拟销售或出租的物业类型和数量。综合用途的房地产开发项目，应按不同用途或使用功能划分。

2）租售价格

租售价格应在房地产市场分析的基础上确定，一般可选择在位置、规模、功能和档次等方面可比的交易实例，通过对其成交价格的分析与修正，最终得到项目的租售价格；也可以参照房地产开发项目产品定价的技术和方法，确定租售价格。

租售价格的确定要与开发商市场营销策略相一致，在考虑政治、经济、社会等宏观环境对物业租售价格影响的同时，还应对房地产市场供求关系进行分析，考虑已建成的、正在建设的及潜在的竞争项目对拟开发项目租售价格的影响。

3）租售收入

房地产开发项目的租售收入等于可租售面积的数量乘以单位租售价格。对于出租的情况，还应考虑空置期（项目竣工后暂时找不到租户的时间）和空置率（未租出建筑面积占总建筑面积的百分比）对年租金收入的影响。租售收入估算要计算出每期（年、半年、季度、月）所能获得的租售收入，并形成租售收入计划。租售收入的估算可借助表 7-13 和表 7-14 所提供的格式进行。

表 7-13　销售收入与经营及附加估算表　　　　　　　　单位：万元

序号	项　　目	合计	开发经营期				
			1	2	3	…	n
1	销售收入						
1.1	可销售面积/m²						
1.2	单位售价/（元/m²）						
1.3	销售比例/%						
2	经营税金及附加						
2.1	营业税						
2.2	城市维护建设税						
2.3	教育费附加						

表 7-14　出租收入及经营税金估算表　　　　　　　　单位：万元

序号	项　　目	合计	开发经营期				
			1	2	3	…	n
1	租金收入						
1.1	出租面积/m²						
1.2	单位租金/（元/m²）						
1.3	出租率/%						
2	经营税金及附加						

续表

序号	项 目	合计	开发经营期				
			1	2	3	...	n
2.1	营业税						
2.2	城市维护建设税						
2.3	教育费附加						
3	净转售收入						
3.1	转售价格						
3.2	转售成本						
3.3	转售税金						

4）收款方式

收款方式的确定应考虑当地房地产交易的付款习惯，确定分期付款的期数及各期付款的比例。

2. 资金筹措

资金筹措计划要以房地产开发项目资金使用计划和销售收入计划为基础，确定资金的来源和相应的数量。项目的资金来源通常有资本金、预租售收入和借贷资金 3 种渠道。为了满足项目的资金需求，可优先使用资本金，之后考虑使用可投入的预租售收入，最后仍然不满足资金需求时，可安排借贷资金。图 7-2 为资金筹措计划原理示意图。

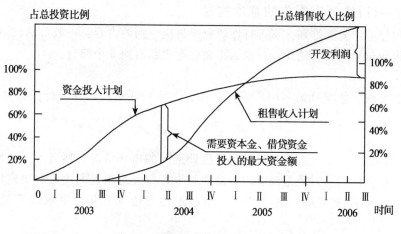

图 7-2 资金筹措计划原理示意图

在资金使用计划和资金筹措计划的基础上，可以编制投资计划与资金筹措表（见表 7-15）。

表 7-15　投资计划与资金筹措表　　　　　　　　　　单位：万元

序号	项　　目	合计	开发经营期				
			1	2	3	…	n
1	项目总投资						
1.1	开发建设投资						
1.2	经营资金						
2	资金筹措						
2.1	资本金						
2.2	借贷资金						
2.3	预售收入						
2.4	预租收入						
2.5	其他收入						

7.6　可行性研究报告的撰写

可行性研究报告作为房地产投资项目可行性研究结果的体现，是申请立项、贷款，以及和有关各部门签订协议、合同时的必备资料。每个可行性研究报告必须说明评估什么、为什么评估、得出什么结论和凭什么得出这些结论。可行性研究报告通常由开发商委托房地产评估、咨询机构来撰写。

7.6.1　项目可行性研究报告的基本构成

在正式写作前，先要筹划一下可行性研究报告应包括的内容。一般来说，一份正式的可行性研究报告应包括封面、摘要、目录、正文、附表和附图 6 个部分。

1. 封面

封面要能反映评估项目的名称、为谁所作、谁作的评估，以及可行性研究报告的写作时间。

2. 摘要

摘要是用简洁的语言，介绍被评估项目所处地区的市场情况、项目本身的情况和特点、评估的结论。摘要的读者对象是没有时间看详细报告但又对项目的决策起决定性作用的人，所以摘要的文字要字斟句酌，言必达意，绝对不能有废词冗句，字数以不超过 1 000 字为宜。

3. 目录

如果可行性研究报告较长，最好要有目录，以使读者能方便地了解可行性研究报告所包括的具体内容及前后关系，使之能根据自己的兴趣快速地找到其所要阅读的部分。

4. 正文

正文是可行性研究报告的主体，一般要按照逻辑的顺序，从总体到细节循序进行。要注意的是，报告的正文也不要太烦琐。报告的厚度并非取得信誉的最好方法，重要的是尽可能简明地回答未来读者所关心的问题。对于一般的可行性研究报告，通常包括的具体内容有项目总说明、项目概况、投资环境研究、市场研究、项目地理环境和附近地区竞争性发展项目、规划方案及建设条件、建设方式与进度安排、投资估算及资金筹措、项目评估基础数据的预测和选定、项目经济效益评价、风险与不确定性分析、结论与建议等12个方面。项目可行性研究报告如用于向国家计划管理部门办理立项报批手续，还应包括环境分析、能源消耗及节能措施、项目公司组织机构等方面的内容。因此，报告的正文中应包括哪些内容，要视评估的目的和未来读者所关心的问题来具体确定，没有固定不变的模式。

5. 附表

对于正文中不便插入的较大型表格，为了使读者便于阅读，通常将其按顺序编号后附于正文之后。按照在评估报告中出现的顺序，附表一般包括项目工程进度计划表、财务评估的基本报表和辅助报表、敏感性分析表。当然，有时在投资环境分析、市场研究、投资估算等部分的表格也可以附表的形式出现在报告中。

6. 附图

为了辅助文字说明，使读者很快建立起空间的概念，通常要有一些附图。这些附图一般包括项目位置示意图、项目规划用地红线图、建筑设计方案平面图、项目所在城市总体规划示意图和与项目性质相关的土地利用规划示意图、项目用地附近的土地利用现状图和项目用地附近竞争性项目分布示意图等。有时附图中还会包括评估报告中的一些数据分析图，如直方图、饼图、曲线图等。

当然，有时报告还应包括一些附件，如国有土地使用证、建设用地规划许可证、建设工程规划许可证、建设工程施工许可证、销售（预售）许可证、审定设计方案通知书、建筑设计方案平面图、公司营业执照、经营许可证等。这些附件通常由开发商或委托评估方准备，与评估报告一同送有关读者。

7.6.2 项目可行性研究报告正文的写作要点

按照前述报告正文中应包含的内容，现将写作要点介绍如下。

1. 项目总说明

在项目总说明中，应着重就项目背景、项目主办者或参与者、项目评估的目的、项目评估报告编制的依据及有关说明等予以介绍。

2. 项目概况

在项目概况中，应重点介绍项目的合作方式和性质、项目所处的地址、项目拟建规模和标准、项目所需市政配套设施的情况及获得市政建设条件的可能性、项目建成后的服务对象。

3. 投资环境研究

投资环境研究主要包括当地总体社会经济情况、城市基础设施状况、土地使用制度、当地政府的金融和税收等方面的政策、政府鼓励投资的领域等。

4. 市场研究

市场研究是按照所评估项目的特点,分别就当地与所评估项目相关的土地市场、居住物业市场、写字楼物业市场、零售商业物业市场、酒店市场、工业物业市场等进行分析研究。市场研究的关键是占有大量的第一手市场信息资料,通过列举市场交易实例,令读者信服报告对市场价格、供求关系、发展趋势等方面的理解。

5. 项目地理环境和附近地区竞争性发展项目

这一部分主要应就项目所处的地理环境(邻里关系)、项目用地的现状(熟地还是生地、需要哪些前期土地开发工作)和项目附近地区近期开工建设或筹备过程中的竞争性发展项目予以分析说明。竞争性发展项目的介绍十分重要,它能帮助开发商做到知己知彼,正确地为自己所发展的项目进行市场定位。

6. 规划方案及建设条件

规划方案及建设条件主要是介绍项目的规划建设方案和建设过程中市政建设条件(水、电、路等)是否满足工程建设的需要。在介绍规划建设方案的过程中,可行性研究报告撰写者最好能根据所掌握的市场情况,就项目的规模、档次、建筑物装修标准和功能面积分配等提出建议。

7. 建设方式及进度安排

项目的建设方式是指建设工程的发包方式。发包方式的差异往往会带来工程质量、工期、成本等方面的差异,因此,这里有必要就建设工程的承发包方式提出建议。这一部分中还应就建设进度安排、物料供应(主要建筑材料的需要量)作出估计或估算,以便为投资估算做好准备。

8. 投资估算及资金筹措

投资估算及资金筹措的主要任务是就项目的总投资进行估算,并按项目进度安排情况作出投资分年度使用计划和资金筹措计划。项目总投资的估算应包括项目投资概况、估算依据、估算范围和估算结果,一般投资估算结果汇总中应包括土地费用、勘察设计和前期工程费、房屋开发费、其他工程费、开发期间税费、管理费用、销售费用、财务费用、不可预见费。投资分年度使用计划实际上是项目财务评价过程中有关现金流入的主要部分,应该分别就开发建设投资和建设投资利息分别列出。资金筹措计划主要是就项目投资的资金来源进行分析,包括资本金、贷款和预售(租)收入3个部分。应该特别指出的是,当资金来源中包括预售(租)收入时,还要和后面的销售(出租)收入计划配合考虑。

9. 项目评估基础数据的预测和选定

项目评估基础数据的预测和选定通常包括销售收入测算、成本及税金和利润分配3个部分。要测算销售收入,首先要根据项目设计情况确定按功能分类的可销售或出租面积的数量；再依市场研究结果确定项目各部分功能面积的租金或售价水平；然后根据工程建设进度安排和开发商的市场销售策略，确定项目分期的销售或出租面积及收款计划；最后汇总出分年度的销售收入。成本和税金部分：①要对项目的开发建设成本、流动资金、销售费用和投入运营后的经营成本进行估算；②对项目需要缴纳的税费种类及其征收方式和时间、税率等进行说明，以便为后面的现金流分析提供基础数据。利润分配主要反映项目的获利能力和可分配利润的数量，属于项目盈利性分析的内容。

10. 项目经济效益评价

项目经济效益评价是项目评估报告中最关键的部分，在这里要充分利用各部分的分析研究结果，对项目的经济可行性进行分析。这部分内容一般包括现金流量分析、资金来源与运用表分析，以及贷款偿还能力分析。现金流量分析要从全部投资和资本金两个方面对反映项目经济效益的财务内部收益率、财务净现值和投资回收期进行分析测算。资金来源与运用表集中体现了项目自身资金收支平衡的能力，是财务评价的重要依据。贷款偿还能力分析主要是就项目的贷款还本付息情况作出估算，用以反映项目在何时开始、从哪项收入中偿还贷款本息，以及所需的时间长度，以帮助开发商安排融资计划。

11. 风险与不确定性分析

风险与不确定性分析一般包括盈亏平衡分析和敏感性分析，根据委托人的要求，有时还要进行概率分析。分析的目的是就项目面临的主要风险因素（如建造成本、售价、租金水平、开发周期、贷款利率、可建设建筑面积等）的变化对项目财务评价指标（如财务内部收益率、财务净现值和投资回收期等）的影响程度进行定量研究；对当地政治、经济、社会条件可能变化的影响进行定性分析。

其中，盈亏平衡分析主要是求取项目的盈亏平衡点，以说明项目的安全程度；敏感性分析则要说明影响项目经济效益的主要风险因素（如总开发成本、售价、开发建设周期和贷款利率等）在一定幅度内变化时，对全部投资和资本金的财务评价指标的影响情况。

敏感性分析一般分单因素敏感性分析和多因素敏感性分析（两种或两种以上因素同时变化）。敏感性分析的关键是找出对项目影响最大的敏感性因素和最可能、最乐观、最悲观的几种情况，以便在项目实施过程中操作人员及时采取对策并进行有效的控制。

概率分析目前在我国应用尚不十分普遍，因为概率分析所需要依据的大量市场基础数据目前还很难收集。但精确的概率分析在西方发达国家的应用日渐流行，因为概率分析能通过模拟市场可能发生的情况，就项目获利的数量及其概率分布、最可能获取的收益及其可能性给出定量的分析结果。

12. 可行性研究的结论

可行性研究的结论主要是说明项目的财务评价结果，表明项目是否具有较理想的财务内部收益率（是否达到了同类项目的社会平均收益率标准）、较强的贷款偿还能力与自身平衡能力和抗风险能力，以及项目是否可行。

7.6.3　可行性研究报告的校读与编辑

从自己所写的文字中找出问题并不是一件很容易的事。一般人们在与别人的对话中通常能确信已经正确地表达出了自己的观点，但因文字表达给读者留有推敲的时间，也就容易发现问题。因此，撰写者有必要先一字一句地读一下评估报告的草稿，若有疑问，就要考虑读者看后会怎么想。仔细校读以后，还可以自问一下：报告是否表达了自己所想要表达的全部内容。

编辑报告要消除无意义、不必要的词，难懂的短语或技术术语是否能令读者理解，并确认是否已经按醒目的要求划分好段落，还要检查句子长度和并列结构的使用是否正确，如果所有的句子都比较长，就需找出单调、冗长的复合句并将其分成两个或更多的句子，使文字错落有致。题目之间、段落之间的过渡也要自然。

最后，还要提出一些问题，如报告是否说得太多？提出的问题都回答了吗？回答得是否充分？是否始终观点明确？是否希望业内人士阅读报告？这些问题都能很好地解决并做到心中有数，这样，所提交的报告就达到了较高的水准。

7.7　可行性研究报告的示例

浙江×××网络信息股份有限公司运营服务中心建设项目可行性研究报告

第一节　总论

一、项目基本情况

项目名称：×××运营服务中心建设项目

建设地址：杭州市余杭五常街道文一西路北，荆长公路东的地块（西溪科技岛）

开发建设内容：本项目拟用 5 000 万元超额募集资金，进行运营及服务中心的建设，将公司在杭州的现有机房、网站、运营维护、数据录入、客户服务等部门迁入，以进一步提升×××的金融信息运营维护水平，提高服务品质，更好地为客户提供优质服务。

项目建设方式：由浙江×××网络信息股份有限公司（以下简称×××或公司）的全资子公司浙江×××网络科技有限公司（以下简称×××科技）承建，项目资金由公司上市超募资金以增资的形式投入×××科技。建设完成后，由×××科技以租赁的形式提供给×××及其他子公司使用，租金不高于同类地区、同类品质写字楼的租金。

开发周期：2 年

项目总投资：5 000 万元人民币

二、项目提出的背景

（一）互联网金融信息服务业务处于快速发展时期

目前，我国证券市场交易品种日益丰富，涵盖了股票、债券、基金、期货等主要金融产品，另外，融资融券和股指期货即将推出，也将推动证券市场向纵深发展。2009 年，证券市场成交量、成交额均出现大幅增长。并且证券投资者数量快速增长，尤其是证券投资基金发展迅猛，基金投资者数量急剧增加。2009 年底，证券投资者一年新增开户数 1 658 万户，投资者账户总数高达 13 781 万户，证券市场共有 60 家基金公司 557 只基金，基金账户数量达到 3 117.70 万户，形成对金融信息服务产品的巨大需求。这种供需两旺的局面极大地促进了市场对证券信息服务需求的扩大，给公司发展带来良好的发展环境。同时，目前全球经济处于复苏初期，国家仍将实施积极的财政政策和适度宽松的货币政策，继续扩大内需，大力加强基础设施建设，将有利于我国继续保持较快的经济增长和资本市场的持续活跃，给互联网金融信息服务业带来新的机遇。

中国互联网金融信息服务行业早在十多年前就开始起步，但目前的行业规模还非常小，尚不到全球金融信息服务行业规模的 2%（资料来源：CCID《互联网金融信息服务行业研究报告》）。相对于庞大的互联网、手机用户数量和证券市场投资者的数量，中国互联网金融信息服务行业的用户数，尤其是收费用户的数量仍旧很小，中国互联网金融信息服务行业的成长空间很大。

2008 年以前中国经济的快速增长和证券市场的迅猛发展，使互联网金融信息服务行业随之快速发展，而且为互联网金融信息服务业今后的发展奠定了一定的基础。证券市场规模日益壮大，金融创新逐步推进，投资者数量的蓬勃发展，形成对金融信息服务产品的巨大需求。从总体上看，我国证券市场呈现出供需两旺的局面。此外，中国与世界发达国家间互联网金融信息服务水平的差距也显示出中国这一市场的巨大发展空间。2008 年，美日韩的网上证券交易普及率均超过 70%，大幅高于中国的 46%。

目前，美国有超过 70% 的中小投资者通过互联网进行证券交易，而 1998 年这一数字仅有 24%。以此数据作为参考，美国的网上证券市场领先中国 8～9 年。而网上交易水平与互联网金融信息服务发展密切相关。因此，以美国市场发展及 2008 年全球金融信息服务行业规模作为参考，预计 10 年后，中国互联网金融信息服务行业规模有望达到 300 亿元，复合年均增长率达 33.7%。

（二）公司业务持续快速增长

公司是国内领先的互联网金融信息服务提供商，自成立以来一直专注于为国内资本市场提供金融资讯、数据分析和软件系统服务。根据客户需求不断创新，向全国 106 家证券公司中的 97 家提供证券网上行情交易系统综合解决方案；采用"平台免费、增值服务收费"的方式，以免费的网上行情交易客户端和网站为平台，通过互联网和移动通信网络向证券市场投资者提供及时、全面、深入的金融资讯、数据及分析服务。公司于 2009 年 12 月 25 日成功登陆创业板，成为 A 股市场首家上市的中国互联网金融信息服务企业，公司发展进入新纪元。

×××公司专业从事互联网金融信息服务业，在业内拥有较高的品牌知名度、强大的研发能力和雄厚的资金实力，具有广泛的客户基础和创新的商业模式。目前，公司主要业务互联网金融信息服务业务一直保持持续快速增长态势。2007 年、2008 年和 2009 年公司主营业务收入分别为 8 641 万元、11 736 万元和 19 082 万元，增长比例分别为 27.4%、35.82%

和 62.59%。

经过多年发展，×××金融服务网和免费客户端，是公司品牌建设和市场推广的重要渠道。截至 2009 年 12 月 31 日，×××金融服务网拥有注册客户约 9 172 万人；2009 年每日独立 IP 的访问量约为 320 万个；每日使用×××网上行情免费客户端的人数平均约 416 万人，2009 年日最高并发人数达到 291 万人，每周活跃用户数约为 608 万人；2009 年，×××手机金融信息服务拥有注册用户约 592 万人，每日手机金融信息服务实时并发人数约 28 万人。庞大而活跃的用户群提高了公司的品牌知名度，公司产品和服务的推出、升级、更新换代能被市场快速接受，具有突出的客户资源优势。

三、办公环境投入不足是制约公司金融信息运营服务品质的主要瓶颈

随着金融信息服务行业的快速发展，竞争日趋激烈。对信息服务行业而言，竞争不仅体现在商业模式的创新、产品的创新，同时运营服务品质的持续提升是吸引客户、服务客户的关键。运营服务是一切与金融信息服务日常活动相关的总称，包括需求分析和整理、内容建设、数据录入、产品维护和改进、部门沟通协调和客户服务等多个方面。运营服务品质的细节，直接影响客户的体验和×××品牌的提升，最终决定公司产品的市场占有率和用户的忠诚度。

随着公司业务规模的进一步扩大，公司服务范围不断拓展，客户需求日趋多元化，市场竞争的日益加剧，公司营运服务的基础环境呈现出明显的不足。目前，公司主要办公场所采用租赁形式，且在不同区域办公，企业沟通成本、管理成本较高，影响运营效率。办公环境的投入不足，不利于构建稳定经营环境和公司运营服务品质的提升，直接影响到整体形象和市场品牌的提升，不利于员工队伍的稳定、人才的吸引与储备，不利于业务的拓展与市场地位的提升。

为此，公司及时针对目前营运服务环境投入明显不足的问题，提出实施本项目，通过办公环境的建设与改善，将进一步提高运营服务质量，稳步提升公司在国内互联网金融服务领域的市场份额，保持公司的领先地位和优质品牌形象。

第二节　项目必要性和可行性分析

一、项目的必要性

随着公司业务规模的拓展，对运营服务提出了更高的要求。根据公司业务发展规划，运营服务人数将大幅增长，现有办公环境和分布式办公场地已经不能满足公司持续、快速发展的需要，客观上需要拥有一个完整、相对集中的运营服务环境。

（一）本项目的建设是公司集约化管理、大幅提升运营服务品质的需要

在公司业务大幅增长的同时，公司拟加大投入提升运营服务品质。目前，公司受到场地和资源的限制，运营服务等环节建设相对落后。由于办公场所紧张，公司目前尚不能大规模增加运营服务人员。另外，临时租赁的办公场所比较分散，运营服务人员不能集中办公，造成沟通协调效率不高，可能对运营品质的大幅提升造成不利的影响。

因此，为了及时把握市场机遇，从容应对市场竞争，进一步增强行业领先优势，公司

必须不断改善运营服务的基础环境。通过自行建设办公场所，配置先进的运营工具，建立一流的运营服务团队，利用自身平台的优势，持续改进，为投资者提供专业化、个性化的服务。

（二）本项目的建设是公司稳定运营环境、吸引人才的需要

与传统经济和传统商业模式相比，互联网金融信息服务行业是知识密集型行业，具有"轻资产"和低资产负债率的财务特征，人才和技术对企业的发展至关重要。公司已经建立了良好的人才培养和人才引进机制，能有效促进公司的技术创新和商业模式创新。未来几年，公司的高速发展，将面临高层次人才短缺的困难，因此给公司的人才招聘、培训、考核、薪酬等人力资源系统提出挑战。

一方面，本公司将继续坚持"激情、创业"的企业文化建设，把提高员工素质和引进高层次人才作为企业发展的重要战略，建立并完善科技人才的引进机制，为优秀员工提供良好的发展空间，以良好的发展机遇吸引并留住人才。

另一方面，公司将通过建设运营服务中心，提供良好的工作环境，为运营服务人才施展才华创造良好的平台，也为公司的高速成长奠定良好的基础。目前，公司超过 60% 的办公场所是租赁的，若不能及时租到经营所需的房产，或者不能及时续租时，将对公司运营的稳定性产生一定的影响。

因此，通过本项目的建设，有利于提升公司整体形象和市场影响力，是公司进一步稳定运营环境、吸引更多人才的必要而有效的手段。

（三）本项目的建设是改善公司形象，强化客户关系的需要

目前，公司的办公场所比较分散，且主要办公场所在商住两用楼，商务办公与居民住宅混合。另外，由于办公场地所在小区建设年份较早，建造时未考虑停车位，给公司的商务活动带来不便。

公司的部分重要客户如各大证券公司、各地移动运营商及其他重要的合作伙伴经常要到公司实地考察运营服务情况。公司目前的运营服务场所严重影响了公司的形象，不利于重要商务活动的开展。

公司将在适应行业发展趋势，识别和引领客户的需求，为客户提供多样性、个性化信息服务的同时，通过本项目的建设，提升公司的整体形象，强化客户关系，进一步巩固企业市场领先地位。

（四）本项目的建设是公司降低经营成本、提升公司盈利水平的需要

公司在历史发展过程中，一方面由于资金紧张，另一方面在发展初期，公司的大部分办公用地采用了租赁的方式。租赁房产不仅受到出租人的出租意愿的影响，而且因缺少抵押物不利于融资渠道的拓展。

通过本项目的建设，新增了优质的固定资产，为进一步改善公司的资产结构，提升公司整体形象与市场竞争力，起到积极的促进作用。项目建设后，既能增强公司抵抗通货膨胀风险的能力，同时也有利于公司避免未来租金价格波动的风险，可有效降低经营成本、提升公

司盈利水平，增强客户及广大投资者对公司的认可和信心。

二、项目建设的可行性

×××运营中心项目的实施得到政策条件、市场需求条件、资金条件、环境条件、社会条件、施工条件的支持，项目的实施是可行的，其具体分析如下。

（一）政策条件

互联网金融信息服务属于软件与信息服务业，而软件与信息服务业是信息产业的核心，是现代服务业的重要工具、手段和重要支撑，也是关系国民经济、社会发展和国家安全的战略性先导产业，属于国家大力倡导发展的产业之一。我国《信息产业"十一五"规划》将"不断提高综合信息服务水平"作为"十一五"期间主要任务与发展重点之一。《软件与信息服务业"十一五"专项规划》指出，要加大对发展信息服务的支持力度，不断扩大信息服务在软件产业构成中的比重。同时，该规划将加大软件与信息服务业和传统产业融合列为七大发展重点之一，并将支持现代服务业的应用软件研发与推广、数字内容处理与服务平台研发及产业化等列入八大重要项目之中。我国《高技术产业发展"十一五"规划》将软件产业列为产业发展重点，并指出要进一步提升电力、金融、民航、税务、通信等重点行业大型应用软件的开发能力和集成服务水平。同时，该规划也将增强电信服务能力列为产业发展重点，指出要充分利用网络资源，努力创新电信业务，增加服务价值，提高服务质量。

项目建设的确定与选址，符合国家和地区有关法律、法规对项目建设和生存的支持程度与约束条件，其法律、法规支持体系主要包括《杭州余杭区创新基地控制性详细规划》、《杭州市国民经济和社会发展第十一个五年规划纲要》、《杭州市鼓励软件产业发展的若干政策规定》、《杭州市科技发展"十一五"规划纲要》、国家发改委和建设部颁布的《建设项目经济评价方法与参数》（第三版，2006年）、《杭州市建设工程技术经济指标》、《杭州市建设工程造价信息》等。因此，项目的建设是符合政策要求的、是可行的。

（二）市场需求条件

金融信息服务产业是当今世界上增长最快的朝阳产业，目前经济发达地区的证券市场，网上交易占比普遍在50％以上，网上交易凭借着快捷高效及成本低廉等优势，逐渐代替传统渠道和固定交易场所，成为主流的证券交易方式。而金融信息、财经资讯的发布和查询也主要基于互联网，世界主要的几家金融信息服务商则通过独立的接收终端来为客户提供金融信息服务。图7-3为美国网上证券交易发展示意图。

2009年我国经济保持了较快增长速度，广大民众可用于投资的资金越来越多。2009年国内生产总值335 353亿元，比上年增长8.7％；城镇居民人均可支配收入17 175元，比上年增长8.8％，扣除价格因素，实际增长9.8％。中国经济的快速增长和居民人均收入的增加，使得居民进行经济投资的动力逐步增强，对金融信息的需求也日益增加。因此，宏观经济的良好运转对互联网金融信息服务行业的发展具有较强的推动作用。

网民购置上网设备和上网都需要一定的经济支持，近几年经济的高速增长促进了互联网

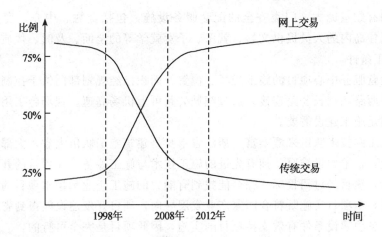

图 7-3 美国网上证券交易发展示意图

的迅猛发展。截至 2009 年底，中国网民规模达到 3.84 亿人，较 2008 年增长 28.9％，互联网普及率达到 26％，略高于全球平均水平（22％）。2009 年中国手机互联网用户数 2.33 亿人，较 2008 年增长逾一倍，受联网速度更快的第三代手机业务开展推动，基于手机移动网络的金融信息服务发展潜力巨大。因此，×××运营服务中心项目正是适应国际、国内市场需求而实施的项目，项目的建设是可行的。

（三）资金条件

2009 年公司成功在深圳证券交易所创业板挂牌上市，募集资金总额 88 704 万元，超募资金 59 045 万元；2009 年实现销售收入 19 081 万元，利润总额为 8 332 万元；本项目拟用超募资金 5 000 万元来实施建设，雄厚的资金基础为项目实施提供了有效保证，因此项目是可行的。

（四）环境条件

西溪科技岛紧邻湿地，风光迷人，是中国唯一集城市湿地、生态、人文、科技、艺术为一体的创新 EOD（绿色生态办公区）。

同时，本项目经过严格环境影响评估，虽然在建设期间及建成投入使用后将产生一定的噪声、汽车废气、生活污水和生活垃圾等，但建设单位在建设运营中严格执行"三同时"的要求，全面落实环境报告中提出的控制污染的措施和建议，则对周围环境不会产生明显不利影响。从环境角度考虑，本项目的建设是可行的。

（五）社会条件

项目周边区域的基础设施十分齐全。

西溪科技岛是杭州信息产业国家高技术产业基地西溪拓展区，位于杭州主城西侧，是"和谐杭州示范区"向西扩展渗透的关键节点，规划用地约 98.9 平方公里。2010 年，沪杭高速铁路建成，半小时接轨上海；2、3、5 号 3 条城市地铁零距离连接，国际机场、火车站、客运站、城际高速等城市立交网络畅达；绕城公路、02 省道等 7 条城市快速道直达。

岛内规划有数量庞大、门类齐全的配套服务设施，包括金融、中介、商业、生活等服务，可以为入住岛内的人员提供文娱、就医、子女就学等的全面、及时、优质的服务。

（六）施工条件

×××运营服务中心项目的施工现场、位置、面积已经规划部门给予控制规划预留，施工现场有文一西路和荆长公路连接，通过绕城公路可上机场高速。现场施工用水、用电、排污口等都能满足施工建设需要。

该项目施工的技术队伍来源丰富，浙江省本身是建筑施工队伍大省，大部分是国家二级以上施工企业，技术力量雄厚，拥有先进的施工技术与施工装备，在项目的开发等方面积累了丰富的经验，项目经过招投标，完全能找到有能力的施工企业承担本项目的施工任务。

综上所述，本项目实施既符合国家产业发展导向，项目开发建设能得到省、市政府的相关政策扶持，各项建设条件有效支持项目的实施，因此项目是完全可行的。

第三节　项目建设方案及规模

×××运营服务中心建设项目选址在杭州市余杭区西溪科技岛园区内，占地面积 8 亩，项目建成后建筑面积达 12 000 平方米。×××运营中心项目建成后，公司可根据市场需求进一步做大金融信息服务业务，扩展公司规模，向市场提供更优质的金融信息内容、软件产品及服务，提升运营服务品质，增强公司在市场竞争中的优势。

×××运营服务中心项目主要由运营服务中心大楼建设工程（总建筑面积 12 000 平方米）、停车场、市政配套和园林景观建设等工程，以及办公环境所需的网络设备、办公设备等软硬件组成。土建部分造价是参照现行浙江省建安定额及有关规范和规定，以及杭州市建设工程造价信息、主要技术经济指标，并参考大量同类建筑有关资料；并根据国家发改委编制的《投资项目可行性研究》一书对投资估算的要求，经分析比较而确定的。

一、建设目标

本项目实施后，将公司在杭州的现有机房、网站、运营维护、数据录入、客户服务等部门迁入，以进一步提升公司的×××金融信息运营维护水平，提高服务品质，更好地为客户提供优质服务。

二、项目建设内容

该项目拟投资 5 000 万元，进行运营及服务中心的建设，包括土地的购置、办公楼的建设、装修、网络设备、办公设备的购置等，具体建设内容如下。

（一）土地购置费用 300 万元

本项目建设拟购置土地 8 亩，具体如下。

1. 其中 6 亩，拟利用浙江×××网络科技有限公司向杭州×××有限公司（以下简称天畅网路）购置的建筑物。

天畅网络于 2006 年通过受让方式取得位于余杭区的 16 399 平方米（24.599 亩）土地的国有土地使用权。经杭州市余杭区政府同意，在天畅网络取得的上述地块上分割出 4 000 平方米（约 6 亩）用于×××科技的建设，在符合规定条件时（在该块地块完成 25％的建设后，按有关规定予以分割转让）由天畅网络按照其受让价（即每亩 30 万元）转让给×××。×××科技已经支付相应的转让款 180 万元。

2. 其中 2 亩，拟投入不超过 300 万元，在上述 6 亩土地旁边新增 2 亩综合用地。

（二）运营服务中心大楼的建造和装修 3 600 万元

（三）设备购置费 1 000 万元

（四）其他不可预见费用 100 万元

三、项目建设地点及规模

项目选址杭州市余杭区五常街道文一西路北，荆长公路东的地块，位于杭州市余杭区五常西溪科技岛园内。本项目占地面积 5 350 平方米（约 8 亩），建筑面积 12 000 平方米（容积率 2.24）。

四、项目建设规划

本项目拟建设内容及规划如下：

（一）运营服务中心大楼

建筑面积 12 000 平方米，大楼将按甲级写字楼标准进行装修。大楼设有地下停车场。

运营服务中心大楼建成后，公司在杭州的现有机房、网站、运营维护、数据录入、客户服务等部门迁入，以进一步提升×××的金融信息运营维护水平，提高服务品质，更好地为客户提供优质服务。

（二）市政配套及园林绿化

本项目配套工程还将进行道路、消防、管线、照明、安防和园林绿化等附属物部分建设。

（三）设备购置

设备购置主要是购买办公设备、电话、计算机、服务器、工程车辆、班车等。

五、时间安排

项目预期需进行 24 个月的建设。所有的项目建设工作分成若干模块，室内外装修完成之后迅速进行设备采购及安装调试。项目建设计划表以上各阶段将交叉作业。

第四节　项目管理与人力资源配置

一、项目管理

该项目拟成立项目组，组建专项管理团队，参照省市有关建设项目管理规定进行管理。项目结束后项目组自动解散。

二、人员编制

项目组拟编制人员：4 人，其中：

组长 1 名，全面负责项目的建设和管理；

副组长 1 名，协助组长对项目进行管理；

专员 2 名，负责项目中有关建筑、机电工程、设备采购等相关技术事务。

第五节　项目投资估算与资金筹措

一、项目总投资估算及筹措

本项目总投资 5 000 万元，均由公司上市超募资金以增资的形式投入子公司×××科技，×××科技按照公司募集资金使用的有关规定，将该建设资金实施专户管理。

二、经济效益分析

项目实施将有效提升公司运营服务的效率，提升公司形象及品牌知名度，吸引优秀人才加盟，对公司规模扩大和市场服务能力提供强有力支撑，满足快速发展的市场需求，有利于公司在竞争中取得更大的市场份额，有利于公司业绩提升。

（一）有利于提升公司运营服务品质，进一步提高公司的市场竞争力

本项目的实施可较好地改善运营服务部门的办公环境，以吸引更多的优秀技术人才，提升运营服务能力，提高工作效率并保证工作质量，满足公司未来几年内业务持续发展的需求，进一步提高公司的市场竞争力。项目实施后，有利于提升公司整体形象和市场影响力，开展重要的商务活动，进而提高公司的市场占有率，进一步提升公司的经济效益。

（二）房产折旧对公司业绩有着积极的正面影响

参照目前该区域办公楼租赁价格标准为 36 元/（m² · 月），如公司租赁本项目同样面积办公楼，每月需支付租金 432 000 元，每年需支付租金 5 184 000 元。

如排除政策变化、经济波动、通货膨胀等不可控因素，以及不考虑该物业对外出租、利率，以及资产增值等其他投资回报方式，以现租金标准计算，公司建成该项目后全部自用，仅节约租金一项即可在 10 年内收回全部投资。

因此，相对于租赁同等面积的办公场所，本项目的房屋折旧对公司业绩有着积极的正面影响。

（三）固定资产增值对公司业绩的影响

本项目投资成本 5 000 万元，相对于目前同类地区、同类品质的写字楼价格有着明显的价格优势。根据对全国、杭州及西溪附近房地产价格走势的初步判断，在国际、国内宏观经济环境不发生重大不利变化的情况下，未来不但不存在减值风险，而且具有较好的增值空间。

思 考 题

1. 可行性研究的含义和目的是什么？
2. 可行性研究的作用体现在哪些方面？
3. 可行性研究的依据主要有哪些？
4. 可行性研究的专业机构有哪些，人员如何构成？
5. 可行性研究分哪几个工作阶段？
6. 可行性研究的内容和步骤是什么？
7. 房地产开发项目策划与基础参数选择的目的是什么？基础参数包括哪些方面的

指标？

    8. 房地产开发项目财务评价的报表有哪些？分别是如何编制的？

    9. 如何编制资金使用计划和资金筹措计划？

    10. 房地产开发项目的投资和收入费用是如何构成的？

第 8 章

房地产开发项目的前期准备工作

8.1 房地产开发项目审批程序及操作流程

《中华人民共和国城乡规划法》第四章"城市规划的实施"对建设项目的审批程序作出了明确的规定，实行《选址意见书》、《建设用地规划许可证》、《建设工程规划许可证》，即"一书两证"制度。具体审批程序及操作流程如下。

1. 开发项目立项

立项时开发商提供可行性研究报告、项目建议书等文件资料。项目建议书的主要内容有项目建设的必要性和依据，项目的规模、建设地点和初步方案，建设条件分析，投资估算，项目进度，综合效益等。国家发改委根据国家政策，城市规划、年度建设用地计划和市场需求批准、备案，下达《立项批文》。

2. 申请定点

开发商持批准的立项文件、开发建设单位或其主管部门申请用地的函件、工程情况简要说明和选址要求、拟建方案、开发项目意向位置的 1∶2 000 或 1∶500 地形图及其他相关材料，向城市规划管理部门提出开发项目选址、定点申请，由城市规划管理部门审核后向城市土地管理部门等发《征询意见表》。

3. 获得《规划意见书（选址）》

开发商须持政府计划管理部门对建设项目的批准、核准或备案文件，开发建设单位或其主管部门的用地申请（须表述选址要求、拟建项目性质及有关情况），拟建规划设计图（含主要技术经济指标）、开发项目意向位置的 1∶2 000 或 1∶500 地形图及其他相关材料，向城乡规划管理部门提出开发项目选址、定点申请，由城乡规划管理部门审核后向城市土地管理部门等发征询意见表。开发商请有关部门填好征询意见表后，持该征询意见表、征地和安置补偿方案，以及经城市土地管理部门盖章的征地协议、项目初步设计方案、批准的总平面布置图或建设用地图，报城乡规划管理部门审核后，由城乡规划管理部门下发《规划意见书（选址）》。

城乡规划管理部门在《规划意见书（选址）》中，将确定建设用地及代征城市公共用地范围和面积，根据项目情况提出规划设计要求。规划设计要求包括 3 个方面的内容：① 规划土地使用要求（建筑规模、容积率、建筑高度、绿地率等）；② 居住建筑（含居住区、居住小区、居住组团）的公共服务设施配套建设指标；③ 建设项目与退让用地边界、城市道路、铁路干线、河道、高压电力线等距离要求。

4. 获得《建设用地规划许可证》

申领《建设用地规划许可证》时，开发商须持政府计划管理部门对建设项目的批准或备案文件，《规划意见书（选址）》及附图复印件（招拍挂出让土地项目，由土地整理储备机构负责申报、提供）、国土资源行政主管部门《国有建设用地使用权出让合同》及其相关文件（协议出让和招拍挂出让土地项目）、建设用地钉桩成果通知单、按建设用地钉桩成果及绘图要求绘制的 1∶500 或 1∶2 000 地形图等资料，向城乡规划管理部门提出申请。对于通过招拍挂出让方式获得国有建设用地使用权的开发项目，还应该提交建设用地申请文件（须表述取得用地的有关情况）和土地整理储备机构《国有建设用地使用权出让成交确认书》。城乡规划管理部门对建设用地使用性质、建设用地及代征城市公共用地范围和面积审核确定后，颁发《建设用地规划许可证》，主要规定用地性质、位置和界限。

对于划拨用地开发建设项目，开发商在取得《建设用地规划许可证》后，方可向政府土地主管部门申请用地，经县级以上人民政府审批后，由土地主管部门划拨土地。

5. 申请开发土地使用权

城市规划部门对土地的管理只是对土地的利用方式管理，土地管理部门（现在大多数城市为国土资源房屋管理局）是对土地权属进行管理，所以开发企业应向土地管理部门提出用地申请。

城市房地产开发经营管理条例规定：土地出让前，城市建设主管部门或房地产行政主管部门应组织有关部门对项目的规划设计、拆迁安置、开发期限、基础设施和配套的建设、拆迁补偿安置等提出要求，并出具《房地产开发项目建设条件意见书》，其内容作为土地使用权出让合同的必备条款。

6. 领取《房地产开发项目手册》

签订土地使用权出让合同后，开发企业 15 日内到建设主管部门备案，领取《房地产开发项目手册》，开发企业就项目进展情况填入手册，并定期报建设主管部门验核，目的是加强对房地产开发项目的跟踪管理。

7. 拆迁安置

开发企业取得了开发场地后，要对场地上现有的建筑物和构筑物进行拆除，对现有住户进行拆迁安置，以便进行项目的规划、勘查、设计和施工。拆迁安置是一项政策性很强的工作，其依据是中华人民共和国建设部 2005 年 10 月 31 日颁发的《城市房屋拆迁工作规程》（2005 年 12 月 1 日起施行）。

8. 筹集开发资金

房地产开发需要大量资金，仅靠企业的自有资金是远远不够的，必须通过其他途径筹集资金，筹资工作可与其他工作平行进行。

9. 项目规划设计与报建，领取《建设工程规划许可证》

开发商须持《建设项目规划许可及其他事项申报表》、《规划意见书（选址）》及附图复印件或《设计方案审查意见》及附图复印件、国土资源行政主管部门批准用地的文件、有资质设计单位按照《规划意见书（选址）》或《设计方案审查意见》及附图的要求绘制的建设工程施工图（包括图纸目录、无障碍设施设计说明、设计总平面图、各层平面图、剖面图、各向立面图、各主要部位平面图、基础平面图、基础剖面图）、《城市建设工程办理竣工档案登记表》、《勘察、设计中标通知书》（未进行设计方案审查的项目），向城乡规划管理部门提出申请。城乡规划管理部门接此申请后，将负责对相关文件进行与设计方案审查阶段内容相似的审查工作，通过审查后，签发《建设工程规划许可证》。

开发商取得《建设工程规划许可证》后，应按照城市规划监督有关规定，办理规划验线、验收事宜。工程竣工验收后，按规定应编制竣工图的建设项目，须依法按照国家编制竣工图的有关规定编制并报送城市档案馆。

至此，房地产开发将进入建设实施阶段。房地产开发项目审批流程如表 8-1 所示。

表 8-1　房地产开发项目审批流程

序号	审批单位	审批项目	说明	时限
1	招商办	受理	开发商提供土地中标通知书	即办
2	发改委	备案		1 个工作日
3	环保局	环境评估报告	由招商办窗口协调发改委和环保局，下发环境预评估通知书，边审批边评估	1 个工作日
4	规划局	建设工程选址意见书；建设用地规划许可		
5	财政局	建设项目收费（墙改、城建配套、防雷、白蚁防治，人防、散装水泥）		即办
6	国土局	国有土地使用证；建设用地批准书		
7	拆迁办	拆迁许可证	非净地	
8	规划局	建设工程规划许可		
9	市建委	专家图纸审查		
10	质检站	质量监督申请		即办
11	市建委	建筑工程施工许可证、消防支队《建筑工程消防设计审核》		
12	房产局	商品房预售许可		1 个工作日
13	工程验收	建委、规划、质监站、消防、气象、人防、环保组织验收		
14	环保局	排放污染物许可证		3 个工作日
15	房产局	产权、房屋所有权证		

8.2 土地使用权的取得

8.2.1 土地储备与土地一级开发

1. 土地储备

土地储备是指市、县人民政府国土资源管理部门为实现调控土地市场、促进土地资源合理利用的目标，依法取得土地，进行前期开发、储存以备供应土地的行为。该制度的建立旨在加强土地调控，规范土地市场运行，促进土地节约和集约利用，提高建设用地保障能力。

土地储备实行计划管理。年度土地储备计划包括年初与年末土地储备规模、年度前期开发规模和年度供应规模等指标，由地方人民政府相关部门依据当地经济和社会发展规划、土地利用总体规划、城市总体规划、土地利用年度计划和土地市场供求状况等联合编制。

土地储备的范围包括依法收回的国有土地、收购的土地、行使优先购买权取得的土地、已办理农用地转用和土地征收批准手续的土地，以及其他依法取得的土地。纳入储备的土地的前期开发、保护、管理和临时利用，以及为储备土地、实施前期开发进行融资等活动，由土地储备机构负责实施。

土地储备的运作程序有以下 4 个步骤。

（1）收购。这是指土地储备机构根据政府授权和土地储备计划，收回或收购市区范围内国有土地使用权，征收农村集体土地使用权并对农民进行补偿的行为。

（2）开发整理。这是指根据城市总体规划、土地利用总体规划和经济发展的客观需要，对收购得到的土地通过行政、经济、技术和法律的方法有计划地进行旧城区综合改造，如房屋拆迁改造、土地平整归并，进行基础设施建设。

（3）储备。这是指土地储备中心将已经完成土地整理和基础设施建设的"熟地"储备起来，等待供应。

（4）供给。这是指对纳入政府土地储备体系的土地，根据客观需要和土地供应计划，向市场供应。

2. 土地一级开发

土地一级开发是由政府或其授权委托的企业进行土地征收、拆迁、平整，进行地上、地下市政基础设施和社会公共配套设施建设，使土地达到"三通一平""五通一平"或"七通一平"的建设条件活动。土地一级开发的项目实施模式，有政府土地储备机构负责实施并委托开发企业负责土地开发具体管理和授权开发企业负责实施两种模式。

土地储备机构负责实施土地开发时，由土地储备机构负责筹措资金，办理规划、项目核准、土地征收、拆迁和大市政建设等手续并组织实施。土地开发过程中涉及的道路、供水、供电、供气、排水、通信、照明、绿化、土地平整等基础设施建设，可通过公开招标方式选择工程实施单位，开发企业的管理费用不高于土地储备开发成本的 2%。

在政府授权开发企业负责实施土地开发时，由开发企业负责筹措资金，办理规划、项目核准、土地征收、拆迁和大市政建设等手续并组织实施。招标底价包括土地储备开发的预计总成本和利润，利润率不高于预计成本的 8%。

土地储备开发成本包括：① 征收、拆迁补偿费及有关税费；② 收购、收回和置换过程中发生的有关补偿费用；③ 市政基础设施建设有关费用；④ 招标、拍卖和挂牌交易中发生的费用；⑤ 贷款利息；⑥ 土地储备开发供应过程中发生的审计、律师、工程监理等费用，不可预见费及经政府财政和土地主管部门核准的其他支出。

土地储备和土地一级开发模式的建立，推动了公开、公平和透明的土地供应市场建设，改变了传统的开发商取得土地使用权的程序，对房地产开发商或投资者取得土地使用权的成本也产生了很大影响。此外，由于政府土地储备中心所实施的土地一级开发工作，通常将土地开发工作发包给房地产开发商，因此也为房地产开发商参与土地开发创造了市场机会。

8.2.2　房地产开发用地的取得途径

房地产开发用地是指进行基础设施和房屋建设的用地。房地产开发项目土地使用权的取得主要有 4 种方式，即土地使用权出让、转让、划拨和合作。

1. 土地使用权出让

1) 土地使用权出让的含义

土地使用权出让是指国家以土地所有者的身份将土地使用权在一定年限内让与土地使用者，并由土地使用者向国家支付土地使用权出让金的行为。土地使用权的出让应该本着平等、自愿、有偿的原则，由当地政府土地管理部门与土地使用者签订合同。

2) 土地使用权出让的特征

(1) 土地所有权与使用权分离。房地产开发用地仅指取得开发用地的使用权，而不是指取得开发用地的所有权，即土地使用权出让是以土地所有权与使用权的分离为基础的。

(2) 土地使用权出让是有偿的。获得土地使用权的受让者需要支付一定的出让金，这是土地使用权的出让与划拨的显著不同之处。

(3) 土地使用权的出让是有期限的。《中华人民共和国城镇国有土地使用权出让和转让暂行条例》第十二条规定了各类土地的最高出让年限："居住用地为 70 年，工业用地为 50 年，教育、科技、文化、卫生、体育用地为 50 年，商业、旅游、娱乐用地为 40 年，综合或者其他用地为 50 年。"

3) 土地使用权出让的方式

为规范国有建设用地使用权出让行为，优化土地资源配置，建立公开、公平、公正的土地使用制度，国土资源部于 2002 年 4 月颁布了《招标拍卖挂牌出让国有建设用地使用权规定》，并于 2007 年 9 月对该规定进行了修订，形成了新的《招标拍卖挂牌出让国有建设用地使用权规定》。从加强国有土地资产管理、优化土地资源配置、规范协议出让国有建设用地使用权行为的角度出发，国土资源部于 2003 年 8 月颁布了《协议出让国有土地使用权规定》。按照这些规定，工业（包括仓储用地但不包括采矿用地）、商业、旅游、娱乐和商品住宅等经营性用地，以及同一宗地有两个以上意向用地者的，应当以招标、拍卖或挂牌方式出让。不适合采用招标、拍卖或挂牌方式出让的，才允许以协议方式出让。

（1）招标出让国有建设用地使用权。这是指市、县人民政府国土资源行政主管部门（以下简称出让人）发布招标公告，邀请特定或不特定的自然人、法人或其他组织参加国有建设用地使用权投标，根据投标结果确定国有建设用地使用权人的行为。这种方式一般适用于对开发有较高要求的建设性用地。

招标出让的一般程序如下。

① 发布招标公告或通知。土地管理部门向符合条件的单位发出《招标邀请书》或公开向社会发布招标公告。

② 领取招标文件。有意参加的投标者经招标人进行资格审查后，在规定的时间内到指定地点领取招标文件。

③ 投标。投标者在规定的投标日期和时间内到指定的地点将密封的投标书投入标箱，并按土地管理部门的规定交付投标保证金。

④ 决标。土地管理部门会同有关部门聘请专家组成评标委员会，由评标委员会主持开标、验标、评标和决标工作，对有效标书进行评审并确定中标者。在选定中标者后，由土地管理部门签发中标通知书。

⑤ 签订合同。中标人在接到中标通知书后，按规定的时间与土地管理部门签订土地使用权出让合同，并支付全部土地使用权出让金。

⑥ 登记领证。中标人凭土地管理部门出具的《付清地价款》凭证，办理土地使用权登记手续，领取《国有土地使用证》，取得土地使用权。

以招标方式出让土地，是一种有条件、有选择、有控制的市场竞争形式，既体现了国家对土地使用的计划指导，又充分发挥市场机制在土地使用权上的灵活调节功能，具有较大的适应性。

（2）拍卖出让国有建设用地使用权。这是指出让人发布拍卖公告，由竞买人在指定的时间、地点进行公开竞价，根据出价结果确定国有建设用地使用权人的行为。拍卖适用于经济条件好、交通便利、区位优异的地段。

土地拍卖的一般程序如下。

① 发布公告。土地管理部门以公告方式或其他方式发布拍卖消息，告知可以参加竞标的单位和个人。

② 领取拍卖文件。有意参加拍卖竞投者在缴纳保证金后按公告要求领取拍卖文件，并向土地管理部门索取地块资料，以取得正式参加拍卖的权利。

③ 举行拍卖活动。拍卖主持人按公告确定的时间、地点主持拍卖会，简介土地位置、面积、用途、使用年限、规划要求等内容并报出底价，确定最后应价者为受让人。

④ 签订合同。受让人与土地管理部门签订土地使用权出让合同，并按规定的时间交付土地使用权出让金。不能按规定时间交清土地使用权出让金的，土地管理部门有权解除合同。

⑤ 登记领证。受让人交付全部土地使用权出让金后，凭土地管理部门出具的《付清地价款》凭证，办理土地使用权登记手续，领取《国有土地使用证》，取得土地使用权。

与招标、协议方式比较，拍卖是一种竞争激烈的方式。由于其往往导致较高的成交价，所以一般对竞争性强、盈利性大的商业用地，常常采用这种方式。但拍卖的方式必须有一个成熟、完善的市场相配合，因为并非成交价越高越好，只有在完善的市场条件下，才能达到合理的最高价。

（3）挂牌出让国有建设用地使用权。这是指出让人发布挂牌公告，按公告规定的期限将拟出让宗地的交易条件在指定的土地交易场所挂牌公布，接受竞买人的报价申请并更新挂牌价格，根据挂牌期限截止时的出价结果或现场竞价结果确定国有建设用地使用权人的行为。

（4）协议出让国有建设用地使用权。这是指出让人与特定的土地使用者通过协商方式有偿出让国有建设用地使用权的行为。该方式仅当依照法律、法规和规章的规定不适合采用招标、拍卖或挂牌方式出让时，方可采用。即"在公布的地段上，同一地块只有一个意向用地者的，方可采取协议方式出让"，但商业、旅游、娱乐和商品住宅等经营性用地除外。

协议出让的一般程序如下。

① 申请用地。想要以出让方式获得土地使用权者，须持经人民政府批准的投资计划及相关文件，向土地管理部门提交协议受让土地的申请。

② 审查回复。土地管理部门接到提交的文件后，对受让申请及有关资料进行审查，并在规定的时间内给予回复，通知申请人是否同意提供土地。

③ 签订合同。申请人与土地管理部门协商所得的合同草案需由土地管理部门向同级人民政府报批，批准后对外公布，二者正式签订土地使用权出让合同。

④ 登记领证。受让方按土地使用权出让合同的约定付清土地使用权出让金后，到土地管理部门办理土地使用权登记手续，领取《国有土地使用证》，取得土地使用权。

一般来说，协议出让的方式更多地体现了政府的意志，在一定程度上排斥了市场机制的作用，因而它具有较大的垄断性，是一种不发达的土地市场。这种地产经营方式一般适应于国民经济重要部门，用地规模较大的工业项目、事业单位，以及政府为调整经济结构、实施产业政策而需要扶持及优惠的项目。

2. 土地使用权转让

1）土地使用权转让的含义

土地使用权转让是指经出让方式获得土地使用权的土地使用者，通过买卖、赠与或其他合法方式将土地使用权再转移的行为。由此可见，土地使用权的转让经营是在土地使用权出让的基础上，使用权在土地使用者之间的横向流动，它体现了土地使用者之间的经济利益关系。

2）土地使用权转让的条件

世界各国为了防止"炒卖"地皮现象的发生和削弱土地投机的负面效应，都对土地的转让进行了有附加条件的限制，这是国际上通行的对地产市场进行调节和控制的基本方法。我国《中华人民共和国城市房地产管理法》第三十九条规定，以出让方式取得土地使用权的，转让房地产时，应当符合下列条件。

（1）按照出让合同约定已经支付全部土地使用权出让金，并取得土地使用权证书。

（2）按照出让合同约定进行投资开发，属于房屋建设工程的，完成开发投资总额的25%以上，属于成片开发土地的，形成工业用地或者其他建设用地条件。

转让房地产时房屋已经建成的，还应当持有房屋所有权证书。

3）土地使用权转让的原则

（1）"房地产一致"的原则。即当土地使用权发生转让时，转让地上的建筑物和其他附着物也随着发生转让，当地上建筑物或其他附着物的所有者发生转移时，土地使用权也随着转移。

（2）"效益不可损"原则。在进行土地使用权或地上建筑物产生转让时，皆不可损害地上建筑物或其他附着物。

（3）"认地不认人"原则。这是指土地使用者转让土地使用权时，土地使用权出让合同规定的权利和义务同时也随着转移。

4）土地使用权转让的方式

土地使用权转让的方式主要有3种：出售、交换和赠与。

（1）出售。出售是指以出让方式获得土地使用权者，将其土地使用权依法转移给受让人，由受让人向其支付价款的行为。

（2）交换。土地使用权的交换是指双方当事人约定互相转移土地使用权，其本质是一种权利交易。多数情况下，交换的双方都是为了更好地满足自己的经济需要。

（3）赠与。土地使用权的赠与是指赠与人把所有的土地使用权无偿转移给受赠人的行为。

在实际经济生活中，土地使用权还存在其他转让方式，如土地入股联建联营、企业兼并等经营性土地使用权转移方式等，这些方式的实质都是土地使用权的有偿转移。

对于原有划拨土地上的存量房地产，如因企业改制或兼并收购等行为导致产权变更时，需办理土地使用权出让手续。在不改变土地利用条件的情况下，该类土地使用权可采用协议方式获得，即由土地管理部门代表市政府与土地使用者以土地的公告市场价格或基准地价为基准，经过协商确定土地价格，采用国有土地使用权出让、租赁、作价入股或授权经营等方式，对原划拨国有土地资产进行处置，土地使用者获得相应条件下的土地使用权。值得指出的是，随着政府土地储备制度的建立，存量划拨土地使用权，已经成为政府土地储备中心优先收回并纳入储备的重要对象，开发商直接获取该类土地的机会逐渐减小。

3. 土地使用权划拨

1）土地使用权划拨的含义

土地使用权划拨是指经县级以上人民政府依法批准，在土地使用者缴纳补偿、安置等费用后，将该幅土地交付其使用，或者将其土地使用权无偿交付给土地使用者使用的行为。

2）土地使用权划拨的特征

（1）没有明确的期限。

（2）无须支付土地使用权出让金。

（3）不能随意转让、出租和抵押。

3）土地使用权划拨的形式

土地使用权划拨主要有两种形式：第一种是经县级以上人民政府依法批准，在土地使用者缴纳补偿、安置等费用后，将该幅土地支付其使用的形式；第二种是经县级以上人民政府依法批准，将国有土地使用权无偿支付给土地使用者使用的形式。无论是哪一种形式，都无须支付土地使用权出让金。

土地使用者依法取得划拨土地使用权之后，便在法律规定的范围内对划拨的土地享有占有、使用和收益的权利。但同时也必须遵守国家法律、法规的有关规定：土地使用权人不得擅自改变土地用途；如果遇到社会公众利益的需要，土地使用权人有义务服从人民政府收回土地使用权的决定。土地使用权的划拨一般适用于国家机关、军事用地、城市基础设施和公益事业用地，以及国家重点扶持的能源、交通、水利等项目用地。廉租住房和部分经济适用住房项目用地，目前也是通过行政划拨方式供应。以行政划拨方式供应廉租住房和经济适用住房建设用地时，也逐步开始采用以未来住宅租售价格或政府回购价格为标的的公开招标方式。

4）土地使用权划拨的审批权限

根据土地地块的大小，征用土地的审批权由各级人民政府掌握，具体标准如下。

（1）基本农田，基本农田以外的耕地超过35公顷的，其他土地超过70公顷的，由国务院批准。

（2）征用省、自治区行政区域内的土地，由省、自治区人民政府批准。

（3）征用耕地3亩以下，其他土地10亩以下，由县级人民政府批准。

4. 与当前土地使用权拥有者合作

由于各种各样的原因，在房地产市场上有许多拥有土地使用权的机构在寻求合作者。因此，对于拥有资金但缺少土地的开发商来说，通过土地转让、公司入股、并购或合伙等方式，与当前土地使用权拥有者合作，也是获取土地的一种重要方式。

8.3　房地产项目的征地拆迁

征地、拆迁工作是房地产开发建设的基础工作，其涉及面广、政策性强，应服从于城市建设，其规模应与城市的经济发展水平相适应。征地与拆迁工作涉及的土地权属不同，征地是指征用农村集体所有的土地，需要首先改变土地所有制的性质，变集体所有制性质为国家所有制，其次再改变土地的使用方式；而拆迁主要是指国家按有关法定程序收回土地使用权或改变使用性质时，对土地上附着物和房屋原用户、住户进行的拆迁、安置和补偿。

8.3.1　土地征用

城市化进程不断加快，原有城市规模将不再适应现有城市的发展需要，必将导致城市规模的扩大，这就要在原有城市的周围进行扩建。当在农村集体土地上从事房地产项目的开发建设时，就涉及土地的征用，即通过征地，先将集体土地变为国有土地，建设单位再通过出让或划拨获得土地使用权。

1. 土地征用的含义

征地是指政府按照法律规定的程序和条件，将农村集体所有土地转变为国家所有的行为。在征地过程中需支付一定的补偿费，并对原集体所有土地上的人员进行妥善安置。

2. 土地征用的基本程序

1）申请选址

符合条件的用地单位必须持经过批准的有关文件（可行性研究报告、初步设计批复文件、设计图等），向征地所在地的县、市土地管理机关申请，由土地管理部门估算面积，经政府同意后，进行定点选址。

2）商定补偿安置方案

建设用地选定后，由所在地的土地管理部门组织建设用地单位、被征地单位和有关部门共同拟订土地补偿方案，草签补偿安置协议，并报同级政府审批。禁止用地单位与被征地单位之间直接商定征地条件。《中华人民共和国土地管理法》规定：国家建设征用土地，由用地单位支付土地补偿费和安置补偿费，同时还要通过土地管理部门向税务局或财政局缴纳有关税费。

3）核定用地面积

初步设计经批准后，用地单位持有关批准文件和总平面布置图或建设用地图，向所在地土地管理部门正式申报建设用地面积，按照规定的权限经政府审批核定后，由土地管理部门主持，用地单位与被征地单位正式签订征用土地协议，同时填写《国家建设征用土地报批表》。

4）出让或划拨

土地征地申请和协议经批准后，土地管理部门向用地单位核发用地许可证，并根据建设进度计划一次或分期出让或划拨土地。

5）颁发土地使用证

工程项目建成后，建设项目的主管部门应立即组织有关部门验收，由土地管理部门核查实际用地，经认可后，办理土地登记手续，核发国有土地使用证，作为用地的法律凭证。

上述程序主要适用于新区大面积建设用地，对小型及民用建设项目的程序可以简化。

3. 征地的费用

根据《中华人民共和国土地管理法》和其他相关法规的规定，建设征地费用包括以下几个主要部分。

1）土地补偿费

土地补偿费是对农村集体经济组织因土地被征用而造成的经济损失的一种补偿，只能由被征地单位用于再生产投资，不得付给农民个人。

1998年修订后的《中华人民共和国土地管理法》第四十七条规定：征用土地的，按照被征用土地的原用途给予补偿。征用耕地的补偿费，为该耕地被征前3年平均年产值的6～10倍。征收其他土地的土地补偿费和安置补助费标准，由省、自治区、直辖市参照征收耕地的土地补偿费和安置补助费的标准规定。

2）青苗补偿费

青苗补偿费是因征地时对其正在生长的农作物受到的损害而作出的一种赔偿。视开始协商征地方案前地上青苗的具体情况确定。只补一季，无青苗者则无该项补偿。在农村实行承包责任制后，农民自行承包土地的青苗补偿费应付给本人，属于集体种植的青苗补偿费可纳入当年集体收益。

已征用的土地上长有育苗的，在不影响工程正常进行的情况下，应等待农民收获，不得铲毁；不能收获的，应由用地单位按在田作物一季产量、产值计算，给予补偿，具体补偿标准由各省、自治区、直辖市规定。值得注意的是，在办理征用手续时，应明确移交土地的时间，使当地村组及早准备，以免造成过多的损失，凡在协商征地方案后抢种的农作物、树木等，一律不予补偿。

3）地上附着物补偿费

地上附着物是指房屋、水井、树木、涵洞、桥梁、公路、水利设施、林木等地面建筑物、构筑物、附着物等。视协商征地方案前地上附着物价值与折旧情况确定。应根据"拆什么，补什么；拆多少，补多少，不低于原来水平"的原则确定。如附着物产权属个人，则该项补助费付给个人。地上附着物的补偿标准，由省、自治区、直辖市规定。

4）安置补助费

安置补助费用发给安置被征地劳动力的单位。作为劳动力安置与培训的支出，以及作为不能就业人员的生活补助。该项费用应支付给被征地单位和安置劳动力的单位，不得挪作他用或私分。

根据《中华人民共和国土地管理法》规定，征收耕地的安置补助费，按照需要安置的农业人口数计算。需要安置的农业人口数，按照被征收的耕地数量除以征地前被征收单位平均每人占有耕地的数量计算。每一个需要安置的农业人口的安置补助费标准，为该耕地被征收前3年平均年产值的4～6倍。但是，每公顷被征收耕地的安置补助费，最高不得超过被征收前3年平均年产值的15倍。依照规定支付的安置补助费，尚不能使需要安置的农民保持原有生活水平的，经省、自治区、直辖市人民政府批准，可以增加安置补助费。但是，土地补偿费和安置补助费的总和不得超过土地被征收前3年平均年产值的30倍。

5）新菜地开发建设基金

新菜地开发建设基金是指征用城市郊区商品菜地时支付的费用。这项费用交给地方财政，作为开发建设新菜地的投资。

这里所指的菜地，是指城市郊区为供应城市居民蔬菜，连续 3 年以上常年种菜或养殖鱼、虾等的商品菜地和精养鱼塘。1 年只种 1 茬或因调整茬口安排种植蔬菜的，均不作为需要收取开发基金的菜地。征用尚未开发的规划菜地，不缴纳新菜地开发建设基金。在蔬菜产销放开后，能够满足供应，不再需要开发新菜地的城市，不收取新菜地开发基金。

6）耕地占用税

耕地占用税是对占用耕地建房或从事其他非农业建设的单位和个人征收的一种税收，目的是合理利用土地资源，节约用地，保护农用耕地。

耕地占用税征收范围不仅包括占用耕地，还包括占用鱼塘、园地、菜地及其农业用地建房，或者从事其他非农业建设，均按实际占用的面积和规定的税额一次性征收。其中，耕地是指用于种植农作物的土地。占用前 3 年曾用于种植农作物的土地也视为耕地。

8.3.2　拆迁安置

如前所述，拆迁是因房地产开发项目需要而对在开发区内属他人所有或使用的房地产权益，依照有关法律、法规和规章的规定而实施的依法转移房地产权益的行为过程。由于拆迁过程要涉及多方面的权益，各方面矛盾相对突出，因此拆迁工作是房地产开发项目至关重要的一项工作。

1. 拆迁的基本程序

1）申请规划用地许可证

拆迁人必须向县级以上人民政府的城市规划管理部门申请建设用地规划许可证，经核准后，由城市规划管理部门核发建设用地规划许可证，确定拆迁的地域范围。

2）编制拆迁计划与方案

领取建设用地规划许可证后，拆迁人要编制拆迁计划和方案，确定拆迁方式、拆迁进度等内容。

3）申请房屋拆迁许可证

拆迁人须持下列文件和材料，向拆迁房屋所在地的房地产主管部门申请拆迁许可证。

（1）建设项目的计划批准书。

（2）建设用地的规划许可证。

（3）省、市规定的相当级别人民政府的土地使用批准文件。

（4）拆迁计划和拆迁方案。

4）核发房屋拆迁许可证

房地产行政主管部门接到房屋拆迁申请后，验证有关文件和材料，核发房屋拆迁许可证。

5）委托代办单位

当建设单位采用委托拆迁形式时，应按照房屋拆迁法规定办理委托手续，并向代办单位缴纳一定比例的代办费，由受托单位具体实施拆迁。

6）发布公告

房地产行政主管部门核发拆迁许可证后，应在房屋拆迁范围内，将拆迁人、拆迁范围、拆迁期限等以公告或其他形式公布，并及时做好宣传解释工作。

7）签订拆迁、安置补偿协议

拆迁人必须对被拆迁人进行安置、补偿，被拆迁人必须执行批准的拆迁决定。拆迁人与被拆迁人必须在拆迁管理部门规定的拆迁期限内就有关问题签订书面协议，以协议书形式确定当事人双方的权利和义务。其主要条款有补偿形式、补偿金额、安置地点、安置面积、搬迁过渡方式、过渡期限、违约责任，以及当事人认为需要订立的其他条款。

8）动迁

建设单位在领取拆迁许可证后，即可动迁。拆迁人如需延长拆迁时间，应经房地产主管部门批准，并报上级房地产主管部门备案。对于拆除由房地产管理部门代管的房屋和有产权纠纷或产权归属不明的房屋，由拆迁人会同房屋拆迁行政主管部门及公证处，对被拆迁房屋拍摄照片，记录详情，进行估价，并将有关材料妥善保存，以便备查。

9）实施房屋拆迁

（略）

2. 房屋拆迁补偿

1）补偿对象

房屋拆迁将对被拆除房屋的所有人造成一定的财产损失。因此，拆迁补偿的对象应是被拆除房屋及其附属物的所有人，包括产权人、代管人和国家授权的国有房屋及其附属物的管理人。

2）补偿形式

房屋拆迁补偿主要有以下 3 种形式。

（1）产权调换。产权调换是指拆迁人以原地或异地建设的房屋补偿给被拆迁房屋的所有人，继续保持其对房屋的所有权。产权调换的面积按照被拆迁房屋的建筑面积计算。

（2）作价补偿。作价补偿是指拆迁人将拆除房屋的价值，以货币结算的方式补偿给被拆迁房屋的所有人。作价补偿金额的计算，按照被拆除房屋建筑面积的重置价格结合成新计算。

（3）产权调换和作价补偿相结合。产权调换和作价补偿相结合是指拆迁人按照被拆除房屋的建筑面积数量，以其中一定面积的房屋补偿被拆迁房屋的所有人，其余面积按照作价补偿折合成货币支付给被拆迁房屋的所有人。

3）补偿标准

（1）产权调换的补偿标准。产权调换的补偿标准按照被拆除房屋的建筑面积计算，即采取产权调换方式的补偿标准是被拆除房屋的原建筑面积。其中，偿还面积与原面积相等的部分，按重置价格计算结构差价；偿还面积超过原面积部分，按商品房价格结算；偿还面积不足原面积部分，按重置价格结合成新结算。

（2）作价补偿的补偿标准。作价补偿的补偿标准按照被拆除房屋建筑面积的重置价格结合成新计算。实行作价补偿的，应由房屋所在地的房地产管理部门或法定的评估机构对被拆除房屋进行评估，以评估的价格作为计算的依据。作价补偿的标准不允许当事人协商。

4）补偿的几种特殊情况

（1）拆除出租住宅房屋的，应当实行产权调换，原租赁关系继续保持，因拆迁而引起变动原租赁合同条款的，应当进行相应的修改。

（2）拆除有产权纠纷的房屋，在房屋拆迁主管部门公布的规定期限内纠纷未解决的，由拆迁人提出补偿安置方案，报县级以上人民政府房屋拆迁主管部门批准后实施拆迁。

（3）拆除设有抵押权的房屋。对拆除设有抵押权的房屋实行产权调换的，抵押人在房屋拆迁主管部门公布的规定期限内达不成抵押协议的，由拆迁人参照有产权纠纷房屋的拆迁补偿规定实施拆迁。拆除设有抵押权的房屋实行作价补偿的，由抵押权人和抵押人重新设立抵押权，或者由抵押人清偿债务后，再给予补偿。

3. 房屋拆迁安置

1）安置对象

拆迁人在拆迁活动中除了对被拆迁房屋的所有人给予补偿外，还应对被拆除房屋的使用人给予安置，以切实保障被拆除房屋使用人的使用权。由此可见，安置的对象是被拆除房屋的使用人，而不是所有人。

2）安置形式

（1）一次性安置。一次性安置是指被拆除房屋的使用人直接迁入安置房，没有周转过渡期，拆迁人与被拆迁安置对象就房屋问题一次处理完毕。

（2）过渡安置。过渡安置是指拆迁人不能一次解决安置用房，可以由拆迁人先对被拆迁安置对象进行临时安置，过一段时间后再迁入安置房。因此，临迁房的提供和过渡期的长短在过渡安置中就是重点要解决的问题。

3）安置标准

拆迁安置的标准因被拆除房屋性质的不同而有所区别。

（1）拆除非住宅房屋，按照原建筑面积安置。

（2）拆除住宅房屋，由省、自治区、直辖市人民政府根据当地实际情况，按照原建筑面积，也可以按照原使用面积或原居住面积安置。

对按照原面积安置住房有困难的被拆除房屋使用人，可以适当增加安置面积。

4）安置费用

安置费用包括搬家补助费、临时安置补助费和经济损失补偿费。

（1）搬家补助费是被拆迁人因原居住房屋被拆除，须迁移他处居住，在搬家过程中发生的费用。此项费用由拆迁人负担。

（2）临时安置补助费是对被拆迁人因迁离原居住地而在生活上所增加的一些额外支出费用的补偿。临时安置补助费的补助对象主要是自行安排住处的被拆迁房屋使用人。

8.4　房地产开发项目的工程勘察、设计

勘察、设计是房地产项目前期准备工作至关重要的一步，它是规划设计、基础设施建设和项目建设的基础。

工程勘察是指为满足工程建设的规划、设计、施工、运营和综合活动等方面的需要，对地形、地质和水文等状况进行测绘勘探、测试，并提供相应成果和资料的活动。岩土工程中的勘测、设计、处理、监测活动也属工程勘察范畴。

工程设计是指运用工程技术理论及技术经济方法，按照现行技术标准，对新建、扩建、改建项目的工艺、土建工程、公用设施、环境保护等进行综合性设计及技术经济分析，并提供作为建设依据的设计文件和图纸的活动。

工程建设是房地产开发项目运作过程中最为具体的一个阶段。在工程建设的各个环节中，勘察是基础，是设计的依据，而设计是整个工程建设的灵魂，它们对工程的质量和效益都起着至关重要的作用，因此勘察、设计是房地产开发项目的一个重要组成部分。

8.4.1　工程勘察工作

勘察工作是设计前必须做好的准备工作，它是设计、施工的基础，是工程建设的先行工作。

1. 勘察工作的主要任务和目的

勘察工作的主要任务是正确反映地形、地质情况，确保原始资料数据的准确性，结合实际地质情况和开发项目的具体要求，提出明确的评价、结论和建议；体现国家可持续发展的战略，做好环境地质的评价工作。

勘察工作的目的是为设计、施工提供精确的原始资料、数据，使设计、施工工作得以顺利进行，在保证开发项目结构安全、质量优良的前提下，最大限度地节省投资、降低造价，为项目开发创造良好的经济效益。

2. 勘察工作的主要程序

(1) 承接勘察任务。

(2) 搜集已有资料，包括与该区相邻地质资料以备校核。

(3) 现场踏勘，编制勘察纲要。

(4) 出工前的准备。

(5) 野外调查、测绘、勘探。

(6) 试验、整理数据、分析资料。

(7) 编制图样及编制勘察报告。

3. 勘察过程的分类

根据勘察数据的用途，可将勘察过程分为以下几类。

(1) 资料分析。资料分析是对工程的稳定性和适宜性作出评价，编制反映地形、地貌

1：5 000的地形图，为选择场址提供资料。这类勘察称为选择场址勘察。开发商一般可通过规划部门的地形图获知。

（2）初步勘察。初步勘察一般在选择场址勘察之后进行。对场地的稳定性、是否适宜建设作出地质评价，提出1：2 000的地形图作为建设总平面布置、主要建筑场地地基基础设计的依据。

（3）详细勘察。详细勘察是在初步勘察的基础上对建筑场地进行进一步勘察，作出工程地质评价，为地基基础设计的地基处理与加固、不良地质现象防治提供地质资料并绘出1：1 000的地形图。

（4）施工勘察。施工勘察是指在地质比较复杂，工程要求较高的情况下，对与施工有关的工程地质问题进行勘察，为制订施工方案提供相应的工程地质资料，但多数开发项目都不会进行施工勘察。

由以上所述可知，这几种勘察过程由粗到细，逐步为工程建设提供了详细的相关数据，这样才能保证开发项目的工程质量。

4. 勘察工作的原则

（1）勘察工作必须遵守国家的法律、法规，贯彻国家有关经济建设的方针、政策和基本建设程序，特别要贯彻执行提高经济效益和促进技术进步的方针。

（2）勘察成果要反映客观地形、地质情况，确保原始资料的准确性，结合工程具体特点和要求提出明确的评价、结论和建议。

（3）勘察工作既要防止技术保守或片面追求产值，任意加大工作量，又要防止不适当地减少工作量而影响勘察成果的质量，给工程建设造成事故或浪费。

（4）要积极采用新理论、新技术、新方法、新手段。应结合工程和勘察地区的具体情况，因地制宜地采用先进可靠的勘察手段和评价方法，努力提高勘察水平。

（5）勘察工作不仅要评价当前环境和地质条件对工程建设的适应性，而且要预测工程建设对地质和环境条件的影响，要从环境出发，做好环境地质评价工作。

（6）勘察工作前期应全面搜集、综合分析、充分使用已有的勘察资料。

（7）要加强对勘察职工安全生产教育，严格遵守安全规程，防止人身、机具和工程事故。

5. 勘察工作的具体内容

1）地形测量

依据国家相关规范、标准、规定，使用测量工具，运用测量方法，将地表面上的各种地形沿铅垂方向投影到水平面上，按一定比例尺缩小绘制成图，称之为地形图。地形图的绘制是地形测量中的重要组成部分。地形测量的范围应包括整个建筑工地及全部有关的重要地段。在地形测量中，要特别注意搜集区域地质、地形、地貌、地震、矿产及附近地区的工程地质资料，并进行全面分析，最好能够从以往的工程施工中吸取经验和教训，以便及早采取相应措施。

2）工程勘察

地质钻探、挖探槽是工程地质勘察常用的两种方式。通过这两种方式，可以查明建筑场地的土质、构造、地层和地基的承载能力及稳定性状况、岩石的性质、土壤的性质、地下水状况等。在进行建筑物基础管网设计时，这些资料都可以作为依据。

3）地下水、地表水的勘探

在施工前，必须查明地下水在不同时期的水位变化、流动方向，水的化学成分，能否与混凝土发生化学反应，是否会引起钢筋锈蚀，以及地层的透水性，以确定施工方案。同时也应查明附近河流、湖海的水流量和水位等资料，为在夏季施工时的防洪排水提供依据。

4）气象调查

气象调查因地区不同、季节变化而会有大相径庭的结果。其内容应该包括空气的湿度、温度，以及风向、雨雪、不冻季节的延续、冻土层的深度等资料，为设计和施工提供依据。

8.4.2　工程设计工作

项目开发商一般以各种方式参与设计工作的全过程，同时把自己的精神和理念贯彻于设计之中，因而设计工作是房地产开发成果"具体化"和"形象化"最为重要的步骤。设计工作一般通过委托或招标等方式选择技术力量雄厚、设计质量优良的设计部门来完成。

1. 设计工作的原则和依据

1）设计工作的原则

（1）要遵守国家的法律、法规，贯彻执行国家经济建设的方针、政策和基本建设程序，特别应贯彻执行提高经济效益和促进技术进步的方针。

（2）要采取节约能源的措施，对北方需要供暖设施的开发项目要提倡区域性供热，重视余热利用。

（3）应积极改进工艺，采用行之有效的技术措施，防止各种有害因素对环境的污染，并进行综合治理和利用，使设计符合国家规定的标准。

（4）开发项目的选址必须因地制宜，提高土地利用率。应尽量利用荒地、劣地，不占或少占耕地。总平面图的布置要紧凑合理。

（5）引进国外先进技术必须符合我国国情，着眼于提高国内技术水平和制造能力。凡引进技术、进口关键设备能满足需要的，就不应引进成套项目；凡能自行设计或合作设计的，就不应委托或单独依靠国外设计。

（6）要坚持经济适用、美观实用并保证安全的原则。

（7）要合理设计户型、日照间距、外立面等居民密切关心的内容，以有利于将来开发物业的出租或出售。

2）工程设计的依据

进行工程设计、编制设计文件的主要依据是项目建议书。在有条件的情况下，设计单位应该积极参与项目建议书的编制、建设地址的选择、建设规划的制定和试验研究等设计的前期工作。对于重点项目，在项目建议书批准前，可根据长远规划的要求进行必要的资源调查、工程地质和水文勘察、经济调查和多种方案的技术经济比较等方面的工作，从中了解和掌握有关情况，收集必要的设计基础资料，为编制设计文件做好准备。

2. 工程设计阶段和内容

1）设计阶段

根据《基本建设设计工作管理暂行办法》的规定，设计阶段可根据建设项目的复杂程度决定。

（1）一般建设项目。一般建设项目的设计可按初步设计和施工图设计两个阶段进行。

（2）技术复杂的建设项目。技术上复杂的建设项目可增加技术设计阶段，即按初步设计、技术设计、施工图设计 3 个阶段进行。

2）设计各阶段内容及深度

（1）初步设计。初步设计一般应包括以下文字说明和图样：设计依据、设计指导思想、产品方案、各类资源的用量和来源、主要建筑物和构筑物、公用及辅助设施、新技术采用情况、外部协作条件、占地面积和土地利用情况、综合利用和"三废"治理、抗震和人防措施、各项技术经济指标、建设顺序和期限、总概算等。初步设计的深度应满足以下要求：设计方案的比较选择和确定、主要设备和材料的订货、土地征用、基建投资的控制、施工图设计的编制、施工组织设计的编制、施工准备等。

（2）技术设计。技术设计的内容由有关部门根据工程的特点和需要自行制定。其深度应能满足确定设计方案中重大技术问题和有关试验、设备制造等方面的要求。

（3）施工图设计。施工图设计应根据已获批准的初步设计进行。其深度应能满足以下要求：设备、材料的安排和非标准设备的制作，施工图预算的编制，施工要求等。

3. 设计工作的基本内容

1）总体设计

总体设计一般由文字说明和图样两部分组成。其内容包括建设规模、产品方案、主要建筑物及构筑物、公用和辅助工程、"三废"治理及环境保护方案、占地面积估计、总图布置、工程进度和配合要求、投资估算等。

2）单体设计

单体设计应该在总体设计的指导下，以统一规划为前提，对建筑物的立面造型、使用功能、装饰装修等方面进行具体的设计。其内容包括建筑层数、层高、户型、各种管线及通道走向、建筑物外立面颜色、玻璃幕墙的选择应用等。单体设计要在可能的条件下注意美观的原则。

3）建筑构造设计

建筑材料的选择、建筑结构形式等都属于构造设计。以住宅建筑工业化体系为例，其结构形式大致可分为以下三大类。

（1）全装配式结构，包括大板建筑、砌块建筑、预制框架轻板建筑和盒子结构建筑等。这种结构的优点是工业化程度高，施工速度快，受季节影响小，有利于利用工业废料；其缺点也很明显，主要是一次投资量大，运费、造价高。

（2）大模结构，包括大模板、滑模、隧道模和升板等建筑结构。这种结构的优点是整体性好、工艺灵活、节省运费；其缺点是钢筋、水泥用量较多，造价较高。

（3）装配式整体结构，包括内浇外砌、内浇外挂和"一模三板"等建筑结构。这种结构整体性好，造价也较低，适应性强，能因地制宜，且可与大模板结合，为各城市所乐于采用。

4）抗震设防

地震烈度为6度及6度以上地区和今后有可能发生破坏性地震地区的所有新建、改建、扩建工程都必须进行抗震设防。工程项目的设计文件应有抗震设防的内容，包括设防的依据、设防的标准、方案论证等。工程勘察、设计单位应按规定的业务范围承担工程项目的抗震设计，严格遵守现行抗震设计和规范的有关规定。新建工程采用新技术、新材料和新结构体系，均应通过相应级别的抗震性能鉴定，符合抗震要求，方可采用。

8.5　房地产项目的规划设计

8.5.1　房地产项目规划设计的基本原则

对于不同类型、不同规模的房地产项目，其规划设计有不同的具体要求。总体而言，房地产项目的规划设计应遵循以下基本原则。

1. 符合城市总体布局，完善城市结构

1）城市布局结构的基本形式

我国城市布局结构的基本形式有以下几种。

（1）圈层布局结构。城市中心区一般为商业中心和行政中心。这种布局结构的特点是工业区与房地产项目相邻或相互包围，中心区的交通拥挤，人口密度高，城市活动半径基本上是圆半径。

（2）放射状布局结构。城市以交通干线为轴，由市中心向周围辐射，形状如手指状或扇形。这种布局结构的特点是中心商业区位于市中心，房地产项目与工业区交叉布局，由于交通干线向各个方向辐射，中心区交通比较便捷，人口分布均匀。城市活动半径基本上是由辐射线的远端至市中心的距离。

（3）带形布局结构。城市沿河流两岸或矿床带，向两个相反方向延伸，呈带状。这种布局结构的特点是带状纵向跨度大，横向跨度小，工业区与房地产项目距离较近，商业中心和行政中心位于市中心区，人口分布较均匀，但边缘区交通不够方便，城市活动半径基本上是长边最远的端头到中心的距离。

（4）分散式布局结构。以上3种形式的布局结构都是连成整体的，而分散布局则不连片，其间有农田或森林、河流等阻碍。这种布局结构的特点是各区功能相互独立，形成几个小镇聚集成为城市的布局结构。以其中某大镇为行政中心和商业中心，主要交通干道将各小

镇与中心区连接。房地产项目范围大,工业区较分散,生态环境较好,城市活动半径的含义与上述连片整体的市区不同,主要是指各镇区内的活动半径。

2) **房地产项目建设应符合该城市的布局结构**

以上所分析的实际上只是一些比较典型的城市布局结构形式。而对于一个具体的城市,其布局结构都具有不同的个性,都具有有长处和短处。对于不同性质、规模和自然地理条件的城市,所选择的发展布局结构是不可能完全相同的。因此,这就要求房地产项目的规划设计首先要符合这个城市的布局结构的要求和思想意图。这里包含着两层含义:① 房地产项目应符合城市总体的布局结构;② 房地产项目的布局结构也应与城市布局结构的思想相一致。

强调房地产项目规划设计,以及建设符合城市布局结构,其原因是城市布局结构是构成良好城市环境的关键,是功能组织良好的标志,离开合理的布局结构不可能建设一个良好的城市。房地产项目建设应起补充、完善城市布局结构的作用,进一步加强城市的职能,使城市的功能更加完善。

2. 丰富和创造最佳的城市空间环境

对于房地产项目的规划设计,不但要创造自身的优良空间环境,同时还要与城市整体相联系,运用城市设计的思想和方法,创造一个完整、统一、美好的城市空间环境。

1) **房地产项目的环境是城市空间环境的组成部分**

由于房地产项目是城市的一个组成部分,尤其是那些用地与城市关系密切的房地产项目,空间环境形象直接影响城市的整体形象。许多城市的房地产项目是在城市布局的重要位置上,它的布局及空间环境直接影响着城市的整体布局结构和城市的空间环境。因此,房地产项目的空间环境及建筑形象与城市的空间环境是不可分割的整体,在规划设计房地产项目空间环境时必须考虑与城市的关系,并使之为城市面貌的改善起积极作用。

2) **空间环境规划设计的要点**

城市空间环境的规划设计包括两个方面:一方面,城市和房地产项目空间环境的使用功能是多种多样的,但根本的使用功能要求是为城市中的人服务的,是以人的要求和人的使用为依据的;另一方面,城市如同建筑一样,是技术和艺术的统一,空间环境的艺术特征和美观要求是满足人们精神功能的要求,也是不可忽视的因素。

空间环境规划设计就是创造满足人们生存要求的物质功能和满足人的心理要求的精神功能相统一的城市空间环境。

3. 房地产项目规划设计应满足的其他要求

1) **使用要求**

满足居民生活的多种需要,为居民创造一个方便、舒适的生活居住环境,这是衡量居住区规划设计优劣的基本条件。

2) **卫生要求**

为居民创造一个卫生、安静的居住环境,要有良好的日照、通风,防止噪声和空气的污染。

3）安全要求

为居民创造一个安全的居住环境，要能适应可能引起的灾害发生的特殊情况，如火灾、地震等，以利于防止灾害发生和减少灾害的危害程度。

4）经济要求

在确定居住建筑标准、公共建筑规模时，应符合实际经济条件，与当时当地的建设投资、经济、生活条件相适应。规划设计要为建设的经济可行创造条件，降低房地产项目造价，节约用地。

5）施工要求

房地产项目规划设计应考虑施工条件，有利于施工的组织和经营。

6）美观要求

房地产项目是城市建设量最大的项目，它的形成对城市面貌起着重要的影响作用。旧居住区改造是改变城市面貌的一个重要方面。因此，为创造一个优美的居住环境和城市面貌，规划设计必须满足美观的要求。

8.5.2 房地产开发项目规划设计的内容

1. 建筑规划设计

1）建筑类型的选择

房地产项目的建筑类型直接影响工作、生活，同时也是决定建设投资、城市用地和城市面貌的重要因素。因此，建筑类型的选择在满足城市规划要求的同时，也要综合考虑项目自身的技术经济条件，决定具体的建筑物类型，如对住宅项目是选择超高层、多层还是别墅群建筑。

2）建筑布局

建筑容积率是居住区规划设计方案中主要的技术经济指标之一。一般规划建设用地范围内的总建筑面积乘以建筑容积率就等于规划建设用地面积。

规划建设用地面积是指允许建设的用地范围，其居住区外围的城市道路、公共绿地、城市停车场等均不包括在内。建筑容积率和居住建筑容积率的概念不同，前者包括了用地范围内的建筑面积，而建设用地面积相同，因此指标的数值上前者高于后者。

容积率高，说明居住区用地内房子建得多，人口密度大。一般居住区内的楼层越高，容积率也越高。以多层住宅（6层以下）为主的居住区容积率一般在1.2～1.5，高层、高密度的居住区容积率往往大于2。在房地产开发中，为了取得更高的经济效益，一些开发商千方百计地要求提高建筑高度，争取更高的容积率。但容积率过高，会出现楼房高、道路窄、绿地少的情形，将极大地影响居住区的生活环境。

容积率只是一个简单的指标，有些项目虽然容积率不高，但是为了增大中庭园林或是闪避地下车库，而使得楼座拥挤一隅也是不可取的。

在房地产项目规划中，应使住宅布局合理。为保证每户都能获得规定的日照时间和日照质量，要求条形住宅纵向外墙之间保持一定距离，即为日照间距。北京地区的日照间距条形住宅采用 1.6～1.7 h（h 为前排住宅檐口和后排住宅底层窗台的高差）。塔式住宅采用大于或等于 1 h 的日照间距标准。如果住宅的日照间距不够，北面住宅的底层就不能获得有效日照。

3）配套公建

居住区内配套公建是否方便合理，是衡量居住区质量的重要标准之一。稍大的居住小区内应设有小学，以排除城市交通对小学生上学路上的威胁，且住宅离小学校的距离应在 300 米左右（近则扰民，远则不便）。菜店、食品店、小型超市等居民每天都要光顾的基层商店等配套公建，服务半径最好不要超过 150 米。

4）环境小品

居住区环境小品内容丰富，主要包括建筑小品、装饰小品、公用设施小品和游憩设施小品等。对其规划设计主要有以下几点基本要求。

（1）整体性。即符合居住区环境设计的整体要求及总的设计构思。

（2）实用性。即满足使用要求。

（3）艺术性。即达到美观的要求。

（4）趣味性。即要有生活情趣。

近年来，房地产开发商越来越注重环境小品的规划设计，成为居住小区室外环境规划设计的重要内容，结合园林绿地规划，可以起到良好的美化环境作用。

5）居住建筑的规划布置原则

房地产项目规划设计在居住建筑群体的布置方面应遵循以下原则。

（1）要有适当的人口规模。多层住宅组团以 500 户左右为宜，高层住宅的组团户数可多一些。住宅组团的公共服务设施的服务半径以 100 米左右为宜。

（2）日照充分。大部分住宅应南北向布置，小部分东西向排列，使每套住宅都有一两间能满足日照要求。保证住宅之间的日照间距，尽量减少遮挡。

（3）通风良好。住宅布置应保证夏季有良好的通风，冬季防止冷风直接灌入，并有利于组团内部的小气候条件的改善。

（4）安静整洁。排放污染物的建筑，如饭店、锅炉房等，不应紧靠住宅群。住宅区级道路只为住宅区内部服务，不能作为过境交通线。垃圾站与住宅楼要保持一定距离。

（5）美观舒适。要有一定的绿化面积，布置建筑小品，开辟儿童及老人的休息场所，创造优美的居住外环境。

6）居住建筑的布置形式

居住建筑群体的平面组合的基本形式有以下几种。

（1）行列式。按一定的朝向和间距成排布置住宅建筑。大部分是南北向重复排列，其优点是每户都有好的朝向，施工较方便，但形成的空间比较单调。

（2）周边式。沿街坊或院落周围布置。其优点是内庭院有封闭的空间感，比较安静，土地利用率高，但其中部分住宅的通风及朝向均较差。

（3）混合式。采用行列式和周边式相结合的方法布置住宅建筑，可以取两种形式之长，形成半敞开式的住宅院落，是较理想的布置形式。

（4）自由式。结合地形地貌、周围条件，成组自由灵活的布置，以追求空间的变化和较大的绿化、活动空间。灵活布置还有利于取得良好的日照和通风效果。

2. 房地产项目道路规划

1）房地产项目道路功能

房地产项目道路是城市道路系统的组成部分，不仅要满足房地产项目内部的功能要求，而且要与城市总体取得有机的联系。房地产项目道路的内部功能要求包括以下几方面。

（1）满足居民日常生活方面的交通活动需要。例如，职工上下班、学生上下学，购物及生活其他活动，一般以步行或骑自行车为主。

（2）方便市政公用车辆的通行。例如，邮电传递；消防、救护车辆的通行；家具的搬运；垃圾的清除等。

（3）满足货运需要。例如，房地产项目内公共服务设施及街道工厂货运交通的需要。

2）房地产项目道路规划原则

（1）房地产项目道路主要为区内服务，不应有过境交通穿越，以保证房地产项目内居民的安全和安宁。内部不应有过多的车道出口通向城市干道，出口间距不小于 150 米。

（2）道路走向应符合人流方向，方便居民出入。住宅与车站的距离不宜大于 500 米。

（3）尽端式道路长度不宜超过 200 米，在尽端处应留有回车空间。

（4）住宅单元人口至最近车行道之间的距离一般不宜超过 60 米，如超出时，宅前小路应放宽到 2.6 米以上，以便必须入内的车辆通行。建筑物外墙与行人道边缘距离应不小于 1.5 米，与车行道边缘应不小于 3 米。

（5）道路应结合地形布置，尽可能结合自然分水线和汇水线设计，以利于排水和减少土石方工程量。

（6）在旧住宅区改造时，应充分利用原有道路系统及其他设施。

3. 房地产项目绿化规划

1）房地产项目绿化系统分类

（1）公共绿地。公共绿地包括房地产项目公园、居住小区公园、住宅组群的小块绿地。

（2）公共建筑和公共设施绿地。例如，医院、影剧院周围的绿地。

（3）宅旁和庭院绿地。

（4）道路绿地。在房地产项目内干道、小路两旁种植乔木或灌木丛，起遮阳、通风、防渗、隔声等作用。

2）房地产项目绿化的布置原则

（1）形成完整系统。应根据功能和使用要求，采取重点与一般，集中与分散，点、线、面相结合的原则进行布置，形成系统并与周围的城市绿化相协调。

（2）节约用地。充分利用自然地形和现状条件，尽可能利用劣地、坡地、洼地等不利建设的用地作为绿化用地，化不利因素为有利因素。

（3）美化和丰富环境。合理选种和配置绿化品种，花草结合，常绿树与落叶树结合，力求四季常青，以提高居住环境的质量。

8.5.3 规划设计的管理

在规划设计中，开发部门的管理工作主要是积极组织并主动配合，做好以下几方面工作。

1. 选定规划设计单位，进行多方案比较，确定可以实施的设计方案

开发部门一般没有规划设计力量，房地产项目的规划设计工作，要委托规划部门和设计院进行。选定设计单位要根据房地产项目的规模，工程项目的结构、装修、设备和工期要求，选择具备相应资格、信誉较好的单位来承担。为了能够选到优秀的可以实施的方案，在规划设计单位较多的城市和地区，可以实行规划设计方案招标投标的方法，也可以邀请国内外的规划设计单位参加。开发部门还可以举行多单位、多方面的规划设计竞赛，然后通过有关人员和专家评审，选出优秀的实施方案。

2. 做好技术经济论证，合理确定各项技术经济指标

房地产项目的规划设计，不但要考虑技术先进，而且要考虑经济合理，不能只考虑技术和美观而忽视了经济。开发部门属于企业经营单位，必须重视技术经济论证，避免盲目建设，才能取得良好的经济效益。

3. 有计划地完成统计图纸，积极为施工单位开工创造条件

规划设计方案确定后，要制订分期出图计划。开发部门要与规划设计部门签订合同，按质、按量、按时完成设计图纸。同时，要组织施工单位按图施工，统一安排施工程序和施工进度。开发部门不能边规划边施工，以免仓促上马、返工浪费。规划部门也要考虑施工需要，尽量缩短规划设计周期。

4. 认真审查并熟悉图纸

开发公司负责规划设计管理的部门和负责施工的单位，在接到施工图纸后，应认真审查图纸、熟悉图纸和设计要求，以便能按规划设计要求施工，如发现有遗漏或错误，应及时通知设计单位修正补充。

5. 组织现场规划设计小组，指派房地产项目责任规划师

规划设计工作比较复杂，现场施工条件也常有变化。为了加强现场规划设计的领导，要组织由开发部门为首，规划设计、建筑、市政公用、建设等单位参加的现场规划设计。

为了避免房地产项目规划设计无人负责，开发部门应与规划设计部门协商，指派一名有职有权的责任规划师，从房地产项目规划开始到建成为止，负责规划设计全过程的定案，并主管解决规划设计的变更等施工中出现的各类问题。

8.5.4 房地产开发项目规划设计的审批内容及程序

城市规划法的城市规划实施内容中对建设项目的审批程序作出了明确规定，即实行选址意见书、建设用地规划许可证、建设工程规划许可证制度，也就是常说的"一书两证"制度。这是房地产开发前期工作的重要内容之一。

1. 选址意见书制度

1) 选址意见书的含义

选址意见书是指建设项目（主要是指新建大、中型工业与民用项目）在立项过程中，城市规划行政主管部门对提出的关于建设项目选择具体用地地址的批复意见等具有法律效力的文件。

《中华人民共和国城乡规划法》第三十条规定："城市规划内的建设工程的选址和布局必须符合城市规划，设计任务书报请批准时，必须附有城市规划行政主管部门的选址意见书。"国家对建设项目，特别是大、中型项目的宏观管理，在可行性研究阶段，主要是通过计划管理和规划管理来实现的，规定选址意见书制度，是为了保证建设项目有计划并按规划的程序进行建设。

2) 选址意见书的内容

(1) 建设项目的基本情况。建设项目的基本情况主要是指建设项目的名称、性质、建设规模、市场需求预测、水源及其他能源的需求量。

(2) 建设项目选址的依据。建设项目选址的主要依据有：经批准的项目建议书；建设项目所在城市总体规划、分区规划；建设项目所在城市的交通、通信、能源、市政、防灾规划；建设项目所在城市生活居住区及公共设施规划；建设项目所在城市的环境保护规划和风景名胜、文物古迹管理规划等。

2. 建设用地规划许可证制度

1) 建设用地规划许可证的含义

建设用地规划许可证是由建设单位或个人提出建设用地申请，城市规划行政主管部门审查批准的建设用地位置、面积、界限的法律凭证。《中华人民共和国城乡规划法》第三十一条规定："在城市规划区内进行建设需要申请用地的，必须持国家批准建设项目的有关文件，向城市规划行政主管部门申请定点，由城市规划行政主管部门核定其用地位置和界限，提供规划设计条件，核发建设用地规划许可证。建设单位或者个人在取得建设用地规划许可证后，方可向县级以上地方人民政府土地管理部门申请用地，经县级以上人民政府审查批准后，由土地管理部门划拨土地。"

2) 建设用地规划许可证的审批

建设用地规划许可证的审批程序分为以下步骤。

(1) 现场踏勘。城市规划行政主管部门受理了建设单位用地申请后，应与建设单位会同有关部门到选址地点进行现场调查和踏勘。这是一项直观的、感性的审查工作，可以及时发现问题，避免纸上谈兵可能带来的弊端。

(2) 征求意见。在城市规划区安排建设项目，占用土地会涉及许多单位和部门。城市规划行政主管部门在审批建设用地规划许可证前，应征求占用土地单位和部门，以及环境保护、消防安全、文物保护、土地管理等部门的意见。

（3）提供设计条件。城市规划行政主管部门初审通过后，应向建设单位提供建设用地地址与范围的红线图，在红线图上应当标明现状和规划道路，并提出用地规划设计条件和要求。建设单位可以依据城市规划主管部门下达的红线图委托项目规划方案设计。

（4）审查总平面图及用地面积。建设单位根据城市规划主管部门提供的设计条件完成项目规划设计后，应将总平面图及其相关文件报送城市规划主管部门进行审查批准，并根据城市规划设计用地定额指标和该地块具体情况，核审用地面积。

（5）核发建设用地规划许可证。经审查合格后，城市规划行政主管部门即向建设单位或个人核发建设用地规划许可证。

建设用地规划许可证是建设单位在向土地管理行政主管部门申请征用、划拨土地前，经城市规划行政主管部门确认建设项目位置和范围的法律凭证。核发建设用地规划许可证的目的是确保土地利用符合城市规划，维护建设单位按照规划使用土地的合法权益，同时也为土地管理部门在城市规划区内行使权属管理职能提供必要的法律依据。土地管理部门在办理征用、划拨土地过程中，若确需改变建设用地规划许可证核定的位置和界限，必须与城市规划行政主管部门协商并取得一致意见，以保证修改后的位置和范围符合城市规划的要求。

3. 建设工程规划许可证制度

1）建设工程规划许可证的含义

建设工程规划许可证是由城市规划行政主管部门核发的，用于确认建设工程是否符合城市规划要求的法律凭证。《中华人民共和国城乡规划法》第三十二条规定：“在城市规划区内新建、扩建和改建建筑物、构筑物、道路、管线和其他工程设施，必须持有关批准文件向城市规划行政主管部门提出申请，由城市规划行政主管部门根据城市规划得出的规划设计要求，核发建设工程规划许可证。建设单位或者个人在取得建设工程规划许可证件和其他有关批准文件后，方可申请办理开工手续。”建设工程规划许可证的作用主要表现在以下方面。

（1）确认建设单位和个人有关建设活动的合法地位。

（2）作为建设活动过程中接受监督检查时的法律依据。

（3）作为城市规划行政主管部门有关城市建设活动的重要历史资料和城市建设档案的重要内容。

2）建设工程规划许可证的审批

城市各项建设工程必须严格按照城市规划进行。建设单位或个人凡在城市规划区内的各项建设活动，无论是永久性的，还是临时性的，都必须向城市规划行政主管部门提出建设申请，由城市规划行政主管部门审查批准。在取得建设工程规划许可证后，方可进行后续工作。

城市规划行政主管部门受理建设工程规划申请后，便进入了建设工程规划许可证的审批阶段。按照程序分为以下 5 个步骤。

（1）建设工程规划许可证申请。建设单位应当持设计任务书、建设用地规划许可证和土地使用证等有关批准文件，向城市规划行政主管部门提出建设工程规划许可证核发申请。城市规划行政主管部门对申请进行审查，确定建设工程的性质、规模等是否符合城市规划的布局和发展要求；对建设工程涉及相关主管部门的，则应根据实际情况和需要，征求有关行政主管部门的意见，进行综合协调。

（2）初步审查。城市规划行政主管部门受理申请后，应对建设工程的性质、规模、建设地点等是否符合城市规划要求进行审查，并应征求环境保护、环境卫生、交通、通信等相关部门的意见，以便使规划更加合理完善。

（3）核发规划设计要点意见书。城市规划行政主管部门根据对申请的审查结果和工程所在地段详细规划的要求，向建设单位或个人核发规划设计要点意见书、提出建设高度限制、与城市规划红线的边界限制、与四周已有工程的关系限制等规划设计要求。建设单位按照规划设计要点意见书的要求，委托设计部门进行方案设计工作。

（4）方案审查。建设单位或个人根据规划设计要点意见书完成方案设计后，应将设计方案（应不少于 2 个）的有关图样、模型、文件报送城市规划行政主管部门。城市规划行政主管部门对各个方案的总平面布置、工程周围环境关系和个体设计规模、层次、造型等进行审查比较后，将核发设计方案通知书，并提出规划修改意见。建设单位据此委托设计单位进行施工图设计。

（5）核发建设工程规划许可证。建设单位或个人按照设计方案通知书的要求完成施工图设计后，将注明勘察设计证号的初步设计文件（总平面图，个体建筑设计的平面图、立面图、剖面图、基础图、地下室平面图、剖面图等施工图及相关设计说明）报城市规划行政主管部门审查。经审查批准后，将核发建设工程规划许可证。

总体来说，规划作为房地产开发前期工作的一项重要内容，对整个房地产开发有着重要影响，甚至关系到房地产开发的成败，房地产开发商应该对规划的内容及相关知识有一个充分的了解。

8.6　房地产开发项目基础设施建设与管理

8.6.1　房地产开发项目基础设施建设与管理的原则

房地产开发项目基础设施是指红线以内房地产项目服务的各种设施，包括锅炉房、变电站、高压水泵房、煤气调压站，以及水、电、气、供热等各种地下管线。房地产开发项目基础设施具有工程量大，施工层次分明，隐蔽工程多，配套性强等特点，故应统一开发建设。在建设和管理过程中应遵循以下原则。

1. 服从整体

房地产开发项目基础设施是城市基础设施的组成部分，一定要服从城市总体规划的统一布局和管理，绝不能与城市总体规划相抵触、相脱节。基础设施的建设工程要与城市基础设施相衔接，不能超过城市主干工程的总负荷，要严格控制水耗、能耗，不能超过城市的总体承载能力，使房地产开发项目的自我循环服从城市的总体循环。

2. 综合设计

房地产开发项目基础设施的建设工作项目很多，是一项系统工程，应统一规划，综合设计。认真调查居住区内部和周围基础设施的现状，根据居住区的需要，合理确定道路布置，管道和线路的埋设和定向，准确测算交通运输和电、气、热、水的用量及排污量的需求，及早提出设计方案，作为建设的总依据。

3. 统筹施工

根据统一规划的设计方案按先地下后地上，先深层后浅层的施工顺序统筹安排，制订施工计划，组织市政、公用、电业、电信等部门的施工单位，有计划地进入施工现场，分批施工建设，按期完成。

4. 全面配套

房地产开发项目基础设施配套要齐全，凡应该"通"、"平"的项目应一次建成，坚持防止出现配套不全，建设步调不一致，挖了填、填了挖的重复施工，重复破坏，重复投资情况，避免浪费，提高建设效益。

5. 讲究效益

提高基础设施资金使用效益，尽量减少使用上的盲目与浪费。首先，要保持居住区基础设施与固定资产投资及其内部结构的合理比例，既要满足当前需要，也要考虑到未来的发展。其次，在时间上要坚持基础设施超前建设，在空间上坚持先地下、后地上，按基建程序办事。最后，要处处精打细算，力求少花钱多办事，同时，加强对基础设施投资概预算的审查，防止高估冒算。

6. 组织协调

居住区基础设施建设涉及面广、专业较多，工作千头万绪，因此必须加强组织协调，如各部门之间、规划与计划之间、综合与专业及各专业之间的关系协调，确保各项建设和管理工作的分工与密切配合。否则，无论是外部还是内部，都可能发生"撞车"现象，互相抵消力量。

8.6.2　基础设施与住宅建设的比例关系

基础设施与住宅建设是相互联系、彼此制约、密切结合的复杂综合体，它们之间既存在空间关系，又存在数量比例关系。

1. 实物量比例关系

实物量比例关系是指每平方米住宅建筑面积需要提供的水、电、热、气等相应配套设施的具体取量，其指标为每平方米住宅建筑面积需基础设施的实物量，即每平方米建筑需自来水（L/d）、排放污水（L/d）、煤气（m³/d）、集中供热（kcal/h）、电（W/h）等的取量，计算公式为：

每平方米住宅建筑面积基础设施实物量＝基础设施实物量/住宅建筑面积

2. 价值量比例关系

价值量比例关系通常用基础设施投资与住宅建设投资的比例和每平方米住宅建筑面积基础设施投资量来表示。

居住区配套基础设施的项目和标准，取决于住宅建筑标准，居住区规模及城市基础设施的发展水平，应该从实际需要和可能条件出发，科学合理地进行设置。

8.6.3 房地产项目基础设施建设的内容

房地产项目的基础设施建设主要包括管线工程和道路工程两方面的内容。

1. 管线工程

1）管线工程布置

居住区内的管线工程一般包括给水、排水、煤气、供热、供电等，这些管线的布置与房屋道路和绿化等关系密切，应互相配合，同时必须符合城市总体规划的要求。

（1）给水。居住区内的给水管网有树枝状和环状两种布置方式。采取哪种方式取决于地形、地质、建筑和道路的规划布置等因素。水管的直径通常采用 25 mm、32 mm、40 mm、50 mm、100 mm 和 150 mm 等数种规格，管径的大小取决于水的需求量。水管的埋设深度根据管径的大小、管材的强度、外部载荷和气候等因素确定。

（2）排水。居住区内的排水主要是雨水和生活污水的排除。排水系统有分流制和合流制两种：雨水和污水分别由两套管线汇集排放的称为分流制；合在一个管网内排放的称为合流制。采用何种方式排水取决于城市排水规划的要求及原有的排水方式等，新建的排水系统一般多采用分流制，管网的布置一般采用枝状管网，由于排水一般是靠重力自流的，故须有一定的坡度。

（3）供电。居住区内用电的电压一般是 220 V，故必须将城市送来的高压电通过变压所变为低压电，配电线路的布置方式有架空和地下电缆两种，一般采用架空线路方式敷设。

（4）煤气。城市煤气靠压力通过管道输送液化石油气用气瓶供应用户。居住区内采用中、低两级系统，将煤气通过调压站将中压调至低压，然后供应各户使用。煤气管网布置有树状或环状两种，一般两种方式同时采用。煤气管线可架空或埋设地下。因煤气有毒和有爆炸危险，故多采用地下埋设，并与其他管线保持一定距离，以保证安全和施工方便。

（5）集中供热。集中供热有两种方式，即热电厂供热和区域锅炉房供热。居住区内供热管道一般为地下敷设，根据不同的情况可采用通行地沟、半通行地沟、不通行地沟或无沟敷设。管道布置要考虑用户使用特点，如公共建筑需要白天供热，而住宅主要是晚上供热。

2）管线综合

管线综合是将各单项管线工程的规划设计进行综合安排，以解决它们之间在平面、空间和建设时间的先后及施工维修等方面的矛盾，其基本要求如下。

（1）尽量使管线线路短捷，以节约投资，但应注意避免片面缩短长度而任意穿越，切割可用之地。

（2）应尽量将管线埋设在道路红线内，但也避免过分集中在交通频繁的城市干道下面，以免施工检修时，开挖路面影响交通。

（3）地下管线的排列次序一般以建筑物外墙向外排起，最近的是煤气管，然后依次为给水、污水及雨水管等。在道路下面布置管线时，首先应考虑在人行道和非机动车下面，其次将检修次数少的一些管线布置在车行道下面，自道路红线向道路中心线方向平行布置各种管线的次序，要根据管线的性质、埋深等确定，一般次序是电力电缆、电信电缆、煤气、热力、给水、雨水和污水管道。

（4）应尽量减少管线转弯和分叉，避免平行重叠，并尽可能与房屋、道路平行或垂直。

（5）当管线布置发生矛盾时，一般采取尚未修建的管线让建成的管线，临时的管线让永久性的管线，小管线让大管线，压力管让重力自流管，可弯曲的管线让不易弯曲的管线。

（6）应充分利用原有管线，基础施工的临时管线尽可能与永久性管线相结合，同时还要考虑为今后建设的管线预留用地。

（7）管线工程要与人防地下工程相结合。

（8）架空线应不影响交通运输，避免与绿化种植发生矛盾，同时还需考虑环境美观。

2. 道路工程

房地产开发项目的道路工程是指在项目建设过程中和工程完成后居住小区内使用的道路及与之配套的其他工程。其由下列几个部分组成。

（1）车行道。车行道供各种车辆行驶。机动车行驶的部分称机动车道；非机动车辆行驶的部分称非机动车道。

（2）人行道。人行道包括地下过街道和架空天桥，供行人步行。

（3）分车带和方向岛。分车带和方向岛的功能是把不同行驶方向和速度的车辆划分在不同车道上行驶，以及在岔口处用以引导不同方向车辆驶入不同车道。

（4）街道绿化。街道绿化包括行道树、路侧小片绿地、林荫带等，起着卫生防护、减少噪声和美化街景等作用。

（5）道路的排水设备。道路的排水设备包括地面雨水进水口、窨井和地下纵横向管道等。

（6）道路的地上设备和辅助性交通设备。地上设备，如照明灯柱、架空电杆、消防栓、邮筒和清洁箱等。辅助性交通设备，如交通信号灯、交通标志杆柱和护栏等。

（7）路下的各种管线。

此外，还有道路交叉口、交通广场、停车场和公共交通车辆的停靠站台等。它们的功能还包括通风、日照、战备、防震和建筑艺术等。

8.7　房地产开发项目招标与投标

8.7.1　招标与投标的基本概念

招标与投标是一种市场交易行为，是商品经济发展到一定阶段的产物。房地产开发项目的招、投标则是指房地产发展商设定"开发项目建设"这一标的，招请若干个建设单位进行秘密报价竞争，由发展商从中选择优胜者，并与之达成协议，签订合同，按合同实施。

发展商通过招标方式发包工程，其目的是选择"适当"的承建单位。因此发展商在招标时必须考虑投标单位的技术实力、经济实力、管理经验、效率的高低、价格是否合理、信誉是否良好。对于众多的投标者，发展商只能按照一定的标准，如技术先进、质量最佳、工期最短、造价最低等方面选择中标者，再把建设工程发包给中标者。

为了真正选择到合适的单位承包建设项目，发展商在招标之前应制定统一的招标文件，以确定统一条件，保证投标者能够在平等的基础上竞争。这些招标文件包括设计图纸、工程数量、技术规范要求、合同条件等。所有参加投标的承包商都在同一限制条件下公平竞争，按照规定的招标文件投标，以便发展商进行对比分析，作出公平合理的评价。

最后需要说明的是，招标与投标是发展商与承建单位双方的事，双方必须坚持自愿、公平、等价、有偿的原则，诚实守信，讲求职业道德。双方行为不仅受到法律制约，同时还受到法律保护。

在项目建设阶段，除了工程施工可以通过招标发包外，其他内容如项目设计、设备供应均可通过招标发包，甚至可以通过招标由资质较好的单位总承包，亦即所谓"交钥匙工程"。

8.7.2　开发项目招标方式

在国际市场上，招标方式主要有公开招标、邀请招标和议标3种。我国《招标投标法》规定，招标的方式只有两种，即公开招标和邀请招标。发展商可结合项目的建设规模、复杂程度等具体情况选择其中某种方式。

1. 公开招标

公开招标是指招标人以招标公告的方式邀请不特定的法人或其他组织投标。进行公开招标时，发展商或其委托的招标代理机构，可通过海报、报刊、广播、电视等手段，在一定范围内，如全市、全国，大项目甚至可在全世界公开发布招标公告，或者直接将招标公告寄给具有投标潜力的某些公司，以招揽具备相应条件而又愿意参加的一切承包商前来投标。

公开招标使发展商有较大的选择范围，发展商可以在众多的投标单位之间选择报价合理、工期短、信誉良好的承包商，同其签订承包合同，将工程委托其负责完成。这种公开竞争的方式会促使承包商努力提高开发项目的建设质量，缩短工期并降低成本造价。

公开招标通常适用于工程项目规模较大、建设周期较长、技术复杂的开发项目建设。此时发展商不易掌握确定的造价和控制工期，因而可以通过公开招标方式，从中选择提供合理标价和较短工期的单位作为承包单位。

发展商在公开招标时，应在招标文件中规定开标日期、时间和地点，并在评标委员会和投标人在场的情况下当众开标。开标后，各投标人的报价和投标文件的有效性均应公布，并由发展商或委托招标单位负责人在承包商的每份标书上的报价总表上签字，直到授标前任何人都不得修改报价。

公开招标应遵循规定的程序，这个程序将在8.7.4节中详细叙述。发展商的评标准则应当公开合理。在评标期间，发展商与评标组织可以要求投标人回答或澄清某些含糊不清的问题，但不能要求投标者调整报价。发展商若希望调整价格，只能在评选出中标者后，在议标和签订合同时，通过双方协商，适当调整最后的合同价。

按照常规，发展商公开招标项目应授标给最低报价者，除非该最低报价者的标价是不合理的或根本无法实现的。

总之，公开招标是目前建筑市场应大力推行的招投标方式。发展商应尽量采用该方式发包开发项目的建设任务。尽管公开招标可以在较大范围内选择最有竞争力的承包商，需要说明的是，由于申请投标人较多、开发商审查投标者资格及其标书的工作量比较大，所以公开招标需要经历相当长的一段时间，招标支出费用也较高。

2. 邀请招标

邀请招标是指招标人以投标邀请书的方式邀请特定的法人或其他组织投标。邀请招标也称选择性招标。进行邀请招标时，可由发展商或其委托的招标代理机构向所信任的、具有相应资格的建筑承包商发送招标通知书或招标邀请函，邀请其参加开发项目建设投标竞争。邀请招标是非公开招标方式的一种。被邀请参加投标的承包商通常在3~10个。

发展商或其委托招标单位可以在自己熟悉的承包商之间进行选择，或者在一定范围发布通知，邀请承包商报名，经过资格预审后再选定邀请对象。

采用邀请招标方式，由于被邀请参加竞争的投标单位有限，发展商不仅可以节省招标费用，而且可以提高招投标工作的效率、节省时间。但是这种招标方式限制了竞争范围，把许多可能的竞争者排除在外，这样也就缩小了发展商的选择余地。

邀请招标方式一般适用于那些工程性质比较特殊，要求有专门经验的技术人员和专用技术，只有少数承包商能够胜任的建设项目。或者是公开招标的结果未产生出中标单位，以及由于工期紧迫或保密的要求等原因而不宜公开招标的建设工程。

一般的房地产开发项目都不是上述类型的工程，所以发展商较少采用"邀请招标"方式。

3. 议标

议标也称谈判招标或指定招标，是由业主直接选定一家或几家承包商进行协商谈判，确定承包条件与标价的方式。它的特点是节约时间，容易达成协议，迅速开展工作，但无法获得有竞争力的报价。该方式适用于工期紧、工程总价较低、专业性强的工程，或者业主与某些承包商是长期合作伙伴关系，有良好的合作基础。我国《招标投标法》排除了议标的方式，对房地产这类涉及公共利益、公众安全的项目必须采用公开或邀请招标的方式选择承包商。

8.7.3　招标机构

当房地产开发商决定采用招标方式发包建筑工程时，无论是公开招标、邀请招标，都需要组织一个招标工作小组，负责招标过程中的决策活动与日常事务工作的处理。招标人具有编制招标文件和组织评标能力的，可以自行办理招标事宜，并向有关行政监督部门备案；不具备自行招标能力时，也可以委托招标代理机构提供招标代理服务，并与代理机构成立联合招标工作小组。整个招标过程的活动均由招标工作小组负责组织。招标代理机构是依法设立、从事招标代理业务并提供相关服务的社会中介组织。

1. 招标过程中的决策活动

（1）确定开发项目发包的范围，即决定建筑工程是全过程统包还是分阶段发包，或者单项工程发包、分部工程发包、专业工程发包。为了便于监督管理，提高房地产开发机构的工作效率，开发商宜采用建设全过程统包方式发包。

（2）确定承包方式和承包内容，即确定总价合同、单价合同或成本加酬金合同，以及是全部包工包料，还是部分包工包料、专业工程发包等。对这些承包方式与承包内容，房地产开发商通常选择全部包工包料的总价合同方式，因为通常情况下，开发项目建设中建筑材料是就地取材的，但对于有些高档房地产开发项目，如星级宾馆、高级公寓，其装饰材料、室内设备则可能需要由国外进口，此时，由承包商包工包料是不太可能的，开发商可在签订合同时与承包商商议。

（3）确定标底。

（4）决标并签订合同或协议。

2. 招标中的日常事务工作

招标中的日常事务工作主要包括下列内容：① 发布招标公告或邀请招标函；② 编制和发送招标文件；③ 编制标底；④ 审查投标者资格；⑤ 组织勘察现场和解答投标人提出的问题；⑥ 接受并妥善保管投标人的标函，负责为其保密；⑦ 开标、审核标书并组织评标；⑧ 谈判签订协议或合同。

3. 招标工作小组组成人员

1）决策人员

决策人员即开发商本身或其授权代表，代表开发商全权处理具体事务。

2）专业技术与经济方面的专家

专业技术与经济方面的专家包括建筑师，结构、设备等专业工程师，经济师和造价工程师等。由他们负责向开发商或其授权代表提供咨询意见，并进行招标的具体事务处理。

3）助理人员

助理人员即决策和专业技术人员的助手，包括秘书，资料、档案管理人员，计算、绘图等工作人员。

上述人员可以是开发商自身的工作人员，也可以是开发商聘请的人员。开发商可以按照上述人员组成，自己组织一个招标工作小组，即招标委员会。但更好的办法是委托招标代理机构，由招标代理机构组织招标委员会，承办招标的技术性和事务性工作，而最终决策仍需由开发商作出。这种做法可以节省开发商的大量工作人员，同时又可利用招标代理机构的信息和业务联系，提高招投标工作的效率。

8.7.4 招标程序

招标是开发商选择建筑商（承包商）并与其签订合同的过程，而投标则是投标人力争获得实施合同的竞争过程，招标人和投标人均需遵循招投标法律和法规的规定进行招标与投标活动。按照招标人和投标人的参与程度，可将招标过程粗略划分为招标准备阶段、资格预审阶段、招标投标阶段和决标成交阶段。

1. 招标准备

招标准备阶段的工作由招标人单独完成，投标人不参与。其主要工作包括以下几个方面。

1）申请招标

如果房地产开发建设项目列入了城市年度开工计划，开发商获得了土地使用权，领取了《建设用地规划许可证》和《建设工程规划许可证》，完成了拆迁安置工作，施工现场具备了"三通一平"或"七通一平"的建设条件，并且施工图纸齐备，资金和主要建筑材料已落实，那么开发商即可向当地建设主管部门办理建设工程开工审批手续。经批准后持建设主管部门同意招标的《建设工程开工审批表》和招标申请书，开发商可向当地招投标管理部门登记、申请招标，并领取招标用表。开发商只有在获得招标批准后，方可进行招标。

2）编制招标文件

当开发商的招标申请获得批准后，即应着手准备招标文件。招标文件是开发商向投标人介绍工程情况和招标条件的重要文件，也是签订工程承包合同的基础。招标人应当根据招标项目的特点和需要编制招标文件，包括工程综合说明，招标方式及对发包单位的要求，招标项目的技术要求，钢材、木材、水泥及其他主要材料（包括特殊材料）与设备的供应方式，工程款支付方式及预付款的百分比，合同条件和合同文本，投标须知，招标人认为应向投标人明确的问题，招标工程图纸和工程量清单等招标文件附件。

3）编制招标工程标底

编制标底是开发商招标的一项重要准备工作。标底是招标工程的预期价格，是审核投标报价、评价、决标的重要依据之一。通过制定标底，使开发商预先明确自己在拟建工程中应承担的财务义务，从而安排资金计划。

招标工程的标底可由开发商请有资格的概预算人员编制，亦可委托有营业执照的招标代理机构代编，并在编制招标文件的同时进行。开发商必须把工程标底送当地合同预算审查机关确认，密封后再经当地招标管理办公室核准方能生效。

当前，编制招标工程标底的方法很多，按其所用的基础数据不同，可分为以施工图预算为基础编制；以概算额或扩大综合定额为基础编制；以平方米造价包干为基础编制等。

4）确定招标方式，发布招标公告或邀请投标函

开发商完成标底编制后，即可决定采取何种招标方式，并在招标申请书中提出，经当地招标管理部门批准后实施。开发商根据所批准的形式，发出投标公告或邀请投标函。

采取公开招标方式时，招标人应当发布招标公告。开发商可视工程性质和规模，通过国家指定的报刊、信息网络，或者其他媒介发布招标公告。招标公告应当载明招标人的名称和地址，招标项目的性质、数量、实施地点和时间，以及获取招标文件的办法等事项。

招标人采用邀请招标方式时，应当向 3 个以上具备承担招标项目的能力、资信良好的特定法人或其他组织发出投标邀请书。

2. 对投标人进行资格预审

对投标人进行资格预审是工程招标过程中的第一个重要步骤，其目的是了解投标人的技术和财务实力，以及施工经验，限制不符合条件的单位盲目参加投标，减少评标阶段的工作时间和评审费用，排除将合同授予不合格投标者的风险，以使招标能获得比较理想的结果，同时也为不合格的投标者节约购买招标文件、现场考察和投标等费用。在公开招标时，投标人资格审查通常放在发售招标文件之前进行，审查合格者才准许购买招标文件，故称之为资格预审。在邀请招标情况下，在评标的同时进行资格审查。

资格预审的程序包括业主方编制资格预审文件，通过刊登广告等方式邀请承包商参加资格预审，向承包商出售资格预审文件，承包商填写资格预审文件并送交业主方，由业主方对所有的资格预审文件进行审查，最后确定通过资格预审的公司，并通知所有的申请人。

1）资格预审的程序

（1）编制资格预审文件。一般由业主委托咨询公司或设计单位编制，或者由业主直接组织有关专业人员编制。资格预审文件的主要内容有工程项目简介、对投标者的要求、各种附表等。

（2）刊登资格预审公告。在有关媒体上发布资格预审公告，邀请有意参加投标的承包商申请资格审查。资格预审通知一般应包括以下内容：业主和工程师的名称；工程所在位置、概况和合同包含的工作范围；资金来源；资格预审文件的发售日期、时间、地点和价格；预期的计划（授予合同的日期、竣工日期及其他关键日期）；招标文件颁发和提交投标文件的计划日期；申请资格预审须知；提交资格预审文件的地点和截止日期、时间；最低资格要求等。

（3）出售资格预审文件。在指定的时间、地点出售资格预审文件。

（4）对资格预审文件的答疑。在资格预审文件发售后，购买文件的投标者可能由于各种原因，对资格预审文件提出各种疑问，投标者应将这些疑问以书面形式提交业主；业主应以书面形式回答，并同时通知所有购买资格预审文件者。

（5）报送资格预审文件。投标者应在规定的截止日期之前报送资格预审文件，已报送的

文件在规定的截止日期后不得修改。

（6）资格预审文件澄清。业主可就报送的资格预审文件中的疑点要求投标者进行澄清，投标者应按实际情况回答，但不允许投标者修改资格预审文件中的实质内容。

（7）资格预审文件评审。业主方组成资格预审评审委员会，对资格预审文件进行评审。

（8）向参加者通知评审结果。业主以书面形式向所有参加资格预审的投标者通知评审结果，在规定的时间、地点向通过资格预审的投标者出售招标文件。

2）资格预审的主要审查内容

业主进行资格预审的根本目的是寻找有资格、有能力的投标人，以顺利实现自己的项目目标。开发商对投标人进行资格审查时应考虑以下几个方面：① 企业注册证明和技术等级；② 主要施工经历；③ 技术人员简况；④ 施工机械设备简况；⑤ 在施工的承建项目；⑥ 资金和财务状况。

（1）企业注册证明和技术等级。

（2）主要施工经历。投标者应提供在过去几年中，所完成的相似类型和规模，以及复杂程度相当的工程项目的施工情况；此外，资格预审时还要考虑投标者过去的履约情况。

（3）技术人员简况。投标者应认真填写拟选派的主要工地管理人员、技术人员，以及监督人员的姓名及有关资料供审查。投标者不能派出有足够经验的人员将导致其资格审查不合格。

（4）施工机械设备简况。参加资格预审的投标者应清楚地填写拟用于该项目的主要施工设备，设备的类型应适合工程项目的具体情况，数量和能力应满足工程项目施工的需要。

（5）在施工的承建项目。

（6）资金和财务状况。投标者的资金和财务状况将依据资格预审申请文件中提交的财务报表，以及银行开具的资金情况报告来判断。其中，特别需要考虑的是承担新工程所需财务能力，未完工程合同的数量及其目前的进度，投标者必须有足够的资金承担新的工程。

如果采用邀请招标方式，投标人还须向开发商扼要说明对招标工程准备采用的主要施工方法。外地建筑企业参加投标，还须持有建设工程所在地城市主管部门签发的投标许可证。

3. 招标阶段的主要工作内容

1）招标文件的发售

招标人根据招标项目特点和需要编制招标文件。招标文件是投标人编制投标文件和报价的依据，因此应当包括招标项目的所有实质性要求和条件。招标文件应对有资格的投标人进行发售活动。招标文件通常分为投标须知、合同条件、技术规范、图纸和技术资料、工程量清单几大部分内容。

2）现场考察

招标人在投标须知规定的时间组织投标人自费进行现场考察。设置此程序的目的，一方面让投标人了解工程项目的现场情况、自然条件、施工条件和周围环境条件，以便于编制投标书；另一方面也是要求投标人通过自己的实地考察确定投标的原则和策略，避免合同履行过程中投标人以不了解现场情况为理由推卸应承担的合同责任。

3）解答投标人的质疑

投标人研究招标文件和现场考察后会以书面形式提出某些质疑，招标人应及时给予书面解答。招标人对任何一位投标人所提问题的回答，必须发送给每一位投标人，以保证招标的公开和公平，但不必说明问题的来源。回答函件作为招标文件的组成部分，如果书面解答的问题与招标文件中的规定不一致，以函件的解答为准。

4．决标成交阶段的主要工作内容

从开标日到签订合同这一期间称为决标成交阶段，是对各投标书进行评审比较，最终确定中标人的过程。

1）开标

公开招标和邀请招标均应举行开标会议，体现招标的公平、公正和公开原则。投标截止后，开发商应按规定的时间开标。开标会议由招标人即开发商主持，邀请各投标人和当地公证机构及招标管理部门参加。开标时，由投标人或其推选的代表检查投标文件的密封情况，也可以由招标人委托的公证机构检查并公证；经确认无误后，由工作人员当众拆封，宣读投标人名称、投标价格和投标文件的其他主要内容，所有在投标致函中提出的附加条件、补充声明、优惠条件、替代方案等均应宣读，如果有标底也应公布，并在预先准备好的表册上逐项登记。开标过程应当记录，并存档备查。开标后，任何投标人都不允许更改投标书的内容和报价，也不允许再增加优惠条件。投标书经启封后不得再更改招标文件中说明的评标、定标办法。开标后，如果全部投标人的报价都超出标底过多，经复核标底无误，开发商可宣布本次投标无效，另组织招标。

2）评标

评标由招标人依法组建的评标委员会负责。开标后首先应排除无效标书，并经公证人员检查确认。然后，由评标委员会从工程技术和财务的角度审查评议有效的标书。评审的标准是中标单位拥有足以胜任招标工程的技术和财务实力，信誉良好，报价合理。评标委员会在评审各有效投标后，应按标价从低到高的顺序列出清单，并写出评估报告，推荐前三名候选的中标单位，交给开发商作最后抉择。

（1）评标委员会。评标委员会由招标人的代表和有关技术、经济等方面的专家组成，成员人数为 5 人以上单数，其中招标人以外的专家不得少于成员总数的 2/3。专家人选应来自于国务院有关部门或省、自治区、直辖市政府有关部门提供的专家名册，或者从招标代理机构的专家库中以随机抽取方式确定。与投标人有利害关系的人不得进入评标委员会，已经进入的应当更换，以保证评标的公平和公正。

（2）评标工作程序。大型工程项目的评标通常分成初评和详评两个阶段进行。

① 初评。评标委员会以招标文件为依据，审查各投标书是否为响应性投标，确定投标书的有效性。检查内容包括投标人的资格、投标保证有效性、报送资料的完整性、投标书与招标文件的要求有无实质性背离、报价计算的正确性等。

② 详评。评标委员会对各投标书实施方案和计划进行实质性评价与比较。评审时不应

再采用招标文件中要求投标人考虑因素以外的任何条件作为标准。设有标底的，评标时应参考标底。

　　详评通常分为两个步骤进行。首先，对各投标书进行技术和商务方面的审查，评定其合理性，以及若将合同授予该投标人在履行过程中可能给招标人带来的风险。评标委员会认为必要时可以单独约请投标人对标书中含义不明确的内容作必要的澄清或说明，但不得超出投标文件的范围或改变投标文件的实质性内容。澄清内容也要整理成文字材料，作为投标书的组成部分。其次，在对标书审查的基础上，评标委员会依据评标规则量化比较各投标书的优劣，并编写评标报告。

　　由于工程项目的规模不同、各类招标的标的不同，评审方法可以分为定性评审和定量评审两大类。对于标的额较小的中小型工程评标可以采用定性比较的专家评议法，评标委员对各标书共同分项进行认真分析比较后，以协商和投票的方式确定候选中标人。这种方法评标过程简单，在较短时间内即可完成，但科学性较差。大型工程应采用"综合评分法"或"评标价法"对各投标书进行科学的量化比较。综合评分法是指将评审内容分类后分别赋予不同权重，评标委员依据评分标准对各类内容细分的小项进行相应的打分，最后计算的累计分值反映投标人的综合水平，以得分最高的投标书为最优。评标价法是指评审过程中以该标书的报价为基础，将报价之外需要评定的要素按预先规定的折算办法换算为货币价值，根据对招标人有利或不利的原则在投标报价上增加或扣减一定金额，最终构成评标价格。因此"评标价"既不是投标价，也不是中标价，只是用价格指标作为评审标书优劣的衡量方法，评标价最低的投标书为最优。定标签订合同时，仍以报价作为中标的合同价。

　　（3）定标程序。确定中标人前，招标人不得与投标人就投标价格、投标方案等实质性内容进行谈判。招标人应该根据评标委员会提出的评标报告和推荐的中标候选人确定中标人，也可以授权评标委员会直接确定中标人。中标人确定后，招标人向中标人发出中标通知书，同时将中标结果通知未中标的投标人并退还他们的投标保证金或保函。中标通知书对招标人和中标人具有法律效力，招标人改变中标结果或中标人拒绝签订合同的应承担相应的法律责任。

　　中标通知书发出后的 30 天内，双方应按照招标文件和投标文件订立书面合同，不得作实质性修改。招标人不得向中标人提出任何不合理要求作为订立合同的条件，双方也不得私下订立背离合同实质性内容的协议。

　　招标人确定中标人后 15 天内，应向有关行政监督部门提交招投标情况的书面报告。

8.8　开工申请与审批

　　建设工程招标工作结束后，开发商就可以申请开工许可。为了加强对建筑活动的监督管理，维护建筑市场秩序，保证建筑工程的质量和安全，根据《中华人民共和国建筑法》，原建设部于 1999 年发布了《建筑工程施工许可管理办法》并于 2001 年 7 月 4 日进行了修订。根据该办法的有关规定，在中华人民共和国境内从事各类房屋建筑及其附属设施的建造、装修装饰和与其配套的线路、管道、设备的安装，以及城镇市政基础设施工程的施工，建设单位在开工前，向工程所在地的县级以上人民政府建设行政主管部门（以下简称发证机关）申请领取《建设工程施工许可证》。

1. 申请领取《建设工程施工许可证》应具备的条件

（1）已经办理该建筑工程用地批准手续，获得了《国有土地使用权证》和《建设用地规划许可证》。

（2）在城市规划区的建筑工程，已经取得《建设工程规划许可证》。

（3）施工场地已经基本具备施工条件，需要拆迁的，其拆迁进度符合施工要求。

（4）已经确定施工企业，但按照规定应该招标的工程没有招标，应该公开招标的工程没有公开招标，或者肢解发包工程，以及将工程发包给不具备相应资质条件的，所确定的施工企业无效。

（5）有满足施工需要的施工图纸及技术资料，施工图设计文件已按规定进行了审查。

（6）有保证工程质量和安全的具体措施。施工企业编制的施工组织设计中有根据建筑工程特点制定的相应质量、安全技术措施，专业性较强的工程项目编制的专项质量、安全施工组织设计，并按照规定办理了工程质量、安全监督手续。

（7）按照规定应该委托监理的工程已委托监理。

（8）建设资金已经落实。建设工期不足一年的，到位资金原则上不得少于工程合同价的50%，建设工期超过一年的，到位资金原则上不得少于工程合同价的30%。建设单位应当提供银行出具的到位资金证明，有条件的可以实行银行付款保函或其他第三方担保。

（9）法律、行政法规规定的其他条件。

2. 申请办理《建设工程施工许可证》的程序

（1）建设单位向发证机关领取《建筑工程施工许可证申请表》。

（2）建设单位持加盖单位及法定代表人印鉴的《建筑工程施工许可证申请表》，并附相关证明文件，向发证机关提出申请。

（3）发证机关在收到建设单位报送的《建筑工程施工许可证申请表》和所附证明文件后，对于符合条件的，应当自收到申请之日起15日内颁发施工许可证；对于证明文件不齐全或失效的，应当限期要求建设单位补正，审批时间可以自证明文件补正齐全后作相应顺延；对于不符合条件的，应当自收到申请之日起15日内书面通知建设单位，并说明理由。

建筑工程在施工过程中，建设单位或施工单位发生变更的，应当重新申请领取施工许可证。

8.9　工程项目建设合同

8.9.1　合同形式

建设合同是发展商（发包方）与承建单位（承包方）为了完成一定的建设工程任务而签

订的一项旨在明确双方权利与义务的有法律效力的协议。

工程合同的形式和类别非常多，不同种类的合同，有不同的应用条件，有不同的权利和义务的分配，有不同的合同风险。按计价方式的不同，房地产开发项目承包合同一般分为总价合同、单价合同和成本加酬金合同三大类。按照合同所包括的工程范围，以及承包关系不同，合同形式又可分为总包合同（由总承包商负责组织分包）、独立承包合同和发展商直接发包的专业承包合同。按照是否包料的标准，可划分为包工包料合同、包工部分包料合同、包工不包料合同。

1. 按计价方式不同划分

按计价方式不同划分，承包合同有 3 类：总价合同、单价合同和成本加酬金合同。

1）总价合同

（1）固定总价合同。固定总价合同是按照商定的总价签订的承包合同。其特点是以图纸和工程说明书为依据，明确承包内容和计算标价，并一笔包死。在合同执行过程中，除非发展商要求变更原定承包内容或设计图纸，承包单位一般不得要求变更包价。

固定总价合同的发包方式，对发展商而言，由于操作较为简单，因而是受欢迎的；对承包商而言，如果设计图纸和技术说明书相当详细，市场上材料价格稳定，并能据此比较精确地推算造价，则这种承包方式也是可以接受的。但是，由于固定总价合同对图纸和说明书不够详细，或者因工程量、设备、材料价格、工资等变动和气候条件恶劣等原因引起费用增加或减少，合同双方都不得提出对合同总价调整的要求，这就意味着承包商要承担实物工程量变化、单价变化等因素带来的风险。因此，承包商必然会在投标时对可能发生的造成费用上升的各种因素进行估计并包含在投标报价中，在报价中加大不可预见费。这样，往往会导致合同价更高，并不能真正降低工程造价，这最终对发展商是不利的。针对这种情况，房地产承包合同大多采用可调总价合同。

（2）可调总价合同。可调总价合同是在固定总价合同中增加一些必要的条款，由开发商分担建设期的部分风险，从而降低承包商的不可预见费用，使总包价下降。这样做对发展商与建设工程承包商双方都是非常有利的。

增价条款的种类很多，大致可归纳为以下 3 种形式。

① 按日计价的增价条款。这种增价条款是指在合同签字日或投标报价日之后的任何价格增长，由发展商对承包商给予补偿。发展商应当对合同签字日，或者投标报价日与施工安装时的材料、设备和能源成本的差异进行部分或全部补偿。

② 重大增价的调整条款。这种增价条款是指材料、设备和能源涨价到某一百分比时，开发商才给予补偿。也就是说小额风险由承包商承担，而大额风险由双方分担或完全由发展商承担。

③ 延期增价条款。这种增价条款是指在某一规定时间内的合同价格虽然是固定不变的，但如果超出这一规定时间，则承包商可以得到该延误期间的价格增长和超支费用的补偿。需要特别指出，若上述工期延误是承包商失误造成的，则承包商不但得不到补偿，反而还会受

到罚款。因而在制定本条款时应写明原拟完工日期，以及误工责任的划分。

以上 3 种形式的增价条款，发展商应慎重选择。一般情况下，不采用第一种增价条款，因为按照该条款，发展商承担风险过多，而采用"重大增价的调整条款"和"延期增价条款"较好。

需要说明的是，订立增价条款确实是增加了发展商所承担的风险，但承担风险是有回报的，此时发展商可以要求承包商削减不可预见费用，从而降低总包价。若发展商对工程建设中的不可预见因素把握良好，则订立增价条款是合适的，也是有益的。

2) 单价合同

当准备发包的工程项目的内容和设计指标一时不能十分确定，或者是工程量可能出入较大，则采用单价合同形式为宜。这样可以避免由于工程量的不精确，而使合同任一方承担过大的风险。

单价合同又分为以下 3 种形式。

(1) 估算工程量单价合同。这种合同是以工程量表中所列工程量和承包商所报出的单价为依据来计算合同价的。

通常业主在准备此类合同的招标文件时，委托咨询单位按分部、分项工程列出工程量表并填入估算的工程量，承包商投标时在工程量表中填入各项的单价，据之计算出总价作为投标报价之用。但在每月结算时，以实际完成的工程量结算。在工程全部完成时以竣工图进行最终结算。

采用这种合同时，要求实际完成的工程量与原估计的工程量不能有实质性的变化。因为承包商报出的单价是以招标文件给出的工程量为基础计算的，工程量大幅度的增加或减少，会使承包商按比例分摊到单价中的一些固定费用与实际严重不符，要么使承包商获得超额利润，要么使得许多固定费用收不回来。所以有的单价合同规定，如果最终结算时实际工程量与工程量清单中的估算工程量相差超过 ±10% 时，允许调整合同单价。FIDIC 的"土木工程施工合同条件"中则提倡工程结束时总体结算超过 ±15% 时对单价进行调整，或者当某一分部或分项工程的实际工程量与招标文件的工程量相差超过 +25%，且该分项目的价格占有效合同 2% 以上时，该分项也应调整单价。总之，无论如何调整，在签订合同时必须写明具体的调整方法，以免以后发生纠纷。

(2) 纯单价合同。这种合同适合在设计单位还来不及提供施工详图，或者虽有施工图但由于某些原因不能比较准确地计算工程量时采用。招标文件只向投标人给出各分项工程内的工作项目一览表，工程范围及必要的说明，而不提供工程量，承包商只要给出表中各项目的单价即可，将来施工时按实际工程量计算。有时也可由业主一方在招标文件中列出单价，而投标一方提出修正意见，双方磋商后确定最后的承包单价。

(3) 单价与包干混合式合同。以单价合同为基础，但对其中某些不易计算工程量的分项工程（如施工导流、施工便道、施工期间交通维护）采用包干办法，而对能用某种单位计算工程量的，均要求报单价，按实际完成工程量及合同中的单价结账。很多大型土木工程都采用这种方式。

对业主方而言，单价合同的主要优点是可以减少招标准备工作，缩短招标准备时间，能鼓励承包商通过提高工效等手段从成本节约中提高利润，业主只按工程量表的项目开支，可减少意外开支，只需对少量遗漏的项目在执行合同过程中再报价，结算程序比较简单。但业主方存在的风险是工程的总造价直到工程结束前都是个未知数，特别是当设计师对工程量的估算偏低，或者是遇到了一个有经验的善于运用不平衡报价的承包商时，风险就会更大，因而设计师比较正确地估算工程量和减少项目实施中的变更可为业主避免大量的风险。对承包商而言，这种合同避免了总价合同中的许多风险因素，比总价合同风险小。

3）成本加酬金合同

这种承发包方式的基本特点是按工程实际发生的成本（包括人工费、材料费、施工机械使用费、其他直接费和施工管理费及各项独立费，但不包括承包商的总管理费和应缴所得税），加上商定的总管理费和利润来确定总包价。这种合同方式主要适用于开工前对工程内容尚不十分清楚的情况，如边设计边施工的紧急工程或较为特殊的开发项目。成本加酬金的具体做法有以下几种。

（1）成本加固定百分数酬金。其计算公式为：

$$C = C_F + RC_F$$

式中　　C——总包价；

　　　C_F——实际发生成本；

　　　R——固定酬金百分率。

由于酬金与实际发生的成本成正比，因而这种计算方式不能鼓励承包商降低成本，对发展商来说是不利的。

（2）成本加固定酬金。工程成本按实际发生情况，完全由发展商承担，但酬金事先商定一个固定的数目。该酬金数目通常按照预估工程成本的一个百分数来确定。这种承包合同方式虽然不能使承包商努力降低成本，但从尽快取得酬金出发，承包商将尽力缩短工期，这对发展商早日出售出租开发物业是有利的。在这种情况下，发展商还可以根据工程质量、工期和成本降低情况给予奖励，以充分发挥承包商的积极性。

（3）成本加浮动酬金。这种方式是事先商定工程成本和酬金的预期水平。如果工程完工后，实际成本恰好等于预期水平，工程造价就是成本加酬金；如果实际成本低于预期水平，则增加酬金；如果实际成本高于预期水平，则减少酬金。

从理论上，这种承包方式对承、发包双方都没有太大的风险，同时又能促使承包商关心降低成本、缩短工期，因而对双方都有好处。但实际上估算成本较为困难，要求双方都要具有丰富的经验。

2. 按照合同所包括的工程范围及承包关系的不同划分

如果开发项目较大，则承建单位往往不止一个。发展商可采取总包合同形式（由总承包商负责分包），或者由发展商直接发包的专业承包式。如果工程项目较小，则发展商可采用独立承包的合同方式发包。

1）总包合同

总包是指一个建设项目的全过程或某个阶段的全部工作由一个承包商负责组织实施，据此签订的合同称为总包合同。在这种情况下，由总承包商负责将若干专业工作分包给专业承包单位，并统一协调和监督他们的工作。在一般情况下，发展商只与总承包商直接联系而与各分包商不发生直接联系，这种总包合同形式便于开发商对项目建设进行管理和监督，降低工作量，有利于减少现场管理人员。

在总承包条件下，分包商可由发展商指定或由总承包商自行选择，但最终均需与总承包商签订分包合同。

2）发展商直接发包的专业承包合同

这种方式是指在同一开发项目上，发展商直接把工程分包给各承包商，并由此签订正式合同。在这种情况下，发展商直接与各承包商联系，现场协调工作较为复杂。若发展商工作人员较多且具备此能力，则可由发展商自行负责，否则这样的合同管理模式对开发商是极为不利的，大量的协调管理工作会带来大量的索赔。

3）独立承包合同

当开发项目规模较小，技术要求较为简单时，则发展商可将开发项目的建设任务发包给一家承包商独立完成。这种承包方式对发展商的管理工作是有利的。

3. 按照是否包料划分

在房地产开发项目建设过程中，由于开发项目的性质不同，材料供应由谁来负责也决定了合同类型的不同。

1）包工包料合同

包工包料是指由承包商负责施工所用的全部人工和材料设备。通常情况下，这种方式是较为普遍的。

2）包工部分包料合同

包工部分包料是指承包商只负责施工的全部人工和一部分材料，其余部分由发展商自己提供。如果开发项目的建造标准很高，如星级宾馆、高级公寓等，部分材料与配套设备需要进口，则这些材料和设备可由发展商自行负责提供，其余普通材料可由承包商负责提供。外商在国内开发房地产项目时往往采取这种方式。

3）包工不包料合同

包工不包料合同也即劳务合同。即承包商仅提供劳务而不提供任何建筑材料，所有建筑材料均由发展商自行解决。这种合同方式在房地产开发建设中很少使用。

房地产开发项目建设的发包合同方式是多种多样的，房地产发展商应结合项目的具体特点选择采用。

8.9.2　房地产开发项目承包合同的一般条款

有关房地产发展商与建设项目承包商之间的权利与义务关系的一般合同条款如下。

1. 一般义务

一般义务条款主要是笼统地规定承包商应承担的职责。其具体内容包括以下几个方面。

(1) 承包人责任。根据合同规定，承包人应以细心、认真的态度努力进行施工与维修，提供一切劳务，包括工作监督、材料、施工机械设备及施工和维修所需要的全部临时或永久性的其他物品。

(2) 履约保函。为了保证合同能够按期履行，在签订合同时，承包人应提供银行或保险公司开出的保函，保函所担保的金额以授标函中规定的数额为准。

(3) 工程应使工地监理人员满意。除了由于法律原因或实际原因不能做到的，承包人应严格按合同规定，以及图纸和技术说明进行工程施工与维修，以使发展商或其委托的监理感到满意。

(4) 承包人应提交总进度计划。承包人在中标后应提交一份建议进行该工程步骤顺序的总进度计划。在实际执行中，如果工程进度不符合原定进度计划，承包人应向监理人员说明其原因。

(5) 竣工时的现场清理。在工程竣工时，承包人应从现场清除、拆除并运出一切施工设备、剩余材料、垃圾和各项临时工程，并保持整个现场和工程清洁整齐，使发展商满意。

2. 合同文件管理

(1) 合同图纸、投标书和合同条款，承包人和监理人各持一份，以备随时查阅。

(2) 发展商应向承包商免费提供合同条文、标书，两份合同图纸及两份规范，另外还需提供两份补充大样图。建筑工程完工后上述图纸及文件都应交还发展商。

3. 一般合同条款

1) 材料及设备供应

材料及设备若是由发展商自行提供，则应在合同中规定供货时间，以便承包人安排施工进度计划。

若材料及设备由承包人提供则应规定：一切材料和设备均应是合同中所规定的相应规格、等级、品质。承包人在购买材料与设备之前应按照工程监理人员的要求，在制造加工地点、现场或在合同可能规定的地点进行检验。对于材料，亦可提供样品，以供检验。提供样品的费用及检验费用由哪一方承担，应在合同中明确规定。

2) 开工、竣工时间及工期

合同中应明确规定开工及竣工时间及相应的工期。

(1) 工程的开工。承包人在接到发展商或其监理工程师有关开工的书面命令后，应在合同规定的期限内，在现场开工，并且应迅速且毫不拖延地继续施工。

(2) 竣工期限的延长。如果由于任何种类的额外或附加工程量，或者是由于合同中规定的原因，以及异常的恶劣气候条件，其他特殊情况造成竣工期限的拖延，则监理工程师应批准并确定该项延长期限，并通知发展商和承包人。

(3) 施工进度。如果工程实际进度落后于计划进度，不能在预定的工程竣工期限内完工时，则承包人应采取必要的措施，以便加快工程的施工进度，使工程能在预定的工期内竣工。此时，承包人无权要求增加为采取这些措施而支付的附加费用。

3）变更与增减

在合同中应规定变更和增减的项目及处理办法。

（1）变更。发展商或其委托监理工程师认为有必要，可以对工程或其任何部分的形式、质量或数量作出变更。这些变更包括：

① 增加或减少合同中所包括的工作数量；

② 削减任何这类工作；

③ 改变任何这类工作的性质或质量及种类；

④ 改变工程任何部分的标高、基线、位置和尺寸；

⑤ 完成工程竣工所必要的某些附加工作。

（2）对变更的估价。对于额外或追加的工作，或者已取消的工作，应以合同中规定的单价予以估价。如果合同中未规定用于该项额外或追加工作的单价，则应由合同双方协商确定。

4）转让与分包

建设工程承包合同一般不允许转让。建设项目的分包也需经发展商同意。分包人可由发展商指定、推荐，或者由总包人自己选定。

5）竣工验收与维修

竣工工程验收应以国家颁布的施工验收规范、质量检验标准及施工图为依据。在验收时，承包商应提供隐蔽工程验收记录，中间交工验收记录及竣工图纸。当项目验收后，由发展商签发工程竣工证书。

合同中还需规定维修期。维修期一般从竣工证书签发之日起算。在合同规定的维修期内，如果工程出现缺陷，则承包人应负责修复。如果该缺陷被判定是由于承包商所采用的材料、施工工艺不符合合同要求，或者由于承包商的疏忽造成的，则由承包商承担此项维修费用。如果该缺陷是由于其他原因造成的，则应对维修费用进行核实，并作为附加工作予以付款。

6）支付方式

工程款的支付一般按时间大致划分为预付款、工程进度款、最终付款和退还保留金 4 个阶段。

（1）预付款。预付款用来支付承包商初期费用。支付时间一般在签订正式承包合同后的一个限定时间内，由承包商提供一笔相当数额的履约保函之后，发展商即可支付现款。预付款也可用初期动员费替代。

预付款一般在以后的工程进度中扣除，但扣除的进度可协商确定，并载入合同。预付款也可以按月等分扣回。

（2）工程进度付款。工程进度付款随着工程的实施按月支付。工程进度款包括当月完工的工程价款，若还需包括运到现场的合格材料与设备，则应在合同中明确规定。

如果是固定总价合同，工程进度款可按完工工程占全部工程的百分比予以支付。若是固定单价合同，则应按已完成的单位工程数量和单价计算支付。如果是成本加酬金合同，可按发生的直接费用加规定百分比的管理费和利润支付。

承包商月末编报每月的工程进度付款单，并经监理工程师认可后方能得到进度款。

(3) 最终付款。最终付款是指工程完工的结算付款。当工程竣工并签发竣工证书后，发展商应付清全部工程合同价款中尚未付清的款项。如果合同中规定了缺陷责任期，则保留金在缺陷责任期满后退还。

(4) 退还保留金。保留金是发展商从每次工程进度款中扣留的一定金额。保留金在缺陷责任期满后，全部退还。

7) 风险与保险

工程建设过程中不可避免地存在着风险，对应"意外风险"对工程造成的破坏、毁损承包商不承担责任。所谓"意外风险"，是指战争、敌国入侵、国内暴乱或军事政变等政治因素，或者纯属工程设计的原因，或者是有经验的承包人也不能预见或适当预防的自然灾害。"意外风险"在 FIDIC 合同中是指"业主风险"和"特殊风险"。

除了"意外风险"之外，其他风险应由承包商承担并负责保险。保险内容包括以下几方面。

(1) 工程的保险。承包商应以发展商和承包商的联合名义对除"意外风险"之外的任何原因引起的，按合同规定应由承包商负责的一切损失或损坏进行保险。对目前施工的工程按其现行合同估算价连同按其重置价格计算的现场材料费用进行投保。对承包商运至现场的施工机械设备与其他物品，则按其重置价投保。

(2) 工人人身保险。承包人应对其在工程中雇用的工作人员连续办理保险，直至工程竣工。如果承包人未进行该项保险，则发展商可代其投保，但在支付工程进度款时将扣除这笔保险费。

(3) 第三方保险。在工程开工之前，承包商应就其工程施工中所造成的，对包括发展商或其工作人员在内的任何人的财产损坏、损失或损伤所负的责任进行保险。

8) 中断合同

中断合同分两种情况，即发展商中断合同和承包商中断合同。

(1) 发展商中断合同。当发展商遇到下列情况，有权要求中断合同：

① 承包商未按合同要求施工或中途无故停工；

② 不能连续施工或不能按正常速度施工；

③ 不按监理人员的指示工作，工程质量、建筑材料不合格；

④ 承包商公司破产或尚未破产，但因资金周转慢，不能连续施工。

遇到上述情况，发展商要书面通知承包商，若在规定时间内承包商仍不改正，发展商可中断合同，因中断合同而对发展商造成的经济损失，应由承包商负责赔偿。

（2）承包商中断合同。当承包商遇到下列情况，有权要求中断合同：

① 发展商不按时支付工程款；

② 监理工程师要求长期停工，又总不给予复工通知；

③ 施工过程中发生事故（如地震、火灾等）；

④ 监理工程师要求停工，影响了整个工程成本；

⑤ 图纸等技术资料不清、不全，要求发展商提供，未能满足而无法施工；

⑥ 发展商破产或将地产、房产转卖给他人。

9）经济责任

经济责任条款中规定奖罚办法。

（1）由于承包商责任未按合同规定的日期竣工（以竣工验收合格日期计算），则承包商应向发展商支付合同中规定的金额，作为延误工期的违约金。

（2）由于发展商提出提前竣工要求，承包商又采取措施提前竣工时，发展商应付给合同中规定的奖励金额。

（3）合同双方均不得借故拖欠各种应付款项，如拖期不付，则责任一方必须支付违约金。违约金计算方法应在合同中明确规定。

10）争端的解决

本条款中规定解决争端所适用的法律及处理办法。

以上简要介绍了开发项目承包合同的一般内容，我国有现行的建设工程承包合同示范文本，以及 FIDIC 土木工程施工合同条件都可参照使用。

8.9.3　房地产开发项目的合同管理

工程项目的合同管理工作主要是对承包合同的签订、履行、违约、变更、解除等进行监督、检查，对合同双方的争议进行有效解决，以保证合同的全面、适当履行。房地产开发项目建设实施的合同管理工作主要有以下几项。

（1）合同分析。合同分析是对合同各类条款进行分门别类的认真研究和解释，并找出合同的缺陷和容易引起争议的内容，并提出解决的思路。同时，对可能引起合同变化的事件进行分析研究，以便采取相应的措施。合同分析对促进合同各方履行义务和正确行使合同赋予的权利，对监督工程的实施，对解决合同争议，对预防和处理索赔等工作都是必要的。

（2）建立合同目录、编码和档案。合同目录和编码是采用图表方式进行合同管理的很好工具，它为合同管理自动化提供了基础，使计算机辅助合同管理成为可能。合同档案的建立可以把合同条款分门别类地加以存放，为查询、检索、分析合同条款提供方便。合同资料的管理应当起到为合同管理提供总体性服务的作用。

（3）合同履行的监督、检查。通过检查发现合同执行中存在的问题，并根据法律、法规和合同的规定加以解决，以提高合同的履约率，使开发项目能够顺利建成。合同监督、管理就是要常念"合同经"，以促使承包商能够严格地按照合同要求实现工程进度、工程质量和费用要求。合同监督需要经常检查合同双方往来的文件、信函、记录、纪要等，以确认其是否符合合同的要求和分析，以采取相应的对策。

（4）索赔。索赔是合同管理工作的重中之重，因为它是关系合同双方切身利益的问题。开发项目的索赔管理，一方面，要认真做好合同要求的各项工作，并通过各种预防措施，尽可能避免索赔事件的发生；另一方面，对一个大型的工程项目，索赔事件是不可能完全避免的，作为项目管理者应正确对待承包商的索赔，以合同为依据，公平合理地处理索赔。

8.10　北京 CBD 项目开发案例

1. 北京 CBD 简介

CBD 是商务中心区或中央商务区（Central Business District）的简称，最初起源于 20 世纪 20 年代的美国，意为商业会聚之地。现代意义上的商务中心区是指集中大量金融、商业、贸易、信息及中介服务机构，拥有大量商务办公、酒店、公寓等配套设施，具备完善的市政交通与通信条件，便于现代商务活动的场所。商务中心区不仅是一个国家或地区对外开放程度和经济实力的象征，而且是现代化国际大都市的一个重要标志。

1993 年，经国务院批复的《北京市城市总体规划》明确提出：要在北京建立具有金融、保险、贸易、信息、商业、文化娱乐和商务办公等现代化多功能的商务中心区。1998 年，北京市政府在《北京市中心地区控制性详细规划》中，将北京商务中心区的范围确定为朝阳区内西起东大桥路、东至西大望路，南起通惠河、北至朝阳路之间约 3.99 平方千米的区域。经过十几年的开发建设，北京商务中心区已成为北京最富有活力和最具有现代化气息的地区。

规划与建设北京商务中心区是北京市政府为扩大对外开放，抓住入世机遇作出的一项战略决策。商务中心区的城市功能定位是：建成北京市走向现代化国际大都市的新城区，建成环境优美、城市功能齐全、基础设施完善的现代化新城区。经济功能定位是：建设成为集办公、会展、酒店、居住及文化娱乐为一体的国际商务中心区；成为现代化超高层建筑集中区域，国际知名公司云集，知识、信息、资本密集，具有规模效应与集散效应优势的区域；成为金融、保险、电信、信息咨询等行业的公司地区总部与营运管理中心。

2. 北京 CBD 开发规划

北京 CBD 开发规划包括总体规划和专项规划两个部分。

1）北京 CBD 的总体规划

北京 CBD 位于朝阳区东三环路与建国门外大街交汇的地区，此交汇点距东部的北京旧城城墙（现为二环路）约 2.3 千米、距北京长安街约 5.8 千米，距北部的首都机场高速路出入口约 5.8 千米，距南部京津塘高速路出入口约 5.3 千米，距东部的四环路约 2.4 千米。北起朝阳北路及朝阳路，南抵通惠河，东起西大望路，西至东大桥路，规划总用地面积约 4 平方千米。现有工业企业用地 149 公顷、居住用地 84 公顷、公建用地 55 公顷、市政用地 13 公顷、教育科研用地 14 公顷、道路及其他用地 84 公顷。区内共有居住人口约 5.4 万人。东侧为北京第一热电厂，南侧紧邻通惠河，通惠河南岸为铁路整备站。西侧由北至南为朝外市级商业中心、日坛公园、北京第一使馆区、永安东西里居住小区，北侧是以居住为主的用地。

2）北京 CBD 的专项规划

北京 CBD 核心区规划如下。

核心区位于大北窑立交桥东北角，占地约 30 公顷，规划建筑面积约为 150 万平方米，主要用于写字楼、酒店、会展中心、文化娱乐等商务设施建设。该区域是商务中心区内超高层建筑集中区域，主体建筑将突破 300 米，形成一组 CBD 标志性建筑群。

核心区周围交通便利，设施完善，环境优美，商务氛围浓厚。位于国贸桥（建国门外大街与东三环交汇处）东北角，央视大厦、中服大厦、航华科贸中心、国贸中心、银泰中心、现代城等大规模的建筑艺术群体环绕周围；国际知名的金融、贸易、电信、信息咨询等公司云集于此，如瑞士银行、巴黎银行、摩托罗拉公司、惠普公司等知名跨国公司和国际组织纷纷在此设立办事机构。核心区内将兴建大型绿色广场，充分展现绿色、文明、现代的商务中心区形象。

北京 CBD 发展规划如下。

积极贯彻"一线两翼"和《北京市国民经济和社会发展第十个五年计划》的有关精神，在《北京市城市总体规划》的指导下，严格执行商务中心区的详细性控制规划，以发展首都经济为主题，以促进首都经济结构调整为主线，以土地开发和市政设施建设为基础，以投资环境改善和政策导向为手段，积极吸引跨国公司管理总部、国际知名金融保险机构、中介服务机构入驻，提高商务中心区管理功能、集散功能和服务功能，把商务中心区建设成为北京对外开放的重要窗口，为北京率先基本实现社会主义现代化作出重要贡献。

北京 CBD 商业规划如下。

（1）加大招商引资力度，显著增强商务服务功能。积极创造条件，广泛吸引国内外知名企业特别是跨国公司、世界 500 强企业在商务中心区内设立管理总部，使商务中心区成为亚太地区乃至世界范围内的经济运行控制中枢之一。

（2）重点发展银行、保险、证券、信托、基金等金融服务业。广泛吸引和发展国内外各类金融机构，建立和完善与商务中心区功能相适应的多层次、多类型的金融体系，提高金融现代服务水平，使金融产业成为商务区重要的经济增长点。

（3）发展和健全各类中介服务体系。根据商务活动对社会中介服务的需求，在继续发展会计、审计、评估、法律等中介服务业的基础上，积极鼓励社会各界发展多层次的创新服务机构，广泛开展评估评价、教育培训、信息咨询、知识产权等各类专业中介服务。

（4）建立高标准、现代化的配套服务业，逐步形成商业、影视文化、广告传媒、现代运输协调发展的现代服务体系。

北京 CBD 建设近期规划如下。

以准确定位、科学规划、市场导向、市政先行、弹性开发、重点突破、机制创新、着眼用户为进一步工作的基本原则，加快中央商务区的建设，把中央商务区建设成为北京对外开放的重要窗口，有利于提升首都经济质量，同时促进首都经济结构的调整。

下一阶段的工作主要集中于以下方面：合理有序地进行土地开发，优先安排市政基础设施建设，按照规划建成一批标志性项目，进行相应的功能配套，首先完成核心区的开发建设。积极进行政府机构改革，改善投资环境，吸引目标客户进驻，逐渐完善壮大现有产业链，提高商务中心区的集散功能，初步展示商务中心区的整体形象。

3. 北京 CBD 建设情况

北京 CBD 交通设施建设情况如下。

CBD 道路系统及内外交通组织十分超前，规划中道路用地约为 155 公顷，占 CBD 总面积的 39%。

CBD 办公室邀请香港专业的交通规划咨询公司 MVA 交通顾问公司参与，调查和预测了 CBD 现在和未来的交通流量，以此为依据加密路网，加宽道路，改善路口，完善 CBD 内部和外部的交通环境。完善交通环境一方面是发展公共交通，如增加交通公共道路、地铁线路公共交通换乘站等；一方面是解决静态交通及停车问题，设置成组的停车位，如商务区规定，平均每 1 万平方米的建筑面积至少设 65 个停车位等；另一个方面是加强现代化的交通管理。另外，CBD 规划考虑充分利用地下空间，并形成立体化交通系统，要求地下建筑，尤其是核心区的地下一层互相连通，形成地下人行系统，并要求地下车库尽可能连通，以减轻地面交通压力。

延续以方格网为特征的城市路网结构，并对部分道路和路口进行了调整和完善。

(1) 将东大桥路与建国门外大街的交叉口改为十字路口。

(2) 将金台西路延伸至通惠河北路。

(3) 将朝阳路在三环路以西段由城市主干道调整为次干道，疏导区域交通。

(4) 原规划通惠河北路为城市快速路，拟将快速路改至通惠河南侧。

(5) 东三环路将整个 CBD 分为东西两个相对独立的交通区域。

4. 北京 CBD 投资环境与重点项目介绍

1) 北京 CBD 区位优势

商务中心区位于首都古城以东，在建筑容积率及建筑高度上可以不受古都风貌保护影响的限制。该区域集中了全市 70% 的涉外资源，先后建设的第一、二、三使馆区，北京 60% 以上的外资机构，半数以上的星级宾馆、酒店，众多的交际活动场所都分布在这一区域及周边地带。因此，在这里建设 CBD 项目具有得天独厚的区位优势。

2) 北京 CBD 资源优势

北京 CBD 项目土地资源充足。该地区现有 42 家工业企业，占 CBD 总面积的 63.8%，占地大，容积率低，便于开发。随着产业结构调整政策的实施，企业外迁将腾出大量土地用于商务区建设，区域内总体可利用土地约为 280 万平方米，商务设施总建筑面积可达 1 000 万平方米。

这里商务氛围浓厚。国贸、京广、嘉里、汉威、航华科贸等众多写字楼内汇集了摩托罗拉、惠普、福特、三星、巴黎银行、瑞士银行等数百家著名跨国公司和金融机构。目前，世界 500 强企业进驻北京的有 158 家，其中入驻 CBD 及周边地区的就有 120 多家，仅国贸中心就有 69 家。此外，区域内还云集了大量的外国公司办事机构，国际商务氛围十分浓厚。

3）北京 CBD 综合环境

CBD 区域总体环境：CBD 区域现有企业总数为 3 000 多家，外资企业 800 余家，其中外资银行、保险公司及其代表机构约 150 家，律师、会计事务所、咨询等中介服务机构 192 家。2001 年，CBD 区域写字楼出租率达到 96%，月租金达到 60 美元/平方米。

区域内行业分布：金融、银行、保险及证券为 20%；会计、法律、咨询等专业服务业为 16%；旅游、娱乐、物流等商业服务业为 15%；电信及信息技术为 15%；制造/工程/设备为 13%；石油、化工及制药业为 11%；贸易业为 10%。

4）北京 CBD 政府服务情况

商务中心区按照国际通行规则和市场经济发展的要求，进行规范的管理和服务，实行"一个窗口服务"，减少审批环节，改进工作作风，为投资者提供高效、便捷的服务。根据国际通行规则，在商务中心区内积极探索新的企业登记注册与监督管理办法。调整工商、税务、公安、统计等部门对商务中心区的管理区划，建立商务中心区工商所、税务所、派出所、交通队等专门管理机构。

5）北京 CBD 重点建设项目概况

国内外投资者非常看好这片商务热土，纷纷投资于商务中心区。区域内有 20 多个待建项目，总建筑面积约为 300 万平方米。其中有代表性的重点项目有以下几个。

（1）国贸三期：新世纪首都十大工程之一，占地 7.58 公顷，建筑面积约 55 万平方米，拟建写字楼、酒店及配套设施。

（2）北京财富中心：北京市重点工程，占地 9.21 公顷，建筑面积约 72 万平方米，拟建写字楼、酒店、公寓及会展中心。已于 2001 年 9 月 17 日正式开工。

（3）央视大厦：占地 18.28 公顷，建筑面积约 50 万平方米，拟建业务办公楼及配套设施，中央电视台迁址于此。

（4）银泰世贸中心：占地 3.45 公顷，建筑面积约 35 万平方米，拟建写字楼、酒店。

（5）北京电视台：占地 6 公顷，建筑面积约 20 万平方米，是北京电视台和北京有线电视台合并以后的新办公地。

（6）新城国际：占地 9.48 公顷，建筑面积约 42 万平方米，拟建公寓、写字楼。

5. 北京 CBD 开发的相关政策法规

为了有效开发 CBD 项目，北京市政府于 2001 年 9 月 13 日颁布了《加快北京商务中心区建设暂行办法》（以下简称《办法》）。

《办法》共 7 章 25 条，具体内容如下。

第一章　总则

第 1 条　根据国务院批准的《北京城市总体规划》，建设北京商务中心区。为进一步推进北京商务中心区建设和可持续发展，完善首都城市功能，提高城市现代化水平，根据有关法律、法规，特制定本办法。

第 2 条　本办法适用于北京商务中心区（以下简称商务中心区）区域范围。商务中心区占地面积约 4 平方千米，西起东大桥路，东至西大望路，南起通惠河，北至朝阳路。

第 3 条　商务中心区设立管理机构，为市政府在商务中心区设立的行政机构，代表市政府统一行使北京商务中心区的开发建设和管理职能；同时承担商务中心区建设联席会议的日常工作。

第二章　区域规划

第 4 条　根据《北京城市总体规划》，商务中心区管理机构会同市规划管理部门，制订商务中心区总体规划、控制性详细规划，以及交通、市政、网络和环境景观等专项规划，报市政府批准后，组织实施。

第 5 条　商务中心区的控制性详细规划，要充分体现商务中心区的发展功能，并借鉴国际先进经验制定。在实行商务中心区内建筑容积率总体控制、总量平衡的前提下，可采取容积率转移、容积率奖励等办法，促进商务中心区开放空间的规划建设。商务中心区管理机构会同市规划管理部门可根据实际需要，对商务中心区内高档住宅和写字楼的绿地建设、建筑间距及公建配套等指标给予适当调整。

第 6 条　商务中心区总体规划、控制性详细规划和专项规划等要公开发布，接受社会监督。

第三章　土地开发

第 7 条　为保证商务中心区总体规划的严肃性和开发建设工作的规范进行，率先在商务中心区实施土地收购储备制度。设立北京市土地整理储备中心商务分中心（以下简称土地储备分中心），按照国家及本市有关法律、法规规定，进行土地储备和土地一级开发，对开发已完成"七通一平"的土地由市国土房管部门以公开招标、拍卖等方式出让。

第 8 条　将东二环至东四环、通惠河至朝阳北路之间约 10 平方千米的区域，纳入北京市土地整理储备中心的重点储备范围。其中，商务中心区规划范围内的土地收购储备由土地储备分中心负责统一管理和运营。

第 9 条　对商务中心区内已立项但尚未办理土地出让手续的项目，由商务中心区管理机构会同市计划、规划、财政、建设、国土房管等部门重新进行审查、确定。对于国有土地使用权出让超过两年，投资者对土地没有进行实质性开发或只有少量投入的项目，按照《北京市闲置土地处理办法》的有关规定执行。

第 10 条　对通过划拨方式取得国有土地使用权的单位转让国有土地，凡已与有关投资商签订土地转让协议，但尚未办理土地出让手续，并经商务中心区管理机构确定无须统一收购的项目，应由北京市土地整理储备中心实行挂牌交易，具体办法由商务中心区管理机构会同市国土房管部门制定。

第四章　市政及配套设施建设

第 11 条　按照《北京市人民政府批转市计委关于深化本市基础设施投融资体制改革若干意见的通知》（京政发［1999］27 号）精神，市、区两级政府积极支持商务中心区优先发展城市基础设施、交通管理设施和进行环境建设。设立专项资金，由市、区安排基本建设投资、土地出让金、市政公用设施建设费、城市基础设施"四源费"等组成，用于商务中心区基础设施建设。

第12条　商务中心区户外广告的设置，按照《北京市户外广告管理规定》等有关规定，由商务中心区管理机构会同市、区有关部门制订商务中心区户外广告设置规划方案，报市政府批准后，负责对户外广告设置使用权进行公开招标，所得收益用于商务中心区公益性设施建设和管理。

第13条　商务中心区内各居住小区的配套设施建设，由商务中心区管理机构根据实际需要进行统一的规划、安排；商务中心区内的写字楼地面停车收费要按照合理的价格引导机制制定，鼓励开发商参与停车设施建设，减少占路停车。

第14条　商务中心区内建设的公益性文化设施开发项目（包括博物馆、美术馆、图书馆、音乐厅、剧院、文化馆等），对非营利的公益性文化设施开发项目，可以按照划拨方式取得土地使用权；对营利性的公益性文化设施开发项目，按照有偿方式取得土地使用权。

第五章　产业导向

第15条　商务中心区内重点发展金融、保险、电信、信息服务和咨询等行业，在国家政策允许范围内，优先进行对外开放试点；鼓励外资金融、保险机构在商务中心区内按照国家规定开办相关金融业务。

第16条　国外跨国公司在商务中心区设立地区总部、研发中心、结算中心、采购中心和分销中心等机构，享受本市鼓励跨国公司在京设立地区总部及研发中心的各项政策。

第17条　积极吸引联合国及其他国际组织的驻华机构，国际知名的律师事务所、会计师事务所、商会组织和外商代表机构等入驻商务中心区；加快商务中心区会展、广告、咨询等行业的对外开放。

第18条　鼓励外商在商务中心区内投资零售业，在国家政策允许范围内，优先在商务中心区内设立外资合营商业零售企业。

第六章　投资环境

第19条　商务中心区按照国际通行规则和市场经济发展的要求，进行规范的管理和服务，实行"一个窗口服务"，减少审批环节，改进工作作风，为投资者提供高效、便捷的服务。

第20条　根据国际通行规则，在商务中心区内积极探索新的企业登记注册与监督管理办法。调整工商、税务、公安、统计等部门对商务中心区的管理区划，建立商务中心区工商所、税务所、派出所、交通队等专门管理机构。

第21条　商务中心区内信息基础设施，在统一规划、建设与管理的基础上，引入竞争机制，建立宽带信息网络，提供良好的信息化环境；规划与实施"数字CBD"工程，并纳入"十五"时期首都信息化发展规划。

第22条　设在商务中心区内经市有关部门认定的跨国公司地区总部及研发机构急需的外省市高级商务人才，可按本市有关规定办理《工作居住证》或常住户口；对外籍人员子女入学，可按照《北京市人民政府印发关于鼓励跨国公司在京设立地区总部若干规定的通知》等有关规定执行。

第 23 条　商务中心区要建立国际化医疗、教育机构及其他生活服务设施，创造有利于国际商务人士工作、生活的人文环境。

第七章　附则

第 24 条　本办法在执行中的具体问题，由商务中心区管理机构负责解释。

第 25 条　本办法自颁布之日起施行。

思 考 题

1. 简述房地产开发项目审批程序及操作流程。

2. 开发项目土地使用权的取得方式有哪些？各自有哪些特点？

3. 征地、拆迁的内在含义是什么？

4. 征用农村集体所有的土地要发生哪些费用？

5. 房屋拆迁补偿有哪几种形式？补偿标准是什么？拆迁安置有哪几种形式？安置标准是什么？

6. 简述勘察、设计的主要工作内容。

7. 房地产项目规划设计的基本原则、内容有哪些？

8. 简述房地产项目基础设施建设的原则和内容。

9. 简述房地产项目施工招标的形式及招标的程序。

10. 简述房地产开发项目可采用的合同类型、使用范围及各自的优缺点。

第 9 章

房地产项目的建设实施与开发经营

9.1 房地产开发项目的组织

在房地产发展商确定了组织的具体目标，并对实现目标的途径进行大致安排之后，为了使人们能够有效工作，还必须设计和维持一种组织结构，其包括组织机构、职务系统和相互关系。

9.1.1 组织理论概述

1. 组织的含义

组织有两种含义：① 组织机构，即按一定的领导机制、部门设置、层次划分、职责分工、规章制度和信息系统等构成的人员的结合体；② 组织行为，即通过一定权力和影响力，对所需资源进行合理配置，以实现一定的目标。

组织作为一个系统，一般包含以下 4 个要素。

（1）目标。任何组织都是为目标而存在的，无论这种目标是明确的还是模糊的，目标总是组织存在的前提。没有目标，也就没有组织存在的必要性。

（2）人员与职务。人既是组织中的管理人员，又是组织中的被管理人员，建立良好的人际关系，是建立组织系统的基本条件和要求。明确每个人在系统中所处的位置及相应的职务，便可形成一定的职务结构。

（3）职责与职权。职责是指某项职位应该完成某项任务的责任。它反映了上下级之间的一种关系。下级有向上级报告自己工作绩效的义务或责任；上级有对下级的工作进行必要指导的责任。这是每个人员所在岗位职务的一种义务。职权是指经由一定的正式程序所赋予某项职位的一种权力。居其位者，可以承担指挥、监督、控制，以及惩罚、裁决等工作。这种权力是一种职位的权力，而不是某特定个人的权力。

（4）信息。组织内部及内部与外部的联系，主要是信息联系。只有信息沟通，才能保证组织的有效运转。

2. 组织的基本内容

组织是工程项目管理的基本职能之一，其基本内容包括以下几方面。

（1）组织设计。组织设计包括选定一个合理的组织结构，划分各部门的权限和职责，制定各种基本的规章制度。

（2）组织联系。组织联系规定组织机构中各部门的相互关系，明确信息流通和信息反馈渠道，以及各部门之间的协调原则和方法。

（3）组织运行。组织运行规定各组织体的工作顺序和业务管理活动的运作过程，按分担的责任完成各自的任务。组织运行应解决好 3 个关键性问题：① 人员配置；② 业务明确；③ 信息反馈。

（4）组织调整。组织调整是根据工作需要及环境的变化，分析现有组织系统的缺陷、适应性和有效性，对现有组织系统进行调整或重新组合，包括组织形式的变化、人员的变动、规章制度的修订或废止、责任系统及信息系统的调整等。

9.1.2 组织设计的基本原则

设计和建立合理的组织结构，根据组织内外部要素的变化适时地调整组织机构，其目的都是为了更有效地实现组织目标。组织结构的好坏对组织成功具有举足轻重的作用。进行有效的组织结构设计一般应遵循以下基本原则。

1. 目标同一性

目标同一性原则是组织结构和组织形式的选择必须有利于组织目标的实现。任何一个组织，都与既定的组织目标有密切关系，否则就没有存在的意义。为此，组织目标层层分解，机构层层建立下去，直到每一个人都了解自己在总目标的实现中应完成的任务，这样建立起来的组织机构才是一个有机整体，才能为保证组织目标的实现奠定基础。

2. 分工协调

分工协调原则是组织结构设计的基本原则。分工就是按照提高管理专业化程度和工作次序的要求，把组织的目标分成各级、各部门以及每个人的目标和任务，使组织各个层次、各个部门、每个人了解自己在实现组织目标中应承担的工作职责和职权。有分工就必须有协调，协调包括部门之间的协调和部门内部的协调。分工协调原则是组织结构的设计和组织形式的选择应能反映组织目标所必需的各项任务和工作的分工，以及彼此间的协调；委派的职务应能适合于担任这一职务的人的能力与动机。组织结构中的管理层次的分工、部门的分工、职权的分工和各种分工之间的协调就是这个原则的具体体现。

3. 权责一致

权责一致原则是职权和职责必须相等。在进行组织结构设计时，既要明确规定每个管理层次和各个部门的职责范围，又要赋予完成其职责所必需的管理权限。职责与职权必须协调一致，要履行一定的职责，就应该有相应的职权，这就是权责一致原则的要求。只有职责，没有职权或权限太小，则其职责承担者的积极性、主动性必然会受到束缚，实际上也不可能承担起应有的责任；只有职权而无任何责任，或者责任程度小于职权，将会导致滥用权力，产生官僚主义等。因此，在实际的组织设计中应尽量避免这两种倾向。科学的组织结构设计应该是将职务、职责和职权形成规范，制定出章程，使无论什么人，只要担任该项工作就得有所遵从。

4. 机构精简

任何一种组织结构形式，都必须将精简原则放在重要地位。机构精简原则即在服从由组织目标所决定的业务活动需要的前提下，力求减少管理层次，精简管理机构和人员，充分发挥组织成员的积极性，提高管理效率，更好地实现组织目标。一个组织只有机构精简、队伍精干，工作效率才会提高。如果组织层次繁多，机构臃肿，人浮于事，则势必导致浪费人力资源，滋长官僚主义，效率低下。因此，一个组织是不是具备精干高效的特点，是衡量其组织结构是否合理的主要标准之一。

5. 稳定性与适应性相结合

稳定性与适应性相结合的原则可以表述为：组织结构既要有相对的稳定性，不要总是轻易变动，但又必须随组织内外部条件的变化，根据长远目标作出相应的调整。

任何组织都是一个开放的社会子系统，在其活动过程中，都会与外部环境发生一定的相互联系和相互影响，并连续不断地接受外来的"投入"而转换为对外的"产出"。一般来说，组织要进行实现目标的有效活动，就要求必须维持一种相对平衡的状态，组织越稳定，效率也将越高。组织结构的调整和各部门职权范围的重新划分，都会给组织的正常运行带来不利的影响。因此，组织结构不宜频繁调整，应保持相对稳定。但是，组织本身是在不断运动的，并且组织赖以生存的大环境也是在不断变化的，当组织结构相对地呈现僵化状态、组织内部效率低下、而且无法适应外部的变化或危及生存时，组织的调整与变革就不可避免了。因为只有调整和变革，才会给组织重新带来效率和活力。

6. 均衡性

均衡性原则可以表述为：同一级机构、人员之间在工作量、职责、职权等方面应大致平衡，不宜偏多或偏少。苦乐不均、忙闲不均等都会影响工作效率和人员的积极性。任务过多时，要将一部分工作分配给其他人员或部门去做；而在任务过少的情况下，要加大任务量或进行合并。

9.1.3　组织结构的类型

对不同性质、不同规模的组织来说，组织结构多种多样，但都是由一些基本的类型组合而成的。下面介绍几种常见的组织结构类型。

1. 直线型组织结构

直线型组织结构是最早出现的、最简单的一种组织结构形式。其特点是组织中各种职务按垂直系统直线排列，各级主管人员对所属下级拥有直接的一切职权，组织中每一个人只能向一个直接上级报告，即一个人有一个上司。其优点是结构比较简单，权力集中，责任分明，命令统一，联系简捷。其缺点是在组织规模较大的情况下，所有的管理职能都集中由一人承担，往往由于个人的知识及能力有限而感到难以应付，顾此失彼，可能会发生较多失误。此外，每个部门基本关心的是本部门的工作，因而部门间的协调比较差。一般地，这种组织结构形式只适用于那些没有必要按职能实行专业化管理的小型组织，或者是现场的作业管理。直线型组织结构如图 9-1 所示。

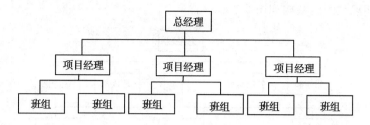

图 9-1　直线型组织结构图

2. 职能型组织结构

职能型组织结构的特点是组织内除直线主管外还相应地设立一些组织机构，分担某些职能管理的业务。这些职能机构有权在自己的业务范围内，向下级单位下达命令和指示，因此下级直线主管除了接受上级直线主管的领导外，还必须接受上级各职能机构的领导和指示。它的优点是能够适应现代组织技术比较复杂和管理分工较细的特点，能够发挥职能机构的专业管理作用，减轻上层主管人员的负担。但其缺点也比较明显，即这种结构形式妨碍了组织必要的集中领导和统一指挥，形成了多头领导，使基层无所适从。因此，不利于明确划分直线人员和职能科室的职责权限，容易造成管理的混乱。职能型组织结构如图 9-2 所示。

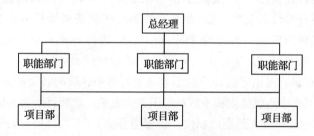

图 9-2　职能型组织结构图

3. 直线职能型组织结构

直线职能型组织结构的特点是设置了两套系统：一套是按命令统一原则组织的指挥系统；另一套是按专业化原则组织的管理职能系统。直线部门和人员在自己的职责范围内有决定权，对其所属下级的工作进行指挥和命令，并负全部责任，而职能部门和人员仅是直线主管的参谋，只能对下级机构提供建议和业务指导，没有指挥和命令的权力。

由此可见，这种组织形式实行的是职能的高度集中，职责清楚、秩序井然、工作效率较高，整个组织有较高的稳定性。而缺点则是下级部门的主动性和积极性的发挥受到限制；部门间互通情报少，不能集思广益地作出决策，当职能参谋部门和直线部门之间目标不一致时，容易产生矛盾，致使上层主管的协调工作量增大；难以从组织内部培养熟悉全面情况的管理人才；整个组织系统的适应性较差；缺乏弹性，对新情况不能及时作出反应。这种组织结构形式对中、小型组织比较适用，但对规模较大、决策时需要考虑较多因素的组织，则不太适用。直线职能型组织结构如图 9-3 所示。

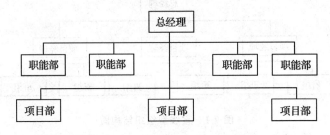

图 9-3   直线职能型组织结构图

4. 矩阵型组织结构

　　矩阵型组织结构又称规划—目标结构。矩阵组织和项目小组是在 20 世纪 50 年代开始出现的一种组织结构形式，它的实质是把按职能划分的部门和按产品（或项目或服务等）划分的部门结合起来组成一个矩阵，使同一个员工既同原职能部门保持组织与业务的联系，又参加产品或项目小组的工作。为了保证完成一定的管理目标，每个项目小组都设有负责人，在组织的最高主管直接领导下进行工作。这种组织结构形式打破了传统的一个员工只有一个上司的命令统一原则，使一个员工属于两个甚至两个以上的部门。

　　矩阵型组织结构的优点是：① 加强了横向联系，具有较大的机动性和适应性，克服职能部门相互脱节、各自为政的现象；② 专业人员和专用设备能够得到充分利用；③ 具有较大的机动性，任务完成即解散，各回原来的部门；④ 各行各业人员互相启发，有利于人才的培养，克服"近亲繁殖"；⑤ 实行了集权和分权的较优结合。

　　矩阵型组织结构的缺点是由于这种组织形式是实行纵向、横向联合的双重领导，处理不当，会由于意见分歧而在工作中造成扯皮和矛盾；组织关系复杂，对项目负责人的要求较高。克服缺点的办法是：① 授权项目负责人的全面职权；② 独立预算；③ 项目负责人与职能部门负责人共同制定进度与确定重点，如有矛盾，提交上一级解决。矩阵型组织结构如图 9-4 所示。

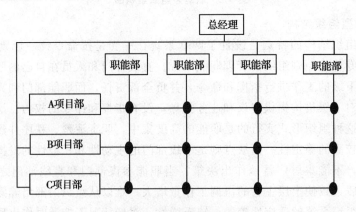

图 9-4   矩阵型组织结构图

5. 事业部制组织结构

事业部制组织结构首创于 20 世纪 20 年代的美国通用汽车公司，它是在总公司领导下设立多个事业部，各事业部有各自独立的产品和市场，实行独立核算。事业部内部在经营管理上则拥有自主性和独立性。这种组织结构形式最突出的特点是"集中决策，分散经营"，即总公司集中决策，事业部独立经营。这是在组织领导方式上由集权制向分权制转化的一种改革。

事业部制这种组织结构形式的主要优点是组织最高层管理摆脱了具体的日常管理事务，有利于集中精力做好战略决策和长远规划，提高了管理的灵活性和适应性，有利于培养管理人才。它的缺点是由于机构重复，造成了管理人员的浪费；由于各个事业部独立经营，各事业部之间要进行人员互换就比较困难，相互支援较差；各事业部主管人员考虑问题往往从本部门出发，而忽视整个组织的利益。这种组织结构多适用于规模较大的一些公司等组织。事业部制组织结构如图 9-5 所示。

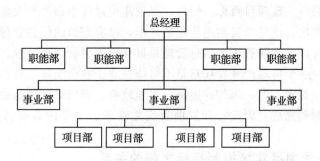

图 9-5　事业部制组织结构图

9.1.4　适用于房地产开发项目的组织结构

鉴于房地产开发项目的特殊性质，目前比较典型和理想的开发项目组织形式为矩阵型组织结构。

矩阵型组织结构充分体现了开发项目管理的组织系统。开发项目经理由公司任命，职能管理人员由项目经理与各职能部门协商聘用，在项目工作期间接受职能部门和项目经理双重领导。开发项目完成后，所有人员均回到各自原来的职能部门或转移到新开发项目中去。这充分体现了开发项目管理层次减少、人员精干、管理直接和富于弹性流动的特点。

但是，随着开发项目规模不断扩大，产品多样化，地区分散，更多的公司建立起事业部制组织结构。事业部制组织结构是直线职能制高度发展的组织。

成立事业部制组织结构必须具备 3 个要素：① 各事业部具有自己特点的开发项目或地区；② 各事业部以经济效益为中心，实行独立核算；③ 相对独立的分权组织，实行自主经营。

运用事业部制组织结构要注意以下几点：① 事业部应与地区、开发项目同寿命，没有开发项目时，应予以撤销；② 一个地区只有一个开发项目且没有后续项目时，一般不宜设立地区事业部，以免机构重叠。

由此可见，开发项目复杂多变，应根据开发企业和开发项目的实际情况，选择合适的开发项目组织形式，以实现开发项目整体目标的最优化。

9.2　房地产开发项目的实施管理

承担房地产开发建设任务的承包商在与发展商签订了承包合同后，就要按合同要求组织施工，按质、按量、按期完成工程项目任务，对工程质量和合同约定承担责任。对发展商而言，房地产开发项目建设过程管理的最终目标是以最短的工期、最低的成本达到最优的工程质量。因此，从本质上，开发项目的实施管理就是对项目工期、成本、质量3个目标进行有效控制，以使开发项目的整体效益达到最优。

为了实现项目控制目标，必须加强合同管理和信息管理工作，因为工程承包项目本身就是一个合同，项目目标就是合同目标，项目的所有要求都由合同来约定，因此只有通过有效的合同管理，才能最终实现项目目标。同时，工程建设过程中会产生大量的信息，这些信息是项目实施管理的产物，也是项目实施管理的依据，没有有效的信息管理，就不会有有效的项目管理。因此，可以说合同管理、信息管理是贯穿于项目管理全过程、实现项目目标必不可少的内容。此外，一个房地产开发项目是不可能独立于社会而孤立存在的，项目实施过程中必须与有关各方（如水、电、煤气、道路、当地政府、居民等）不断协调，否则内部管理再好，项目也很难顺利完成。因此，开发项目实施管理的主要内容概括为："三控"、"两管"、"一协调"。

9.2.1　房地产开发项目实施控制目标之间的关系

开发项目建设投资、进度（或工期）、质量三大目标两两之间存在既对立又统一的关系。对此，首先要弄清在什么情况下表现为对立的关系，在什么情况下表现为统一的关系。从开发商的角度出发，往往希望该工程的投资少、工期短（或进度快）、质量好。如果采取某种措施可以同时实现其中两个要求（如既投资少，又工期短），则这两个目标之间就是统一的关系；如果只能实现其中一个要求（如工期短），而另一个要求不能实现（如质量差），则这两个目标（即工期和质量）之间就是对立的关系。下面具体分析开发项目建设三大目标之间的关系。

1. 开发项目建设三大目标之间的对立关系

开发项目建设三大目标之间的对立关系比较直观，易于理解。一般来说，如果对开发项目建设的功能和质量要求较高，就需要采用较好的工程设备和建筑材料，需要投入较多的资金；同时，还需要精工细作，严格管理，不仅增加人力的投入（人工费相应增加），而且需要较长的建设时间。如果要加快进度，缩短工期，则需要加班加点或适当增加施工机械和人力，这将直接导致施工效率下降，单位产品的费用上升，从而使整个工程的总投资增加；另外，加快进度往往会打乱原有的计划，使开发项目建设实施的各个环节之间产生脱节现象，增加控制和协调的难度，不仅有可能"欲速则不达"，而且会对工程质量带来不利的影响或留下工程质量隐患。如果要降低投资，就需要考虑降低功能和质量要求，采用较差或普通的工程设备和建筑材料；同时，只能按费用最低的原则安排进度计划，整个工程需要的建设时间就较长。应当说明的是，在这种情况下的工期其实是合理工期，只是相对于加快进度情况下的工期而言，显得工期较长。

以上分析表明，开发项目建设三大目标之间存在着对立关系。因此，不能奢望投资、进度、质量三大目标同时达到"最优"，即：既要投资少，又要工期短，还要质量好。在确定开发项目建设目标时，不能将投资、进度、质量三大目标割裂开来，分别孤立地分析和论证，更不能片面强调某一目标而忽略其对另外两个目标的不利影响，而必须将投资、进度、质量三大目标作为一个系统统筹考虑，反复协调和平衡，力求实现整个目标系统最优。

2. 开发项目建设三大目标之间的统一关系

对开发项目建设三大目标之间的统一关系，需要从不同的角度分析和理解。例如，加快进度、缩短工期虽然需要增加一定的投资，但是可以使整个开发项目建设提前投入使用，从而提早发挥投资效益，还能在一定程度上减少利息支出。如果提早发挥的投资效益超过因加快进度所增加的投资额度，则从经济角度来说，加快进度就是可行的。如果提高功能和质量要求，虽然需要增加一次性投资，但是可能降低工程交付使用后的运行费用和维修费用，从全寿命费用分析的角度看则是节约投资的。另外，在不少情况下，功能好、质量优的工程（如宾馆、商用办公楼）投入使用后的收益往往较高。此外，如果在实施过程中进行严格的质量控制，保证实现工程预定的功能和质量要求（相对于由于质量控制不严而出现质量问题而言，可认为是"质量好"），则不仅可减少实施过程中的返工费用，而且可以大大减少投入使用后的维修费用。另外，严格控制质量还能起到保证进度的作用。如果在工程实施过程中发现质量问题并及时进行返工处理，虽然需要耗费时间，但可能只影响局部工作的进度，不影响整个工程的进度；或者虽然影响整个工程的进度，但是比不及时返工而酿成重大工程质量事故对整个工程进度的影响要小，也比留下工程质量隐患到使用阶段才发现而不得不停止使用进行修理所造成的时间损失要小。

9.2.2　房地产开发项目实施控制的内容

1. 质量控制

质量控制是指项目管理机构以合同中规定的质量目标，以国家标准、规范为依据所进行的监督与管理活动。质量控制的任务主要是在施工过程中及时发现施工工艺是否满足设计要求和合同规定，对所选用的材料和设备进行质量评价，对整个过程中的工作质量水平进行评估，将取得的质量数据和承包商履行职责的程度，与国家有关规范、技术标准、规定进行比较，并作出评判。

工程质量控制工作主要包括以下几个方面。

（1）对原材料的检验。材料质量的好坏直接影响工程的质量，因此为了保证材料质量，应当在订货阶段就向供货商提供检验的技术标准，并将这些标准列入订购合同中。有些重要材料应当在签订购货合同前取得样品或样本，材料到货后再与样品进行对照检查，或者进行专门的化验或试验。未经检验或不合格的材料切忌与合格的材料混装入库。

（2）对工程中的配套设备进行检验。在各种设备安装之前均应进行检验和测试，不合格的要避免采用。工程建设中应确立设备检查和试验的标准、手段、程序、记录、检验报告等制度，对主要设备的检查与试验，可考虑到制造厂进行监督和检查。

（3）确立施工中控制质量的具体措施，主要包括以下几个方面。

① 对各项施工设备、仪器进行检查，特别是校准各种仪器、仪表，保证在测量、计量方面不出现严重误差。

② 控制混凝土质量。混凝土工程质量对建筑工程的安全有着极其重要的影响，必须确保混凝土浇注质量。应当有控制混凝土中水泥、砂、石和水配比的严格计量手段，应当制定混凝土试块制作、养护和试压等管理制度，并有专人监督执行；验块应妥善保存，以便将来的强度检验。在浇灌混凝土之前，应当有专职人员检查挖方、定位、支模和钢筋绑扎等工序的正确性。

③ 对砌筑工程、装饰工程和水电安装工程等制定具体有效的质量检查与评定办法，以保证质量符合合同中规定的技术要求。

（4）确立有关质量文件的档案制度。汇集所有质量检查和检验证明文件、试验报告，包括分包商在工程质量方面应提交的文件。

按照我国政府倡导推行建设监理制的要求，建设监理机构现已成为房地产开发项目"三大控制"实施的主要力量。在质量控制中监理机构委派的监理工程师应按合同要求协助房地产发展商做好施工现场准备工作，为施工单位提交质量合理的施工现场；确认施工单位资质；审查确认施工分包单位；做好材料和设备检查工作，确认其质量；检查施工机械和机具，保证施工质量；审查施工组织设计；检查并协助搞好各项生产环境、劳动环境、管理环境条件；进行质量监督，行使质量监督权，认真做好质量签证工作，行使质量否决权；协助做好付款控制；组织质量协调会，做好中间质量验收准备工作；做好项目竣工验收工作；审核项目竣工图等。

2. 工程进度与工期控制

工程项目的进度控制是施工现场管理最为重要的工作。工程进度控制包括对项目建设总周期目标进行具体的论证与分析，编制项目的进度计划，编制其他配套进度计划；监督建设项目进度计划的执行，施工现场的调研与分析。

建设项目总周期的论证与分析，就是对整个项目进行通盘考虑、全面规划，用以指导人力、物力的运用，以及时间、空间的安排，最终确定经济合理的施工方案。

1）工程进度计划的编制

（1）将全部工程内容分解和归纳为工程单项或工序。单项或工序分解的细致程度，可以根据工程的规模大小和复杂程度确定。一个建设项目首先可分为房屋建设工程、室外道路工程、各种室外管道工程等较大的子项工程，而后每一子项工程又分为土方工程、基础工程、钢结构制作与安装工程、屋面工程、砌筑工程、地面工程、其他建筑工程、设备安装工程等。

（2）统计计算每项工程内容的工作量。一般情况下用工程量表中的计量单位来表示工作量。例如，土方工程和混凝土工程用立方米表示，管道工程用延米表示，钢筋加工用吨表示。另外，工程进度也可用完成的投资额占总投资额的比例来表示。

（3）计算每个单项工程工作量所需时间，可用天数表示。此处的工作时间是指按正常程序和施工总方案中所选用的施工设备的水平，以熟练工人正常工效计算。

（4）按正常施工的各个单项工程内容的逻辑顺序和制约关系，排列施工先后次序。从每项施工工序的最早可能开工时间推算下去，可以得出全部工程竣工所需的周期。再逆过来，从上述竣工日期向前推算，可以求出每一施工工序的最迟开始日期。如果最早可能开工日期早于最晚开工日期，则说明该项工序有可供调节的机动时间。该项工序只要在最早开工和最迟开工时间之间任何时候开工，均不会影响项目的竣工日期。

根据上述内容，即可绘制一份保证竣工日期的工程进度计划。

2）进度管理及计划调整

进度计划管理通常采用横道图法和网络图法，下面作一简单分析。

（1）横道图法。这是一种用直线线条在时间坐标上表示出单项工程内容进度的方法。由于横道图制作简便，明了易懂，因而在我国各行各业进度管理中普遍采用，对一些并不十分复杂的工程，采用这种图表是比较合适的（见图9-6）。

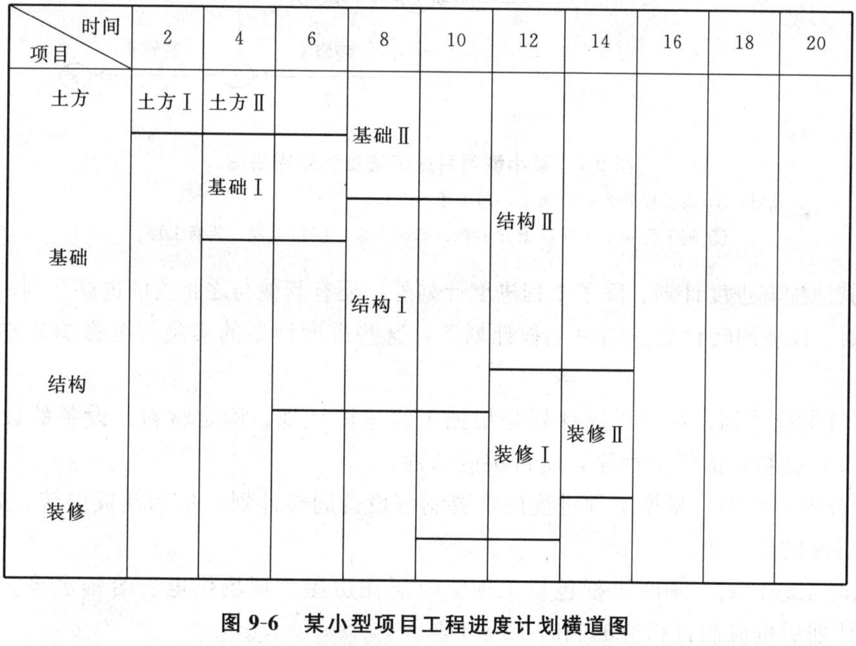

时间 项目	2	4	6	8	10	12	14	16	18	20
土方	土方Ⅰ	土方Ⅱ								
基础		基础Ⅰ		基础Ⅱ						
结构				结构Ⅰ		结构Ⅱ				
装修						装修Ⅰ	装修Ⅱ			

图9-6 某小型项目工程进度计划横道图

以图9-6为进度计划，在工程实际进行中，可以把进度用虚线表示在图中，与计划进度作一对比，以便调整工程进度。

横道图法的缺点是从图中看不出各项工作之间的相互依赖和相互制约的关系，看不出一项工作的提前或落后对整个工期的影响程度，看不出哪些是关键工作。

（2）网络图法（见图 9-7）。网络图法是 20 世纪 50 年代末出现的管理方法，这种方法的机理是，首先，应用网络形式来表达计划中各项工作的先后顺序和相互关系；其次，通过计算找出计划中的关键工作和关键线路，在计划执行过程中进行有效的控制和监督，保证合理地使用人力、物力、财力完成目标任务。利用网络图管理进度，首先要求编制出紧急线路网络图一览表，并将各项工作内容，如挖土、垫层、基础、结构、装修等所需工作日，即最早开始日期、最早完成日期、最迟开始日期、最迟完成日期、自由时差、独立时差、总时差等指标计算出来，按其作业顺序，凡机动时间合计为零的关键线路上的作业，应安排高级管理人员进行管理，搞好协作，保证如期完成。凡机动时间合计在工程工期 10％以内的作业，中层管理人员应作为重点管理，对整个项目及各项工作时差的数量界限，包括自由时差、总时差、独立时差等都应使各级管理者有准确的了解，做到心中有数。

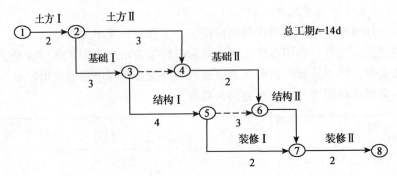

图 9-7　某小型项目施工进度计划网络图

说明：① 该工程分为两段施工，即 Ⅰ 段、Ⅱ 段；

② 施工为 4 个工序：土方工程、基础工程、结构工程、装修工程。

（3）其他配套进度计划。除了工程进度计划外，还有其他与之相关的进度计划。例如，材料供应计划、设备周转计划、临时工程计划等，这些进度计划的实施情况影响着整个工程的进度。

① 材料供应计划。材料供应计划是根据工程进度计划，确定材料、设备的数量和供货时间，以及各类物资的供货程序，制订供应计划。

② 设备周转计划。根据工程进度的需要制订设备周转计划，包括模板周转、起重机械、土方工程机械的使用等。

③ 临时工程计划。临时工程包括工地临时居住房屋、现场供电、给排水等。在制订了工程进度计划后也应制订相应的临时工程计划。

3）进度控制中应关注的因素

影响工程进度的因素很多，需要特别重视的有以下几方面。

（1）材料、设备的供应情况。这包括各项设备是否完成，计划运到日期；各种材料的供货厂商是否落实、何时交货、检验及验收办法等。

（2）设计变更对进度的影响。设计的修改往往会增加工作量，延缓工程进度。

（3）劳动力的安排情况。工人过少会完不成进度计划中规定的任务，而工人过多则会由于现场工作面不够而造成窝工，因而也会完不成任务，所以要适当安排工人。

（4）气象条件。应时刻注意气象条件，天气不好（如下雨、下雪）时，安排室内施工（如装修）；天气晴朗时，加快室外施工进度。

在施工过程中，监理机构委派的监理工程师对进度控制的主要任务是通过完善项目控制进度计划、审查施工单位施工进度计划、做好各项动态控制工作、协调各单位关系、预防并处理好工期索赔，以求实际施工进度达到计划施工进度的要求。

为完成施工阶段的进度控制任务，监理工程师应当做好以下工作。根据施工招标和施工准备阶段的工程信息，进一步完善项目控制性进度计划，并据此进行施工阶段进度控制；审查施工单位施工进度计划，确认其可行性并满足项目控制性进度计划要求；制订开发商材料和设备供应进度计划并进行控制，审查施工单位进度控制报告，督促施工单位做好进度控制；掌握施工动态，研究制定预防工期索赔的措施并及时处理索赔；做好对人力、材料、机具、设备等的投入控制及转换控制工作，做好信息反馈和对比纠错工作，做好进度协调工作，及时协调有关各方关系，使工程顺利进行。

3. 成本控制

工程成本控制是监督成本费用、降低工程造价的重要手段。房地产开发商的利润来自于租售收入和总开发成本的差值，而工程成本又是总开发成本的主要组成部分，所以降低工程成本就能增加开发利润。

1）成本控制的主要工作内容

除项目投资决策、设计和工程发包阶段的成本控制外，项目施工阶段的工程成本控制主要包括以下方面的工作。

（1）编制成本计划，确定成本控制的目标。工程成本费用是随着工程进度逐期发生的，根据工程进度计划可以编制成本计划。为了便于管理，成本计划可分解为 5 个方面：① 材料设备成本计划；② 施工机械费用计划；③ 人工费成本计划；④ 临时工程成本计划；⑤ 管理费成本计划。根据上述成本计划的总和，即能得出成本控制总计划。在工程施工中，应严格按照成本计划实施。对于计划外的一切开支，应严格控制。如果某部分项目有突破成本计划的可能，应及时提出警告，并采取措施控制该项成本。

（2）审查施工组织设计和施工方案。施工组织设计和施工方案对工程成本支出影响很大。科学合理的施工组织设计和施工方案，能有效降低工程建设成本。

（3）控制工程款的动态结算。建筑安装工程项目工程款的支付方式，包括按月结算、竣工后一次结算、分段结算和其他双方约定的结算方式等。工程款结算方式的不同，对开发商工程成本支出数额也有较大影响。从开发商的角度，工程款的支付越向后拖越有利，但承包商也有可能因为自身垫资或融资能力有限而影响工程质量和进度。

（4）控制工程变更。在项目的实施过程中，由于多方面情况的变更（如客户对户型布置提出了与原设计方案不同的要求），经常出现工程量变化、施工进度变化，以及开发商与承包商在执行合同中的争执等问题。工程变更所引起的工程量的变化和承包商的索赔等，都有可能使项目建设成本支出超出原来的预算成本。因此，要尽可能减少和控制工程变更的数量。

2）控制工程成本的做法和手段

（1）强化"成本"意识，加强全面管理。成本控制涉及项目建设中各部门甚至每一个工作人员，强化"成本"意识，协调各部门共同参加成本控制工作，这是最基本的做法。计划部门应事先听取现场管理人员的建议，制订切实可行的成本计划。在成本计划实施中，应时刻注意施工管理人员的反馈，以便在需要时进行修改或调整。

（2）确定成本控制的对象。工程成本中有些费用所占比例大，是主要费用，有些费用所占比例小，是次要费用。有些费用是变动费用，有些则是固定费用。在制订成本控制计划之前，要详细分析成本组成，分清主要费用与次要费用、变动费用与固定费用。成本控制的主要对象是主要费用中的变动费用。当然，工程成本中的主要费用与次要费用、固定费用与变动费用都是相对而言的，其划分标准视工程规模和项目性质而定。

（3）完善成本控制制度。完好的计划应当由完善的制度来保证实施。成本管理人员应当首先编制一系列标准的报表，规定报表的填报内容与方法。例如，每日各项材料的消耗表、用工记录（派工单）、机械使用台班与动力消耗情况记录等。另外，还应规定涉及成本控制的各级管理人员的职责，明确成本控制人员与现场管理人员的合作关系和具体职责划分。现场管理人员要积累原始资料和填报各类报表，由成本控制人员整理、计算、分析并定期编写成本控制分析报告。图9-8给出了项目管理人员通常要准备的现金流分析图的示例。通过类似图表，开发商就能跟踪项目费用支出的情况，及时更新、调整其开发项目评估报告。

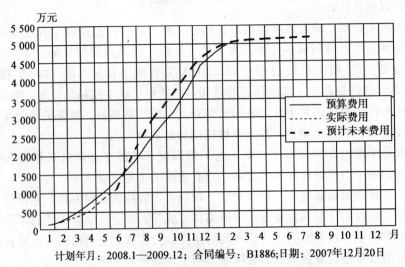

计划年月：2008.1—2009.12；合同编号：B1886；日期：2007年12月20日

图9-8　建造成本支出现金流分析图

（4）制定有效的奖励措施。成本控制的奖励措施对调动各级各类人员降低成本的积极性非常有益。除物质奖励和精神奖励外，为有突出贡献的人员提供专业进修、职级晋升和国内外考察机会等，也是非常有效的方法。

9.2.3 开发项目实施目标控制的措施

为了取得目标控制的理想效果，应当从多方面采取措施实施控制，通常可以将这些措施归纳为组织措施、技术措施、经济措施、合同措施、信息管理和协调工作。

所谓组织措施，是从目标控制的组织管理方面采取的措施，如落实目标控制的组织机构和人员，明确各级目标控制人员的任务和职能分工、权力和责任，改善目标控制的工作流程等。组织措施是其他各类措施的前提和保障，而且一般不需要增加什么费用，运用得当可以收到良好的效果。尤其是对由于业主原因所导致的目标偏差，这类措施可能成为首选措施，故应给予足够的重视。

技术措施不仅对解决开发项目建设实施过程中的技术问题是必不可少的，而且对纠正目标偏差也有相当重要的作用。任何一个技术方案都有基本确定的经济效果。不同的技术方案就有着不同的经济效果。因此，运用技术措施纠偏的关键，是要能提出多个不同的技术方案，以及对不同的技术方案进行技术经济分析。

经济措施是最易为人接受和采用的措施。需要注意的是，经济措施绝不仅仅是审核工程量及相应的付款和结算报告，还需要从一些全局性、总体性的问题上加以考虑，往往可以取得事半功倍的效果。另外，不要仅仅局限在已发生的费用上。通过偏差原因分析和未完工程投资预测，可发现一些现有和潜在的问题，将引起未完工程的投资增加，对这些问题应以主动控制为出发点，及时采取预防措施。由此可见，经济措施的运用绝不仅仅是财务人员的事情。

由于投资控制、进度控制和质量控制均要以合同为依据，因此合同措施或合同管理就显得尤为重要。对于合同措施，要从广义上理解，除了拟定合同条款、参加谈判、处理合同执行过程中的问题、防止和处理索赔等措施之外，还要协助业主确定对目标控制有利的开发项目建设组织管理模式和合同结构，分析不同合同之间的相互联系和影响，对每一个合同进行总体和具体分析等。这些合同措施对目标控制具有全局性的影响，其作用也较大。

如前所述，项目的实施管理是离不开信息的。在项目实施管理活动中对所需要的或产生的各种信息进行搜集、整理、处理、存储、传递、应用等一系列工作总称为信息管理。信息管理对项目的实施管理是至关重要的。在项目的实施过程中，管理者要不断预测或发现问题，不断进行规划、决策、执行和检查，做好这些工作都离不开相应的信息，进行目标控制同样是以信息为基础，任何控制只有在信息的支持下才能有效进行。

协调工作是指施工监理的组织协调。其具体工作内容是施工活动与政府有关部门之间的协调；业主与承包商之间的协调；工程施工生产要素（如劳务、材料、设备、资金供应等）方面的协调；项目各施工单位、各施工工序在时间和空间上的配合与协调等。工程项目内部关系与外部关系的协调一致是工程项目顺利进行的必要条件。

9.3　房地产开发工程的监理

百年大计，质量第一。建设单位无不希望自己的投资获得最大的效益，建造出质量优、资金省的建筑。这就要求建设单位在施工单位进行施工建设的过程中，通过恰当的方式和途径，对工程质量、工程进度、工程造价、工程设计、竣工验收等重要环节实施必要的管理和监督。由于多数建设单位并不擅长工程建设的组织管理和技术监督，因此，建筑工程监理制度便应运而生，竣工验收作为质量控制的最后一环，其作用也显得更加重要和突出。

9.3.1　工程监理概述

建筑工程的监理制度在国际上已有较长的发展历史，西方发达国家已经形成了一套完整的建筑工程监理制度，可以说，建筑工程监理已成为建筑领域中的一项国际惯例。我国建筑工程监理制度起步较晚，1988年才开始试行，但发展较快，到1996年底，全国绝大多数地方和行业已在不少的建设项目中不同程度地实施了建设工程监理制度。实践已经证明，实施建设工程的监理制度不仅有利于保证工程质量，节约工程投资，合理控制工期，还有利于帮助和支持施工单位采用新技术、新工艺，对于方便施工、文明施工、安全施工、节省劳力、降低成本等方面都有好处。因此，建设工程监理制度的广泛实行是大势所趋的。

1. 建筑工程监理的基本含义

建筑工程监理是指由具有法定资质条件的工程监理单位，根据建设单位的委托，依照法律、行政法规及有关的技术标准、设计文件和建筑工程承包合同，在施工质量、建设工期和建设资金使用等方面，代表建设单位对工程施工实施专业的监督活动，以求用最少的人力、物力、财力和时间获得符合质量要求的产品。

2. 监理工作的主体及其职能

从监理工作的主体来看，大致可分为政府监理和社会监理两类。在各自的主体里，还分为不同的层次，不同的层次有不同的职责。

1）政府监理

政府监理是指各级人民政府建设行政主管部门和国务院工业、交通部门对工程建设实施阶段建设行为实施的监理，以及对社会监理单位的监督管理。政府监理的主要内容包括制定并监督实施监理法规及相关的建设法规，审批建设监理单位资质，归口管理所辖区域的建设监理工作。对工程建设项目实施直接监理，如工程建设项目是否符合国家经济发展总体要求，是否符合环境保护要求等。

政府监理的主要机构是建设部和省、自治区、直辖市建设行政主管部门设置的专门的建设监理管理机构。市、地、州、盟、县建设行政主管部门根据需要设置或指定相应的机构，统一管理建设监理工作。国务院工业、交通部门根据需要设置或指定相应的机构，指导本部门建设监理工作。

各级政府监理部门职责各不相同。建设部的监理职责是起草或制定建设监理法规，并组织实施；审批全国性、多专业、跨省承担监理业务的监理单位的资质；制定社会监理单位和监理工程师的资质标准及审批管理办法，负责监理工程师资质考试、颁发证书并监督实施；参与大型工程项目建设的竣工验收；检查督促工程建设重大事故的处理；指导和管理全国工程建设监理工作。省、自治区、直辖市建设行政主管部门的监理职责是审批本地区大中型建设项目的开工报告、竣工验收、检查工程建设重大事故处理；审批全省性监理单位资质；指导和管理本地区工程建设监理工作。

2）社会监理

社会监理是指社会监理单位受建设单位的委托，对工程建设实施阶段建设行为实施的监理。社会监理单位可以是专门从事监理业务的工程建设监理公司或事务所，也可以是兼承建设监理业务的工程设计、科学研究、工程建设咨询单位等。

社会监理的内容非常广泛，从投资决策咨询的建设项目前期准备阶段到工程保修阶段，贯穿着整个工程的全过程。

这里需要指出的是，具体的建筑工程监理对建筑工程的监督，与政府有关主管部门依照国家有关规定对建筑工程进行的质量监督，两者在监督依据、监督性质，以及与建设单位和工程承包单位之间的关系等方面，都是不相同的，不能相互替代。工程监理单位对工程项目实施监督的依据，是建设单位的授权，以社会中介组织作为公证身份进行监督，工程监理单位与建设单位和工程承包单位之间是平等的民事主体之间的关系，没有行政处罚的权力。而政府主管部门监督的依据是法律、法规，属于强制性行政监督管理，与建设单位和工程承包单位属于行政管理与被管理的关系，政府主管部门有行政处罚权。

3. 我国建设工程监理的制度化建设

我国试行工程监理制度，是从改革开放以来利用外资建设的项目和外贷项目开始的。过去，我国的工程建设活动基本上是由建设单位自己组织管理的。建设单位不仅负责组织设计施工，申请材料设备，还直接承担工程建设的监督和管理工作，而一批批筹建人员往往并不具备相关的专业知识，也不熟悉工程项目的管理业务，因此在管理过程中往往起不到应有的作用，无法真正保证投资的效益和工程质量。当筹建人员刚刚熟悉了工程项目的管理业务，工程也竣工了，而新的建设单位投资新的建设项目所启用的新的筹建人员又得从头学起，如此周而复始，低水平的重复，严重地阻碍了我国建设管理水平的提高。1988年，国家为了加强对工程建设的行业管理，在总结过去经验的基础上，在新组建的国家建设部中设立了建设监理司，使工程建设的监理工作从无到有，为工程监理的制度化、规范化奠定了组织基础。十多年来，工程监理制度在我国有了很大发展，先后颁布了一些有关工程监理的法规文件，对工程监理的规范化、制度化，起到了积极的推动作用。

我国的建设工程监理体系由3个层次构成：第一个层次是建设法律，是由全国人民代表大会及其常务委员会制定的有关建设方面的法律，其他层次的建设监理法规应根据这些法律制定，不能与之相悖；第二个层次是建设监理行政法规，是由国务院发布的建设监理方面的行政法规；第三层次是部门建设规章和地方建设监理法规、规章。目前，我国建设监理立法工作主要是在这个层次上展开的。1988 年 7 月，建设部印发了《关于开展建设监理工作的通知》。该通知指出：争取用 5 年或稍多一点的时间，把我国建设监理工作的方针、政策法规和相应的监理组织建立起来，并形成体系。我国第一个建设监理的法规文件的颁布是在 1989 年 7 月，建设部连续颁发了 5 个有关建设监理文件。从 1996 年起，我国建设监理工作开始进入全面推行阶段，各地方、各部门的监理法规进一步健全和完善，新开工的大中型工程都逐步实行了建设工程监理，监理队伍也得到发展和壮大。

4. 工程监理的总任务

结合我国的具体国情，工程监理有 4 项主要任务，即建设项目的三大目标控制和合同管理。三大目标是费用控制目标、总工期目标和质量目标。通过对这三大目标在项目实施过程中的动态控制，及时跟踪纠偏，有利于达到工程预期的目的。

9.3.2　工程监理工作的程序

工程监理工作的程序可概括为以下 4 个步骤。

1. 取得监理任务

取得监理任务是实施工程监理工作的前提条件。过去按照我国的有关管理体制，取得监理任务的方式有 4 种：① 建设单位点名委托；② 竞标择优委托；③ 商议委托；④ 建设单位自行监理。目前多采用竞标（招投标）方式择优委托，以体现公开、公正和公平的原则。

2. 签订监理合同

工程监理作为一种制度，受国家有关法规、政策的保护和制约。以合同的形式约定委托方与受托方的权利和义务，能使责、权、利有机地统一，更有效地发挥工程监理的作用。

3. 制定监理规划

工程监理也是一个系统的工作，应该有步骤、有目的、相互分工协作进行。工程监理规划的制定，有利于理顺这些关系，更好地调动各方面的积极因素。规划的内容主要包括编制项目组织机构方案，明确参加项目施工单位；制定工作职能分工表；明确参加单位的任务、责任和权限；编制工作条例，定期组织工作例会；确定进行投资、进度、质量控制方案；确定合同管理方法与组织协调工作等。

4. 进行监理总结

经验的不断总结和积累，是工作更上一层楼的重要基础。在每一次工程监理工作结束后，要及时进行监理总结，进行信息反馈工作，为下一次进行监理工作提供经验教训。

9.3.3　监理工作的内容与方法

从监理工作的主要服务对象来看，监理工作的内容大体可以分为工程投资监理、工程进度监理、工程质量监理、工程成本（造价）监理等具体内容与方法。

1. 工程投资监理

工程投资监理是对工程的投资可能性、投资量、投资分配形式和方案等进行具体的研究、考证和管理。工程投资监理贯穿着工程的全过程，在工程未决策前，对工程投资可行性进行考察和验证，选择效益好的投资项目，避免造成严重的投资决策失误；在项目实施过程中，投资控制能在限定的投资估算额的前提下，少花钱，办好事，多发挥生产能力或效益；同时有利于减少各种资源的消耗，达到建设任务与资金供应平衡、建设任务与物资和人力平衡、资金与资源平衡。

1) 投资监理的内容

按工程项目的不同阶段，投资监理的内容可分为以下几个方面。

(1) 投资决策阶段的投资监理。在工程项目投资决策阶段，即编制项目建议书阶段，应把建设项目纳入长远规划和年度计划通盘考虑，审批项目建议书、可行性研究和设计任务书，为最终投资决策奠定基础。

(2) 设计阶段的投资监理。在设计阶段，进行设计监理的建设项目，监理单位应在初步设计阶段提出设计要求，组织设计招标或设计竞赛，评选设计方案，选择勘察设计单位并签订委托设计合同，审查初步设计和初步设计概算；在施工图设计阶段，同样要对施工图进行中间审查，控制设计标准及主要设计参数，审查施工图预算，参加图纸会审等。

(3) 施工招标阶段的投资监理。在施工招标阶段，监理单位通过编制与审查标底，编制与审核招标文件，提出决标意见，协助建设单位签订发包合同，审查分包单位的选择等进行投资监理。

(4) 施工阶段的投资监理。在施工阶段，监理单位通过审核设计变更与协商、核批索赔文件、签发工程付款凭证、审查工程结算、审查主要建筑材料与设备订货、掌握工作进度与工程款发放、对投资计划与实际费用支出进行比较等进行投资监理。

2) 投资监理的措施

(1) 组织措施。组织措施包括落实投资监理人员；明确监理人员的任务分工和管理职能分工；确定投资监理的工作流程。

(2) 经济措施。经济措施包括编制投资规划和详细计划；编制资金的使用控制计划；投资的动态控制，即通过计划值与实际值的比较，提出控制报表与付款审核。

(3) 技术措施。技术措施包括挖掘节约投资的潜力，开展技术经济比较论证等。

(4) 合同措施。合同措施包括确定合同的结构，审核合同中有关投资的参数，参与合同谈判，处理合同执行过程中的变更与索赔。

3) 投资监理的方法

对项目的投资监理，应该运用具体的技术经济方法，针对不同的技术方案进行经济分析，选择合理的技术方案。其基本程序是建立技术方案；分析各技术方案的优缺点；建立各种技术方案的数学模型；对技术方案作综合评价。适用于投资监理的主要技术经济分析方法有以下 5 种。

(1) 方案比较法。这是一种简便而适用的方法，主要是对比分析各种方案的技术经济指标或综合指标，从中选择指标最优的方案。利用这种方法，各对比方案要满足以下 4 个条件。

① 需要的可比。即对比的方案必须满足相同的需要，它们的产量、质量品种指标具有可比性。

② 消耗费用可比。各个方案的消耗费用必须从整个国民经济观点和综合的观点出发，考虑它的全部消耗费用。

③ 价格指标上可比。即都利用同一时期的比价水平，或者都计算利息等。

④ 时间上可比。生产、消耗、资金占用时间的迟早，对企业和国民经济的作用不尽相同。故在对比时，要消除时间上的矛盾，采用相等的计算期。

（2）盈亏分析法（量本利法）。这种方法适用于分析技术方案的生产规模与盈利关系，可用来进行经济预测和决策。

（3）回归分析法。即研究经济、技术指标间的因果关系的方法，可以用来对技术方案进行决策。

（4）决策树法。即一种树状图，可用来对不同技术方案进行概率性分析，从而求出期望值，以便进行优选决策的方法。

（5）价值分析法。即以最低寿命周期费用，可靠地实现必要的功能，是着重于产品作业的功能分析的有组织活动，最适用于对设计方案进行分析和优选。

2. 建设工程进度监理

建设工程进度监理是指对工程项目的各建设阶段的工作顺序和持续时间进行规划、实施、检查、协调和信息反馈等一系列活动的总称。建设项目进度监理的总目标是通过监理单位的咨询和监督活动，确保如期完成工程。

1）建设工程进度监理的内容

建设工程项目进度监理包括对工程项目建设总周期目标进行具体的论证和分析，编制工程项目总进度计划，编制阶段详细进度计划，监督阶段详细进度计划的执行，施工现场的调研与分析。

（1）工程项目总周期的论证与分析。通盘考虑整个工程项目，全面规划，指导施工单位有计划地运用人力、财力、物力，以及时间、空间、技术、设备，按委托方对工程项目的工期要求，确定经济合理的实施方案。这种论证与分析反映在文字上，就是施工组织设计。

以住宅小区编制施工组织设计为例，其主要内容有施工项目一览表——按区域系统形成，排列整齐，并分别计算其工程量；施工进度网络计划——按项目排列施工顺序，按时间安排项目的开工、竣工日期；施工总平面布置——绘制住宅工程、配套工程、附属工程（如各种管线）、施工现场及大型临时设施的平面布置图和示意图。监理单位以此为总目标，要求参加建设施工的各单位分别作出单幢工程施工组织设计，分部、分项工程组织设计。这样，按施工组织设计的要求，范围从大到小，项目由多到少，安排由粗到细，工期由长到短，层层落实，环环相扣，构成一个施工现场组织网络体系，从而保证现场各项工作的有计划进行。

（2）工程项目总进度计划的编制。工程项目总进度计划是包括设计、采购、施工等有关工作在内的综合进度计划，其考核指标是以投资完成额（工作量）来衡量。就是将各项工程完成量按照预算折合成以货币形式表示的投资额（即以货币作为统一的计量单位）并相加，然后将总和与原预算进行比较，看其总进度的完成程度。总进度计划的控制应根据项目施工组织设计的要求，首先将所有的单项工程按顺序排列，并确定其相互制约关系，然后计算出每一单项工程所需的工时数，从而计算出其所需工期和整个工程所需工期。在此基础上再结合工程具体情况和定额工期，与委托方签订工程施工总工期。如委托方达不到合同工期的要求，则要想方设法采取有力措施（如增加工作班组、改进运输途径、调整施工办法等），力争做到不拖工期，也不增加费用。

（3）阶段详细进度计划的编制。阶段详细进度计划以工程开工、竣工时间为中心进行编制。其内容包括房屋的开工、施工、竣工、交付使用，市政公用工程及配套项目的开工，商业服务网点的开业，公共交通线路的开通，道路修建、现场清理，路灯及电话的安装，植树绿化，基层政权的建立和管理计划等。整个工程的开工、竣工日期应与合同期相符合。

在计划的实施过程中要求监理（管理）方对现场情况进行调查分析，及时发现和解决问题。例如，目前多数开发公司对现场的管理采用召开定期调度会的办法。调度会一般由业主或委托监理单位召开，参加单位一般包括规划设计单位、施工单位、建设单位、房管部门、市政公用部门等。会议内容主要是检查计划执行情况，研究解决工程项目建设中遇到的问题（包括措施、期限、落实等），以平衡、协调各方面的关系，保证计划的完成。

（4）进度计划的监督。进度计划的监督工作主要包括：① 注意设计图纸进度对施工进度的影响，了解设计进度情况及预计完成日期对施工进度的影响；② 设备材料采购的进度情况，包括各项设备是否按计划完成，计划运到现场日期，检查验收办法及检测手段的落实；③ 各种预制构、配件的预订及加工日期，具体到货日期及到货情况；④ 施工进度情况，及时了解各单项工程的完成情况，实际动工日期和完成日期；⑤ 监理控制，及时发现实际与计划的偏离现象，并采取有效措施补救，以确保计划的完成。

2）工程进度监理的方法

管理进度采用横道图和网络图法，在 9.2.2 节的进度管理及计划调整中已经做了相关介绍。

3. 建设工程质量监理

工程质量监理是指建设工程在准备和实施过程中，监理单位通过对市场调查、设计、采购物资、加工订货、施工、试验和检验、安装和试运转、竣工验收、用后服务等一系列环节中的作业技术活动的检查和督促，使建设工程在性能、寿命、安全性、可靠性和经济性等方面都达到一定标准的活动。质量监理贯穿工程建设的始终，是整个建设工程的重要组成部分。

完成质量监理的重点是在设计和施工阶段对各种技术的有效控制和加工订货的监督。一般可分为 3 个环节：① 对影响质量的各种技术和活动要求制订计划和程序，即确立监理计划与标准；② 要按计划和程序实施，并在实施过程中进行连续检验和评定；③ 对不符合计划和程序的情况进行处置，并及时采取纠正措施等。抓住这 3 个环节，才能圆满地完成质量监理任务。

　　1）建设工程质量监理的作用

　　建设工程质量监理的作用主要体现在以下3个方面。

　　（1）促进设计单位和施工单位的质量控制活动。保证工程质量受建设单位的委托，监理单位参与工程设计的监督，有利于促进设计单位按用户的要求，把好设计质量关。监理单位作为中间方熟知使用单位和建设单位的要求，掌握设计标准和规范要求，可以及时传达用户信息，使产品设计的符合性和适用性得以提高。对施工单位的技术规范、操作规程、施工方案的有效控制，可以及时地完善施工过程中的质量体系，最终使质量得以保证。

　　（2）优化设计单位和施工单位的质量环境。保证工程质量，主要靠设计单位和施工单位内部建立完善的质量管理体系，保证质量管理体系的正常运行。而监理单位、供应单位、分包单位、外协单位等，则构成了质量管理体系的合同环境，没有这些单位的质量监督与保证，设计单位和施工单位的质量保证就不易实现。因此，监理单位对这些单位的监理，优化了设计单位和施工单位的外在质量环境，使质量监理工作更全面。

　　（3）促进建设单位对质量的控制。监理单位对设计施工等单位进行检查和督促，对建设单位同样也存在着监督作用。如果由监理单位进行监理，则可以督促建设单位遵守质量责任制度和奖罚制度，慎重决策，认真对待每一个建设环节，严把质量关。

　　2）建设工程质量监理的依据

　　不同的工程阶段具有不同的质量监理依据，具体情况如下。

　　（1）设计阶段质量监理的依据。

　　① 国家和政府有关质量监理方面的规定。为了保证设计质量，国家和各级政府颁发了大量的有关规定，如在设计单位推行全面质量管理的规定和考核办法，关于勘察设计单位资格证的规定，关于优秀设计奖评选的有关规定，设计文件的编制和审批办法等，都是设计质量监理的依据。

　　② 有关勘察设计的各种标准、规范、规程、定额和手册等。

　　③ 已批准的设计任务书及可行性研究报告。设计任务书是在进行了可行性研究及经济评价后提出来的，是设计监理的总纲，必须遵守。

　　④ 在设计及设计交底、图纸会审中施工单位提出的意见及施工中对质量的反馈信息。

　　（2）施工阶段质量监理的依据。

　　① 有关的标准、规范、规程和规定。技术标准和规范有国家标准、行业标准和企业标准。这些是建立、维护正常的生产秩序和工作秩序的准则，是设备、材料和工程质量的尺度，是专业化协作的依据。施工方面进行质量监理的依据主要是工程施工及验收规范，质量检验评定标准，原材料、半成品的技术检验和验收标准等。

　　技术规程是为执行技术标准和保证施工有秩序进行而制定的职工统一行动的规则，如施工技术规程、操作规程、设备维护和检修规程，以及安全技术规程等。各种技术规程与质量密切相关。各种有关质量方面的规定，是有关主管部门根据需要发布的带有指导性的文件，它对于标准规范的实施，对于改变实践中存在的许多问题，都具有指令性、及时性、科学性的特点。质量监理工作对这些法定的有关标准、技术规范、技术规程和各项规定，都必须了解、执行，严格遵守。

应当指出的是，建设监理制度是按照国际惯例建立起来的，特别适用于大型工程、外资工程和对外承包工程，因此进行质量监理还必须注意国际标准和国内标准。一般国际标准要比国内标准要求高，故国内标准要向国际标准看齐，逐渐采用国际标准。

② 设计文件"按图施工"是约定俗成的事。但是，作为监理单位和施工单位，在进行质量监理时，必须进行图纸审查，及时发现其中存在的问题或矛盾之处，及时协商，提请设计单位修改。没有变更的设计是不存在的，不注意研究设计图纸的正确性的监理单位和施工单位是不能保证质量的。因此，要把图纸会审与协商变更形成制度，写进合同，以保证设计的完善和实施的正确性。可以说，监理单位对设计的监理不但体现在设计之时，也体现在施工之中。

③ 监理合同和承包合同。监理合同中有建设单位和监理单位有关质量监理的权利和义务条款，承包合同中有建设单位和施工单位有关质量监理的权利和义务条款，各方都必须履行在合同中的承诺。尤其是监理单位，既要履行监理合同的条款，又要监督建设单位、设计单位和施工单位履行质量监理条款。因此，监理单位要熟悉这些条款，当发生纠纷时，及时采取协商、仲裁等手段予以解决。

④ 施工方案。施工方案是施工单位进行施工准备和指导现场施工的规划性文件的基本部分，其内容突出了技术方法的选择和保证质量措施的设计。实行监理的工程，施工方案在监理单位审核后才能定案，它是施工单位进行质量控制和监理单位进行质量控制的共同依据。

⑤ 施工技术资料管理的规定。为了统一工程施工技术资料的管理，加强企业的基础业务建设，提高管理水平，确保工程质量，有关地区和行业均根据国家颁发的施工验收规范，结合实际情况颁发了施工技术资料管理的规定。该规定对单位工程竣工时应具备的技术资料及资料的取得方式、管理办法、使用的表格等都有明确的要求，施工单位在进行质量监理时必须遵守。

3）建设工程质量监理的内容

工程质量监理从内容上看主要包括以下 3 个方面。

（1）对原材料的监理。对项目工程使用的每种原材料，都要审查其生产厂家的有关数据资料，并通过试验决定能否在该工程上使用。施工单位不得使用未经监理部门批准的任何一种原材料。

（2）对混凝土浇灌的试验监理。工程的任何部门浇灌混凝土都要由监理单位和施工单位双方共同测试，根据规范严格检查。未经监理单位认可，施工单位不得自行浇灌混凝土，否则要炸掉，并且不付工程款。

（3）对施工程序的监理。在工程建设中，承建单位的每一项施工活动，都要事先上报监理方取得认可。在施工过程中，监理方按施工方报告逐项检查，不合格的即下令停工，直至修改合格后方准继续施工。全部施工活动完毕，监理方还要进行严格检查。严格的监理制度能保证工程的质量。当前，我国的基本国情是市场体系发育还不完善，许多构件、设备、材料及其他物资的质量不过关，施工队伍素质较差。在这种情况下，建设单位在保证工程质量中处于重要地位，尤其是各地开发公司，负责材料、设备、构件等的采购供应，在发包过程中负责选择设计、施工队伍。这要求开发公司按国家规定严格把关，通过招标方式择优选择设计和施工队伍，并按合同规定严格履行双方的权利和义务。

4. 建设工程成本（造价）监理

建设工程成本（造价）监理是确保工程投资与资源充分利用，实现工程合同计划的重要保证；是防止预算超概算，决算超预算的重要手段；也是工程项目争取最大经济效益的重要管理措施。由此可见，工程成本（造价）监理对企业的经济效益尤为重要。

1）建设工程成本（造价）监理的任务和控制方法

在项目建设实施过程中，工程成本（造价）监理的任务是按预算成本阶段、分部位地进行成本控制，不使其一个部位或一个项目超出预算规定，否则就要进行比较分析，找出原因。工程成本（造价）监理与传统管理方法的重要区别是：传统管理是一次拨款，竣工后决算，对工程的预控工作难以落实，往往是亏盈既成事实；工程成本（造价）监理则正好弥补了传统管理的缺陷，实行工程建设过程的预先控制，发现问题及时分析处理，并采取补救措施。

2）施工阶段的成本（造价）监理

施工阶段的成本（造价）监理要求做到以下两点。

（1）把好按进度拨款关，即要从审查每个工程和分部、分项工程的清单和单价入手，按进度拟订拨款计划。

（2）及时掌握和记录相关情况，如修改设计所引起的工程量、工程项目的增减情况，并保留项目变更的原始记录和审批手续。如遇不可预计的情况时（如地质条件变化、恶劣气候影响、材料供应拖延和价格调整等），更应进行详细记录，以便区分责任和原因进行处理。（如赔偿、索赔等）

3）招标承包工程的成本（造价）监理

招标承包工程的成本（造价）监理要求做到以下4点。

（1）详细分析中标者的标书和报价，根据合同预算，组织双方签订合同，并以此作为工程结算的依据。

（2）工程开工后，要逐月进行成本分析，具体核算实际成本与计划价格、投标报价、合同预算、施工预算之间的各分部、分项工程及各阶段差别，进行比较和盈亏分析。如果发现问题，应及时采取有力措施，确保施工过程中的实际成本始终在计划价格幅度之内，直至工程竣工结算。

（3）逐步建立检查制度和程序，进行定量工作，制定切实可行的措施（负责人、执行人等），从而保证计划的实施和目标的实现。

（4）根据工期计算工程造价的监理程序，应先根据建设单位提出的工期计算造价，编制
2~3 个不同工期的进度计划方案，详细计算每个方案的造价，然后求得最低报价的工期即
为最优工期。

5. 建设工程合同监理

建设工程合同监理的主要任务是对各方合同的实施执行情况和问题进行了解与处理。合
同的订立，使合同的各方在经济法规的约束下，各自履行一定的责任，达到各自的经济目
的。签订合同的原则是"守约、保质、盈利、重义"，为了实现合同规定的目标，对合同的
监理是十分必要的。

1）合同监理的内容

合同监理的内容主要是监督承包、发包双方的责任履行情况，确保合同的完整履行。这
里将一般情况下承包、发包双方的责任明确如下。

发包方的责任包括：① 办理正式工程和临时设施范围内的土地征用、租用，申请施工
许可执照和占用土地、爆破及临时铁道专用线接岔等的许可证；② 确定建筑物（或构筑
物）、道路、线路、上下水道的定位标桩、水准点和坐标控制点；③ 开工前接通施工现场水
源、电源和运输道路，拆迁现场内地上、地下障碍物（也可委托承包方承担）；④ 按双方协
定的分工范围和要求，供应材料和设备；⑤ 向经办银行提交拨款所需文件，按时办理拨款
和结算；⑥ 组织有关单位对施工图等技术资料进行审定，按照合同规定的时间、数量交给
承包方；⑦ 派驻工地代表，对工程进度、质量进行监督，检查隐蔽工程，办理中间交工工
程验收手续，负责签证，解决应由发包方解决的问题及其他事宜；⑧ 负责组织设计单位、
施工单位共同审定施工组织设计、工程价款和竣工结算，负责组织工程竣工验收。

承包方的责任包括：① 施工现场的平整，施工界区以内的用水、用电、道路和临时设
施的施工；② 编制施工组织设计（或施工方案），做好各种施工准备工作；③ 按双方商定
的分工范围，做好材料和设备的采购、供应和管理；④ 及时向发包方提出开工通知书、施
工进度计划表、施工平面布置图、隐蔽工程验收通知、竣工验收报告，提供月份施工作业计
划、月份施工统计报表、工程事故报告，以及提出应由发包方供应的材料、设备的供应计
划；⑤ 严格按照施工图与说明书进行施工，确保工程质量，按合同规定如期完工和交付；
⑥ 已完工程的房屋、构筑物和安装的设备，在交工前应负责保管，并清理好场地；⑦ 按照
有关规定提出竣工验收技术资料，办理竣工结算，参加竣工验收；⑧ 在工程规定的保修期
内，对属于承包方责任的工程质量问题，负责无偿修理。监理单位要随时注意承包、发包方
的职责履行情况，并及时督促检查，力争达到 100% 的合同履约率。

2）合同执行中的监理方式

合同执行中的监理方式必须采用书面形式。一般应预先口头通知或协商，重大问题还应
会议讨论，并做会议纪要。这主要是由于在合同执行过程中，监理方与合同方的交往活动属
于民事法律行为，通过书面形式可以保证合同监理的严肃性。监理单位在合同执行过程中多

借助以下所述书面形式。

（1）信件。这是监理中最郑重的形式。要求信件内容必须清楚，文字表达准确，合乎法律语言规范。同时，信件要编号，注明日期，通过法定当事人，认真执行。

（2）指示。现行的工地指示，就是监理单位的现场人员根据工程需要，通知承包（施工）单位的一种形式。增加或改变工作的内容，施工程序安排和向施工单位提供图纸、资料及费用的处理意见等，都可采用这种形式。对"指示"应进行编号，并由常驻工地监理工程师签字。

（3）现场通知书。这主要适用于小的变更，只需驻地工程师过目即可。但若涉及工程费用的变化，则应补发工地指示。

（4）工地批准书。这主要是对于施工单位使用的材料、施工方法和工序质量的批准书。

9.3.4　建设监理单位的资质及管理

1. 建设监理单位的资质

建设监理是集经济、技术、法律手段于一体的综合管理行为，只有经过严格的专业资质审查的单位方能承担此项任务。建设监理单位的资质是指从事监理业务的单位应具备的人员素质、资金数量、专业技能、管理水平和管理业绩等。

1）建设监理单位的等级和资质条件

建设监理单位的资质，依据《工程建设监理单位资质管理试行办法》的规定，分为甲、乙、丙3级。

（1）甲级建设监理单位应具备的资质条件包括：① 单位负责人应由取得监理工程师资格证书的在职高级工程师、高级建筑师、高级经济师担任，技术负责人应由取得监理工程师资格证书的在职高级工程师、高级建筑师担任；② 人员的专业结构中，取得监理工程师资格证书的工程技术人员与管理人员不少于50人，且人员专业配套，其中高级工程师或高级建筑师不少于10人，高级经济师不少于3人；③ 注册资金不少于100万元；④ 一般应当监理过5个一等一般工业与民用建设项目或两个一等工业、交通建设项目。

（2）乙级建设监理单位应具备的资质条件包括：① 单位负责人应由取得监理工程师资格证书的在职高级工程师、高级建筑师、高级经济师担任，技术负责人应由取得监理工程师资格证书的在职高级工程师、高级建筑师担任；② 人员的专业结构中，取得监理工程师资格证书的工程技术人员与管理人员不少于30人，且人员专业配套，其中高级工程师和高级建筑师不少于5人，高级经济师不少于2人；③ 注册资金不少于50万元；④ 应当监理过5个二等一般工业与民用建设项目或两个二等工业、交通建设项目。

（3）丙级建设监理单位应具备的资质条件包括：① 单位负责人应由取得监理工程师资格证书的在职高级工程师、高级建筑师、高级经济师担任，技术负责人应由取得监理工程师资格证书的在职高级工程师、高级建筑师担任；② 人员的专业结构中，取得监理工程师资格证书的工程技术人员与管理人员不少于10人，且人员专业配套，其中高级工程师和高级建筑师不少于2人，高级经济师不少于1人；③ 注册资金不少于10万元；④ 应当监理过5

个三等一般工业与民用建设项目或两个三等工业、交通建设项目。

2）建设监理单位的监理范围

不同等级的监理单位其业务范围是不同的。根据现行规定，甲级建设监理单位可跨地区、跨部门监理一、二、三等工程，乙级建设监理单位只能监理本地区、本部门二、三等的工程，丙级建设监理单位只能监理本地区、本部门三等的工程，已取得证书但尚未定级的建设监理单位，只能在原资质审批部门核定的监理范围内从事监理工作。

2. 建设监理单位的资质管理

1）建设监理单位资质管理的主要内容

建设监理单位资质管理的主要内容具体包括 6 个方面：① 建设监理单位设立时的资质审查；② 建设监理单位资质等级的例行核定（每 3 年核定一次）；③ 建设监理单位定级时的资质审批；④ 建设监理单位升级时的资质审批；⑤ 建设监理单位资质变更与终止业务时的审查、批准；⑥ 建设监理单位承接和实施监理过程中的有关资质管理工作。

2）建设监理单位资质管理的分工

国务院建设行政主管部门归口管理全国的建设监理单位资质。其主要职责是负责监理单位设立的资质审批、负责设立中外合营和中外合作建设监理单位的资质审批、负责全国甲级建设监理单位的定级审批、负责全国甲级建设监理单位资质的例行核定和制定全国甲级建设监理单位"升级资质证书"和"资质等级证书"等。

省、自治区、直辖市人民政府建设行政主管部门负责本行政区域地方建设监理单位的资质管理。其主要职责是负责本行政区域地方建设监理单位设立的资质审批，负责本行政区域地方乙、丙级建设监理单位设立的资质变更与终止的审查、批准等。

国务院各工业、交通等部门负责本部门直属建设监理单位的资质管理。其主要职责是分别负责本部门直属建设监理单位设立的资质审批，负责本部门直属乙、丙级建设监理单位资质变更与终止的审查、批准，负责本部门直属乙、丙级建设监理单位资质等级的例行核定。

9.4　安全管理

安全问题是影响工程建设进度、质量和成本的重要方面，加强安全管理，对提高开发项目的总体经济效益和社会效益有着重要的意义。工程建设中安全管理的原则是安全第一、预防为主。在规划设计阶段，要求工程设计符合国家制定的建筑安全规程和技术规范，保证工程的安全性能。在施工阶段，要求承包商在编制施工组织设计时，应根据建筑工程的特点制定相应的安全技术措施；对专业性较强的项目，应当编制专项安全施工组织设计，并采取安全技术措施。

为了达到安全生产的目的，要求承包商在施工现场采取维护安全、防范危险、预防火灾等措施；有条件的，应当对施工现场实行封闭管理。施工现场对毗邻的建筑物、构筑物和特殊作业环境可能造成损害的，建筑施工企业应当采取安全防护措施。

　　承包商还应当遵守有关环境保护和安全生产的法律、法规，采取控制和处理施工现场的各种粉尘、废气、废水、固体废物，以及噪声、震动对环境的污染和危害的措施。开发商应按照国家有关规定办理申请批准手续的情况包括：① 需临时占用规划批准范围以外场地；② 可能损坏道路、管线、电力、邮电通信等公共设施；③ 需要临时停水、停电、中断道路交通；④ 需要进行爆破作业等。

　　施工现场的安全由建筑施工企业负责。实行施工总承包的，由总承包单位负责。分包单位向总承包单位负责，服从总承包单位对施工现场的安全生产管理。开发商或其委托的监理工程师应监督承包商建立安全教育培训制度，对危及生命安全和人身健康的行为有权提出批评、检举和控告。开发商与承包商还要认真协调安排工程安全保险事宜，按双方约定承担支付保险费的义务。

9.5　房地产开发项目验收

　　竣工验收是指开发项目在施工单位自我评定的基础上，参加建设的有关单位共同对检验批、分部、分项和单位工程的质量进行抽样复检，根据相关标准以书面形式对项目达到合格与否进行确认。开发项目的竣工验收是项目建设程序的最后一个环节，是全面考核项目建设成果、检查设计与施工质量、确认项目能否投入使用的关键步骤。

　　房地产开发项目经过建设施工、设备安装和配套设施建设，达到设计文件要求的质量和使用功能，就要进行竣工验收，由承包商按国家工程竣工验收有关规定，向开发商提供完整竣工资料及竣工验收报告，并提出竣工验收申请。之后，开发商负责组织有关单位进行验收，并在验收后给予认可或提出修改意见。承包商按要求修改，并承担由自身原因造成修改的费用。

　　在正式办理竣工验收之前，开发商为了做好充分准备，需要进行初步检查，在单项工程或整个项目即将竣工或完全竣工之后，组织统一检查工程的质量情况、隐蔽工程验收资料、关键部位施工记录、按图施工情况及有无漏项等。根据初步检查情况，由项目的监理工程师列出需要修补的质量缺陷"清单"，这时承包商应切实落实修复工作，以便通过最终的正式验收。进行初步检查对加快扫尾工程，提高工程质量和配套水平，加强工程技术管理，促进竣工和完善验收都有好处。

　　由于开发项目的竣工验收是一项涉及开发建设有关方面的一项十分复杂的工作，因此在正式验收前，发展商、设计单位、承包商、监理机构、材料及设备供应商等应分别做好验收准备。根据竣工验收的要求、依据和工作程序等来开展工作，协调一致地顺利完成竣工验收工作。

1. 竣工验收范围

　　凡新建、扩建、改建的开发建设项目，按批准的设计文件和合同规定的内容建成；对住宅小区的验收还应验收土地使用情况和单项工程、市政、绿化及公用设施等配套设施。符合验收标准的，必须及时组织验收，交付使用，并办理固定资产移交手续。

2. 竣工验收条件

开发建设项目竣工验收应当具备下列条件。

(1) 完成建设工程设计和合同约定的各项内容。

(2) 有完整的技术档案和施工管理资料。

(3) 有工程使用的主要建筑材料、建筑构配件和设备的进场试验报告。

(4) 有勘察、设计、施工、工程监理等单位分别签署的质量合格文件。

(5) 有施工单位签署的工程保修书。

3. 开发项目竣工验收的依据

开发项目或单体工程，其竣工验收的依据是经过审批的项目建议书、年度开工计划、施工图纸和说明文件、施工过程中的设计变更文件、现行施工技术规程、施工验收规范、质量检验评定标准，以及合同中有关竣工验收的条款。工程建设规模、工程建筑面积、结构形式、建筑装饰、设备安装等应与各种批准文件、施工图纸、标准保持一致。

4. 开发项目竣工验收的一般标准

(1) 工程项目按照工程合同规定和设计图纸要求已全部施工完毕，且已达到国家有关规定的质量标准，能满足使用要求。

(2) 交工工程达到窗明、地净、水通、灯明，有采暖通风设备的项目，应达到正常运转。

(3) 设备调试、试运转达到设计要求。

(4) 建筑物四周 2 米以内场地整洁。

(5) 技术档案资料齐全。

5. 开发项目竣工验收的工作程序

开发项目竣工验收的工作程序一般分为以下两个阶段。

1) 单项工程竣工验收

在开发小区总体建设项目中，一个单项工程完工后，根据承包商的竣工报告，发展商首先进行检查，并组织承包商和设计单位整理有关施工技术资料（如隐蔽工程验收单，分部、分项工程施工验收资料和质量评定结果，设计变更通知单，施工记录、标高、定位、沉陷测量资料等）和竣工图纸。然后，由发展商组织承包商、设计单位、客户（使用方）、质量监督部门，正式进行竣工验收，开具竣工证书。

2) 综合验收

开发项目按规划、设计要求全部建设完成，并符合竣工验收标准时，即应按规定要求组织综合验收。验收准备工作，以发展商为主，组织设计部门、承包商、客户（使用方）、质量监督部门进行初验，然后邀请城市建设有关管理部门，如建委、计委、建设银行、人防、环保、消防、开发办公室、规划局等，参加正式综合验收，签证验收报告。

综合验收中的规划验收，是竣工项目投入使用前的关键环节。申请规划验收时，开发商应提供建设工程竣工图（包括图纸目录、无障碍设施设计说明、设计总平面图、各层平面图、剖面图、各向立面图、各主要部位平面图、基础平面图、基础剖面图），由具有相应测绘资质登记的测绘单位编制的《建设工程竣工测量成果报告书》和《建设工程规划许可证》附件及附图复印件。城乡规划主管部门将审查建设项目的平面位置、层数、高度、外轮廓线、立面、建筑规模、使用性质等是否符合《建设工程规划许可证》的许可内容，审查项目用地范围内和代征地范围内应当拆除的建筑物、构筑物及其他设施的拆除情况，绿化用地的腾退情况，单体配套设施的建设情况，要求居住区（含居住小区、居住组团）的配套设施和环境建设与住宅建设同步完成，未能同步完成的则对相应的住宅部分不予进行规划验收。

对已验收的单项工程，可以不再办理验收手续，但在综合验收时应将单项工程的验收单作为全部工程的附件并加以说明。

在组织竣工验收时，应对工程质量的好坏进行全面鉴定。工程主要部分或关键部位若不符合质量要求会直接影响使用和工程寿命，应进行返修和加固，然后再进行质量评定。工程未经竣工验收或竣工验收未通过的，开发商不得使用、不得办理客户入住手续。

6. 开发项目的竣工决算

竣工决算是反映项目实际造价的技术经济文件，是发展商进行经济核算的重要依据。每项工程完工后，承包商在向发展商提供有关技术资料和竣工图纸的同时，都要编制工程结算、办理财务结算。工程结算一般应在竣工验收后一个月内完成。

建设项目的竣工决算是以竣工结算为基础进行编制的。它是在整个建设项目竣工结算的基础上，加上从筹建开始到工程全部竣工，包括开发建设的其他工程费用支出。竣工结算是由承包商编制的，而竣工决算是由发展商编制的。

7. 编制竣工档案资料

开发建设项目的技术资料和竣工图是开发项目的重要技术管理成果，是使单位安排生产，住户适应生活的需要。物业管理者将依据竣工图纸和技术资料进行管理和进一步改建、扩建。因此，开发项目竣工后，要认真组织技术资料的整理和竣工图的绘制工作，编制完整的竣工档案，并按规定分别移交给使用者和城市档案馆。

1）技术资料的内容

技术资料的内容主要包括以下几方面。

（1）前期工作资料：开发项目的可行性报告、项目建议书及批准文件、勘察资料、规划文件、设计文件及其变更资料，地下管线埋设的实际坐标、标高资料，征地拆迁报告及核准图纸、原状录像、照相资料，征地、拆迁安置的各种许可证和协议书，施工合同，各种建设事宜的请示报告和批复文件等。

（2）土建资料：开工报告，建（构）筑物及主要设备基础的轴位定线、水准测量及复核记录，砂浆和混凝土试块的试验报告，原材料检验证明，预制构件、加工件和各种钢筋的出厂合格证和实验室检验合格证，地基基础施工验收记录，隐蔽工程验收记录，分部、分项工程施工验收记录，设计变更通知单，工程质量事故报告及处理结果，施工期间建筑物或构筑物沉降测定资料，竣工报告和处理结果，竣工报告及竣工验收报告。

（3）安装方面的资料：设备安装记录，设备、材料的验收合格证，管道安装、试漏、试压和质量检查记录，管道和设备的焊接记录，阀门、安全阀试压记录，电气、仪表检验及电机绝缘、干燥等检查记录，照明、动力、电信线路检查记录，工程质量事故报告和处理结果，隐蔽工程验收单，设计变更及工程资料，竣工验收单等。

2）绘制竣工图

开发项目的竣工图是真实地记录各种地下、地上建筑物和构筑物等详细情况的技术文件，是对工程进行验收、维护、改建、扩建的依据。因此，发展商应组织、协助和督促承包商、设计单位，认真负责地把竣工图编制工作做好。竣工图必须准确、完整，如果发现绘制不准或遗漏时，应采取措施修改和补齐。

技术资料齐全，竣工图准确、完整，符合归档条件，这是工程竣工验收的条件之一。在竣工验收之前不能完成的，应在验收后双方商定期限内补齐。绘制竣工图的做法如下。

（1）按施工图施工而无任何变动，则可在施工图上加盖"竣工图"标志后，直接作为竣工图。

（2）结构形式改变、建筑平面改变、项目改变，以及其他重大改变，不宜在原施工图上修改、补充，要重新绘制竣工图。

（3）基础、地下构筑物、管线、结构、人防工程等，以及设备安装等隐蔽部位，都要绘制竣工图纸。

（4）竣工图一定要与实际情况相符，要保证图纸质量，做到规格统一、图面整洁、字迹清楚，一经施工技术负责人签认，不得任意涂改。

8. 竣工验收中的其他有关问题

在验收中，由于施工原因质量不符合要求，需要返工的分部、分项工程，双方要确定部位、数量、处理办法及维修期限，经复验合格后再签订竣工验收证书。由于发展商原因造成的甩项工程，应视为符合交工标准、办理竣工验收证书。

9. 住宅质量保证书和住宅使用说明书

房地产开发企业须在商品房竣工验收、交付使用时，向购买人提供住宅质量保证书和住宅使用说明书。

住宅质量保证书须列明工程质量监督单位核验的质量等级、保修范围、保修期和保修单位等内容，并承担保修责任。保修期内如因开发企业进行维修时造成房屋使用功能受到影响，给购买人造成损失的，须依法承担赔偿责任。

某市住宅质量保证书和住宅使用说明书样式，举例如下供参考。

1）住宅质量保证书样式

某市商品住宅质量保证书

为加强商品住宅质量管理，确保售后服务质量和水平，维护消费者的合法权益，对所销售的____区____街（小区）____号（栋）____单元___层___号，建筑面积____

平方米、使用面积_____平方米的住宅，本公司对其作出如下质量保修责任的承诺。

一、符合《某市商品房屋销售合同书》中所签订的该住宅使用面积和设计图的设计（附：该套（栋）房屋的设计图纸）。

二、本工程经市建筑工程质量监督站核验等级为_____，工程编号为_____。

三、在保修期内，如发生以下工程质量问题，我公司将负责保修。保修内容与保修期如下。

1. 地基基础和主体结构在合理使用寿命年限内承担保修。

2. 正常使用情况下各部位、部件保修内容与保修期限：

（1）屋面防水 3 年；

（2）墙面、厨房和卫生间地面、地下室、管道渗漏为 1 年；

（3）墙面、天棚抹灰层脱落为 1 年；

（4）地面空鼓开裂、大面积起砂为 1 年；

（5）门窗出现翘裂、五金件损坏为 1 年；

（6）管道堵塞为 2 个月；

（7）供热、供冷系统和设备为 1 个采暖期或供冷期；

（8）卫生洁具为 1 年；

（9）灯具、电器开关为 6 个月。

本保证书未尽事宜，由购、销双方共同议定，其内容作为保证书补充条款。

四、住宅保修期从本公司将竣工验收的住宅钥匙交付用户之日起计算。交付使用时应由用户对住宅设备、设施的正常运行功能签字认可。

五、住户验收后自行添置、改动的设备、设施需征得房管部门同意，并由住户自行承担其维修责任。

六、在保修范围、期限内，如果出现非使用不当而产生质量问题，用户可到我公司或我公司委托的物业管理部门报修，接到报修后，公司当天即到现场组织维修，保证小修不超过 3 天。如当时解决不了的问题，向用户说明情况，并提出完成期限，保证尽快修复。

报修地址：

报修电话：

联系人：

七、住户办理进户手续后，因住宅质量问题，经有关专业部门鉴定确实无法居住的，我公司将予以调换或退房，并进行相应经济补偿。

八、住户因住宅质量问题引起纠纷造成的投诉，来信来访后，本公司将直接或委托物业管理部门予以书面答复并妥善处理。

九、用户对本公司的答复和处理有争议时，可根据《某市建筑工程质量监督实施细则》，向某市建筑工程质量监督站申请裁决，亦可直接向当地人民法院提起诉讼。

十、《某市商品住宅质量保证书》作为住宅销售合同的补充约定，与《某市商品房屋销售合同书》具有同等法律效力。

保证单位（章）：　　　　　　　　　　使用单位（用户）签字（章）：

法人代表（章）：

经办人（签字）：

公司联系地址：区　　　街　　　号

联系电话：

联系人：

年　　月　　日

2）住宅使用说明书样式

某市商品住宅使用说明书

用户朋友：

欢迎您使用本公司建造的房屋，祝您乔迁之喜、安居乐业、生活美满、万事如意。

为使您对本公司的商品住宅有所了解，减少不必要的烦恼，现将住宅的主要结构构件和各种设施的使用说明及注意事项介绍给您，并希望您能在使用前详细阅读该住宅使用说明书。

一、工程概况

工程概况

工程名称：			建筑面积：	（平方米）
工程地址：			结构	层数
建筑单位：				
设计单位：				
施工单位：				
监理单位：				
开工日期：		竣工日期		
栋号	单元	栋层		门号
户型	室	厅	卫	门窗类型

二、进户装饰、装修和使用时应注意的问题

1. 地基与基础。地基与基础是整幢建筑的重要受力部分，房屋的全部荷载将通过基础传到地基上，所以地基与基础严禁随意改动。

2. 承重墙（一般指墙厚 240 mm 以上）。承重墙除承担自重外，还承担由楼板、梁、阳台传来的荷载，因此承重墙不能随意开洞和拆除。

3. 非承重墙。非承重墙不是承重墙，对房屋内部只起分割房间或空间的作用。

4. 楼板。楼板是房屋结构中的重要受力构件之一，除承担自重外，还承担家具、物品和人们日常生活中的活荷载，楼面活荷载的设计标准值：居室、方厅、走廊、楼梯为 1.5 千牛顿/平方米，挑出阳台为 2.5 千牛顿/平方米。

★使用中不能超载，更不能在楼板上随意增砌隔墙。

★大部分住宅的楼板是预制的，每块楼板之间是细石混凝土灌缝，所以装修和使用中应尽量避免过大的冲击和震动，防止灌缝处出现通裂。

5. 入口处、楼梯间的踏步、平台、窗等公共部分要爱护使用，搬运物品不要碰坏墙面、玻璃和踏步。

★挑出阳台除放置物品不能超重外，不允许另行改动。

6. 屋面。屋面是房屋结构和保温、防水的重要部件，若使用不当易造成保温、防水失效，因此使用时应注意保护，非上人屋面严禁上人，屋面不准堆放杂物，不准破坏屋面构造层。

三、室内各种设施

1. 采暖设施。为使冬季室内温度达到标准要求，本住宅配备了采暖系统，因此在使用过程中不得任意改动散热器、阀门、管道和支架等设施。不得随意从散热器和集气罐中放水，不得随意关闭阀门，以免影响全楼的正常供暖，甚至造成散热器冻裂。供暖期如发现采暖系统有局部滴漏现象，请及时与"保证书"中的维修部门联系。

2. 室内给水设施。

★住宅的厨房、卫生间配有自来水管道和水龙头，为您提供生活用水，使用时不要改动立管。

★临时停水时，千万要把水龙头关好。

★当室内温度和给水温度相差较大时，水管外表会出现冷凝水，这是自然现象，请您用绝热材料（石棉绳、软泡沫塑料带）缠绕即可。

★水龙头关闭不严漏水，要维修或更换时，先关闭水表前的阀门，打开水龙头的阀盖，更换封垫即可。

3. 室内排水系统。

厨房、卫生间配有排水管道，每根排水立管都连接着各层用户的卫生设施（污水槽、洗手盆、水冲大便器、浴盆、地漏等）。工程验收时都经过通球和通水试验，使用不当会造成污水或堵塞。千万不能将抹布、筷子、骨头、鱼头、卫生巾等大块垃圾扔到排水管道中，使用时不要碰活支架、吊卡。

★塑料排水管怕高温排水，堵塞时用管道疏通机应特别小心，防止破裂。

★地漏子要经常清理，防止淤塞，地漏铁算子下的水封槽要经常注入清水，防止管道中的臭味散到室内。

★洗手盆和洗菜盆下排水管及水弯是防止污水臭味的，易挂上油腻堵塞，要经常清理。

4. 煤气设施。

室内煤气管道及设施是经过试压和试漏精心安装的，因此严禁改动煤气管道及设施，要了解掌握安全使用知识，以免造成严重后果。

★如发现煤气泄漏，应立即采取措施并立刻通知煤气公司及时维修。

5. 电气部分。

各户电气设备包括照明灯具、插座、开关、电话、有线电视、电子门对讲电话。现将各电气设备介绍如下。

每户设计用电容量 2～4 kW，供电电压 220 V 单相三线式配线（其中一根为接地保护线），各户内采用铜芯线穿阴燃管暗敷。

为了您使用方便、安全、可靠，每户设漏电保护开关箱，每居室设 1～2 个二三孔安全型插座，厨房、卫生间设三孔防溅型插座，每一灯具设有开关。请您精心使用，注意安全。

★请您勿用湿布擦拭开关、插座、灯头。

★在您接插家用电器时，要先熟悉一下电器的技术性能，电源电压、容量、插关相数，每一插座安插电器容量不宜超过 2 kW。插接大容量电热设备超过负荷引起导线过热，可能引起火灾。

★当您插接插头时请不要猛拉硬插，以免造成插座内金属片变形而引起短路。

★当您使用家用电器发生漏电时，漏电保护开关会及时跳闸，保证您和家人的安全。当再次合闸发现开关屡断时，千万不能强行合闸。应找电气专业人员查明原因，排除故障后再行送电。

★您如发现电表箱内开关、电表损坏需要更换时，应找房管或电业部门进行更换，不要自己更换。

★当您进行二次装修时，需要增设或更换线路、灯具、开关、插座，一定要请专业人员按电气安装施工验收规范进行施工和安装。

★电气线路、电话及有线电视如需改动应向该专业管理部门申请。

★电子门对讲电话，如发现故障应及时与"保证书"中的维修部门联系维修。

请您经常提醒您的家人，教育您的孩子，注意安全，爱护室内外电气线路和器具。

6. 排烟和排气。

厨房与卫生间均设有排烟或排气通道，如厨房内增设抽油烟机，其排烟管可直接插在厨房墙壁的排气孔上。不准随意改变位置。

7. 公共设备、设施。

在楼梯间设有配电箱、电表箱、消火栓、电话接线箱、有线电视接收箱、电子门等公共设施，高层住宅还配有电梯，在日常使用中应注意爱护和维护，以免影响正常使用。

★本公司及物业管理部门忠告住户：凡涉及拆改主体结构和明显加大荷载的装饰装修，拆改给排水、煤气、电气管线和设备时，应到各有关部门办理批准手续，否则，将按有关法规、条例进行处理。

企业名称（章）：

法人代表（章）：

经办人（签字）：

年　　月　　日

9.6 建设单位竣工验收报告范文

建设单位竣工验收报告范文

1. 工程概况

××项目坐落于××市国家旅游度假区内，滇池路六公里西贡码头前段迎海路旁，西临海艺花园小区，东临××别墅群，南临国宾馆，所处地理位置优越，交通方便。以高原湖泊滇池为依托，西山睡美人为屏障，依山傍水，拥有满目苍翠的自然景观和清新的空气，项目建筑造型独特，具有西方式建筑特色和风格，是聚集购物、休闲、娱乐为一体的综合商业区。

本工程规划许可证号：昆规建证（2008）04××号和（2009）0××号；施工许可证号：度建字 20××第××号；施工图审查批准号 昆施审 hj 20××-0××，其总建筑面积为××××平方米。共××个单位工程，建筑功能为商铺，建筑最高 17.45 m。基础为静压预制管桩上独立承台基础，地梁连通，全钢筋混凝土现浇框架结构，抗八级地震设防。工程于2009 年××月××日开工，20××年××月××日提交验收。

2. 该项目工程完成简况

根据参建各方合同约定的内容，工程设计、施工等均按要求的项目完成任务，达到合同的质量等级要求，在本工程设计、施工过程中，严格执行各项法律、法规、规范及云南省××市有关规定。本工程地下土质土层复杂，属于软土地基，工程造型独特、美观，跨度大，施工工序复杂，质量要求高，施工单位编制了有针对性的施工组织设计和分部施工方案。施工技术、质量保证资料，施工管理及建筑材料，构配件和设备的出厂检验报告等档案资料齐全有效。根据各方合同约定的内容，审查完成情况如下。

（1）完成设计项目情况：基础、主体、室内外装饰工程；给排水工程、消防工程；建筑电气安装工程；电梯安装工程；室外工程；小区市政道路工程。经审查基础工程合格、主体工程合格、室内外装饰工程合格、屋面工程合格；给排水工程合格；建筑电气工程合格。

（2）完成合同约定情况：总承包合同约定、分包合同约定、专业承包合同约定经审查已按照合同约定内容完成。

（3）技术档案和施工管理资料：经审查建设前期、施工图设计审查等技术档案齐全；监理技术档案和管理资料齐全；施工技术档案和管理资料齐全。

（4）试验报告：经审查主要建筑材料（钢材、水泥、砖、沙、石、防水材料、电气材料等）试验报告齐全，符合要求。

（5）工程质量保修书：工程质量保修书已签订，并编制了商品房质量保证书和房屋使用说明书。

3. 监督和整改情况

在工程建设的每一分部、分项过程中，建设、设计、监理、施工等单位密切配合，较好地完成了各项工程的检查，检查中严格把握质量关，对需要整改的地方，一经提出施工方便立刻认真整改，整改后监理方进行复查验收，达到标准要求后，才能进入下道工序施工。

在施工过程中，监理单位严格按照国家的建筑工程施工质量标准要求施工，配合各参建单位完成了本工程的施工监理任务，工程施工过程中的每一个工序都严格按照监理大纲、监理程序进行，保证了工程质量。

4. 验收单位组成

按照建设部《房屋建筑工程和市政基础设施工程竣工验收暂行规定》的要求和《云南省住宅工程质量分户验收管理规定》，建设单位于 2008 年××月××日组织了初验，2008 年××月××—××日进行了分户验收。2008 年××月××日组织竣工工程的正式验收，参加竣工验收的建设、设计、勘察、监理、施工单位和监督站等人员的组成符合要求。

5. 验收整改情况

该工程按照云南省建设厅云建建［2008］287 号文件要求作了分户验收，验收时建设、监理、施工、设计等单位提出了验收意见，针对验收中提出的问题，施工单位已经整改完毕，由各有关单位进行了复验通过，并作了《住宅工程质量分户验收记录》和《住宅工程质量分户验收检查记录》。该项目还做了桩基础静载和动测试验；并请省质检站作了主体结构实体检测、室内环境检测、等电位检测等安全性检测，检测报告由质监部门提供，检测结果合格。

6. 工程总体评价

经过建设、设计、监理、施工、监督等单位共同密切配合，金都商集工程已经顺利完工，达到竣工验收条件，现正式组织竣工验收。

建设单位项目负责人：××

××有限公司（章）

思 考 题

1. 简述组织的含义、基本内容和基本原则。

2. 房地产项目包括哪些组织结构类型，简述其各自的优缺点和适用范围。

3. 开发项目建设的三大目标，即成本、进度、质量之间是什么关系？如何进行有效的控制？

4. 开发项目建设施工过程中实施进度控制的主要方法是什么？

5. 开发项目目标控制的措施有哪些？

6. 简述工程监理的含义、主体和职能。

7. 简述监理工作的内容与方法及其作用。

8. 建筑监理单位的等级如何划分，其资质条件包括哪些内容？

9. 简述开发项目竣工验收的条件和依据。

10. 简述开发项目竣工验收的程序。

第 10 章

房地产营销

10.1 房地产营销概述

10.1.1 房地产营销理念

房地产商品及房地产市场固有的特性，决定了房地产营销有其独特的运作方式。正确树立房地产营销理念是进行房地产营销策划及实施的关键。房地产营销的基本理念可从以下12 个方面来考察。

1. 区域营销

区域营销意识早已为大多数房地产企业所认识。但是，区域营销理念的树立与贯彻，对我国房地产业界来说还是一个新概念。房地产区域营销理念应包含以下 3 个层次。

（1）地区营销。由于各地区的经济发展水平不一致，房地产投资的预期收益也会不同。各地区的投资环境比较分析结果决定了投资者的投资取向，因此，如何对城市或地区进行营销推广，增强投资者的地区偏好，就变成促进各地区房地产业开发的首要条件。

（2）片区营销。由于历史原因及城市规划要求，许多城市形成了许多用途相对集中的片区，片区营销要求各片区首先形成某个特定的商业气氛而后反过来促进个盘营销，这就要求片区内有共同利益的开发企业组成的非正式集团联合进行该片区全面营销策划，以体现片区整体营销定位、寻找共同市场品位。

（3）区位营销。在大势已定的片区营销态势中，个盘的营销活动将由开发企业独立完成，主要突出的是个盘特征。

2. 信息营销

信息营销可以说是 21 世纪营销理念的核心。对房地产开发企业而言，在进行项目可行性研究的论证过程中，信息拥有量（包括数量和质量），以及信息处理方法的选择，直接决定了决策的正确性与科学性。房地产开发活动以其涉及面广为重要特征，因此，房地产的信息营销不仅包含了对自己企业内部信息的分析与控制，还包括对地区、区域的社会、经济、文化等发展状况信息、竞争对手开发现状信息、房地产市场供应信息、各有关部门对房地产的直接与间接作用信息等的全面分析与控制。如何建立一套行之有效的"营销信息系统"，对房地产开发企业进行有效的信息营销至关重要。

3. 竞争营销

随着市场经济的日益发展和完善，房地产市场上的开发企业为争取有限的有效需求市场的竞争日趋激烈。由于不适应市场经济的运作规律，很多房地产开发企业仅分析了市场供需状况就匆忙决策，房地产开发项目遍地开花，但是等到开发项目建成进入销售阶段时，才发现原有市场早已被竞争对手所占领。因此，在开发活动中，要研究与分析相同市场各领先者、挑战者、追随者和补缺者的开发动向及营销态势，准确进行自我定位及目标市场定位，并有效控制营销过程。只有这样，营销策略的实施才具有对消费者及竞争者的针对性。

4. 全面营销

据资料显示，在 1994 年初至 1995 年，上海有近 86％的营销方案都是价格方案，在我国房地产供应结构不尽合理，社会有效需求不足的情况下，价格策略的实施在一定程度上确能起到立竿见影的营销效果。但从发展的眼光来看，房地产价格的下降不可能没有一个限度，房地产开发商的利润水平已接近社会全行业平均水平，房地产营销走向立体性、综合性的全面营销将是一种必然趋势，传统的四大营销策略即产品策略、价格策略、渠道策略和促销策略，必须紧紧围绕企业市场定位逐步向全面营销理念过渡。

5. 全过程营销

近年房地产界掀起的营销热，主要是开发项目后期的市场推广工作，很多营销方案只是针对于开发商已建成的物业进行定位与推广，其实质只是营销策略中的销售促进。真正意义的房地产营销，是贯穿于开发项目的选址、设计、投资、建造、销售，以及物业管理整个开发过程的全过程营销。可以说，房地产营销的目的主要是深度的前期参与和策划，使项目的市场推广变得容易。市场的有效需求有多少？哪种物业类型是该市场中的供给空隙？主要竞争对手的供给量及营销动作如何？开发企业及物业的市场定位如何？本物业推出时市场的变化趋势又怎样？这一系列的问题在项目评估或可行性研究报告阶段就应深入研究。

6. 全员营销

对房地产开发企业而言，营销策划人员作出的一纸策划报告并未说明全部的问题，更重要的是，在一个很好的营销策划方案的后面，全公司从经理人员到销售人员、从董事会成员到财务人员均积极参与控制和实施该方案，营销策划人员还要根据不断变化的市场环境作出适当与适时的方案调整。房地产的营销牵涉面广、专业人员参与较深，是面对从机构（组织）到个人、从富翁到平民各类客户的特性营销，要想单纯依靠销售人员完成楼盘的销售不太现实。因此，树立全员营销理念，把组织内部人员及扩延人员的积极性调动起来，实际上体现的是一种开拓市场、控制市场的营销理念。

7. 专业营销

房地产市场营销由于其服务行业的特殊性和购买者的慎重性，需要具备较强的宏观分析能力、房地产专业知识、心理学知识、法律常识和公关技巧等的综合素质人才。随着行业的发展及市场日益细分，树立专业营销理念势在必行。专业营销理念不仅要求开发企业运作机制专业化，还要在行业细分化的趋势下，逐步形成各专业市场相互支持和依托的房地产市场体系。就营销内容而言，对于住宅、零售商业物业、写字楼、工业物业、旅游物业等要有专业的特性营销；就营销手段而言，要有专业的房地产广告公司、房地产中介公司、房地产顾问公司等专业营销企业。

8. 服务营销

美国著名经济学家西奥多·莱维物曾经指出，新的竞争已不是发生在各个企业在其工厂中生产什么产品，而是发生在其产品能提供什么附加利益。作为房地产业主要服务环节的物业管理，是"寓经营管理于服务之中，在服务中完善经营管理"的以服务为核心的行业，物业管理的服务质量优劣已成为决定开发企业物业营销业绩的重要因素，处在激烈竞争环境中的房地产项目，无不依赖于更高层次的物业管理以提升其营销品位。但是，也应该看到，我国物业管理市场作为房地产市场体系中的要素市场还远未成熟，作为房地产开发企业，率先认定服务营销理念，贯彻服务策略，有利于其获得市场竞争优势。

9. 品牌营销

"品牌"二字是我国商界这几年使用频率极高的词汇之一。随着房地产市场竞争的不断加剧，品牌营销已日益被开发商提高到极为重要的位置。但由于房地产商品及房地产市场的独特性，如何进行准确的品牌定位，如何引导业主把握品牌取向，如何营造品牌意识，即房地产商品如何进行品牌化和如何有效实施与控制房地产品牌战略等问题，对我国房地产界而言都是亟待解决的全新课题。

10. 文化营销

房地产营销不再仅仅是钢筋水泥加设备器具和推销，也是业主本身的追求、业绩、理念、归宿，甚至是一种精神的映射。房地产文化营销的操作，可以是发掘历史渊源和传统，塑造楼盘的品牌和个性，渲染楼盘的艺术氛围和情调，提引楼盘的生活质量，以及开发商的开发理念或实力等。

11. 非价格化营销

非标准化的房地产产品带来了非恒定的价格概念。一味降价、低价入市会有相应的市场反响，但某房地产产品一旦具备了优势和特色，就会游离出一般意义上的价格因素，扩大市场有效需求。

12. 目标转移营销

营销思路强调直线性，而运作方式则注重曲径通幽。目标转移方案的出现有着值得研究的新思路。例如，在海明道大厦办公楼项目遇到市场难以动销的情况下，上海旭阳万欣专业营销公司首次推出"以租房的钱买房"方案，仅用不到一个月时间便完成了一万多平方米办公房的市场销售，从此申城办公房市场掀起一股强烈的"旭阳效应"。这一案例的成功之处是销售目标从售销市场的重叠性寻找到了转移方案的实施可能性。

10.1.2　房地产营销应注意的问题

以购房者的需求特征为出发点，是房地产营销的要点。营销至今仍是一个概念，没有固定的模式，由于其正在不断发育，需对其相关联的环节和内容进行不断的完善。房地产商品的非标准化，导致了营销的非标准化。房地产开发的某种误区，致使营销出现了误区，同时，房地产营销出现的误区，又直接使房地产开发步入了歧途。

1. 营销要求首先重视房地产的商品属性

商品房的市场概念，应该先有商品的属性再有房地产的属性。就是说，要以商品概念去看待房地产，绝不是房子建成后再把它当做商品去出售。前者是融入了营销成分，后者是简单的买卖关系。现在，有许多开发商自认为造了很好的房，但为什么就没人买？为什么没有市场兴奋点？是因为开发商刻意地把其房地产作为一种作品去看待，而没有把房地产作为商品去看待。

客户是"上帝"，但当前许多房地产商并未真正如此看待。从开发商的角度来说，开发建设商品房的目的是出售并盈利。艺术作品和进入流通的房地产商品其归属的渠道不同，片面地按照开发商的意愿去构筑理想的商品房，又尽力想去引导某种潮流或观念，让客户适从市场，这是一种误区。内行引导外行本是天经地义之事，面对众多从未接触过房地产的原始客户群，许多开发商过于强化这种引导概念，反而使产品积压、闲置，这种例子已经不胜枚举。

任何一个开发商只能创造出某些卖点，但绝不可能替代客户意愿，营销是一种相对的现实性，房子建得再好，如果模式无人问津，也绝不可能被称之为优秀商品房。

客户是圆心，开发是圆弧，营销仅仅是一种途径、一条线路。按客户的意愿去开发，适当引导客户适应所开发的房地产商品，是房地产营销的基础。

2. 全过程营销是第二代营销的核心

房地产营销和开发不可分离，营销是开发的龙头又服务于开发。就目前的现实性状况分析，涉及房地产销售的 3 种模式为：企业自产自销、代理销售、营销指导或分销。从营销角度看，这 3 种模式本质上没有好坏之分。

开发和销售的分离只是一种形式，实质上不可能分离，完全独立于开发的销售，不能称之为是房地产营销，或者仅能称之为第一代营销。营销的前期介入和全过程性，是第二代营销的根本特点。

如果在项目开工建设以后，甚至在取得预售证后再来商量研究销售问题，把营销作为一种灵丹妙药，是一种认识的误区。应该认识到，营销虽然有"治病"功能，但其主体应该是"防病"功能。

怎么卖楼是关键，但更重要的是与此相关的一系列问题：在什么地方造？造何种类型的物业？户型设计如何？大、中、小面积比例如何？每套面积多少？外立面的处理和环境如何？等等。设计、建造是刚性的，营销是柔性的，后期无法弥补先天不足，至少不可能在根本上去克服。

国内许多大型房地产开发企业把原来的销售部都纷纷转制为营销公司，负责企业所有楼盘的销售。尽管形式上似乎走出了市场化的第一步，重视了房地产营销，其实这又犯了一种错误，即把营销完全独立于开发，成为房地产小卖部。专业营销公司近几年能够生存并飞速发展，说明了这样一个问题：营销有其特有的运作和空间，是一个独立的专业领域。

房地产营销是个人和集体针对特定的楼盘，通过创造性劳动来挖掘市场的兴奋点，在获得购房者认同的前提下实现买卖并提供服务。开发商较多关心产品本身，而营销商较重视服务和产品的推广、包装，注意到市场需求水平和时机。因此，专业营销商在房地产产品走向市场进入流通领域时，有着巨大的发展空间。

3. 避免营销近视症

作为一种特殊形态的商品，房地产有着其特殊的市场群体，需要具备营销的条件和前提，才有可能热销。制约营销的因素很多，诸如总量因素、区域因素、社会因素、政策因素、文化因素、需求因素和购买力因素。需求量很大但实际支付能力不足，激发有效购买力和扩大购买力，在不同的时间段所产生的效力和效应不尽相同。

跟踪一些项目的销售过程，人们发现大多企业都存在着深浅不一的营销近视症：价格近视症，为求得利润最大化，忽略了房地产的增值空间；节奏近视症，整个楼盘同时上市，结果剩下的"死角房"无人问津；效应近视症，片面地运用营销技巧来产生效应，项目面市无计划，前后矛盾。营销近视症的关键原因是开发商仅仅注意到了成交消费区域，而忽略了客户培养区域，难以产生市场恒稳效应。

解决这一问题的关键，是处理好营销导入区域、发育区域和运作区域的关系问题。导入区域包括广告、包装等对外宣传手段，积聚人气的导入是重要的第一步；较好的包装、广告等吸引了众多的购房者，如何发育有效购房队伍，需要拿出怎样的方案售房，这应该是营销方案的核心；并不是任何人都可以挂牌上岗搞销售，营销操作人员的水准直接影响到成交量。

4. 营销方案的各异性

没有完全相同的物业，也没有完全一样的营销。即使在同一座城市、同一个地区、同一条街区，不会有完全相同的物业出现。因此，所谓营销不是万能的，在某种意义上，就是没有一个完全相同的营销方案会同时完全适应于两个或两个以上物业的推广之中。防止在这方面出现营销误区的关键，是注意以下 4 个环节中存在的问题。

（1）供给调查方面缺少真实性。一些企业在进行市场营销方案制订时，往往以见报的广告为依据，其收集的信息偏差较大。需求调查方面既缺少专业咨询，也很少进行实地调研。从目前可见的营销报告中，对房地产消费者的调查，包括购买类型调查及购买者心理分析，对竞争者的调查，包括销售动态、优势、借鉴经验，几乎都没有仔细分析，这在一定程度上制约了房地产营销水平的提高，也会影响到房地产营销产生直接经济效益的程度。

（2）房价策略单一陈旧。从定价角度看，大多是以低价开盘，逐步提高，缺少有机的调节和合理的升降。从价格策略看，如折扣价格策略、变动价格策略等都基本类同，虽然普遍懂得时间变动的价格策略，有些楼盘也推出个案变动策略，但大多停留在实际操作过程，缺少先期的理论定位。

（3）促销策略单一。从表面上看，房地产营销气氛比较浓烈，但深入分析便不难发现不少问题。从广告策略方面看，仅仅局限于一般的信息发布广告，最多在编排形式上作些处理，至于广告目标、针对性、物业命名及形象、媒体运作、文案处理等方面都远远滞后于行业对房地产营销的要求。同时，由于第一线营销人员总体素质难以提高，从接待、看房等过程都出现了不少滞后问题。

（4）营销理论与实践的脱节。房地产营销理论的研究滞后于实践，使房地产开发企业习惯于从实效的角度进行营销策划并实施，缺乏营销理论的指导。有些在实际操作过程中表现出非凡成绩的成功营销实例，未能进行理论的解剖并加以推广。一些从理论上已经较为成熟的营销方案，又难以在实践中运作。

10.2　房地产营销策划与运作

10.2.1　营销是市场经济的永恒主题

房地产营销在计划经济中表现出来的，只是制度上的福利分配。计划经济在某种意义上是统制经济、短缺经济，或者称仓库经济，采购员满天飞。而市场经济是自由经济、过剩经济，或者推销经济、推销员经济。

在市场经济条件下，如何生产已经是一个让人头疼的事，而最让人捉摸不定的、一筹莫展的就是从商品到货币。这里面，营销是企业最本质的经营活动。研究一般的商品到货币，已经不是一个轻松的话题，研究巨大的、不可移动的、十分耐用的房屋这个特殊的商品就会难上加难了。

在市场经济的竞争中，人们所有的劳动和一切付出，都要受到市场的最后检验，它的自身价值最终都是要经过销售才能得到承认。所以，营销是永恒的主题，是社会生产目的决定的，是企业生存和发展的客观要求所决定的。从商品到货币，既是一个生产经营过程的完结，又是一个新的、更加生动活泼的、带来增值的另一个生产经营过程的开始。否则，就会窒息，就会破产。

在某种意义上，企业营销不等于销售和推销，它首先是在对市场深刻理解的基础上的高智能策划。它蕴涵在企业生产开发经营的全过程，由市场调查、方案制订和建筑总体设计、价格定位、广告中介服务、售后服务和信息反馈等组成。如果不能正确理解营销是企业最本质的职能，只是到了应该出售自己产品的时候才来组织推销，那么，其楼宇就很难适合市场需求，这种生产开发的盲目性，必然会导致销售的无的放矢，使企业陷入被动的局面。因此，营销不是从推销产品的时候才开始的，而是要从开发设计时就应该着手，它不仅仅是销售机构、销售人员的事，而是公司决策者乃至全体员工都应当关注的大事。对房地产商来说，首先是董事长、总经理对营销理念的正确把握和运作。

在理解和把握营销这个理念的同时，还要深刻认识市场、竞争、客户等概念。所谓市场，可以称为需求，或者讲有效需求。随着金融机构的介入，有效需求的规模呈几倍甚至十几倍的提升和延伸。市场是由顾客现实需求和潜在需求组成的。这种需求的满足可以由多种方式、多个营销主体去实现，这就存在市场机会和市场风险。由于多种方式的可选择性，多个主体的供应，对本企业及其楼盘来说，就带有很大的不确定性。这种对房地产市场需求的绝对性和本企业房屋产品的相对性（不确定性），就是营销工作中最大的难点。克服难点或讲出路，只能是发展商去全面迎合、适应市场和客户，而不是相反。这种适应，不是始于建筑成品或半成品，而是从征地、立项就要着手的。到了入市的时候，可变性不大，要避免造成营销中的"黑屋"、"死角"。

营销工作的目标是把这种相对的、普遍的、不确定的需求转变为绝对的、具体的（特定的）需求，可以概括为营销就是发展商全方位、全过程地去适应市场需求的自觉行为。

这种促使转变的策划与运作，不可避免地导致了激烈的竞争。作为现代企业的从业人员，迎接挑战，接受挑战，就是热爱生活，热爱生命。一个成功企业家的心态，永远是"我要拿到最大的蛋糕，鲜花一定属于我"。市场需求来源于客户，争夺的对象也是客户，因此，房地产营销就不能不研究客户。从理论上，客户既是顾客，也是未来的业主，营销运作的结果，就是主客易位的过程，也就是从购买者变成所有者。这种转变，使企业实现了收益，实现了资本的回收与增值，同时，也创出了品牌，占领了市场。从这个意义上，顾客就是上帝，顾客就是一切。曾8次荣登美国《福布斯》杂志为当时世界首富的日本企业家堤义明讲了他爷爷的故事：一个乞丐来买包子，他亲自收钱，亲自给包子。别人问他为什么不为那么多经常光顾我们店的老顾客亲自服务？他说，大多数有正常经济能力的人来买包子，是很正常的事，一个乞丐攒了钱来买包子是极不容易的事，因此，我要亲自服务。那么，为什么不送给他呢？他说，他本来是乞丐，但今天就是顾客，他需要的不仅仅是几个包子，同时也需要得到做顾客的尊严，如果不收钱，反而会羞辱了他。他最后讲了一句至理名言，"我们的一切都是顾客给予的"。

10.2.2　房地产公开发售的策划与运作

1. 产品定位

楼盘公开发售前，要做好充分的准备，要进行周密的策划，不能持以简单、粗放的营销心态，一定要有十分的把握。因为楼盘在发售前，社会对此知之不多，不太了解。精心的准备就意味着已经具备了抢占市场份额的先机；如果准备不充分，将直接影响到楼盘的销售，也意味着将市场份额推向别人的怀抱。因此，企业对于销售的意义要有一个准确的把握。

如何精心准备，楼盘公开发售前要注意以下几个问题。首先，物业在投放的市场中怎样选择目标群，即什么样的人会买这个楼。市场营销定位，消费阶层的选择，都离不开地区的经济环境、消费者的生活习惯和文化层次等。其次，楼盘所在街区的功能、人群分布情况。最后，针对楼盘归属哪类功能、档次。弄清这几个前提，才能把握定位。

1）市场定位

房地产市场定位的主要目的是通过实现产品的适销对路，最大限度地去争取消费群体对于房地产的需求量。在此基础上，一切推广手段都围绕着这一消费群体展开，否则就风马牛不相及。例如，大型楼盘番禺丽江花园，在策划楼盘销售时，利用其具有吸引力的硬件，不仅立足于番禺本地，更放眼于广州市区，定价也具有吸引力，结果取得了成功。即购买者为60％的广州市区人，30％的外地人，10％为番禺人。其中，包括了二次置业、休闲置业等投资者。

2）功能定位

所谓功能性，一般写字楼、商铺、酒店、公寓涉及较多，由于公务、商务活动越来越现代化，用户要求不仅是有一个办公场地，对商厦的现代化办公设施、经商行为、发展潜力也提出了要求。因此，在销售写字楼、公寓等物业时，功能的作用愈显重要。国际上将写字楼分为3A、5A、智能大厦等，这都成为写字楼的重要卖点。而各个国家有各自不同的标准，一般5A即通信、管理、办公、消防、保安自动化。写字楼如果功能不全，就难以启动市场。中房集团开发的北京京瑞大厦，广州中房大厦在香港、国内销售时，都强调5A级，当时外商都很惊讶于中国大陆也有5A级的写字楼。随着消费者的日益成熟，对住宅也有了较高的要求。住宅首先要满足消费者居住和休息的基本功能，而住宅的外形美观，配套设施齐全，室内布局合理，居住方便和舒适，住宅面积宽绰，采光良好，对消费者就有吸引力，也为其发展提供了条件。

3）专营性定位

目前，商铺的市场状况是供大于求，小商贩形不成规模，商场发展纷纷推出经营性定位，即把物业先设定为服装、鞋业、计算机、通信设备等中心，发展商设计营业方向，然后将之切割出售。这就免除了客户买了之后不知做什么，或者想做某种生意而苦于没有一种大环境的顾虑。由于能满足部分客户的要求，而且营造出整体的商业氛围，故可以吸收更多的买家。

4）象征性定位

由于消费水平的不同，通过价值取向的自然选择，很多物业无形中形成了高尚住区、"贵族"住区、普通住区等。房地产开发商可以用形成物业档次的方法，对居住在小区的阶层给予一定身份的特征——象征性定位。例如，香港的半山，广州的锦城、名雅苑、白云堡、碧桂园，北京的龙苑别墅，美国的比夫利山庄等，都是这种自然选择的结果，也是开发商营造象征性群体，通过购买、居住使之实现归属感、荣誉感、自豪感。

2. 价格设定

一栋楼宇、小区的销售往往是一个时期的或跨年度的。而消费市场变化莫测，楼宇的定价要能被市场接受，需要一定的超前意识和科学预测，可以说定价部分是艺术、部分是科学。影响价格的因素有很多，主要包括成本、楼盘素质、顾客承受的价格、同类楼宇的竞争因素等。产品的可变成本是定价的下限，上限是顾客所愿意支付的价格。市场中消费者总想以适中的价格获得最高的价值，因此不应把价格和价值混为一谈。定价之后，运行中可以作适当的调整，但不能作大幅度的或否定性的调整，否则会带来非常恶劣的影响。从定价来说，主要有以下几种方法。

（1）类比法。即通过判断、比较，应清楚所推销的物业在同行业中属上、中、下哪一种，然后确定相应的价格水平。

（2）成本法。即根据判断包括税金、推广费等在内的综合成本及利润期望值的幅度，确定是采用微利多销还是高价高利润等方法销售。这种判断主要根据发展商自身和市场情况确定。

（3）评估法。即由专业地产评估师对楼盘进行全方位的评估后作出定价。

无论哪种定价方法，均应随行就市，最大限度地获取市场份额。在弄清方法之后，具体执行有低价、高价、内部价、一口价、优惠价等战略。采用低价战略，入市时比较轻松，容易进入，能较快地启动市场。采用高价策略，是为了标榜物业的出类拔萃、身份象征、完善功能、优良环境等，可用高价吸引高消费者入市，但不是盲目漫天要价，要物有所值。但此方法风险较大。

3. 定价比例

定价比例是对同一批物业不同建筑，或者同一建筑不同楼层、方向确定价格差别比例的过程。对于同一建筑来说，先设定一个标准层，高层一般定在 1/2 高度，多层一般 3～4 层（9 层以下）为最好。然后确定一个楼层系数，标准层以上一般每层加价比例为 0.8%，标准层以下每层下调 0.5%。在高层建筑中，7 层以下因其视野受限，一般应为低价区，顶层与底层的价格一般相差约 30%。

（1）住宅的定价。用户选择购房不仅受楼层的影响，房子所处两个主力面的景物和视野，如街景、江景、马路等亦是影响楼价的因素之一，即朝向系数。一般来说，江景、街景等给人以视觉上的享受，朝向系数大，为 8%～10%；而临马路边因其噪声大、尘埃多，朝向系数较低，为 3%～5%。楼盘的南北两个方位，如无景观差别，一般南面售价高于北面。有的楼盘，因其朝向系数不合理，好的楼层和好的朝向全部卖光，剩下的都是不好卖的，使楼盘出现滞销状态。

（2）商铺的定价。由于一般顾客购物习惯在首层，因此首层商铺定价一般是住宅平均价的 3 倍以上。车位的每平方米定价一般相当于住宅的 50%。

4. 概念的策划与引导

从某种意义上，买楼首先是买概念，这是人们在生活中越来越注重的问题。假如发展商以无法模拟的方式对消费者的观念形成施加影响，使其树立的品牌与其竞争者之间造成巨大的差距——感觉吸引程度方面的差距，那结果便截然不同了。所以说，要让消费者"学会"想要什么，在满足消费者需求方面的竞争便不那么重要，更重要的是，如何引导和影响市场的看法、偏爱和抉择方面的竞争。发展商在楼盘推出之前，先为楼盘树立一个概念，营造出一个品牌的形象，以吸引消费者，并深入人心，之后画龙点睛，隆重地推出楼盘，由此造成一种轰动效应，抢占市场。这样就不会使楼盘销售陷入平庸、一般化。

5. 销售的策略

销售楼盘可以采取先易后难，也可以采取先难后易的方法，先进行试销，根据试销的情况作一些适当的调整，最后全面铺开。一个成功的楼盘销售应达到 85% 以上，才能保证毛利润 20％以上。一个值得注意的问题是，市场旺销时，不能盲目提价，否则会导致市场崩溃。而应该引而不发，或者蓄势待发，重兵投入一发而不可收，"一网打尽"，抓住销售高潮，一鼓作气，不能惜售。

6. 销售的组织和实施

楼盘的销售要实行专业对口，以互补的模式将自有队伍与中介公司相结合。中介公司具有国内外客户的网络，在谈判、销售技巧等方面都有独到之处，是主要的营销队伍。但长期从事房地产开发的发展商，也必须自己建立一支具有高水平推销策略和战术的专业队伍。因此，培养和提升销售人员的敬业精神十分重要。一个优秀的推销员不仅仅是推销产品，同时也是人格、品位、审美价值的推销，如果没有与客户建立起良好的关系，而是单单进行产品的推销，是不可能推销成功的。这是建立一种职业意识的修养，因为任何一次销售都会由于推销人员对楼盘的理解和情感融入程度不同而产生推销差异。这也是一个合格的推销员应具备的基本素质，推销员是市场经济整个链条中非常关键的一环。

10.2.3　大宗交易的策划与运作

房地产开发商能够将所拥有或兴建的物业整盘整幢一次性转让出去，对于化解企业经营的市场风险，缓解资金不足，实现预期收益，降低销售成本等，都是非常有意义的。必须抓住机遇，果断正确的决策，促使交易获得成功。这需要从以下因素进行策划。

1. 叫价

大宗交易的叫价学问，难处在于不可补救，零售就不会有这种担心。因此，要注意几种叫价形式。

（1）直接式叫价。明码实价，回旋余地小，这在房地产呈卖方市场时是常用的交易方式。

（2）间接式叫价。先试探性报价，留有交易余地，最后双方协商让步完成交易。

（3）透明叫价（玻璃价）。让对方容易弄清你的经营成本，并在比较中与你成交。

（4）隐蔽价。对方不清楚你的经营状况，以自身的购买目的为准时，一般采用此种交易方式。

需要指出的是，叫价与成交价的回落值，一般在 8％～12％ 比较正常；相反，叫价的虚值部分过高，可能一开始就导致失败。

2. 谈判的阶段与队伍

大宗交易谈下来旷日持久，一般过程需要一年半载，大致分以下几个阶段：① 牵线和意向阶段；② 要约和信誉调查，项目和公司评估审计；③ 交换法律文件和资信证明，银行近期存款余额；④ 起草合同文本及附属文件；⑤ 草签或正式签字；⑥ 执行和制约机制的设定（法人地位、水电控制），定金 5％，首期款 15％～30％。

谈判的班子主要由负责经营的具有相当授权的领导、公关人员、会计师和律师组成。

3. 转让方式

转让方式包括整盘计价转让（物业整盘、整幢一次性计价转让）、分项计价转让（物业分成单项或几项分别转让)、先回购后转让(购回已开发的物业后再进行转让)、部分股权转让(物业折算成股份,再转让股份中的一部分)、全部股权转让(卖公司法人资格等)。

4. 风险与防范

由于执行合同时间跨度大、建设周期长,期间建材设备价格波动、进口关税、政策因素影响、金融汇率变化(如日本三菱集团在美收购洛克菲勒大厦耗用 15 亿美元,由于汇率变化等因素亏损 8 亿多美元)等,所以如果没有一定的预见性,很可能预期利润会不翼而飞,还会出现亏损。因此,有关合同、财务的风险,以及成本敏感性变化都要有所预测和防范,以确保预期利润的安全实现。

考虑到合理减轻税费负担,在可能的情况下,尽量采用转股形式。由于转股价款受到注册资本的公司权益的影响,不可能超出太多,其余部分可以总承包来实现收益。

10.3　房地产营销代理机构

10.3.1　房地产中介服务概述

1. 房地产中介服务的概念及特点

1)房地产中介服务的概念

房地产中介服务是指具有专业执业资格的人员在房地产投资、开发、销售、交易等各个环节中,为当事人提供居间服务的经营活动,是房地产咨询、房地产价格评估、房地产经纪等活动的总称。

房地产咨询是指为从事房地产活动的当事人提供法律、法规、政策、信息、技术等方面服务的经营活动。房地产价格评估是指对房地产进行测算、评定其经济价值和价格的经营活动。房地产经纪是指为委托人提供房地产信息和居间代理业务的经营活动。

2)房地产中介服务的主要特点

(1)人员特定。从事房地产中介服务人员必须是具有特定资格的专业人员,并不是所有的人都可以从事房地产中介服务活动或提供房地产中介服务。这些特定资格的专业人员都具有一定的学历和专业经历,并通过了专业资格考试,掌握了一定的专业技能。

(2)委托服务。房地产中介服务是受当事人委托进行的,并在当事人委托的范围内从事房地产中介服务活动,提供当事人所需求的服务。

(3)服务有偿。房地产中介服务是一种服务性的经营活动,委托人一般都应按照一定的标准向房地产中介服务机构支付相应的报酬、佣金。

2. 房地产中介服务收费

1)房地产咨询收费

房地产咨询收费分为口头咨询费和书面咨询费。

(1)口头咨询费由双方协商议定标准。

(2)书面咨询费由国家指导性参考价格规定:普通咨询报告,每份收费 300~1 000 元;

技术难度大、情况复杂、耗用人员和时间较多的咨询报告一般不超过咨询标的的 0.5%。

2）**房地产评估收费**

房地产评估收费应区别不同情况，按照房地产的价格总额采取差额定率分档累进计收。

3）**房地产经纪收费**

根据代理项目的不同，房地产经纪费实行不同的收费标准。

（1）房屋租赁代理收费：无论成交租赁期限的长短，均按半月至一月成交租金额标准，由双方协商一次性收费。

（2）房屋买卖代理收费：按成交价格总额的 0.5%～2.5% 计收。实行独家代理的，由双方协商，但最高不超过成交价格的 3%。

3. 房地产中介机构管理

对中介服务机构的管理主要从市场准入抓起，采取资格认证、资格分级、资格年检与日常监督相结合的管理措施。从事房地产中介服务业务的都应设立相应的房地产中介服务机构。房地产中介服务机构是自主经营、自担风险、自我约束、自我发展、平等竞争的经济组织，必须独立、客观、公正地执业。

房地产中介服务机构的业务管理主要包括承办业务管理、中介服务行为的管理和财务管理。

1）**承办业务管理**

房地产中介服务人员承办业务，应当由其所在房地产中介服务机构与委托人签订书面合同。中介服务人员不得以个人名义承揽业务，也不得个人与委托人签订委托合同。房地产中介服务合同应包括以下主要事项：当事人姓名或名称、住所，中介服务项目名称、内容、要求和标准，合同履行期限，收费金额和支付方式、时间，违约责任和纠纷解决方式，当事人约定的其他内容。

在承办业务时，中介服务人员若与委托人、相关当事人有利害关系时，中介服务人员应当实行回避制度，并主动告知委托人及所在中介服务机构，委托人有权要求其回避。

2）**中介服务行为管理**

房地产中介服务人员承办业务，由其所在中介机构统一受理并与委托人签订书面合同。房地产中介服务人员执行业务可以根据需要查阅委托人的有关资料和文件，查看业务现场和设施，委托人应当提供必要的协作。对委托人提供的资料、文件，中介服务机构和中介服务人员有为委托人保密的义务，未经委托人同意不得转借相关资料、文件。由于房地产中介服务人员失误给当事人造成经济损失的，由所在中介服务机构承担赔偿责任，所在机构可以对有关人员追赔。

3）**财务的管理**

房地产中介服务实行有偿服务，房地产中介服务机构为企事业单位、社会团体和其他社会组织、公民及外国当事人提供有关房地产开发投资、经营管理、消费等方面中介服务的，应向委托人收取中介服务费。房地产中介服务机构在接受委托书后应主动向当事人介绍有关中介服务的价格及服务的内容，出示收费标准。中介服务费必须由中介服务机构统一收取，并给缴费人开具发票。在房地产中介服务活动中严禁只收费不服务、多收费少服务。

10.3.2 房地产经纪概论

1. 房地产经纪的概念及其发展的必要性

房地产经纪是指向进行房地产投资开发、转让、抵押、租赁的当事人提供房地产居间介绍、代理和行纪的经营活动。目前，在中国，特别是在经济较发达的城市，房地产经纪机构的数量已发展到较大的规模，形成了中国房地产中介服务业的主要部分。

由于房地产商品及其交易的特殊性，使房地产经纪活动成为房地产市场中不可或缺的重要组成部分。

（1）房地产价格昂贵，维持房地产这类存货的费用太高，在绝大多数情况下，经销商难以承受，通常情况下，产销分离是一种合理的选择，经纪人能以合理的费用提供专业化的销售服务。

（2）由于房地产交易的复杂性，使得每一笔交易都须耗费时日，并且还要懂得有关的法律、财务或估价知识，训练有素的经纪人能为买卖双方提供各种专业帮助。

2. 房地产经纪活动的类型

1）房地产居间

房地产居间是最典型的一种经纪活动，是指房地产经纪人为交易双方提供信息及条件，撮合双方成交，由委托人支付报酬的活动。在居间活动中，居间人是以自己的名义从事活动，而且是根据自己所掌握的信息、资料等独立地作出意思表示。居间人对自己所从事的活动承担法律后果，若委托人与相对人交易成功则提取佣金，交易不成则徒劳无益。例如，在房地产租赁交易中，经纪人向出租方、承租方提供信息，促成交易，收取佣金，便是典型的居间活动。居间是经纪的一种主要表现形式，其特点是服务对象广泛，但服务的程度较浅，而且经纪人与委托人之间缺乏长期固定的合作关系。

房地产居间有房地产买卖居间、房地产投资居间、房地产抵押居间、房地产租赁居间等形式。

2）房地产代理

房地产代理是指房地产经纪人在受托的权限内，以委托人名义与第三者进行交易，并由委托人直接承担相应的法律责任的行为。此时，经纪人作为代理人，其所处的地位不再是中立的，而必须是以被代理人的名义而且是在被代理人授权范围内从事活动，代理活动所产生的法律后果也由被代理人承担。例如，房地产开发商委托房地产经纪机构代理楼盘的销售，经纪机构以开发商的名义在授权范围内从事代理活动，并按销售金额提取佣金。代理的特点是经纪人与委托人之间有较长期稳定的合作关系，经纪人只能以委托人的名义开展活动，活动中产生的权利和责任归委托人，经纪人只收取委托人的佣金。

3）房地产行纪

房地产行纪是指房地产经纪人受委托人的委托，以自己的名义与第三者进行交易，并承担规定的法律责任的行为。根据《中华人民共和国合同法》的有关规定，行纪是行纪人以自己的名义为委托人从事贸易活动，委托人支付报酬的活动。行纪人处理委托事务支出的费用，由行纪人负担。目前，大多数的房地产行纪都是房地产居间经纪人和代理经纪人在特定情况下采取的行为。专门的房地产行纪人目前在中国还没有形成。

房地产行纪行为与房地产自营行为是有区别的：房地产经纪机构收购开发商的大量商品房，在未将产权过户到自己名下的情况下，以自己的名义向市场出售，这种行为即为目前房地产市场活动下类似行纪的行为；而房地产自营行为的前提是商品房产权过户到自己名下。

3. 房地产经纪人职业资格的种类

根据可从事的房地产经纪业务范围的不同，房地产经纪人职业资格分为房地产经纪人执业资格和房地产经纪人协理从业资格两种。

房地产经纪人是指依法取得《中华人民共和国房地产经纪人执业资格证书》，并经申请执业，由有关管理部门注册登记后取得《房地产经纪人注册证书》，在房地产经纪机构中能以房地产经纪人机构的名义独立执行房地产经纪业务，或者可以自行开业设立房地产经纪机构或经从业的房地产经纪机构的授权，独立开展经纪业务，并承担责任的自然人。房地产经纪人执业资格可在全国范围内注册执业。

房地产经纪人协理是指依法取得《中华人民共和国房地产经纪人协理从业资格证书》，在房地产经纪机构中协助房地产经纪人从事非独立性房地产经纪工作的自然人。房地产经纪人协理资格的有效执业区域比房地产经纪人要小，房地产经纪人协理资格只能在允许的地区内从业。

取得房地产经纪人执业资格是从事房地产经济活动的关键和发起设立房地产经纪机构的必要条件。取得房地产经纪人协理从业资格，是从事房地产经纪活动的基础条件。

4. 房地产经纪人员执业资格考试

1）房地产经纪人协理

房地产经纪人协理从业资格考试实行全国统一大纲，在省、自治区、直辖市命题并组织考试的制度。经房地产经纪人协理从业资格考试合格的，在各省、自治区、直辖市人事部门颁发人事部、建设部统一格式的《中华人民共和国房地产经纪人协理从业资格证书》。该证书在所在行政区域内有效。

2）房地产经纪人

根据《房地产经纪人员职业资格制度暂行规定》，凡中华人民共和国公民，已取得房地产经纪人协理资格并具备以下条件之一者，可以申请参加房地产经纪人资格考试。

（1）取得大专学历，工作满 6 年，其中从事房地产经纪业务工作满 3 年。

（2）取得大学本科学历，工作满 4 年，其中从事房地产经纪业务工作满 2 年。

（3）取得双学士学历或研究生班毕业，工作满 3 年，其中从事房地产经纪业务工作满 2 年。

（4）取得硕士学位，工作满 2 年，从事房地产经纪业务工作满 1 年。

（5）取得博士学位，从事房地产经纪业务工作满 1 年。

房地产经纪人执业资格实行全国统一大纲、统一命题、统一组织的考试制度，由人事部、建设部共同组织实施。原则上每年举行一次。经房地产经纪人执业资格考试合格的，由各省、自治区、直辖市人事部门颁发人事部统一印发的《中华人民共和国房地产经纪人执业资格证书》。该证书全国有效。《中华人民共和国房地产经纪人执业资格证书》、《中华人民共和国房地产经纪人协理从业资格证书》是房地产经纪人进行职业活动的法律凭证，代表持有人具有房地产经纪人的特定身份，可以从事经纪活动。

5. 房地产经纪人执业资格注册

国家实行对房地产经纪人进行注册管理制度，经考试取得《中华人民共和国房地产经纪人执业资格证书》的人员还必须向有关部门申请执业，经审核批准予以注册后才能以房地产经纪人身份执业。并且该执业资格注册只在规定的期限内有效，期限届满前应申请再注册，注册有效期限内发生变更的，还应及时办理注册变更手续。

申请注册必须明确执业所在的房地产经纪机构，一个房地产经纪人只能在一个经纪机构执业，不得同时在两个或两个以上机构执业。房地产经纪人所在地是指房地产经纪人从事经纪活动地，即房地产经纪人执业所在的房地产经纪机构所在地，而非房地产经纪人住所地或经常居住地或考试地。

房地产经纪人执业资格注册有效期一般为 3 年，有效期届满前 3 个月，持证者应到原注册管理机构办理再次注册手续。再次注册的，除了应提供初次注册时应提供的证明外，还须提供接受继续教育和参加业务培训的证明。在注册有效期内，变更执业机构者，应及时办理变更手续。

6. 房地产经纪人员与房地产经纪机构之间的关系

1）*房地产经纪人与房地产经纪机构之间存在执业关系*

一方面，房地产经纪人从事经纪活动必须以房地产经纪机构的名义进行，房地产经纪人承接房地产经纪业务由房地产经纪机构统一承接，由房地产经纪机构与委托人签订经济合同，再由房地产经纪机构指定具体的房地产经纪人承办房地产经纪业务；另一方面，房地产经纪机构必须是由房地产经纪人组成的，没有房地产经纪人的加入，房地产经纪机构也是无法成立的。

2）*房地产经纪机构与房地产经纪人之间存在法律责任关系*

一方面，房地产经纪人在执业活动中由于故意或过失给委托人造成损失的，由房地产经纪机构统一承担责任，房地产经纪机构向委托人进行赔偿后，可以对承办该业务的房地产经纪人进行追偿；另一方面，由于委托人的故意或过失给房地产经纪机构或房地产经纪人造成损失的，应由房地产经纪机构向委托人提出赔偿请求，委托人向房地产经纪机构进行赔偿后，再由房地产经纪机构向房地产经纪人的损失进行补偿。由经纪机构统一承接经纪业务并承担法律责任有利于保护委托人、房地产经纪人和房地产经纪机构三方的合法权益。

3）房地产经纪机构与房地产经纪人之间存在经济关系

由房地产经纪机构统一向委托人收取佣金，并由房地产经纪机构出具发票。经纪机构收取佣金后应按约定给予具体承接经纪业务的经纪人报酬。

7. 房地产经纪机构的类型

房地产经纪机构是符合执业条件，并依法设立，从事房地产经纪活动的公司、合伙机构、个人独资机构。另外，境内外房地产经纪机构在境内设立的分支机构也可以以自己的名义独立经营房地产经纪业务。

1）房地产经纪公司

房地产经纪公司是指依照《中华人民共和国公司法》和有关房地产经济管理部门的规章，在中国境内设立的经营房地产经纪业务的有限责任公司和股份有限公司。出资设立公司的出资者可以是自然人也可以是法人，出资可以是国有资产也可以是国外投资，出资形式可以是货币资本也可以是实物、工业产权、非专利技术或土地使用权，但必须进行评估作价。

2）合伙制房地产经纪机构

合伙制房地产经纪机构是指依照我国合伙企业法律，以及房地产经纪管理部门的有关规定，由各合伙人订立合伙协议，在中国境内设立的共同出资、合伙经营、共享收益、共担风险，承担无限连带责任的从事房地产经纪活动的营利性组织。合伙人可以用货币、实物、土地使用权、知识产权或其他财产权利出资；以货币以外的出资需要评估作价的，可以由全体合伙人协商确定，也可以由全体合伙人委托法定评估机构进行评估。经全体合伙人协商一致，合伙人也可以用劳务出资，其评估办法由全体合伙人协商确定。

3）个人独资房地产经纪机构

个人独资房地产经纪机构是指依照《中华人民共和国独资企业法》和有关房地产经纪管理部门的规章，在中国境内设立，由一个自然人投资，财产为投资个人所有，投资人以其个人财产对机构债务承担无限责任的从事房地产经纪活动的经营实体。

4）境内房地产经纪机构在境内设立的分支机构

在中华人民共和国境内设立的房地产经纪机构，可以在中华人民共和国境内其他地区设立分支机构。分支机构能够开展房地产经纪业务，但不具有法人资格。房地产经纪机构的分支机构独立核算，首先以自己的财产对外承担责任，当分支机构的全都财产不足以对外清偿到期债务时，由设立该分支机构的房地产经纪机构对其解散后尚未清偿的全部债务承担责任。

5）境外房地产经纪机构在境内设立的分支机构

分支机构不具有法人资格，分支机构撤销、解散及债务的清偿等程序按照中国的法律进行。

6）境内房地产经纪机构在境外设立的房地产经纪机构

分支机构是否具有法人资格视分支机构所在地法律而定。分支机构撤销、解散及债务的清偿等程序按照分支机构所在地法律进行，但不应该违反中国法律。

8. 房地产经纪基本执业规范

1）经营场所规范公示

（1）国家和有关部门核发的营业执照，房地产经纪机构备案证书和机构的名称，经营范围、经营方式的标志。

（2）房地产经纪人执业证的标志。

（3）居间介绍、代理等各项业务收费标准。

（4）其他资料、告示应当符合法律、法规的规定。

2）执业告知

经纪机构及经纪人应在与委托人签订经纪合同之前，将其在当时根据经验所能预测到的情况和风险如实告知委托人，由委托人决定是否与其签订经纪合同和签订何种经纪合同。

3）执业限制

房地产经纪人不得同时在两个或两个以上的房地产经纪机构从事房地产经纪活动。房地产经纪人只能在自己注册的经纪机构执业。房地产经纪人协理限于辅助房地产经纪人执行经纪业务，不得独立以房地产经纪机构的名义开展活动。

4）执业回避

房地产经纪人在执业中有以下情形的应当回避。

（1）与委托当事人有直接利害关系，可能损害委托当事人利益的。

（2）委托当事人要求回避的。

5）执业署名

房地产经纪机构在签订经纪合同时，合同中应当附有执行该项经纪业务的经纪人签署的姓名、执业证编号等内容。但该经纪人并不是合同的一方当事人，合同当事人只有委托人与经纪机构双方。

9. 房地产经纪人与房地产经纪机构在执业活动中的权利与义务

1）房地产经纪人的权利

（1）执行经纪业务，按照规定在合同上署名，并根据合同约定获取报酬。

（2）要求委托人提供与交易有关的资料。

（3）拒绝执行委托人发出的违法指令。

（4）接受职业继续教育和培训。

（5）法律、法规和规章规定的其他权利。

2）房地产经纪人的义务

（1）按照执业资格规定的范围，从事房地产经纪活动。

（2）根据合同约定，维护委托人的合法权益。

（3）为委托人保守商业秘密，保障委托人的权益。

（4）接受主管部门的监督管理。

（5）参加职业继续教育和培训。

（6）法律、法规和规章规定的其他义务。

3）房地产经纪机构的权利

（1）享有工商行政管理部门核准的业务范围内的经营权利，并按规定标准收取佣金。

（2）可向房地产管理部门提出实施专业培训的要求和建议。

（3）按照国家有关规定制定各项规章制度，并以此约束在本机构中执业经纪人的执业行为。

（4）由于委托人的原因，造成房地产经纪机构或房地产经纪人的经济损失的，有权向委托人提出赔偿要求。

（5）法律、法规和规章规定的其他权利。

4）房地产经纪机构的义务

（1）按照法律、法规和政策开展经营活动。

（2）认真履行房地产经纪合同，督促房地产经纪人认真开展经纪业务。

（3）维护委托人的合法权益，按照约定为委托人保守商业秘密。

（4）严格按照规定标准收费。

（5）接受房地产管理部门的监督和检查。

（6）依法缴纳各项税金和行政管理费。

（7）法律、法规和规章规定的其他义务。

10. 房地产经纪人执业中的禁止行为

1）禁止行为的种类

（1）从事法律、法规禁止流通的房屋和服务项目的经纪活动。

（2）隐瞒重要事实，虚构交易机会，提供不实消息，广告虚假。

（3）恶意串通，胁迫、欺诈、贿赂等不正当手段。

（4）允许他人以自己的名义从事房地产经纪活动。

（5）法律、法规禁止的其他行为。

2）房地产经纪人执业中常见的违规操作行为

（1）赚取不正当差价。

（2）隐瞒重要的交易信息。

（3）不当承诺与不当诱导。

（4）不当收取佣金。

（5）不当代理。

10.4　案　例

1. 物业背景

"上海早晨"位于浦东杨高路蓝村路口，与世纪广场、小陆家嘴遥遥相对，为近 8 万平方米的花园社区，周围金融、商务、房地产、娱乐、餐饮业云集，形成了这一地区鲜明的特点。但由于该楼盘入市较早，开发周期较长，且非现流行的板式结构，周边楼盘竞争激烈，因而早期的市场推广应该是失败的，是业内俗称的"死盘"。

2. 营销理念

蝉联两届"金桥奖"的上海房产经纪企业中天行在代理"上海早晨"时，创造性地提出了"100％得房率"的全新销售理念，使客户彻底告别了对购房面积雾里看花的时代，进入了明明白白购房的全新境界，这一举措得到了消费者的充分认同和市场的热烈追捧。"上海早晨"开盘当日订出 40 余套，并创下了连续热销的局面。

1）"100％得房率"出笼的背后

中天行房地产顾问有限公司总经理姚鸿光说"上海早晨"是我们接手项目后新定的案名，它有几重含义：一是这一项目地处浦东，早晨的阳光最早普照；二是早晨意味着新的一天的开始，也预示着该项目将以崭新的面目进入市场。

案名定好后，就要考虑它的市场切入点。"上海早晨"面临的问题是入市较早，开发周期较长，非现流行板式结构，周边楼盘竞争激烈，从以前的推广得出的结论是，如果以市场惯用的营销手法，很难启动市场。

另外，该项目本身并没有问题，由美国建筑师设计，规划超前，房型别致；50％以上高绿化率、80 m 超大幢距；先进智能化安保，配置豪华大堂、全进口三菱电梯等。早期之所以失败，主要原因是市场推广不力。不管用何种营销手法，重新赢得人们的眼球至关重要。在与发展商的反复沟通中，在最后决定摒弃一贯的"买一送一"、"特价房"等促销手段，利用"天时、地利、人和"的契机，以"100％得房率"销售模式入市，力求达到市场的波动效应。中天行房地产顾问有限公司总经理姚鸿光先生对"天时、地利、人和"作了以下充分阐述。

"天时"是指建设部新近颁布实施了《商品房销售管理办法》，使上海首次出现了 3 种销售计价模式：总体面积计价、套内面积计价、整套面积计价。相对于其他两种计价方式，以套内面积计价在上海是一种新鲜出炉的新模式，适时推出必将具有先创性意义。"先入咸阳者为王"，"上海早晨"在上海首次推出"100％得房率"，容易先声夺人，最大限度地吸引市场注意力。

"地利"是指本案地处上海浦东中心区域，浦东一直作为全国锐意改革的风向标，一举一动都会牵引全国的目光。在愈来愈热的房地产市场，任何改革性的举措在全国都有试点性意义，它的成功与否必将给予各地房地产以借鉴意义。"上海早晨 100％得房率"全新销售模式的推出，它将借助地域的强大辐射力，吸引众多关注目光。

"人和"是指消费者将会热烈拥护。买房卖房，得房率是一个普遍受关注的重要参数。但因为得房率是客户摸不着、看不见的东西，由此引起的消费投诉呈逐步上升趋势。据上海市消费者协会统计，有关商品房面积的投诉已成为商品房投诉的"重头戏"，主要问题是商品房的实际面积小于使用面积，分摊建筑面积不实等，"100％得房率"的推出将使这些问题迎刃而解。

2）挖掘潜在优势，放大项目优点

通过反复调研，认真论证，代理商与开发商达成了共识：上海早晨在上海率先采用"100％得房率"的全新销售理念，即以套内建筑面积为计价标准，公建面积全部由发展商承担。以这种全新模式为依托，开创性地给购房者提供了一个"全公开、全透明"的购房环境，开发商实实在在卖房，消费者明明白白买房，意在上海房地产销售中做一次大胆尝试。

中天行房地产顾问有限公司认为，在创新销售理念的基础上必须进一步提升楼盘品质，让品质自己说话，这是市场经济的第一前提。该楼盘的潜在优势为：近 8 万平方米的花园社区，位于浦东杨高路蓝村路口，与世纪广场、小陆家嘴遥遥相对，可以共同构成浦东地区地标性建筑，周围金融、商务、房地产、娱乐、餐饮业云集，投资或自住均有较大升值潜力。但这些优势需要通过后期的"再包装"使其扩大化，为此，中天行房地产顾问有限公司又对发展商提出以下建议。

（1）在屋顶独辟 6 座超大共享花园景观平台，打破住户楼层界限，在这儿可以聊天、品茗、交友，更可近观世纪广场，远眺小陆家嘴的日夜双景，并且拉近了住户彼此之间的距离，为小区注入了浓浓的"社区精神"。

（2）部分景观房在结构允许的前提下，尽可能地降低窗台高度，并拉宽窗幅，使视野更具震撼力。

（3）部分房型格局重新配比组合，以适合市场需求。

3）"循序渐进"的广告策略

好的销售理念必须有好的广告宣传相配合。作为专业房地产企划公司，中天行房地产顾问有限公司熟稔这一点，在"上海早晨"的广告策略上采用了"循序渐进"的模式。先是在开盘前声势浩大地推出"100％"得房率的概念，紧接着在报纸醒目版面分别推出"公用面积不分摊"、"销售面积＝套内面积"，环环相扣、层层递进，从而使"100％得房率"在市场上先声夺人、深入人心。在"100％得房率"销售模式有一定知晓度之后，中天行房地产顾问有限公司又在地段、景观、品质上逐层诉求，从而使广告受众从被动注意到主动关注，从表面概念到具体产品，进一步把"上海早晨"从知名度提升到美誉度。结果证明这一策略是成功的，"上海早晨"售楼处电话响个不停，现场更是人声鼎沸。

3. 营销结果

"上海早晨"100％得房率全新理念的推出在上海房地产市场引起了不小的震动，上海市民也对这种全新销售模式给予了肯定。他们认为，这种销售模式不玩"价格猫腻"，不搞"数字游戏"，这就告别了以前因对商品房面积看不懂而导致的被动局面。市场是检验结果的试金石，"上海早晨"开盘当天即落订 40 余套，说明购房者对这种全新销售模式给予了充分肯定。

思 考 题

1. 简述房地产营销理念。
2. 房地产营销应注意的问题有哪些？
3. 如何进行房地产营销策划与运作？
4. 如何进行大宗交易的策划与运作？
5. 房地产营销代理机构有哪些？
6. 简述房地产中介服务。

第 11 章

房地产交易经营

11.1　房地产买卖经营

房地产买卖经营是指房地产的产权人将产权以有偿出让方式转移给买售人的一种交易活动。房地产买卖经营是在房地产市场调查与预测的基础上进行的。

在我国，出售房地产产权是出售房屋的所有权及相应的土地使用权。这是由于我国房屋产权存在着国家、集体（企业）和个人私有 3 种形式，而土地只能属国家和集体所有，这就使我国的房地产买卖表现出房屋产权和土地使用权结合在一起的特点：买卖房产，同时转让土地使用权；买卖土地使用权，同时转让该土地上的建筑物及附着物。

房地产买卖是房地产经济的重要组成部分，在调剂余缺，满足人们生产和生活需要、推动人类社会进步和经济的发展诸方面起着相当重要的作用。特别是随着我国社会主义市场经济的逐步完善和我国房改的不断深化，我国房地产市场方兴未艾，房屋买卖活动必将大量增加，房产交易会日益频繁。

11.1.1　房屋买卖应遵循的原则

房屋买卖是指一方当事人支付对价，取得房屋的所有权，另一方取得房屋价款，让渡房屋所有权。房屋买卖是一种民事法律行为，应遵守以下主要原则。

1. 平等自愿的原则

在房屋买卖关系中双方当事人的地位是平等的，都是具有民事权利能力和民事行为能力的主体，取得一定权利必须承担相应的义务，反之亦然。当事人在房屋买卖中在意志上是独立的，任何一方当事人不受他方当事人意图的支配。同时，在房屋买卖关系中，当事人是自愿的，他们自主地表达自己的真实意图，有选择对方当事人和处分自己权利的自由。

2. 协商一致的原则

当事人在房屋买卖关系中，必须充分协商达成一致，不能把自己的意志凌驾于他方意志之上，强迫对方接受自己的意志。

3. 公平合理的原则

双方当事人买卖房屋的行为应该公平合理，并有益于双方，同时不得损害国家、社会和第三人的利益。

4. 等价有偿的原则

双方当事人在房屋买卖关系中要按照价值规律的要求等价交换，一方取得房屋所有权，必须支付房价，另一方取得房价，必须让渡房屋的所有权。

5. 履行法定手续的原则

当事人在买卖房屋时必须履行法定的手续，如办理房屋所有权过户手续、缴纳税费等，这是国家对房产交易实施监督的必要手段，当事人必须按规定办理。

11.1.2 房地产买卖交易程序

1. 订立合同

房地产买卖合同是指房产交易双方之间建立买卖关系的协议。它是房屋交易双方之间建立买卖关系的协定，是房屋买卖双方履行权利和义务的依据。根据《中华人民共和国民法通则》的有关规定，双方订立的房屋买卖合同须经政府的房地产管理机构审批之后，才能认定为有效、合法。

房屋买卖双方通过第一阶段的洽谈，买方对欲购房产进行位置选择、产权调查、议价之后，买卖双方初步达成协议，然后要签订房屋买卖合同。

2. 接受房地产交易管理部门的审查

房地产交易双方向房地产交易管理部门办理申请手续后，管理部门要查验证件，审查产权，并到现场进行必要的调查。

3. 签订合同

房地产交易管理部门根据产权性质和购买对象按审批权限申报有关负责人审核批准后，经办人将通知买卖双方办理签订合同手续。合同一般是交易经办人在统一规定的合同上填写，并与买卖双方签名盖章完成的。

4. 缴纳税费

办完合同手续后，买卖双方向房地产交易管理部门缴纳鉴证手续费和契约。

5. 办理产权转移过户手续

房屋买卖双方经房地产交易所办理买卖过户手续后，买方应持房地产交易所发给的房地产买卖合同，到相关房地产管理部门或土地管理部门办理房屋产权、土地使用权转移登记，换取新证。

11.1.3 房屋买卖合同

房屋买卖合同是指房屋所有人将房屋交付他方所有，对方接受房屋并支付房屋价金的协议。交付房屋的一方为房屋出卖人，接受房屋并支付房屋价金的一方为买受人。

1. 房地产买卖合同的法律特征

房屋买卖合同是一种财产买卖合同，具有财产买卖合同的一般特征。但房屋作为我国法律允许买卖的不动产，房屋合同又有自身的特点。其主要法律特征如下。

1）房屋买卖合同的标的物是不动产和特定物

房屋是不动产，具有不可移动性，一旦移动就会丧失其用途。这就要求房屋买卖合同的履行必须在房屋所在地，而不能像其他商品一样，可以由一地运往他地。同时，作为标的物的房屋是不可代替的特定物，履行的标的必须是合同约定的房屋，不能用其他房屋代替。

2）房屋买卖合同是双方合同

双方合同是当事人双方相互享有权利并相互承担义务的合同，一方享有权利必须承担相应的义务，当事人双方的权利和义务是一致的。在房屋买卖合同中，房屋出卖人享有取得房屋价金的权利，承担将房屋交付对方的义务；房屋买受人享有取得房屋所有权的权利，承担支付价金的义务。

3）房屋买卖合同是有偿合同

有偿合同是指合同当事人双方任何一方取得自己的利益须给予对方相应利益的合同。房屋买卖合同是当事人双方一方交付价金取得房屋所有权，另一方转让房屋所有权收取价金为内容的合同，双方当事人平等互利，等价有偿。

4）房屋买卖合同是要式合同

由于房屋自身的特殊性，签订房屋买卖合同必须采用书面形式，同时，合同的有效成立还必须以房屋管理部门办理房产过户手续为要件。

2. 房屋买卖合同的内容

房屋买卖合同是双方当事人就房屋买卖达成的协议。合同是确定当事人权利与义务的重要依据。因此，要条款全面，内容具体，用语精确。只有这样，才能有利于合同的顺利履行，减少纠纷和纠纷的解决。房屋买卖合同的主要条款包括以下内容。

1）标的

标的是指双方当事人权利与义务共同指向的对象，房屋买卖合同的标的就是房屋。在房屋买卖合同中，应该明确房屋的地点（包括方位、朝向、门牌号等）、类型（是公房或是私房）、结构（建筑房屋使用的材料）、质量（房屋的使用程度、使用状况）、附属设施等。

2）数量

房屋买卖合同要写明建筑面积或使用面积、楼层数、房间等。

3）价款

房屋的价款是房屋买卖合同的最重要条款。房屋价款的确定应当由政府房管部门进行评估，确定出最高价格，然后由双方当事人在此限度内自由协商确定。

4）期限

房屋买卖合同中的期限，要写合同签订及生效期限、价款的支付期限、交付房屋期限等。

5）交付办法

交付办法包括房屋出卖人交付房屋办法和买受人支付价款办法。买受人在接管房屋时，应对房屋进行验收，并按房产交易程序到房管部门办理房屋产权过户手续，缴纳税金和费用，领取房屋产权证明。价款支付办法应该定明是一次付款还是分期付款，是现金支付，还是转账、汇兑或信用证支付。

6）违约责任

违约责任是指房屋买卖合同当事人违反合同规定不履行自己的义务所应承担的责任，即支付违约金并赔偿损失。合同中应写明违约金的数额或计算违约金的办法，没有约定的，按法律规定支付对方1%～5%的违约金。

3. 房屋买卖双方当事人的权利与义务

房屋买卖对双方当事人的权利与义务是相对的，一方的权利就是另一方的义务，反之亦然。从当事人所应承担的义务角度，对双方的权利与义务关系进行阐述。

1）**房屋出卖人的义务**

（1）交付房屋义务。房屋买受人购买房屋的目的是使用房屋，占有并控制房屋是买受人实现这一目的的前提条件。房屋出卖人应按合同的规定移交房屋，使房屋处于买受人的占有权和支配之下。交付房屋包括两方面的内容，即实际交付和证件交付。实际交付是指出卖人按合同规定的办法，将房屋转移给买受人占有和使用；证件交付是指出卖人将原房屋的产权证明交付给买受人。

（2）保证买受人取得房屋所有权的义务。房屋买卖的基本特征是转移房屋的所有权，出卖人不但要交付房屋，而且要保证买受人取得房屋的完全所有权，这是房屋出卖的基本义务。这就要求出卖人必须是合同标的——房屋的所有权人，有权处分房屋。同时，出卖人还应对第三人主张房屋权利的要求承担担保责任，保证该房屋所有权的转移合法有效，不受第三人的干涉。

（3）按合同规定的数量和质量交付房屋。房屋的数量和质量是买受人购买房屋、支付价款的决定性因素，出卖人必须按合同的数量和质量交付房屋，否则即构成违约，须承担违约责任。出卖人还应对房屋的瑕疵承担责任，不得隐瞒房屋的缺陷。对于一般缺陷，能够维修的出卖人应予进行维修，使之达到合同规定的质量标准；对于重大缺陷不能维修的买受人有权解除合同，并有权要求出卖人赔偿由此造成的一切损失。

2）**买受人的义务**

（1）按合同规定的时间和方式支付房屋价金的义务。房屋出卖人之所以要出卖房屋，就是要取得房屋的价金，买受人要取得房屋的所有权，就必须交付价金，对交付价金的时间和方式，合同有规定的，按照合同的规定，合同没有明确规定的，出卖人应当在取得房屋所有权后或根据出卖人的要求，立即交付。

（2）接受房屋的义务。房屋买卖合同订立后，出卖人必须按合同的规定交付房屋，这是出卖人的一项义务。对买受人而言，则应该在合同期限内领取房屋，买受人不在规定的时间内领取房屋则构成迟延接受，在此情况下，如该房屋发生意外毁损，买受人承担全部责任，出卖人不再负任何责任。

11. 2　房地产租赁经营

房地产租赁是发生在出租者和承租者之间的经济关系，即承租者支付一定的租金，取得房地产一定期限的使用权；而出租者则通过让渡房地产的使用权以获得一定的经济收入。这种交换相当于以租金作为价格的房地产零星及有期限的出售行为。

11. 2. 1　房屋租赁的基本原则

1. 房屋所有权和使用权分离的原则

房屋的租赁关系一经确立，房屋的所有权和使用权即告分离。即房屋所有权人（房地产企业）对出租的房屋不再拥有实际占有和使用的权利，实际占有和使用房屋的是承租人。因此，首先要保护房屋所有权人出租房屋收取租金的合法收益权，其次还要保护承租人在遵守房屋租赁协议条件下对房屋的合法占有和使用的权利。

2. 租赁双方权利与义务相一致的原则

在房屋的租赁合同中必须充分体现租赁双方权利、义务相一致的原则，任何一方都不能只享受权利而不承担与之相应的义务。

3. 合理确定房屋租金的原则

房屋租金一方面要维护房屋所有权人的利益，保证房屋所有权人通过房屋出租收回房屋投资，并有能力进行房屋的正常维修；另一方面，房屋租金要考虑到承租人的经济承受能力，即房屋使用人实际能够支付房租的能力。

11. 2. 2　房地产租赁的一般程序和方法

房地产租赁程序因具体客体差异而不完全相同，但主要程序大致相同。

1. 调查房屋所有权证和出租人、房屋现状

承租人一般先要对准备租赁的房屋进行调查核实，主要有房屋所有权证、土地使用权、房屋是否抵押、房屋出租人与房屋所有人的关系、是否办理了房屋租赁许可证、房屋的基本情况等。

2. 签订合同

承租人和出租人就房屋租赁事宜进行协商谈判，并订立租赁合同，明确双方当事人的权利和义务。当事人双方签订的租赁合同要对租赁期限、押租金额、交付方式，以及返还日期、税费负担、修缮权责、附属设备等基本问题加以注明；同时，对承租者是否可以在租赁期间转租，以及租赁期间出租人将房屋转售他人的问题要进行明确规定，以避免发生纠纷。

3. 租赁登记

双方当事人持房地产书面租赁合同、房屋所有权证、当事人合法身份证件和其他要求的文件到土地管理部门或房地产管理部门办理登记备案手续，包括办理租赁审核手续，租赁登

记手续等，并接受管理部门的审查。

4. 合同执行

租赁合同一经签订，双方当事人应严格遵守。出租人按照约定按时将房屋移交给承租人使用，承租人按时支付租金。

5. 租赁合同的终止

合同终止一般有两种情况：自然终止和人为终止。

1）自然终止

自然终止一般包括以下情况。

（1）租赁合同到期，合同自行终止，承租人需继续租用的，应在租赁期限届满前提出，经出租人同意后，重新签订租赁合同。

（2）符合法律规定或合同约定可以解除合同条款的。

（3）因不可抗力致使合同不能继续履行的。

由于上述原因造成租赁合同终止的，造成一方当事人损失的，除依法可以免除责任外，应当由责任方负责赔偿。

2）人为终止

人为终止主要是指由于租赁双方人为的因素而导致租赁合同终止。一般包括无效合同的终止和租赁合同执行过程中人为因素导致合同终止。根据我国建设部《城市房屋租赁管理办法》（1995 年建设部令第 42 号）的规定，人为因素导致合同终止的情况有以下几种。

（1）将承租的房屋擅自转租的。

（2）将承租的房屋擅自转让、转借他人或私自调换使用的。

（3）将承租的房屋擅自拆改结构或改变承租人房屋使用的。

（4）无正当理由，拖欠房租 6 个月以上的。

（5）公有住宅房屋无正当理由闲置 6 个月以上的。

（6）承租人利用承租的房屋进行非法活动的。

（7）故意损坏房屋的。

（8）法律、法规规定的其他可以收回的。

发生以上行为，出租人除终止合同、收回房屋外，还可以追索由此造成的损失。

11.2.3 房屋租赁合同

房屋租赁合同也称房屋租赁契约，即以房屋为租赁标的的合同。根据《中华人民共和国经济合同法》的规定：经济合同是法人之间为实现一定经济目的，明确相互权利与义务关系的协议。具体到房屋租赁合同的含义，概括地说是指房屋的出租方将房屋的使用权交与承租方，承租方按照双方约定的期限和数额向出租方缴纳租金，明确双方的权利与义务，并在合同终止或合同期限届满时将承租的房屋完整无损地退还出租者。经租赁双方协商的这种权利与义务关系用文字形式固定下来形成的协议，称为房屋租赁合同。

1. 房屋租赁合同的原则

1) 符合国家法律和政策的原则

合同的签订，在租赁双方之间产生了权利与义务的关系，而这种权利与义务关系具有法律约束力，受到国家强制力的保护。

如果合同的条款与国家法律和政策相抵触，与社会公共利益相抵触，则这种合同是无效的。如果合同是依法制定，任何单位或个人都不能进行违约活动，不得扰乱租赁秩序，损害国家和社会公共利益牟取非法收入。不履行或不适当地履行合同的条款，均将承担经济和法律责任。

2) 符合等价有偿的原则

房屋租赁必须通过商品货币关系，建立与国民经济整体的有机联系。房地产经营者建造房屋需要建材、人力、设备等投资，房屋投入使用出租后，需要收回房屋折旧费，需要收回经营过程中支付的房屋维修、管理、房地产税，并需获得建房投资利息和社会平均利润等。房屋从生产到流通、分配的各个环节，都离不开商品货币关系。因此，房屋租赁经营应按价值规律，贯彻等价有偿的原则。

3) 符合平等互利、协商一致的原则

合同是国家规定的一种法律制度，它要求双方当事人按照法律规范，协商一致达成协议。在协商的过程中，双方当事人的法律地位平等。在平等互利的基础上，进行充分协商，任何一方都不能把自己的意志强加给对方，任何组织和个人，都不得进行非法干预。如果当事人双方不能自由地表达自己的意志，不能取得一致的协议，合同就不能成立，或者是无效的。这是保障双方当事人权利与义务相互对等的基础，体现了国家保护当事人有意识、有目的地从事各种经济活动的民事权利，以满足生产、经营或生活等方面的需要。

2. 房屋租赁合同的内容

租赁合同的主要内容应包括租赁房地产的基本情况描述、租期、租金及租金支付方式、房屋修缮责任、双方的权利与义务及违约责任等。

(1) 租赁房地产的基本情况。这是指租赁房地产的坐落地、建筑结构、层次部位、间数、面积、装修、设备及用途等，这部分资料应和房地产登记记录相符，必要时还要出具有关图件作为凭证，以保证基本资料数据的准确无误。

(2) 租金及租期。这是指月租金或年租金数额，租金是按月支付、按半年支付或一年支付等。另外，根据租期长短及当时的经济形势确定是否进行租金修订及修订期限等，这些条件都应在合同中明确说明。

合同中规定的租金数额为契约租金，与反映市场供求变化的市场租金会有差距，特别是在长期的租约中，这种差距将会更加明显。因此，在合同中要规定租金的调整方案，明确采用等比率变动比率或等额等方法定期或不定期调整租金，以保证租赁双方的合法利益。

3. 租赁双方的权利与义务

1) 承租方的权利与义务

(1) 承租方的权利如下。

① 按照租约（或使用证）所列的地址、房间号、规定的用途，对该项房屋在租约有效期内有合法的使用权，租约到期前除因房屋长期空闲不用，或者因国家建设需要必须迁移，由房管部门收回或另行安排住所外，不得强迫用户搬迁。与签约人同居的直系亲属有继续承租该项房屋的权利。

② 有要求保障房屋安全的权利。房屋及附属设备如有非人为的自然损坏，有要求房地产企业维修，保证其有效使用的权利。

③ 出租房屋出卖时，承租方有优先购买权。

④ 对房产经营部门执行国家政策有进行监督、建议的权利。

(2) 承租方的义务如下。

① 有按期缴纳租金的义务。房屋租金是承租人取得房屋使用权的价格。付出租金，才能取得房屋的使用权。因此，按期缴纳租金是承租方首要的义务，不得以任何借口拖欠租金。

② 对所使用的房屋设备有妥善保管、爱护使用的义务。不得私自转租、转兑、转让他人。对所使用的房屋和附属设备如因用户的责任事故造成损坏时，用户应照价赔偿或修复。长期空闲不用的房屋应该退交房管部门。因国家建设需要，有按房管部门另行安置的住所迁居的义务。

③ 有维护原有建筑的义务。不得私自拆改建或增建违章建筑，更不得拆卖设备，如有上述情况发生，所造成的损失由用户负责赔偿，情节严重者，依法处理。

④ 在使用公房期间有遵守国家有关住房法令、政策的义务。接受房地产企业对房屋消费的指导和监督。

2) 出租方的权利与义务

(1) 出租方的权利如下。

① 有按期收取租金的权利。租金收入是实现房屋价值和房屋修缮资金的来源。因此，根据房管部门制定的租金标准收取租金是出租方的基本权利。对租金拖欠者，要收取滞纳金。同时随着房屋条件和租金标准的变动，对其租额有权进行调整。

② 有监督承租方按租赁合同的规定爱护使用房屋的权利。承租人在使用房屋过程中，如有擅自拆改、私搭乱建、损坏房屋结构和装修设备等情况，出租方有权要求恢复原状，或者赔偿经济损失。

③ 有依法收回出租房屋的权利。对不按合同规定的用途使用房屋和利用承租的房屋进行非法活动，以及房屋无故长期空闲、无故拖欠租金的，有权要求终止租约，收回房屋。承租方拒不执行的，可以诉请人民法院处理。因国家建设或特殊需要，必须腾让房屋时，有权终止租约，对用户按有关规定另行安置。

④ 有向用户宣传贯彻执行国家房屋政策的权利，有权制止承租方在租用期间违反国家

和地方政府有关房屋管理规定的行为。

（2）出租方的义务如下。

① 有保障承租人对房屋合法使用的义务。这是出租人的基本任务。

② 有保障承租人居住安全和对房屋装修设备进行正常维修的义务。

③ 有组织依靠住户、群众管好房屋，调解用户纠纷的义务。

④ 有接受群众监督、倾听群众意见，不断改进工作的义务。

11.2.4 房地产租赁市场分类

房地产租赁市场细分与房地产交易市场细分大致相同，需要强调的是，有必要按客户类型、租赁原因及租赁用途等将房地产租赁市场细分，以掌握其特殊的规律性。

1. 按客户类型细分

按客户类型房地产租赁可以细分为常住人口租赁；大面积使用者租赁或小面积使用者租赁；不同收入职业客户的租赁等。不同客户类型的租赁行为会由于其租房目的、要求，以及自身的经济实力等条件的不同而有很大差异。

2. 按租赁原因细分

按租赁原因房地产租赁可以细分为短期或较长期租赁；经济承受力有限制或无限制租赁；自用或他用租赁等。长期的租赁关系要较短期的租赁关系稳定，但是在市场价格变化较大的情况下，对租赁双方都会有一定程度的经济损失。经济条件好的、自用客户违约的可能性小，要较经济条件差、他用的客户更受欢迎。

3. 按租赁用途细分

按租赁房地产用途房地产租赁可以细分为住宅用途、办公用途、商业用途和工业用途。

住宅出租一般包括普通住宅出租、高档住宅出租两种类型。普通住宅出租以单位分配为主，分配住宅的建筑面积和质量均由政府控制，住房的租金标准也由政府制定，所以这类住宅还不具有严格意义上的租赁性质。高档住宅主要有高级公寓和别墅两种类型，一般这类住宅设计标准较高、装修档次高，设备配置先进、功能齐全，环境条件较好，租金也明显高于普通住宅。

办公楼出租主要是满足企业和行政事业单位进行商务、办公活动的需要。办公楼所处的位置、环境、建造标准、装备设备标准都影响办公楼出租的租金水平。一般交通条件便利、通行方便、有停车场的办公楼具有较强的市场竞争力。同样，办公环境优雅、安静、室内建造标准及办公设备先进也是具有吸引力的办公场所。当然，有效的经营管理、良好的租户信用，也是长期吸引租户、减少空房危险的基本保证。

商业用房出租主要服务于各类零售业活动的需要。零售商店的位置和租户的经营能力是决定营业额及租金水平的主要因素。零售商店对位置反应极为敏感，不仅会由于距商业中心距离的变化表现出明显的差异性，且就同一条街道位于沿街或背街，位于十字路口或不位于十字路口，也有明显的变化。所以商店的位置是承租者选址的重要标准，也是商业用房出租经营要考虑的基本因素。

工业用房出租一般包括厂房和仓库出租。工业用房一般多在市郊或开发区内，租金水平较低。工业用房建筑结构要求特殊，适于长期出租，所以工业用房出租的市场一般比较狭窄。

4. 按房地产产权性质细分

按照房屋所有权的性质，房地产租赁可以分为公有房屋租赁和私有房屋租赁。公有房屋的所有权人是国家，可分为直管公房和自管公房。按照我国现行管理体制，直管公房由各级政府房产管理部门管理并行使相关权利；自管公房由国家授权单位进行管理。私有房屋如果存在共有权人，必须在共有权人的同意后才能进行租赁。

11.3　房屋抵押

11.3.1　房屋抵押的概念

抵押是一种债务的担保形式，是指债务人或第三人提供一定的财产作为履行债务的担保，当债务人到期不履行债务时，债权人有权依照法律规定以抵押物折价或变卖抵押物优先受偿。提供财产的债务人或第三人为抵押人；接受抵押的债权人为抵押权人。抵押的财产既可以是动产，也可以是不动产。

房屋抵押是以不动产——房屋作为标的物的抵押关系，它是指债务人或第三人以房屋作为履行债务的担保，当债务人逾期不履行债务时，债权人即抵押权人依法将房屋折价抵作价款或变卖房屋优先得到清偿。

11.3.2　房屋抵押的法律特征

（1）房屋抵押是以不动产即房屋作为标的物的抵押，这就决定了抵押标的物不能转移地点，作为抵押的房屋仍为房屋所有人占有和使用。

（2）房屋抵押应签订书面合同。我国政策法律规定，设定房屋抵押，抵押合同双方应按规定办理房屋抵押权登记，由房产管理部门发给抵押权人《房屋他项权证》作为房屋抵押权的凭证。

（3）房屋抵押合同是一种从合同。房屋抵押作为债务的担保，随主债的转移而转移，随主债的消灭而消灭。

（4）房屋抵押合同是诺成性合同，合同一旦成立，即对双方当事人都有约束力，不需要实际交付。

（5）房屋抵押合同生效后，即具有对抗第三人的效力，房屋抵押权人对非法占有、转让房产有追偿权。未经抵押权人同意，房屋所有人不得另行再设抵押。

（6）房屋抵押权人享有优先受偿的权利。

11.3.3　抵押合同双方当事人的权利与义务

抵押合同双方当事人的权利与义务是指抵押合同在存续期间抵押权人和抵押人各自应享有的权利和承担的义务。

1. 抵押权人的权利

抵押权人有要求抵押人采取措施防止房屋损毁的权利。房屋抵押不转移抵押人对房屋的占有和使用权，房屋抵押人在占有和使用房屋时应保证抵押房屋的完整，采取各种措施防止抵押房屋的损毁、灭失。当房屋有损毁、灭失危险时，抵押人应及时采取措施排除危险的存在。房屋抵押人的行为足以使抵押房屋损毁、灭失时，房屋抵押权人可以要求抵押人停止其侵害行为，也可以请求人民法院采取保全措施。当第三人的行为足以使抵押房屋价值减少时，房屋抵押权人有权要求抵押人采取保护措施。

当房屋损毁、灭失时，抵押权人有权要求抵押人以其他财产代替抵押房屋。抵押是一种担保债权实现的行为，在债权人未实现债权时，如抵押房屋毁损或灭失时，抵押人的担保责任并不能免除，抵押权人有权要求抵押人以其他财产担保其债权的实现。

另外，抵押权人享有优先受偿权。当抵押权与普通债权同时存在时，抵押权优先于普通债权。只有当抵押权人实现自己的权利有剩余时，普通债权人才可以主张自己的权利。同时，当几个房屋抵押权同时并存时，设定抵押权在前的抵押权人在先。只有当在前的抵押权人实现自己的权利后，其他抵押权人才可以主张自己的权利。

2. 抵押权人的义务

抵押权人的义务主要是抵押权人不得因享有抵押权而干涉抵押人对房屋的所有权。抵押人仍享有对抵押房屋的占有、使用、收益和处分权。

3. 抵押人的权利

（1）抵押人享有对抵押房屋的占有、使用、收益和处分权。房屋抵押不同于其他担保，如质权担保和留置权担保，它不需要转移房屋的占有，抵押权人仍享有房屋的占有权；抵押权人不得干涉抵押人对抵押房屋的使用和收益权，抵押房屋的使用和收益权仍归房屋抵押人。但是抵押人必须合理对房屋加以使用和收益，不得损害房屋的价值；房屋抵押人对抵押房屋仍有处分权，他可以将房屋出卖、出租或赠与他人，但这些行为不得排斥抵押权人的优先受偿权。

（2）抵押人在同一房屋上有再设抵押的权利。当抵押房屋的价值超过债权人的债权时，抵押人仍可以将该抵押房屋再设抵押，但当抵押房屋的价值不足清偿债务时，再设抵押的行为为无效民事行为。

4. 抵押人的义务

（1）抵押人有采取必要措施防止抵押房屋毁损、灭失的义务

（2）当抵押房屋灭失时，有提供其他财产作为抵押的义务。

11.4 房屋典当

11.4.1 房屋典当的概念

典和当实际上是两个不同的法律术语，"典"是以不动产为标的物；"当"则是以动产为标的物，但由于两者的法律关系相似，因此以房屋作为标的物的典当关系，人们习惯上称之

为"房屋典当"。

房屋典当是指房屋承典人支付一定的典金，占有出典人的房屋，并进行使用和收益，在典期届满时，由出典人偿还典金，赎回出典房屋。占用、使用、收益房屋，并支付典金的一方当事人为典权人；取得典金并在典期届满时收回房屋的一方当事人为出典人。

11.4.2　房屋典当法律关系

房屋典当法律关系是指出典人和典权人基于房屋典当产生的权利、义务关系，房屋典当法律关系的主体即出典人和承典人，可以是公民、法人或合伙组织。在我国，房屋典当主要发生在公民之间，集体所有制和全民所有制单位作为典当法律关系的主体不多，其客体是房屋，出典的房屋必须为出典人享有所有权或经营管理权的房屋，房屋典当法律关系的内容是指承典人和出典人的权利与义务。

房屋典当法律关系具有以下法律特征。

（1）房屋典当以转移房屋的占有为要件。房屋出典后，出典人即应将房屋转移给典权人即承典人占有，此时，承典人有使用、收益房屋的权利，这是房屋典当与房屋抵押的主要区别之一。

（2）房屋典当是有偿的民事法律关系。当事人双方均享有一定权利并承担相应义务，房屋典权人必须支付一定的典金才能取得对房屋的占有、使用和收益的权利，出典人必须转移房屋的占有以换取典权人的典金。典金的多少由当事人协商确定，但典金一般不高于房屋的实际价值。

（3）房屋典当一般都有典期即回赎期，在典期内出典人不能回赎。典期的长短由当事人双方约定，也可以不约定典期。当事人未约定典期的，出典人可随时要求回赎。

房屋典当是民事法律行为，房屋典当应由当事人双方签订房屋典当合同，并到当地房屋管理部门备案。

11.4.3　承典人和出典人的权利与义务

房屋典当是有偿的民事法律行为，承典人和出典人均享有一定的权利并承担相应的义务。

1. 承典人的权利和义务

承典人的权利有：承典人对典当房屋享有占有、使用和收益的权利，承典人支付典金的目的就是要实现对典当房屋的占有、使用和收益，这是承典人的一项最主要的权利。承典人在典期内有转典当房屋的权利；有转让、出租该房屋的权利，但承典人行使这些权利时，不得侵犯出典人对房屋的所有权，不影响出典人在典期届满时回赎房屋。承典人在典期届满出典人不回赎房屋时享有取得房屋所有权的权利。

承典人的义务有：承典人应合理地占有、使用和收益房屋的义务，不得侵犯出典人的房屋所有权。支付典价的义务和在典期届满时返还房屋的义务，在取得房屋所有权时，补足典价与房屋价值差价的义务。

2. 出典人的权利和义务

出典人的权利有：出典人在房屋典当关系存续期间享有房屋所有权，出典房屋只是部分权能的转移，不影响出典人的所有权，收取出典房屋典金的权利。在典期届满时赎回房屋的权利，在典期届满无力回赎房屋时，要求承典人支付典价与房屋价值差价的权利。

出典人的义务有：将出典房屋按时交付承典人，保证承典人对房屋的占有、使用和收益的义务。在规定的典当期间内，不得要求回赎出典房屋的义务。

11.5 房屋的调换

房屋调换是房屋承租方之间根据各自的需要将其承租房屋的使用价值，直接（双方）或间接（多方）地互相转让的经济活动。这是在市场经济条件下，公有房屋租赁关系中的一种特殊形态的交换方式。它是消费者之间的交换，是房屋使用价格的交换，是渗透在消费领域中的一种特殊流通形式。

1. 房屋调换的性质

由于有权决定管理权和使用权，在资本主义社会一般情况下，每换一个承租人，房产主就会得到一笔额外的收益，承租人之间换房，房产主就认为是侵犯了他的利益。所以房产资本家绝不允许承租人用租入房屋去任意交换，在公有制为基础的市场经济社会，一般城市中公有房屋占多数，它的所有权归全体人民所有，房产经营部门的经营目的是为了满足人民居住生活的需要。只有在这样的社会制度下，当承租人提出交换其所承租房屋的使用人时，作为出租方的房产经营管理部门不仅不会认为是侵犯出租方的利益而加以限制，反而要积极协助，因为这是房产经营管理部门的服务项目之一。

2. 调换房屋的作用

在城市中开展房屋互换活动，调解供需关系，合理利用房屋，满足多种多样的需要，是社会主义相当长时期内房屋流通不可缺少的渠道。换房工作发挥着很大的经济效益和社会效益，其主要作用如下。

1）满足各种住房需求，有利于缓和房屋供需矛盾

解决城市住房问题主要是通过多建房的途径。但人们对房屋的需要，因家庭人口结构变化、工作地点的变化、社会环境和社会关系的变化等因素，有着多种多样的不同和变化，仅靠新建住房分配，这些不同的需要是不能一次满足的。这就需要靠换房来满足千变万化的住房需要，通过调剂余缺，使住房各得其所，缓和住房供需矛盾。

2）使群众安居乐业，有利于社会主义建设

人民的居住问题解决不好，或者住房与职工工作地点距离过远，职工生活上存在着后顾之忧，必然会影响生产和工作的积极性。开展换房可满足职工需要，解除后顾之忧，这就为提高劳动生产率和工作效率创造了条件。而且通过换房，解决了职工上下班行走过远的问题，减少了路途上的体力消耗，也有利于学习、生产和工作，同时也减少了市内交通的客流量，减轻了交通部门的负担。

3）缓解人民内部矛盾，有利于安定团结

引起换房的原因很多，除去工作地点较远、家庭人口结构发生变化等原因之外，邻里不和、家庭不睦，也是引起换房的原因之一。通过换房，改变居住生活环境，缓和了人民内部的矛盾，有利于促进安定团结。

4）房尽其用，有利于充分发挥房屋的使用价值

通过住宅互换可以挖掘房屋的潜力，分配与调换相结合，就可以用较少的房屋解决更多人的居住问题。换房以住宅互换为主，此外也包括住宅与非住宅的互换。通过住宅与非住宅之间的调换，可以使本来处在沿街、适于作营业而变成了住宅的房屋，恢复其原来的用途，充分发挥房屋的使用价值，提高经济效益，促进房地产业和商品经济的发展。

11.6　房产入股

房产入股是以房产作为资本与他人合作合资参与其他经营活动。房产入股参与其他经营活动，使房地产企业能以一业为主开展多种经营，使房产经营的道路越走越宽，可以使房屋所有权人获得更多的经济收益。房产入股应做好以下几项工作。

1. 进行房产估价

房产入股时，入股的房产必须经房产交易所或专业房产评估人员进行价格评估。按评定的价格估算股金。

2. 签订房产入股经营协议

房产入股参与其他经营活动，应签订房产入股合作合资经营协议书。在协议中应明确以下内容。

（1）合作合资各方的姓名或名称，合作合资经营企业的名称。

（2）入股房产的坐落位置、楼号、层次、房号、房产的面积和入股的作价。在合作合资企业中所占的股份比例，入股房产的用途。

（3）合作合资各方在合作经营中各自所占的股份和任务、责任，以及经济收益分配或风险承担。

（4）房产入股的合作期限。

房产入股经营协议的其他内容根据经营情况，依据经济合同法的要求办理。

11.7　案　　例

案例 1　商品房购买案例

A 女士在北京工作 8 年，欲购买一套商品房。经过多方考察和比较之后，A 女士决定在位于北京农展馆南路××园购买一套期房。

××园位于北京燕郊中心商业区附近，距其 50 米建有一个 200 亩左右的高尔夫球场。

小区内绿化率达到 30％，交通比较便利。户型面积为 120～200 平方米，物业管理费为 3.5～3.8 元／（平方米·月）。开发商销售价格为：起价 7 200 元／平方米，均价 8 800 元／平方米。经过几次看房后，A 女士决定购买 A 座 4 层 120 m² 的一套住房。××园提供八成 20 年按揭贷款，首付款最低为售价的 20％。

开发商出具房屋预售许可证，买卖双方经过讨价还价，最终该套房屋以 9 000 元／平方米的价格成交，总价为 108 万元。通过向律师咨询，A 女士持身份证等有效证明与开发商签订房屋预售合同，并预付订金 2 万元。此过程的律师签约费 2 000 元由开发商赠送。A 女士申请 20 年期住房抵押贷款，首付款为售价的 20％，计 21.6 万元。此过程共支付贷款总额 60 万元 3‰的律师费，为 1 800 元。

一年之后，房屋交付使用。开发商和 A 女士正式签订购房合同。同时开发商向 A 女士代收房屋产权证的契税 32 400 元及印花税等相关税费，交付本区房地产管理部门。1 个月之后，A 女士得到房屋产权证和土地使用权证。

购房过程中的一些手续应由购房者自己办理，但现实中多由开发商代办，具体程序参看房地产买卖的相关程序。有关房屋合同的内容参见合同的具体条款。

案例 2　房屋租赁案例

B 君在京工作，单位不提供住房。为了工作方便，他决定在北京海淀区苏州桥附近租一套一居室单元房。通过查找房源信息，找到要价为 1 200 元／月的一居室住房。该住房位于苏州桥西北侧，附近有大型购物超市一座，紧邻万泉河路，交通极为方便。

经过实地看房，双方讨价还价，最终以 1 100 元／月成交，水电费由承租人自理。该出租房屋付款方式为 3 个月一付，即每次预交 3 个月租金。双方规定该房屋只能用于居住用途，不得转租。在房屋出租方向 B 君出示《房屋出租许可证》后，经协议达成一致，双方签订房屋租赁合同。合同中对租金和付款方式作了具体规定。

房屋租赁双方在合同签订 1 个月内持书面租赁合同、房屋所有权证书、双方当事人的合法证件向本区房地产主管部门申请登记备案，经审核后房地产主管部门向承租人颁发了《房屋租赁证》。

思 考 题

1. 房屋买卖应遵循的原则有哪些？
2. 简述房地产买卖交易程序。
3. 简述房屋买卖合同的概念及法律特征。
4. 什么是房屋租赁？
5. 房屋租赁的基本原则有哪些？
6. 简要叙述租赁双方的权利与义务。
7. 房屋还有哪些其他交易方式？

第 12 章

房地产物业资产管理

12.1 房地产物业管理的概念

12.1.1 物业的概念

"物业"一词是由英语"Estate"或"Property"引译而来的，含义为"财产、资产、拥有物、房地产"等，这是一个广义的范畴。从物业管理的角度，物业是指各类房屋及其附属的设备、设施和相关场地。各类房屋可以是建筑群，如住宅小区、工业区等；也可以是单体建筑，如一幢高层或多层住宅楼、写字楼、商业大厦等；同时，物业也是单元房地产的称谓，如一个住宅单元。同一宗物业，往往分属一个或多个产权所有者。附属的设备、设施和相关场地是指为实现建筑物使用功能，与建筑物相配套的各类设备、设施和与之相邻的场地、庭院、道路等。

关于物业的内涵，在国内各类著述中的提法至少有几十种，概括起来，主要包括以下内容。

(1) 已建成并具有使用功能的各类可供居住和非居住的房屋。

(2) 与这些房屋相配套的设备和市政公用设施。

(3) 与房屋建筑（包括内部的多项设施）相邻的场地、庭院、停车场和小区内非主干交通道路。

因此，可以说，单体的建筑物、一座孤零零的不具备任何设施的楼宇，不能称为完整意义上的物业。物业应是房产和地产的统一。这里的地产是指与该房产配套的地产。

12.1.2 物业管理的概念

物业管理是指通过有效的市场营销和规范的日常管理，保持并实现物业价值，满足物业客户需要的经营管理活动。

狭义的物业管理也即物业的日常管理，主要是对建筑物和设备、设施的经常性维护保养、清洁和保安服务，为物业的正常使用提供保障。

广义的物业管理是为了物业的正常使用与经营，而对物业本身和用户所进行的一切管理和提供的服务。从这个意义上，物业管理是房地产开发的延续和完善，就其有利于延长物业寿命、完善使用功能来看，可以看做是房地产的第二次开发。开发建设只是一个短时间的过程，有一定的阶段性；而物业管理是一个持续的过程。只有把建筑物和物业管理结合起来才能被正常使用，以市场化的经营方式和商业化的经营手段来管理物业，为业主和使用者提供高效、优质全方位的综合性服务，能够创造良好的经营环境，不但实现物业的价值，而且充分发挥物业的升值潜力，实现社会、经营、环境效益的同步增长。

12.1.3　物业管理的特点

物业管理是一种新型的管理模式，它具有社会化、专业化、企业化、经营化等特点。

1. 社会化

物业管理具有社会化的特点是指其将分散的社会分工汇集起来统一管理，如房屋、水电、清洁、保安、绿化等，对每位业主而言，只需物业管理公司一家的服务就能将所有关于房屋和居住（工作）环境的日常事宜办妥，而不必分别面对各个不同部门，犹如为各业主安排了一个总管家，而对政府各职能部门来说，则犹如设置了一个总代理。业主只需根据物业管理部门批准的收费标准按时缴纳管理费和服务费，就可以获得周到的服务。既方便业主，也便于统一管理，有利于提高整个城市管理的社会化程度。

2. 专业化

物业管理是由专业的管理企业——物业管理公司实施对物业的统一管理。这种管理是将有关物业的各专业管理都纳入物业管理公司的范畴之内，物业管理公司可以通过设置分专业的管理职能部门来从事相应的管理业务。随着社会的发展，社会分工逐渐趋于专业化，物业管理公司也可以将一些专业管理以经济合同的方式交予相应的专业经营服务公司。例如，机电设备维修承包给专业设备维修企业；物业保安可以向保安公司雇聘保安人员；园林绿化可以承包给专业绿化公司；环境卫生也可以承包给专业清洁公司。这些专门组织的成立，表明这一行业已从分散型转向了专业型。这种转向有利于提高城市管理的专业化和社会化程度，并能进一步促进城市管理向现代化的管理方式转换。

3. 市场化

与投资管理、决策咨询等一样，物业管理是一种市场化行为，其所追求的目标就是收益的最大化，而非以往政府职能的延伸。作为独立法人运作的物业管理公司必须遵守《中华人民共和国公司法》的有关规定，实行政、事、企的完全分离。因此，物业管理公司必须依照物业管理市场的运行规则参与市场竞争，依靠自己的经营能力和优质服务在物业管理市场上争取自己的位置和拓展业务，用管理的业绩去赢得商业信誉。当然，物业管理公司在运作过程中还要处理好与有关职能部门，如居委会、公安、市政、教育、邮电、交通等行政或事业性单位的关系，以物业为中心，相互协调。这样就能使物业管理公司从管理上、经营上和服务上下工夫，为业主创造一个便捷、清新、整洁的环境。

4. 经营化

物业管理公司提供的服务是有偿的，即对各项服务收取合理的费用。在当前物业管理服务收费受到政府有关部门限制的情况下，物业管理公司可以通过多种经营，使物业的管理走上"以业养业，自我发展"的道路，从而使物业管理具有造血功能，既减少政府和各主管部门的压力与负担，又使房屋维修、养护、环卫、治安、管道维修、设备更新的资金能有来源，还能使业主受到全方位、多层次、多项目的服务。

12.1.4 物业管理的基本原则

任何活动都必须在一定的原则下进行，物业管理作为一种管理也有其自身的原则。

1. 专业服务原则

物业管理的特殊性要求物业管理机构不允许业主各行其是对物业进行养护和管理，必须采用特殊的形式，由在政府控制下的专业化的物业管理机构进行维修和养护。

2. 明确权利原则

业主、管委会、物业管理公司各自的权利是什么？谁是该物业管理权的主体？谁是委托承包管理合同的发包方？现在明确了业主为管理权的权利主体，管委会为发包方和委托方，管理公司是受托方，代理业主及管委会对物业进行管理和维护。这个问题解决了，解决物业管理的具体问题就有了基础。

3. 市场化经营的原则

物业管理是通过物业管理公司来实施对所辖物业进行统一的、专业的管理。在本质上，物业管理公司是具有中介性质的、执行信托职能的服务性法人企业，它是"自主经营、自负盈亏、自我约束、自我发展"的市场实体。因此，物业管理公司在提供物业管理服务时，就要遵循市场规律，实行有偿服务的原则，由享用人、受益人分担所需要的物业管理费用，并通过物业管理公司的专业化管理与服务予以实施。

4. 社会化管理的原则

物业管理的社会化是指物业管理将社会分工汇集起来统一管理，处理好与方方面面的关系，其中包括房屋及其设施、设备、清洁、保安、绿化等。从这个意义上，物业管理公司是联结业主与社会服务部门的枢纽。对各业主或使用者来说，物业管理公司就好比是一个"总管家"；而对政府各职能部门来说，物业管理公司则充当了"总代理"的角色。在日常的管理过程中，物业管理公司的运作必须遵循社会化管理的原则，在充分运用社会资源的基础上发挥各类物业的综合效益和整体功能，从而实现市场价值、社会价值、精神价值的统一和优化。

5. 系统化经营的原则

从物理性质上，现代物业往往具有多功能的特征，其使用性质可以由商业、服务业、办公商务和住宅共同构成，同时，房屋建筑结构及其供电、供暖、供气、上下水管、电梯等设施是无法分割的，住宅小区又是由住宅建筑、文化教育、娱乐、生活服务、商业通信和交通等设施共同组成的一个完整的多功能社区。因此，房屋结构相连及设备相互贯通的整体性，决定了对物业的管理只有通过系统化经营，才能使物业与环境相协调，充分发挥物业的功能作用。另外，从物业管理的本质看，物业管理的最终服务对象是业主及住户。随着生活水平的提高和居住条件的改善，人们对物业管理的要求从广度和深度上都会有所延伸。因此，除了物业管理的基本业务和专项业务，即物业的日常维护保养和治安、环境、消防、日常修理及车辆交通外，物业管理公司还须针对具体的客户要求提供一些个性化的服务，如写字楼管理中的打字、复印、电报、电传、外文翻译，以及预订车、船、飞机票等。住宅小区的管理中还会涉及居民对居室装潢、车辆保管、房屋代管等的服务要求。因此，物业管理应实行统一的、多层次的综合经营和管理服务，以满足业主和使用人的不同需求。

6. 制度化运作的原则

物业管理包含了业主与物业管理公司之间的委托代理关系，而且在实践中包含了物业管理公司与各类专业服务公司之间的委托代理关系。因此，物业管理的全部运作过程都是以契约为基础。从业主委员会的建立、委托管理具体到每项经营、服务项目的确定和操作，都必须以一系列的合同内容为指导。合同的内容要符合相关的规章和条例，而合同的签订则要遵循民主化、公开化的原则。物业管理公司在接受委托后的一切经营管理活动都应当接受业主委员会的监督，实行专业化管理与自治管理相结合，执行与监督相分离的方针。这样，以契约为纽带的市场化经营将逐步形成有活力的竞争市场。在市场的优胜劣汰机制下，物业管理公司要获得业主的信任，稳固物业市场，就必须依靠良好的经营和服务，这样一种激励约束机制将有力地促进物业服务质量和管理水平的提高。

12.1.5 物业管理的职能

物业管理的职能可以划分为决策与计划、组织、指挥、控制、协调 5 种。

1. 决策与计划职能

决策是指对物业管理目前和长远的目标，以及实现此目标有关的一些重大问题所作出的选择和决定。例如，物业辖区总体管理的方向、业主管理委员会的组建、物业服务企业的选择、物业服务企业的发展方向等。这些问题解决不好，就会给物业管理工作带来很大的盲目性。因此，物业管理首先必须作出正确的决策。其次，还必须有科学的计划，即把决策的目标具体化，变成一定时期内物业管理的行动纲领。物业管理的计划职能应由业主管理委员会和物业服务企业共同执行，物业服务企业尤其要发挥主动性。决策正确与否，计划是否科学，对物业管理的效果具有决定性的作用。

2. 组织职能

组织就是根据已确定的计划和提高管理效率的原则，把物业管理的各个要素、各个环节和各个方面，从管理的分工协作上，从上下左右的关系上，从时间和空间的联系上都合理地组织起来，形成一个有机结合的整体，使整个物业管理活动变成一部"大机器"。在这部"大机器"中，包括人、财、物、环境等要素，做到尽可能完好的结合，从而最大限度地发挥它们的作用。物业管理的组织职能主要是由物业服务企业执行，物业服务企业要正确实施管理的组织职能，合理地确定企业内部的管理体制，包括管理机构的设置、职权的划分和岗位责任制的建立，以发挥各个管理环节各级职能部门的主动性。

3. 指挥职能

指挥是根据计划，对整个物业管理活动进行领导和督促。由于物业管理活动十分复杂，涉及面广，如果没有科学的指挥，即使物业管理这部"大机器"组织起来了，也不可能正常运转，物业管理活动也不可能达到预期的效果，既定的计划目标也难以保证实现，所以指挥职能是保证物业管理活动顺利进行必不可少的条件。要实现科学的指挥，物业管理的指挥系统必须经常进行调查研究，分析物业管理活动的全过程，掌握物业的状况和业主的需求，以取得指挥的主动权。

4. 控制职能

控制也称监督，就是物业管理在执行计划过程中，必须经常控制监督计划的执行情况，把实际情况与原定的目标、计划、规章制度进行对比，找出差异，分析原因，采取必要的对策，以推动物业管理活动不断发展、完善。控制职能要求建立健全各项规章制度，包括管理规约、物业辖区管理章程、业主管理委员会章程、住户手册、物业服务企业岗位责任制、物业辖区综合管理规章等；也要求建立周密高效的管理信息系统；还要求及时核实管理活动的成效，做好各方面的考核，从而使控制与监督有充分的依据。

5. 协调职能

协调也称调节，就是协调物业管理辖区内外各方面的活动，使它们能建立良好的协作配合关系，不至于产生矛盾，以有效地实现物业管理的决策计划目标。协调包括纵向协调与横向协调、内部协调与外部协调。纵向协调就是协调物业管理指挥系统与各职能部门之间的活动与关系；横向协调就是协调同级各部门之间的活动与关系；内部协调就是协调物业管理辖区内部各方面的活动与关系；外部协调就是协调物业管理与社会各方面的活动与关系。

12.1.6　物业管理的作用

1. 促进房地产市场及住房改革的进一步发展

好的物业管理能免去业主的后顾之忧，对促进房地产二、三级市场联动，消化存量房，合理开发增量房，完善房地产市场，都具有推动作用。我国的住房制度改革已近尾声，许多百姓拥有了自己独立产权的物业，但公房出售后的管理和维修却一直未得到很好解决。所以加强和运作物业管理则是百姓的一大福音，也一定能促进住房改革的进一步发展。

2. 有利于提高房地产投资效益

物业管理是房地产经营活动的基本环节，具有提高房地产效益的作用。在房地产市场中，就一个房地产项目而言，存在着开发、经营、管理3个环节。按程序来说，物业管理是房地产开发、经营的落脚点。改革开放以来，我国房地产业发展初期的重点是解决数量问题，实行的是一种数量增长型经济，因而存在重开发建设、轻管理的现象，使开发建设与管理脱节，这也是造成我国房地产管理效率低、房地产投资效益差的根本原因所在。随着国家宏观政策的调整，单纯的数量增长已经不能适应市场需求，房地产业要提高投资效益，要向效益增长型转变，就必须加强物业管理，使房地产开发、经营、管理3个环节全面协调发展。

加强物业管理不仅能使物业保值，而且还可以使物业增值。一方面，良好的物业管理可以使物业处于完好的状态和正常运行，可以延长物业的使用寿命，还可以通过基本业务、专项业务和特色服务，适当改善和提高物业的使用功能，提高物业的档次和适应性，进而推动物业的升值；另一方面，优质的物业管理，还能受到精明的房地产交易商的青睐，使该物业成为抢手货，从而推动该物业的价格上升。

物业管理是对物业建成以后使用全过程的管理，也可以说是广泛意义上的售后服务，因此，物业管理是房地产开发经营活动的重要保证。只有现代化的管理手段，优质、周到、完整的物业管理，才能保证房地产价值的最终实现，进而提高房地产的投资效益。

3. 树立城市形象，完善城市功能

物业管理是改善居民工作与生活环境，提高居住水平的基础工作，具有树立城市形象，完善城市功能的作用。

居民工作、生活环境的改善和居住水平的提高是城市生活水平、消费水平提高的基本前提。现代化的城市需要高质量的管理服务，运作良好的大厦设施有助于工作效率的提高；称心如意的居住环境有助于人际关系的调和。住宅社会学研究表明，良好的环境不仅能减少烦恼、焦躁、矛盾、摩擦，乃至某些危害社会的不轨行为，还会形成互助、互谅的社会风气，促进人们积极上进。这一切是社会稳定、经济增长和城市发展所必须具备的前提条件。物业管理正是顺应了这一要求而产生和发展起来的。

物业管理是为业主创造一个整洁、舒适、安全、宁静、优雅的工作和生活环境，并且其基准还应随着社会的不断进步而逐步拓展和提升。人们生活水平的改善、生活内容的充实和丰满，无论从物质上还是精神上都离不开工作和生活环境的优化与美化。高质量的物业管理不仅是单纯的技术性保养和事务性管理，而且还要在此基础上为业主创造一种从物质到精神，既具有现代城市风貌，又具有个性特征的工作和生活环境，形成一个以物业为中心的"微型社会"；既能充分发挥物业的功能，又能在充分保障业主合法权益的同时，增加业主的睦邻意识，创造相互尊重、友好共处的群居关系。因此，高质量的物业管理既可以改变城市风貌，改善人们的工作和生活环境，又能提高人们的精神文明素质和现代化城市意识，为树立城市形象，完善城市功能起到积极的推动作用。

4. 推动外向型房地产和涉外经济发展

推动外向型房地产和涉外经济发展的物业管理是加快我国房地产同国际接轨的必要措施，具有推动外向型房地产和涉外经济发展的作用。

物业管理是一种不动产的现代化管理方法和模式，不受地区、国家和社会制度的限制。中国传统的房屋管理模式，在很多方面不适应改革开放形式下外商、外籍人士的商务活动和居住需要。随着我国经济体制改革的深化和涉外经济的发展，越来越多的外商对投资中国内地感兴趣。外商进入中国内地一般先在"宾馆"入住，开始"投石问路"，一旦投资项目初成或业务有所发展，就需要安居乐业了。只有安居才能乐业，在中国内地的外商一般都十分关注如何为自己安排一个方便、高效的工作和居住环境，并且外商进入长期事业发展后，就有为自己公司和工作人员购买业务用房和居住用房的需要，中国内地的物业管理最初正是从对外商、外籍人员在中国内地的产业和侨汇房的管理发展起来的，至今涉外房的管理仍是物业管理的重要组成部分。随着房地产市场的发展和完善，投资于中国内地房地产的外商也正在独资组建物业服务企业，来管理自己在中国内地的物业，并以此作为吸引外商在中国内地

置业的一个方面。由此可见，良好的物业管理是加快中国房地产同国际接轨、改善中国内地投资条件、改善投资环境的必要措施，具有推动外向型房地产和涉外房地产经济发展的作用。

5. 有助于提高房地产综合开发的声誉

物业管理是房地产综合开发企业的重要业务，具有提高房地产综合开发企业声誉的作用。

随着房地产的进一步发展，很多具有一定规模和一定实力的房地产综合开发企业纷纷成立自己的物业服务企业，并多方挖掘、培养物业管理人才。房地产综合开发企业已意识到物业管理的重要性，开始关心物业管理，并把物业管理作为企业经营的重要战略决策。因为房地产开发企业开发的物业如果具有优质的物业管理，就可免除业主和租用户的后顾之忧，增强他们对房地产综合开发企业的信心，建立房地产综合开发企业在公众中的良好形象，促进后续销售工作的顺利开展。因此，优质的物业管理是企业最形象也是最实惠的广告，具有提高房地产开发企业声誉的作用。

12.2　房地产物业管理程序

12.2.1　物业的前期介入

1. 早期介入的含义

物业管理的早期介入是指开发企业邀请拟从事前期物业管理的有关人员，参与该物业的项目可行性研究，小区的规划、设计、施工等阶段的讨论，提出一定的建议。一般是从物业管理和运作的角度为开发企业提出小区规划、楼宇设计、设备选用、功能规划、施工监管、工程竣工、验收接管、房屋销售、房屋租赁等多方面的建设性意见，并制订出物业管理方案，以便为以后物业管理工作打下良好的基础。

2. 早期介入的作用

（1）物业前期管理能促使那些物业竣工后返工无望的工程质量难点提前得到妥善解决，减少使用后遗症。

物业管理的基本职能是代表和维护业主的利益，对所委托的物业进行有效管理。然而在物业管理的实践中，一些物业的先天缺陷一直困扰着物业管理企业，如物业质量、设备性能、设施配套和综合服务等，这些均不取决于物业管理企业，而往往在于物业的开发商和建筑商。要改变这一状况，把一些以往长期难以得到解决的问题尽可能在物业管理过程中使之限制在最小范围之内，就必须开设物业的前期管理，使前期管理同规划设计、施工建设同步或交叉进行，由物业管理企业代表业主从管理者的角度，对所管物业进行一番审视，从而把那些后期管理中力不从心的或返工无望的先天缺陷争取在物业竣工之前，逐项加以妥善解决，以减少后遗症。

（2）物业前期管理是对所管物业的全面了解。物业管理行为的实质是服务。然而要服务得好，使业主满意，就必须对物业进行全面的了解。如果物业管理企业在物业交付使用时才介入管理，就无法对诸如土建结构、管线走向、设施建设、设备安装等物业的情况了如指掌。因此，必须在物业的形成过程中就介入管理，才能对今后不便于养护和维修之处提出改进意见，并做好日后养护维修的重点记录。唯有如此，物业管理企业方能更好地为业主服务。

（3）物业前期管理是为后期管理做好准备。物业管理也是一项综合管理工程。通过物业管理把分散的社会分工集合为一体，并理顺关系，建立通畅的服务渠道，以充分发挥物业管理的综合作用。此外，在对物业实体实施管理之前，还应设计物业管理模式，制定相应的规章制度，并协同开发商草拟有关文件制度，筹备成立业主管理委员会，印制各种证件，以及进行机构设置、人员聘用、培训等工作。这些均应在物业前期管理阶段安排就绪，以使物业一旦正式交付验收，物业管理企业便能有序地对物业实体进行管理。

3. 早期介入的工作内容

1）物业管理公司接洽物业管理业务

（1）物业管理费用测算及草拟总体管理方案。

（2）洽谈、签订物业管理合同。

（3）选派管理人员运作物业前期管理。

2）建立同业主或住用人的联络关系

（1）听取业主或住用人对物业管理的要求、希望。

（2）了解业主或住用人对物业使用的有关事宜。

（3）参与售房单位同业主或住用人签约，提供草拟的住户公约、装修施工管理办法、停车场管理办法、管理费收缴办法和大楼综合管理办法等。

3）勘察工程建设现场

（1）审视土建工程结构、管线走向、出入路线、保安系统、内外装饰、设施建设、设备安装的合理性。察看消防安全设备、自动化设备、安全监控设备、给排水设备、通信设备、公用设施、电气设备、交通运输及电梯设备、服务设备等设施情况。

（2）对建设现场提出符合物业管理需要的建设方案，磋商解决办法。

（3）在建设现场做出日后养护、维修之用的要点记录。

（4）参与工程竣工验收工作，进行器材检查、数量检查、外观检查、性能检查、功能测试、标牌检查，按照整改计划督促整改。

4）设计管理模式及草拟和制定管理制度

（1）筹建管理委员会。

（2）草拟管理委员会组织章程、住户公约、装修施工管理办法、停车场管理办法、管理费用收缴及使用办法，以及大楼综合管理办法等。

（3）制定总干事、办公室、财务部、门卫、保洁、电梯操作、停车场管理、养护维修、绿化养护等人员的工作制度及工作标准。

5）建立服务系统和构筑服务网络

（1）保安、保洁、养护、维修、绿化、美化队伍的选择，洽谈及合同的订立。

（2）同环卫、治安、供电、供水、煤气、通信、街道等部门的联络与沟通。

（3）构筑各种服务项目网络。

6）办理移交接管事宜

（1）拟定移交接管办法。

（2）成立管理委员会。

（3）办理移交接管事项。

12.2.2 物业接管验收

1. 物业接管验收的概念

接管验收包括房管部门、物业管理公司、建设单位自身及个人对物业的接管验收。物业管理公司的接管验收是指接管开发公司、建设单位或个人托管的新建房屋或原有房屋等物业，以主体结构安全和满足使用功能为主要内容的再检验。它是物业管理过程中必不可少的一个重要环节。

2. 物业管理接管验收的作用

接管验收是物业管理过程中必不可少的一个重要环节。物业管理公司不仅要尽早地介入物业的建设，并且要充分利用其在接管验收中的地位严格把关。如果在接管验收中马虎从事，得过且过，物业管理公司将可能遭受损失。因为一旦合同生效，物业管理公司就必须承担合同中规定的义务和责任。所以，物业管理公司应该充分重视接管验收。接管验收的作用体现在以下几个方面。

（1）明确在物业接管验收中交接双方的责、权、利。在市场经济条件下，交接双方是两个独立的经济体，通过接管验收，签署一系列文件，实现权利和义务的同时转移，从而在法律上界定清楚交接双方的关系。

（2）确保物业的使用安全和正常的使用功能。物业的接管验收有其相应的标准，通过这一过程促使施工企业及开发建设企业依据相应的标准组织规划设计和施工。否则，物业将作为不合格产品不允许进入使用阶段。

（3）为实施专业化、社会化、现代化物业管理创造条件。通过对物业的接管验收，一方面可以使工程质量达到标准，减少管理过程中的维修、养护工程费；另一方面，根据接管物业的有关文件资料，可以摸清物业的性能与特点，预期管理过程中可能出现的问题，计划安排好各管理事项，建立物业管理系统，发挥专业化、社会化、现代化管理的优势。

（4）提高物业的综合效益。住宅小区的接管验收，不是简单的房屋验收，而是组成住宅小区各部分的综合验收。通过综合验收，使住宅小区注重各配套设施的建设，使其综合效益得到不断提高。

（5）促进建设项目的及时投产，发挥投资效益，总结建设经验。物业接管验收工作既是其进行投产，发挥效益的前提，也是其正常运营的保证。同时，接管验收实际上还是一项清理总结的过程，既能发现建设过程中存在的问题，以便及时纠正解决，也能取得一些好的建设经验，为以后的建设提供借鉴。

（6）维护和保障业主的利益。一方面，大多数的业主不熟悉物业的有关技术和政策；另一方面，物业具有很高的价值，这就决定了接管验收对业主的重要性。通过对物业的接管验收，可以使业主的利益得到保障。

3. 物业接管验收的原则

物业的接管验收是一个比较复杂的过程，不仅涉及建筑工程技术，而且牵涉许多法律、法规问题，常常出现一些实际结果与理论要求不一致之处。为了处理好接管验收过程中发现的问题，需掌握以下基本原则。

1）原则性与灵活性相结合的原则

所谓原则性，就是实事求是，不为个人利益放弃原则。物业服务企业应把在验收中查出的各种问题进行非常详细的记录，该返工的要责成施工单位返工，属无法返工的问题就应索赔。返工没有达到规定要求的，不予签字，直至达到要求。所谓灵活性，就是在不违背原则的前提下，具体问题具体分析。因为对于大规模的物业，难免出现一些不尽如人意之处，接管验收人员不必拘泥于成规，要针对不同问题分别采取相应的解决办法。不能把接管验收双方置于对立状态，而应共同协商，力争合理、圆满地解决接管验收过程中发现的问题。

2）细致入微与整体把握相结合的原则

工程质量问题对物业产生不良影响的时间是相当久远的，给物业管理带来的障碍是巨大的，所以，物业服务企业在进行物业验收时必须细致入微，任何一点疏忽都会给自己的日后管理带来无尽的困难，也将严重损害业主的利益。大的方面，如给排水管道是否通畅，供电线路是否正确，以及各种设备的运行是否正常；细微之处，如所用材料的性能、供电线路容量是否恰当；电梯、空调等大型设备的检测和验收必须在其负载运行一段时间以后进行。整体上的把握是从更高层次上去验收，无论是什么类型的物业，其土地使用情况、市政公用设施、公共配套设施等综合性项目将标示该物业的档次和发展潜力。对于住宅小区，因为与千家万户的日常生活紧密相关，所以一个舒适、优美、安静的环境是小区建设和管理的重要目标。写字楼则重在能体现使用者的地位和身份，因此装饰、地段和一流的设施系统应是接管验收的重点。

4. 接管验收中应注意的事项

物业的接管验收是直接关系到今后物业管理工作能否正常开展的重要环节。物业管理公司通过接管验收，即由对物业的前期管理转入到对物业的实体管理之中。因此，确保今后物业管理工作能顺利开展，物业管理公司在接管验收时应注意以下几点。

（1）参加验收工作的管理人员和技术人员要业务精通，工作认真负责。

（2）验收时要严格把关，既要从物业维护保养的角度出发，也要考虑业主的立场。

（3）验收中若发现问题，应当明确记录在案，并督促交接人整改，直到完全合格。

（4）要根据国家规定和双方约定，落实保修事宜，由开发商负责保修的，应当交付保修保证金，由物业管理公司负责保修的，开发商应当一次性拨付保修费用。

（5）要留存包括土建工程、装饰工程、市政工程、设备安装工程和绿化工程等在内的所有主体和配套工程施工单位的名称、联系方式和保修期限约定内容清单。

（6）要验收岗亭、道闸、围栏、垃圾房、清洁设施等与物业管理服务相关的配套设施。

（7）要明确物业区域内公共设施、配套设施、会所等的产权约定和物业管理权限。

通过严格、完善的接管验收，物业管理公司就开始承担物业项目管理工作，办理业主入住手续、实施装修管理，并建立物业档案。

12.2.3 楼宇入伙

1. 楼宇入伙的含义

所谓"入伙"，就是业主领取钥匙，接房入住。当物业管理企业的验收与接管工作完成以后，即物业具备了入伙条件后，物业管理企业就应按程序进入物业的入伙手续的办理阶段。物业管理企业应及时将入伙通知书、入伙手续书、收楼须知、收费通知书一并寄给业主，以方便业主按时顺利地办好入伙手续。

由于物业的入伙阶段是物业管理企业与其服务对象业主接触的第一关，这一阶段除了大量的接待工作和烦琐的入伙手续外，各种管理与被管理的矛盾也会在短时期内集中地暴露出来。为此，这一阶段通常也是物业管理问题最集中的阶段，所以物业管理企业应充分利用这一机会，既做好物业管理的宣传、讲解工作，又要切实为业主着想办事，以树立物业管理企业良好的"第一印象"，取得广大业主的信赖。

2. 楼宇入伙程序与工作

为方便业主顺利办好入伙手续，特将其一般的程序归纳如下。

1）业主的准备工作

（1）察看房屋、设备及设施。

（2）按时办理收楼手续、即时付清楼款及有关费用。

（3）仔细阅读"住户手册"，弄清楚管理单位的有关规定、收费情况和入住应办理的手续。

（4）签订"管理协议"。

（5）遵守各项管理制度。

（6）办理装修申请手续。

2）物业管理公司的准备工作

针对入伙是物业管理环节上最重要的一步，这一阶段业主频繁地出入会产生秩序混乱，甚至发生违章、损坏公共设施等现象。物业管理公司要提供良好的管理和服务，必须有过细的组织措施，在这时一般应做好以下工作。

（1）清洁卫生。动员物业管理公司全体人员共同努力，打扫好室内外的卫生，清扫道路，使业主（或住户）接受一个干净的物业。

（2）制定管理制度。向业主（或住户）发入伙通知书，明确搬入时间，并定出入伙须知、收费标准、入伙验收手续、入住人员登记、交钥匙登记、装修报审、管理规定等。

（3）物业移交。物业管理公司直接参与了物业的接管验收，因而能对施工质量有清楚的了解，完全能负责地向业主进行物业的移交。物业移交是物业管理公司和业主共同管理、相互监督的开始，移交时双方须完成一系列的交接手续（钥匙交接、签订交接书），交接涉及的是双方的权利和义务。

（4）加强治安和服务质量。物业管理公司应提供较多的值班、保安和劳动服务人员，提供保安和劳务服务，及时疏导发生的纠纷。

（5）保持道路通畅，为保障入伙业主（或住户）的人身及财产安全地搬入住房，一定要保证通道的畅通。

（6）合理安排。物业管理公司要有计划地、分批地有秩序入住。

（7）装修报审。物业管理公司要对业主（或住户）的装修提供方便条件，并重视解决装修垃圾的及时清理，并坚持装修的报审制度，要避免违章现象出现。

3. 签订契约

在业主或租住户办理手续时，公司应把"住户手册"及时送到业主或租赁户手中，让客户了解辖区管理的有关事宜，并及时签署"公共契约"或"入住契约"。

"公共契约"是一份协议、合同的契约，管理单位与业主（租住户）均应遵守，并应符合政府颁发的管理办法，以保证签署的"公共契约"的有效性。

4. 物业的综合管理

物业在竣工验收并投入使用后，物业管理公司要按照《物业管理合同》和《公共契约》的规定，为住户提供全方位的服务，对物业实施专业化的管理。物业管理的宗旨是服务，其主要通过经营性服务来开展各项管理工作，寓管理于服务之中，在服务中体现管理。

为了更好地完成物业管理，必须建立一个有明确任务、职责、权限，以及互相协作、互相促进的质量管理有机体系。

在物业管理中，可用"PDCA"循环法来具体落实各项服务的管理目标。

PDCA 是计划（Plan）、实施（Do）、检查（Check）、处理（Action）的缩写，是全面质量管理中一种常用的、行之有效的科学工作方法，它的每次循环可以分为以下 4 个阶段 8 个步骤。

（1）计划阶段。制定物业管理公司服务质量标准及实现质量目标计划，分层落实到各个部门、各个环节。

第一步：寻找问题。分析物业管理工作现状及存在的主要问题。

第二步：分析问题的原因。这些问题是因为住户观点未转变还是管理机制难以转变，还是规章制定不健全。

第三步：寻找主要原因。针对现存的问题及各个方面的影响因素，提出关键的弊病所在。

第四步：制定对策。如因住户观念未转变，则应加大宣传力度，加强对住户的回访工作，加强与管委会的联系，要求管委会协助落实。

（2）实施阶段。落实执行制订的计划。

第五步：付诸执行。物业管理公司应以实际行动实现管理目标。应把措施落实到每家每户，切实解决住户的各种困难，提供优质服务。

（3）检查阶段。将执行的效果与制定的目标相比较。

第六步：监督检查。对所做的工作及管理人员、服务人员的态度实行监督机制。例如，可设立住户投诉箱，根据住户反映来检查执行的效果。

第七步：总结成绩，实行员工考核，制定工作例会制度，定时、定期总结工作中的成绩与误差。

第八步：找出差距。找出第一轮循环中没有解决的问题，拟订计划，转到下次循环中去解决，使物业管理工作走上良性循环的道路。

（4）处理阶段：把成功的经验加以肯定，制定成标准、程序、制度（失败的教训也可纳入相应的标准、制度），巩固成绩，改正缺点。

12.3　房地产物业管理的经营

经营是指如何以最少的投入获得最佳效益的一种经济决策活动。

物业管理过程中的经营是指物业管理公司为了最大限度地满足人们对居住条件的要求，采用经济手段，进行专业化的经营，提供各种方式的服务。

人们无论从事何种经济活动，总要占用和耗用一定的自然资源和劳动资源。一般称从事某项生产经营活动所消耗、占用的物质和劳动资源为"投入"；称生产经营活动所产生的物质效果和经济效益为"产出"。这种"投入"与"产出"的比较即为经济效益。因此，经济效益是经济活动的效果与从事经济活动的消耗之比。

任何一个社会，假如生产出来的财富恰好抵偿生产当中当做生产资料消耗掉的物质财富和为补偿劳动力的消耗而由劳动者作为生活资料消费掉的物质财富，这个社会虽然能存在，却很难发展。一个社会要发展，就必须使整个社会再生产过程中生产出来的东西超过被占用和被消耗掉的东西，即必须使"产出"大于"投入"。

物业管理公司的物业经营主要收入来源是物业管理费。国家规定，物业管理费的收取应坚持"专款专用"、"取之于民，用之于民"及"保本微利"的原则。目前，我国大多数居民的收入和生活水平还不高，物业管理费的制定标准较低，所收物业管理费不用说"微利"，就是"保本"也很困难，也就是说，物业管理公司在其自身的经济活动过程中"产出"往往等于"投入"或是"产出"小于"投入"。因此，物业管理公司如果要提高经济效益，就必须坚持一业为主多种经营，通过开展各种经营弥补管理费用的不足，为企业创造利润。

12.3.1　物业租赁经营

物业租赁是指出租人通过合同将物业的使用权交付承租人使用受益，并向承租人定期收取租金，在租赁期限届满时收回物业使用权的一种经济活动。有的物业管理公司管理出租性的物业，其主营业务就是物业的租赁，而对管理出售性物业的物业管理公司来说，租赁经营常是受产权人委托以特约服务方式来开展的服务项目，属于多种经营范围。物业管理公司通过与物业产权人签署出租代理协议从事物业租赁经营。

物业的租赁是一种民事法律关系，主要通过签订书面租赁合同来确定。物业租赁合同是物业出租人与承租人经协商，对双方的权利和义务确定的文字性协议。物业管理公司在代理出租过程中，应协助租赁双方签署物业租赁合同，并把合同交送当地房地产管理部门，申请登记备案，如代理协议中包括管理业务，备案后的租赁合同还应完成 3 份，出租人与承租人各执一份，物业管理公司保存一份，以备日后查阅。物业租赁合同有两种形式，一种是租赁双方经过协商签订，经公证部门公证后具有法律效力的租赁合同，写字楼、商贸楼宇的租赁合同通常采取这种形式；另一种是按国家法规制定的规范文本，目前已被广泛采用。

1. 物业租赁合同的主要内容

（1）租赁的物业。合同中应明确出租物业的位置、结构、房屋建筑面积、土地使用面积及附属设施的出租面积。

（2）租赁价格。租赁价格即物业租金，是承租人为取得物业使用权向出租人支付的款项。租金应由双方当事人协商确定，并写入合同。

（3）租赁期限。由物业出租人和承租人共同确定物业租赁起止时间，合同还应规定每年（季、月）支付租金的具体日期，以确保出租人的利益。

（4）物业用途。对非居住用房一般应在合同中明确物业具体用途，承租人如改变物业用途必须与出租人协商签订书面协议后方可实施。

（5）物业修缮。通常由物业出租人负责物业维修，如果双方协商一致同意房屋的全部或部分维修工作由承租人负责，则应在合同条款中加以注明。

（6）违约责任。租赁双方中的任何一方违反租赁合同，如擅自改变租赁物业用途，擅自改变结构，破坏物业原有设施或出租人未及时维修房屋，致使承租人无法正常使用等现象，对方均有权要求经济赔偿或诉诸房地产仲裁机构解决。

2. 租赁合同的建立、变更和终止

1）租赁合同的建立

（1）租赁合同的正式建立是租赁关系的开始。签订物业租赁合同时，必须交验物业产权单位核发的"物业租赁使用通知单"或"换房协议书"，同时交验双方证明，定约的姓名必须与"物业租赁使用通知单"或"换房协议书"上的姓名一致。

（2）物业承租人进住物业时，出租人或合同承租人到物业现场核对时应当面交付物业的装修设备，确定无误后填写"装修设备保管单"。

（3）物业租赁合同须经立约人双方签字、盖章方能生效。

（4）起租日期可按"房屋租赁使用通知单"或"换房协议书"确定。

2）租赁合同的变更

（1）因物业买卖、继承等发生房屋所有权人变更时，合同中原来的出租人应改变新的出租人，即新的房屋所有权人。

（2）承租人如果需要将承租的物业分出一部分独立租用，可征得出租人同意，会同其分户其他成员分别与出租人签订租赁合同。

（3）原承租人死亡经出租人同意应变更其同一户籍的共同居住家庭成员为承租人。

（4）承租人因生活或工作需要，与第三者互换所租房屋使用权时，出租人应对承租人合理的换房要求予以支持。承租人也应事先征得出租人同意，不得私自调换。

（5）租赁物业数量、条件、用途、租金数额的改变或因其他原因而发生租赁双方的权利和义务改变时，应按照有关政策规定，变更租赁合同。

3）租赁合同的终止

对租赁双方而言，任何一方提出终止合同，均须提前 30 天通知另一方。出租人的通知必须有其签字或代理机构签字，承租人的通知必须有亲自签字。租赁合同的终止一般有以下几种情况。

（1）物业租赁期满，租赁关系宣告结束。

（2）出租物业因国家建设征用，或者因其他特殊情况需拆除或收回时。

（3）租赁期限内，由于不可抗力造成物业毁坏时。

（4）承租人死亡，并且无同居人口或全家外迁。

4）寻找租赁客户

物业管理公司在接受出租委托业务之后，要开展市场调查，为委托人寻找可以履行物业租赁合同的客户。物业管理公司在这期间开展的经营活动主要有以下几个方面。

（1）确立租赁目标。物业管理人员应根据物业自身的特点，考虑物业可能会引起哪种类型租客的兴趣；考虑物业的市场租金水平是否符合实际情况等。根据初步确立的经营目标安排日常工作的开展。

（2）广告宣传工作。物业管理人员应根据所获得的市场信息，策划能够引起潜在租客兴趣的广告，以此招揽承租人，广告宣传应充分利用物业自身的特点，采用报纸、电视、广告牌等媒体，选择合适的时机发布，以起到吸引更多租客的作用。

（3）确定租客。物业管理公司为了将物业尽可能快捷、有效地出租出去，应选择高素质的管理人员主动寻找租客，通过与潜在租客的沟通和交涉，达到物业出租的目的。对租客的选择必须注意以下几个方面。

① 须有支付租金的能力，可靠的财力保证。

② 租客的形象应符合物业类型的要求。

③ 租客须有愿意支付有关费用的意向。

5）租约谈判

租约谈判是确定物业租金、签订物业租赁合同的过程。租金的确定需有全局观念。物业管理人员应当具有丰富的谈判经验，掌握一定的谈判技巧，努力说服租客，争取达到预定的租金定价标准，在业务活动中取得最佳效果。

6）物业出租

物业出租时，物业管理公司应注意下列文件的审查和执行情况。

（1）审查出租人的物业产权证明和相关文件。

（2）审查承租人的身份证件。

（3）填写物业状况报告书。

（4）请租赁双方提供担保证明和其他相关文件。

（5）协助租赁双方签订物业租赁合同。

（6）监督租赁合同的执行。

3. 租赁过程中的管理

物业委托人与物业管理公司签订的代理协议中，如果包括物业管理业务，物业管理公司则应在物业出租之后，根据物业的特点，安排日常管理与有偿服务工作。物业管理业务涉及广泛，但针对出租性物业的特点还应有以下几个方面。

1）建筑物的管理

（1）根据物业的类型及使用特点、位置、维修费限制，制定建筑物的维护标准。

（2）房屋使用中的情况登记。

（3）出租房屋的钥匙管理。

（4）建筑物内外广告标志牌的管理。

2）租金管理

（1）租金标准的确定。物业管理人员应对同类物业市场进行调查分析，根据同类物业的租金水平和出租率，制定物业合理的租金标准。租金标准是随着市场的变化而变化的，所以应制定物业在乐观、悲观和一般情况下的不同租金标准。另外，物业的地理位置、楼层、朝向、使用面积、平面布置和装修档次等均会对租金标准产生影响，物业管理人员应根据个体物业情况逐一详细制定。

（2）租金的调整。怎样准确把握时机，调整合理的租金标准是物业管理人员的一项重要工作。原则上租金每 1～2 年调整一次，对短期租客，可适当增加调整频率，但需提前 1～3 个月通知租客，使其有所准备。租金的调整有两种方法：一种是根据市场供求随时调整租金升降幅度；另一种是按照租赁双方事先商定好的每年租金上升比例，逐年增加。

3）收支管理

物业管理公司在物业出租及管理业务中要合理确定资金收支管理项目，以保证管理工作的正常进行。

（1）出租及管理业务中的主要资金收入包括物业管理费、物业代理费及其他收入。

（2）出租及管理业务中的主要资金支付，包括委托人所得租金、广告宣传费用、行政办公费用、日常管理费用、管理基金支出、政府税收。

12.3.2　配套设施经营

房地产开发企业在规划设计时应考虑配套建设，所建物业应预留部分经营用房，不但为物业管理公司开展多种经营打下良好的基础，也为使用人的日常生活带来许多方便，同时还能够提高开发企业的市场信誉。

常见的配套设施经营项目有以下几种。

1.　娱乐中心

娱乐中心对于一个物业区，尤其是住宅小区来说，具有重要的意义。通过娱乐中心的日常经营服务，不仅能为业主提供各种娱乐活动、竞技比赛，还能够促进区内人际交流，提高社区文明建设，同时也能为物业管理公司带来一定的经营收入。

娱乐中心通常可包括以下项目。

（1）卡拉 OK 厅。卡拉 OK 厅的装修不必过分豪华，以适合小区居民活动为宜，可定期举办京剧演唱会、少儿歌曲比赛、青少年流行歌曲比赛等，也可提供家庭晚会、亲友聚会、生日宴会等包场服务。

（2）棋牌室。棋牌室可提供麻将、象棋、围棋、跳棋、桥牌等各种棋牌活动项目，对象可以是老年人和儿童。

（3）台球室。台球室可根据场地大小，合理设置球案的数量，并在球案周围设置座椅、茶几，创造高雅的环境氛围，供住户闲暇娱乐。

（4）健身房。健身房可根据场地的大小配置不同档次的健身器材，并合理摆放，对住户可实行购买健身卡，凭卡参加活动，也可邀请健美教师举办健美讲座和健美训练班，提供多种学习方式。

物业区内娱乐中心的经营收费不宜过高，要适应区内居民的特点，可采取会员制，收取较低的价格。

2.　停车场

目前，物业区域内的车辆停放常常成为物业管理公司面临的一大难题。随着经济的发展，人们生活水平的提高，私人拥有轿车的数量不断增加，便产生了车位不够、停放混乱、车辆被盗等一系列问题。合理设置停车场，不仅能够解决停车的困难，便于日后管理，而且能为物业管理公司带来一定的经济收入。

（1）地下停车场。这是目前较为常见的停车场，通常设置在楼距间或楼宇的空地下面，它的顶部还可以作为露天停车场或公共活动场所，这样的停车场既方便管理，收入也较为可观。

（2）私家车库。高级公寓别墅常采用私家车库的方式，采用这种方式时应注意所要投资的物业类型及档次。

（3）设停车车位。通常采用的方法是加大新建小区的路面宽度，在拓宽的路面上划定车位，住户就近停车，或者利用单位楼前的空地停放。这种方式经济、简便、易行，但不好管理，容易发生扰民、失窃等现象。

（4）专用停车场。这种停车场会占用相当部分的土地，需要有一定数量的资金。

3. 餐饮服务

餐饮服务应根据物业的类型及用户的档次来决定经营规模。写字楼类型的物业应设置较为高档的餐饮营业场所，大多采用租赁方式经营。住宅小区宜经营中档、实惠的快餐店，可为住户提供清洁、快捷的早中晚餐服务。无论是住宅小区，还是写字楼及其他物业，餐饮经营都要注意避免噪声干扰和环境污染，住宅小区快餐店的油烟排放应当妥善解决，餐饮店排污要保持畅通，以免影响物业区的环境和卫生。

4. 百货超市

新建小区一般距市区较远，购买日常生活用品很不方便，所以在区内设置百货超市既能满足居民的日常生活需要，又能给居民生活提供便利条件。

经营百货超市面对的是一群相对固定的消费群体，要严防假冒伪劣商品，维护住户和公司的利益，要防止货物过期、变质，日常用品、柴米油盐应尽可能供应齐全。可实行送货上门服务，方便群众，提高物业管理公司的服务水平。

5. 其他配套设施经营

物业区内可以设置和开展的经营项目是多种多样的，常见的还有洗衣店、游泳池、网球场、乒乓球馆、美容美发中心、蔬菜供应点、物资回收站等。所有这些项目无论是物业管理公司自己经营，还是采用出租经营方式，均可带来可观的经济收入。所以，有远见的开发企业应预留足够的配套经营设施，既可以方便群众，便于物业管理，又能将其作为不动产，取得长期稳定的租金收入。

12.3.3 特约服务经营

特约服务项目的宗旨是"服务便民，微利经营"，主要通过委托代理方式为业主提供各种特殊需要的服务。

（1）专送服务。这包括早点专送、鲜花专送、礼品专送、生日蛋糕专送、盒饭专送、日常生活用品专送等。

（2）代理服务。这包括代交电话费，代交传呼费、保险费，代发邮件，代购汽车票、火车票、飞机票，代办彩扩业务，代办摄影录像服务，代买办公用品，代译文件资料等。

（3）家居服务。这包括厨房灶具清洗，摩托车、自行车、汽车擦洗，清洗百叶窗、玻璃窗，清洗抽油烟机，承接企业、家庭的大中小型装修装饰工程。

（4）家教服务。这包括开设各类文化、艺术学习班，介绍各种家教入户施教等。

（5）计时服务。这包括买菜、做饭、入户清洗衣物、居室卫生清洁、看护儿童、照顾老人、接送小孩、病床陪护。

（6）医疗保健。这包括提供医疗咨询、心理咨询、医药指南、家庭医生讲座、企事业单位员工保健讲座等。

特殊服务项目的收费应本着"谁受益，谁付钱"的原则，可由委托双方合理议定价格。

12.3.4　多种经营存在的主要问题

1. 配套设施不完备

某些开发建设单位只考虑一时的经济效益，建房不为住房想，建房不为管房想，往往造成区内基础设施不齐全，管理经营用房缺少或没有。这样的物业交付使用之后，会给物业管理公司的日常工作带来一定的难度。

2. 经营规模

物业管理公司的经济效益与其管理规模相关。有些公司机构健全，所管物业面积大，工作量大，通常有设备专业维修队伍，能够满足不同层次业主的需求。这种类型的物业管理公司，不仅自身具备提供多种服务的条件，而且还可以为其他物业管理公司提供专项服务，能够充分地创造经济效益。经营规模小的物业管理公司，由于辖区面积有限，物业管理费与其他经营收入也相对较少，经济效益不突出。

3. 经营机制缺乏活力

目前，有许多物业管理公司是由房地产开发企业派生或由房管站转换经营机制形成的。这些公司或在经济上对上级部门存在依附关系，或受原有行政事业单位人事、机构、经营方式等影响，没有真正实现独立经营、自负盈亏，往往不重视发展多种经营，停留在原有房管部门只重视维修、养护等常规性管理的观念基础上，企业的亏损往往还是依靠国家或上级部门补贴，没有真正发挥多种经营的造血功能。

12.4　案　　例

经营型物业管理模式的案例分析

深圳市××物业管理有限公司1996年在认真分析自身优劣势基础上，确定了经营型物业管理模式，以提高企业的核心竞争力。经过5年的实践积累，这一竞争优势得到进一步强化，经历了多个项目的市场磨合，经营型物业管理模式具有较强的生命力。

在实施经营型物业管理模式的实践中，强调以下4个重点。

1. 强调经营观念到位

要求每一位物业管理骨干深刻理解物业经营是物业管理工作的应有之义和分内之事，物业管理固然重要，而一项优秀的物业项目策划出一个好点子，可以使开发商、业主和客户得到更多的实惠。一个管理人员在做好管理工作的同时，不断地迎合市场、创新经营，物业的市场价值会发生很大变化。物业的经营是动态的，物业的经营永无止境，物业管理人只有具备了强烈的营销意识，才能使管辖物业潜力得到充分发挥。

2. 注重培养物业经营的人才队伍

物业管理是劳动密集型产业，而物业经营是知识型、信息化产业，没有富有经验的经营人才，经营型物业管理模式就是空谈。因此，几年来，公司注重培养经营骨干，适当引进优秀人才，初步建立了一支配合默契的经营管理团队。1998 年，天津××园物业经营管理公开招标，深圳××市物业公司的经营、管理方案以最高分夺标。

3. 注重向专业公司学习

随着中国加入 WTO，北京、上海、广州、深圳等地在完善市场管理及与国际接轨过程中，物业经营管理市场庞大，需要大量的法律、估价、测量、咨询专业人才。××物业公司在物业经营专业方面的差距仍然很大，因此其近年来始终与××深圳公司保持业务联系，吸收经验，提高专业实力。1999 年全球最大不动产中介机构——美国 21 世纪不动产公司进入珠江三角洲地区后，他们及时参加交流培训，并与之建立业务联系。

4. 处理好经营与管理的关系

根据不同物业项目，安排经营、管理的主次关系，使经营和管理相辅相成，相得益彰。在具体运作中，还注意物业管理费用与经营费用保持相互独立，体现不同业务的规范性。

经营型物业管理模式是房地产服务的重要组成部分，是收益性物业管理概念的拓展和外延，是物业经营与物业管理的有机合成，有着广阔的市场发展空间。

思　考　题

1. 简述房地产物业管理的含义。
2. 物业管理应当遵循的基本原则有哪些？
3. 如何进行前期物业管理？
4. 什么是物业租赁经营？
5. 什么是特约服务经营？
6. 多种经营存在的主要问题有哪些？

参 考 文 献

[1] 李清立. 房地产开发与经营. 北京：北京交通大学出版社，2004.

[2] 中国房地产估价师与房地产经纪人学会. 房地产开发经营与管理. 北京：中国建筑工业
出版社，2009.

[3] 严国樑. 房地产开发与经营. 北京：中国建筑工业出版社，2008.

[4] 吕萍. 房地产开发与经营. 2版. 北京：中国人民大学出版社，2007.

[5] 王国力，林志伟. 房地产开发、产权、产籍与法律制度. 北京：机械工业出版社，2008.

[6] 李燕华，姚建军. 房地产开发经营. 北京：清华大学出版社，2008.

[7] 朱亚兵. 房地产开发经营与管理. 上海：立信会计出版社，2007.

[8] 施建刚. 房地产开发与管理. 2版. 上海：同济大学出版社，2007.

[9] 张国明，苗泽惠. 房地产开发. 北京：化学工业出版社，2005.

[10] 刘洪玉. 房地产开发经营与管理. 北京：中国物价出版社，2003.